인구는 거짓말 하지 않는다

일러두기

- 단행본은 겹낫표(『 』)로, 연구 논문은 홑낫표(「 」)로, 정기간행물은 겹화살괄호(《 》)로, 영화와 방송 프로그램과 뮤지컬은 홑화살괄호(〈 〉)로 표기했다.
- 국내 번역 출간 도서 및 개봉 영화는 한국어판 제목을 표기했으며, 미출간 도서 및 미개봉 영화는 원어를 병기했다.
- 원서에서 이탤릭체로 강조한 부분은 굵은 글씨로 표기했다.

세상의 모든 변화를 결정하는 인구의 경제학

인구는 거짓말하지 않는다

After the Spike

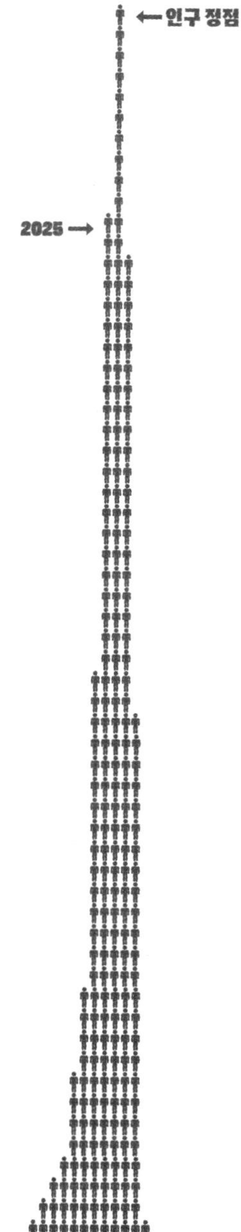

딘 스피어스,
마이클 제루소
지음
노승영
옮김

웅진지식하우스

이 책을 향한 찬사

이 책은 인구, 발전, 번영에 대한 통념들이 왜 우리를 오도하고 있는지 보여준다. 인류가 어디를 향하고 있는지, 인구 감소가 왜 문제인지 알고 싶다면 이 책을 꼭 읽어야 한다.

_ **대니얼 핑크**, 미래학자 ·『드라이브』 저자

두 저자의 논의는 국제적 수준보다 앞서 있다. 당신의 경쟁자가 이 주제의 중요성을 알아차리기 전에 이 책을 읽어야 한다.

_ **사이먼 존슨**, 2024년 노벨 경제학상 수상자 ·『권력과 진보』 공저자

실증 연구와 철학 논증이 빼어나게 어우러진 책이다. 인구에 대한 나의 생각을 바꿔놓았다. 당신에게도 같은 일이 일어나길 기대한다.

_ **피터 싱어**, 윤리학자 ·『우리 시대의 동물 해방』 저자

인류가 어떻게 역사의 중대한 전환점에 도달했는지 보여준다. 또한 이 책은 증거와 엄밀함을 바탕으로 모두에 대한 깊은 연민을 발휘해 인구에 대한 우리의 선입견을 타파한다.

_ **토비 오드**, 철학자 ·『사피엔스의 멸망』 저자

이 책은 인류 역사상 가장 극적인 시기(세계 인구가 수백만에서 수십억으로 증가한 시기)를 우리가 더 잘 이해하도록, 더 중요하게는 앞으로 벌어질 일을 예상할 수 있도록 차근차근 설명한다. 이 책은 통찰과 엄밀함으로 가득할 뿐만 아니라 인간적이고 공감 어린 서사도 겸비하고 있다.

_ **해나 리치**, 환경과학자 ·『나는 이 빌어먹을 지구를 살려보기로 했다』 저자

인구통계는 운명이다. 이 책의 저자들은 인구와 미래에 관한 놀라운 이야기를 들려주면서 지속 가능하고 번영하는 세계를 어떻게 만들어가야 할지 보여준다.

_ **앤 마리 슬로터**, 국제정치학자 ·『슈퍼우먼은 없다』 저자

일반 독자를 위한 최고의 경제학 도서다. 인류가 맞닥뜨릴 인구학적 변화에 대한 온갖 속설과 혼란을 꼼꼼히 파헤쳐 이 변화가 자유, 평등권, 인류 번영에 엄청난 영향을 미칠 것임을 명확하게 보여준다.

_ **잭 와이너스미스**, 만화 작가 ·『이상한 미래 연구소』 공저자

설득력이 있을 뿐 아니라 우리의 통념들을 마치 볼링핀처럼 쓰러뜨린다.

_ **《가디언》**

출생률이 왜 이렇게 낮은지, 왜 정부의 개입이 출생률 제고에 번번이 실패했는지 명확하고 철저한 논증을 통해 들여다본다.

_ **《옵서버》**

세계 인구가 감소하지 않을 것이라거나, 감소세를 쉽게 중단시킬 수 있다거나, 인구 감소가 좋은 일이라고 생각한다면 이 책을 꼭 읽어야 한다.

_ **《뉴 사이언티스트》**

인류가 현재 서 있는 인구 절벽의 기본적 사실들을 쉽고 명쾌하게 요약한 책이다.

_ **《리터러리 리뷰》**

차례

2부
인간 부정론 인구가 줄어들면 세상이 더 살 만해질까?

3부
인간 긍정론 인구는 왜 중요할까?

4부
앞에 놓인 길

한국어판 출간에 부쳐

2012년 1억 4,600만 명의 아이가 태어났다. 그중 46만 명이 한국에서 출생했다. 2012년은 전 세계 출생자 수가 정점에 도달한 해였지만 한국의 2012년 출생자 수는 50년 전의 절반에도 못 미쳤다. 불과 10년 뒤인 2022년에 한국의 출생자 수는 다시 절반 가까이 감소했다. 대부분의 나라에서는 출생 정점이 최근에 일어났기에 간과하기 쉽다. 하지만 한국에서는 인구 변화를 간과하는 것, 아니 외면하는 것이 불가능하다. 한국은 세계 인구 변화의 최전선에 있다.

지금까지는 국가 인구가 계속 증가했다. 기대수명이 증가하고, 출산율(이 책에서는 'birth rate'는 '출생률', 여성의 선택을 강조하는 'fertility rate'는 '출산율'로 번역했다 – 옮긴이)이 높은 나라에서 이민자가 유입되고, 수십 년 전의 거대한 세대 집단들이 기저효과를 일으킨 결과다. 하지만 이 추세가 지속되지는 않을 것이다. 지금 한국의 저출산 현상은 전 세계가 조만간 맞닥뜨릴 미래의 예고편이다.

이런 현상을 목전에 두고 이 책이 던지고픈 질문은 이것이다. 우리는 인구가 시기마다, 세대마다 감소하는 미래를 환영해야 할까? 아니면 다른 미래를 위해 배우고, 조직하고, 투자하고, 노력해야 할까? 이 책은 '인구 대감소depopulation'가 우리의 미래를 속절없이 변화시키도록 내버려두는 것이 잘못이라고 말한다.

세계 인구를 정적으로 유지한다는 목표에 공감하는 것은 시작에 불과하다. 한국을 비롯한 세계 각국의 정부는 일찍부터 자녀 양육 지원과 출생률 제고를 정책 목표로 삼아왔다. 하지만 세계 어디에서도 대체율 이하로 하락한 출생률이 대체율 이상으로 반등한 경우는 없다. 지금까지는 주요 성공 사례나 본받을 모델이 하나도 없다. 지금까지는.

누구에게도 아직 답이 없다는 사실은 놀랄 일이 아니다. 인구 대감소는 여전히 새로운 문제다. 전 세계 많은 사람은 낮은 출산율이 문제라는 것조차 받아들이지 않을 것이다. 낮은 출산율이 어느 정도 관심을 끌기 시작하긴 했어도 이 지구적 변화의 규모에 걸맞은 대응 정책이나 사회 운동은 하나도 탄생하지 않았다.

인구 대감소가 문제라는 사실이 널리 합의되기까지는 몇 년이 걸릴 수도 있다. 바람직한 해결책을 찾기까지는 수십 년이 더 걸릴지도 모른다. 한국은 지금 이런 과정의 최전선에 있다. 그럼에도 한국이 인구 대감소 추세를 역전시키는 데 성공하느냐 실패하느냐는 한국(또는 어느 한 나라)이 개별적으로 뭔가를 발견하거나 시행하는가에 달려 있지 않다. 인구 대감소는 전 세계 모든 나라가 함께 해결해야 할 난제다. 그런 의미에서 이 책은 전 세계가 인구 대감소를 직시해야 한다는 경종이다.

우리가 원하는 미래는 어떤 모습일까?

인류는 '인구 대감소'의 길에 들어섰다.[1] 당신과 부모, 조부모 그리고 당신이 아는 모든 조상은 인구가 증가하던 시기에 태어났다. 이제 역전이 시작되었고 전 세계에서 출생률이 낮아지고 있다.[2] 조만간 세계 인구는 쪼그라들기 시작할 것이고 그 수는 작고 안정된 숫자에서 저절로 멈추지 않을 것이다. 다시 말해서 60억이나 40억 또는 20억 명으로 유지되지 않을 것이다. 출생률이 다시 상승해서 그 추세를 영구적으로 유지하지 않으면 각 세대 인구는 이전 세대보다 적을 것이다. 이것이 인구 감소다.

이 책은 인구 대감소가 왜 일어나는지, 어떻게 알 수 있는지, 어떤 결과가 초래될지 설명한다. 이 책의 이야기는 한 나라나 한 문화의 이야기가 아니다. 인구통계가 국제적인 경쟁과 분쟁과 교역에 어떤 영향을 미칠 것인지에 대한 이야기도 아니다. 물론 그런 일도 일어나겠지만 인구 대감소의 영향은 그보다 크다. 인구 대감소는 모든 곳의 모든 사람에게 영향을 미칠 것이다. 한 나라, 한 문화, 한 세대의 좁은 관점에 갇히면 지금 전개되고 있는 가장 큰 이야기를 놓치고 만다. 그렇기에 이 책은 인류 전체에 대한 이야기다.

인구 대감소는 왜 문제일까?

언뜻 생각하면 사람이 적을수록 좋을 것 같다. 지구를 위해서도, 남은 사람을 위해서도 그렇다. 이 책은 그런 당신에게 한 번 더 생각해보라고 권한다. 쪼그라드는 세상에서 무엇을 잃을지 정확히 아는 사람은 아무도 없다. 인구 대감소의 결과를 무시하거나 가능성을 부정하거나 대수롭지 않게 치부하는 건 과신의 오류다.

당신이 무슨 말을 들었든, 인구 대감소는 기후변화 같은 환경 문제를 해결하는 데 반드시 필요한 해법이 아니다. 수적으로 줄어든 사람들에게 세계의 공급이 고루 배분됨으로써 삶의 질이 올라가지도 않는다. 정반대로, 우리가 지금 당연하게 여기는 진보의 대부분은 크고 서로 연결된 사회에서 생겨났다. 우리는 과거의 작은 세계에서 살던 사람들이 꿈도 꾸지 못한 정도로 번영했다. 이는 결코 우연이 아니다. 개선과 더 나은 삶은 저절로 찾아오지 않는다. 그저 시간이 흐른다고 해서 이뤄지는 것이 아니다. **사람들**이 스스로 노력해서 얻어낸 것이다.

이 책에서는 두 가지 미래 가능성을 대조한다. 하나는 인구가 수십 년 안에 약 100억 명에서 정점에 도달했다가 하락하기 시작해 끝까지 하락할 가능성이다. 이것이 우리가 향하고 있는 방향이다.

또 다른 가능성은 안정화다. 이 경로는 향후 수십 년 뒤까지는 비슷해 보인다. 비슷한 정점 규모에 도달했다가 비슷하게 하락한다. 하지만 결국은 인구가 안정되어 시작되는 삶(출생)과 끝나는 삶(사망)의 오고 감이 대략 균형을 이룬다. 그러면 이 안정된 미래는 얼마나 많은 사람을 품어야 할까? 이 책에서는 말할 수 없다. 특정 인구를 이상적이라고 옹호하는 건 오늘날의 사회과학이나 기후과학, 그 어떤 과학의 깜냥도 넘어선다. 우리가 주장하는 안정화는 다만 이것이다. 끝없는 인구 대감소를 피하는 것.

이 책은 안정화의 가능성이 왜 희박해 보이는지 보여준다. 사회가 선택하고 투자하고 노력하지 않으면 안 된다. 그렇다면 인구 대감소가 아닌 안정화의 결과는 무엇일까? 우리가 **원하는** 것은 어떤 종류의 미래일까?

미래에 관한 세 가지 거창한 주장

이 책은 세 가지 거창한 주장을 근거와 함께 내놓는다. 첫 번째 주장은 이것이다.

1부의 거창한 주장: 전 세계 사람들이 자기 세대를 대체할 자녀를 너무 적게 낳기로 마음먹는 미래가 가장 가능성이 크다. 오랜 시간이 지나면 이 때문에 인구가 지수적으로 감소할 것이다.

하지만 출생률이 아직 모든 곳에서 줄어들지 않은 것은 어떻게 봐야 할까? 일부 집단은 자녀를 더 많이 낳는 경향이 있고 그들의 자녀도 자녀를 더 많이 낳는 경향이 있다는 사실은? 앞으로 인류에게 무언가 거대한 변화가 일어나면 어떻게 될까?

우리는 커다란 혁명을 눈앞에 두고 살고 있는지도 모른다. AI든, 유전자 편집 상용화든, 우리가 상상하기 힘든 그 무엇이든 말이다. 어쩌면 노화를 늦추고 수명을 늘리는 비밀을 인류가 찾아낼지도 모른다. 어쩌면 인공 자궁이 발명될지도 모른다. 그리고 어쩌면 (길어진 삶과 안전하고 건강한 출생은 경이로운 일이겠지만) 이런 개선이 이뤄지더라도 우리의 경로는 인구 대감소로부터 멀어지지 않을지도 모른다. 우리는 이 질문들과 끈질기게 씨름해서 왜 기상천외한 미래가 우리를 구원하러 와줄 가능성이 희박한지 보여줄 것이다. 적어도 수월하게나 저절로 찾아오지는 않을 것이다.

인구 대감소가 좋을지 나쁠지는 사실과 가치에 달려 있다. 우리는 그 사실과 가치에 대해 질문을 던지면서 전체적인 평가를 만들어갈 것이다.

2부와 3부의 거창한 주장: 안정된 세계 인구의 미래는 인구 대감소의 미래보다 전반적으로 나을 것이다.

이 책의 중반에서는 인간 부정론(2부)과 인간 긍정론(3부)을 다룬다. 이 문제는 복잡할 때도 있고 명쾌할 때도 있다. 2부와 3부의 거창한 주장은 환경 파괴, 불평등, 빈곤 같은 문제들의 심각성을 부정하지 않는다. 문제는 인구가 쪼그라들면 이런 문제를 비롯한 나머지 모든 것에서 상황이 좋아질 것인가 나빠질 것인가다. 각 장에서 우리는 안정화와 인구 대감소가 기후, 평등, 성별 격차, 물질적 복지, 진보, 자유, 인류 멸종 가능성, 인류의 전반적 행복에 대해 무엇을 의미하는지 살펴볼 것이다.

이 장들은 근거와 이유를 따져 안정화가 더 나은 길이라고 결론 내린다. 다만 안정화를 달성하는 것은 또 다른 문제이므로 우리의 마지막 거창한 주장은 이것이다.

4부의 거창한 주장: 인구 대감소 세계를 어떻게 안정시킬지 아는 사람은 아직 아무도 없다. 하지만 인류는 과거 사회를 혁명적으로 개선했다. 마음만 먹으면 이번에도 할 수 있다.

지금 우리에게 필요한 것, 대화

지금은 인구 대감소에 어떻게 대처할지, 미래 세대를 만들어내는 부담을 어떻게 나누고 덜어줄지를 놓고 공감 어리고 진지한 대화를 나눌 때다.

우리는 이 대화에 당신을 초대해 가치의 범위를 넓히고 새로운 질문들을 숙고하라고 요청할 것이다. 하지만 당신의 가치를 버리라고 요구하지는 않을 것이다. 기후변화, 산아 자유와 낙태 권리, 모든 곳의 모든 사람을 위한 안전하고 건강하고 번영하는 삶의 보장 같은 관심사를 버리라고 요구하지 않을 것이다. 성평등을 향한 인류의 진보를 되돌려야 한다고 털끝만큼도 요구하지 않을 것이다. 이 책에서 우리가 줄곧 주장하는 것은 모든 사람이 부모가 될지 되지 않을지 선택할 수단을 가져야 한다는 것이다.

당신이 고심했으면 하는 한 가지는 '지금부터 수백 년간 이어질 삶에 어떻게 가치를 부여할 것인가'라는 까다로운 질문이다. 그 삶을 살 사람들이 존재할 것인지 여부는 몇 세대 전에 살았던 사람들의 선택에 달렸다. 당신의 삶과 비슷하거나 더 나은 삶이 많아질지도 모른다. 아니면 좋았을 수도 있는 수십, 수백억 명의 삶이 인구 대감소 때문에 아예 존재하지조차 않을 수도 있다. 이렇게 서로 다른 미래를 비교하려면 인구의 윤리를 고려하지 않을 수 없다. (더 적은 게 아니라) 더 많은 좋은 삶은 의미가 있을까, 더 나을까?

우리는 정답을 안다고 주장하지 않을 것이다. 오늘 지구상에 살아 있는 80억 명 또는 다음 세기에 우리 뒤를 이을 수십억 명의 관점과 경험을 모조리 대변한다고 주장하지도 않을 것이다. 20세기에 부자 나라에서 태어난 어떤 두 사람도, 어느 시대 어느 장소에서 태어난 어떤 두 사람도 우리 모두에게 영향을 미치는 이토록 중요하고 전례 없는 문제에 대해 최종적 결정을 내릴 수는 없다. 우리가 가진 것은 사실과 근거뿐이며 판단은 당신 몫이다.

새로운 사실과 근거를 발견하고 발표하는 것은 텍사스대학교 교수인 우리의 임무 중 하나다. 우리 둘은 몇 년 전 프린스턴대학교 박사 과정생으로 연구실을 공동 배정받으면서 친구이자 연구 파트너가 되었다. 우리는 경제학을 공부했고 가르치지만 금리나 주식시장에 관심을 두지 않는다. 우리는 사람을 연구한다. 사람들의 삶과 선택, 건강, 출생, 사망이 우리의 연구 주제다. 우리는 경제학자로서 같은 비전을 품고 있음을 깨닫고 의기투합했다. 우리의 소명은 전 세계 사람들의 복지에 대한 새로운 사실을 발견하고 도움이 필요한 사람들의 복지를 증진할 기회를 놓치지 않는 것이다.

대학원을 마무리할 즈음 딘(딘 스피어스)과 배우자 다이앤은 인도 아동의 연구와 지원에 전념하는 비영리단체 라이스r.i.c.e.를 설립했다. 딘 부부는 인도 우타르프라데시로 이주했는데, 그곳에서는 너무 많은 아기가 저체중으로 태어나 일찍 죽는다. 이후 하버드대학교에서 박사후 연구원을 마친 마이크(마이클 제루소)가 합류해 그들의 연구를 뒷받침했다.

그 뒤로 몇 년간 우리는 의료, 영양, 질병, 위생에 대해 함께 글을 썼다. 환경오염이 어떻게 사람들에게 영향을 미치는지, 사람들이 어떻게 환경에 영향을 미치는지에 대해 썼고, 기대수명과 유아 사망률에 대해서도 썼다. 그러는 내내 이 모든 인구통계적 사실이 무엇을 의미하는지, 이런 현상이 전 세계에 장기적으로 확대될 것인지 의문을 품고 끈질기게 연구했다.

그렇게 우리는 더 폭넓은 질문을 던지기 시작했다. 질문의 데이터에 대해 물었으며 이론을 파고들었다. 연대가 아니라 세대를 시간 범위로 하는 연구 논문을 쓰기 시작했다. 정답이 나와 있지 않으면 정답을 찾아 헤맸다. 오늘 태어난 아이의 생애 탄소 발자국은 100년 전과 얼마나 다를까? 100년 후와는 얼마나 다를까? 세계 인구 추이는 소규모 다산 집단에 의해 얼마나 큰 영향을 받을까? 인도, 유럽, 미국에서 정상적인 출생률이 전 세계에서 정상적인 출생률이 되어 오랫동안 유지되면 무슨 일이 일어날까?

이후 마이크는 백악관에 발탁되어 대통령경제자문위원회 수석 이코노미스트로서 인구 추세와 보건 정책에 대해 조언했다. 딘은 인도를 오가며 연구했다. 그러는 동안 우리는 부모 되기에 대해서도 몸소 배우고 익히게 되었다. 30대에 아빠가 되었고 40대인 지금은 한창 자라나는 아이를 키우고 있다. 우리는 대화를 계속하고, 함께할 새로운 전문가를 찾고, 연구를 이어갔다. 그러자 이 책이 들려주는 거대하고 지구적인 이야기가 귀에 들어오기 시작했다.

이 책에서 당신은 정부 운영 병원에서 저체중 미숙아나 고위험 신생아를 돌보는 인도 여성들의 이야기를 만나게 될 것이다. 딘과 다이앤은 그들의 비영리단체를 통해 '캥거루 육아법Kangaroo Mother Care, KMC'이라는 병원 프로그램을 지원했다. 이 인도 아기들과 그들을 돌보는 여성들은 인구에 대한 대화에서 숫자와 통계를 넘어 사람과 삶을 이해하는 데도 매우 중요한 역할을 한다.

이 책에서 당신은 진보에 대해서도 다시금 돌아보게 될 것이다. 이 진보는 인구가 팽창하면서 전개되었다. 인도는 오랫동안 인구 과잉에 대한 두려움의 중심에 있었다. 하지만 오늘날 인도인의 삶은 어느 때보다 부유하다. 어느 때보다 오래 살고 어느 때보다 건강하다. 그러므로 인구 과잉은 인도를 나락에 빠뜨리지 않았다. 이 책에는 왜 그런지에 대해 할 말이 많다.

2023년 《뉴욕 타임스》 기명 칼럼에 우리의 인구 대감소 연구가 소개되자 수천 명의 독자가 댓글을 달았다. 우리는 기뻤다. 인구 대감소는 관심뿐 아니라 진지한 참여가 필요한 문제이기 때문이다. 그 대화를 이 책에서 이어가고자 한다. 우리가 들었던 의견과 반론을 소개하고 답변할 것이다.

독자(와 일부 사회과학 동료)들의 주장과 논평에는 한 가지 공통점이 있었다. 바로 무언가에 대해 **확신**한다는 것이었다. 그들은 모순된 방향을 아주 자신 있게 가리켰다. 그러나 이 책이 당신에게 들려주는 사실들은 다른 곳에서 듣는 단언보다 섬세하다. 우리 모두는 변화가 일어날 수 있음을 알고 있으며 미래가 확실하다고 가정하지 않더라도 관심을 기울일 수 있다.

이 책은 위기가 임박했다고 말하지 않는다. 인구 대감소는 눈앞에 와 있고 우리가 넘어야 할 난관과 위험은 절체절명이다. 불과 수십 년밖에 남아 있지 않다. 지금과 그때 사이에 인류가 해결해야 할 다른 문제도 많다. 불의를 바로잡아야 하고 목숨을 구해야 하고 악당을 물리쳐야 한다.

그렇다면 지금 인구 대감소를 고려해야 하는 이유는 무엇일까? 한 가지 이유는, 낮은 출생률에 대해 이야기하는 사람들 일부가 진짜 문제와 해법으로부터 주의를 분산시키고 있기 때문이다. 그들은 인구 대감소를 불평등, 국가주의, 배제, 통제 같은 자신의 의제에 끼워 넣어 이야기한다. 우리가 방관하면 우리 사회의 덜 포용적이고 덜 다정하고 덜 차분한 목소리들이 인구 대감소를 위기로 선언하고 자신의 목적에 맞게 악용할 것이다. 따라서 그보다 더 건설적인 목소리들이 인구 대감소에 대해 이야기하도록 하려면 지금 당신의 목소리를 더해야 한다.

이 책은 부모가 되어야 하는지가 아니라 부모 노릇을 더 쉽게 만드는 방법에 관한 이야기다

이 책은 우리가 인구 대감소에 대해 어떻게 함께 대응해야 하는지 묻는다. 이는 모든 사람에 **대한** 질문이자 모든 사람을 **위한** 질문이다. 사회, 정부, 자선사업가는 무엇을 해야 할까? 세계 인구 대감소를 앞두고 **무엇을 함께 할 것인가**라는 질문은 **당신**의 가족 규모를 선택하는 것과는 별개 문제다. 당신의 가족 규모는 당신이 생각하기에 최선으로 선택하면 된다. 크든 작든 당신이 선택할 문제다.

하지만 우리 저자들의 가족에 대해 이야기하자면, 우리는 돌봄과 양육에 더 큰 가치가 부여되는 사회에서는 자녀를 더 많이 낳았을 것이다. 부모가 된다는 것이 다른 수많은 목표를 포기해야 한다는 뜻이 아니었다면, 학업을 계속하는 것과 가정을 꾸리는 것이 상충하지 않았다면, 임신과 수유가 이따금 지독히 괴롭지 않았다면, 부모로서의 하루하루가 조금 수월했다면 말이다. 또한 우리는 우리 가족이 대부분의 가족보다 훨씬 수월한 상황에 있다는 것을 안다!

사려 깊고 공감 잘하는 사람들이 낮은 출생률에 대해 하는 말과 이 책의 차이점은 이것이다. 우리는 지금의 세상에서 무엇이 더 나은 미래를 만들어낼지를 각 개인의 선택이 좌우한다고 주장하지 않는다. 물론 (합리적인 사람이라면) 그 누구도 인류의 환경 파괴에 대해서라면 이런 대답을 받아들이지 않을 것이다. 사람들이 얼마나 많은 물질을 태우고 버리고 오염시키기로 선택하든 다른 사람들에게 유의미한 영향을 전혀 미치지 않는다고는 말하지 않을 것이다.

여기에 갈등이 있다. 부모가 될 것인가 말 것인가는 개인의 자유로운 선택이다. 하지만 각자 무엇을 선택하는가는 우리 모두에게 영향을 미친다. 우리는 모두 서로에게 중요하다. 인구 규모를 비롯해 사회 전체에 영향을 미치는 결과에 우리 모두 책임이 있다. 이 긴장을 해소하려면 일에 대해, 가족에 대해, 출산과 돌봄을 지원하는 사회 구조에 대해 지금과 다른 미래를 볼 수 있어야 한다.

우리가 믿는 해결책을 향한 출발점이 여기 있다. 장기적으로 볼 때 우리가 서로 돕는다면 자유로운 선택으로부터 둘 이상의 미래가 생겨날 수 있다. 법에 따르면 임신은 프랑스에서도 자유로운 선택이고 한국에서도 자유로운 선택이다. 하지만 프랑스의 평균 출생률은 한국의 두 배를 넘는다. 따라서 자신에게 맞는 가족을 선택하는 것을 문제 삼을 수는 없다. 그렇다고 해서 모든 문제가 해결되는 것은 아니다. 사람들이 무엇을 염원하고 선택하는가는 그들이 바라보는 주변 세상에 좌우되기 때문이다.

누군가 자녀를 낳지 않거나 적게 낳기로 선택했을 때 우리는 그들이 실수를 저지른다고 말하지 않을 것이다. 그들이 실수를 저지르고 있지 않을 수도 있다. 하지만 대가족(이 책에서 '대가족'은 가족 수가 많은 가족, '소가족'은 가족 수가 적은 가족을 뜻한다 – 옮긴이)을 선택하거나 자녀를 낳는 것이 힘들어진다면 우리 모두 집단적으로 실수를 저지르고 있는 것이다. 번영하는 미래를 바란다면 지금이야말로 서로를, 우리를 돌보는 사람들을 더 배려할 때다.

인류는 지금 무엇이 다가오고 있으며 어떻게 대처해야 하는지를 놓고 원대하고 사실에 근거한, 공감 어린 대화를 나눠야 한다. 이 책은 사실을 배우고 대화에 참여하라는 초대장이다. 각 장은 인구 대감소와 안정화 사이에서 인류가 내리는 선택의 중요한 조각들을 다룬다. 각 장은 누군가에게는 가장 중요한 조각일 것이다. 각 장을 읽고 각각의 질문과 관점에 대해 고민해보라. 그리고 인류의 미래에 대한 인류의 대화에 당신의 목소리를 보태라.

1부

이곳까지의 길

1장

인구 스파이크

2012년 1억 4,600만 명의 아이가 태어났다. 이전의 어느 해보다도 많았고 이후의 어느 해보다도 많았다. 올해 태어날 아이는 그보다 수백만 명은 적을 것이다. 2012년은 **인류가 존속한 기간을 통틀어** 가장 많은 사람이 태어난 해로 기록될 것이다.

어떤 인구통계 예측에서도 마찬가지다. 아프리카, 아시아, 유럽, 남북아메리카 인구에 대한 수십 년의 연구는 출생률 감소라는 분명한 이야기를 들려준다. 사실 세계 출생률 하락은 수백 년간 지속되었다. 하락 추세는 현대 피임약이 발명되기 전에 시작되었으며 제2차 세계대전 이후의 베이비붐 같은 일시적 반등을 겪은 뒤 다시 하락했다. 이 추세를 그린 데이터가 남아 있는 최초의 과거부터 세계 출생률은 계속 하락했다. 꾸준하지 않고 고르지 않을 때도 있었지만 전반적으로는 줄곧 하락했다. 그리고 지금까지는 출생률 저하가 인구 증가 속도를 늦추는 것에 그쳤다. 지금까지는.

정점 꼭대기에서 내려다본 풍경

세상에는 아주 많은 사람이 있다. 하지만 처음부터 이랬던 것은 아니다. 1만 년 전에는 약 500만 명만이 살고 있었다. 이 숫자는 오늘날 애틀랜타 도심 인구수이며 방콕, 베이징, 보고타 인구수에 비하면 새 발의 피다. 1,000년 전에는 인구가 2억 5,000만 명으로 늘었다. 200년 전에는 처음으로 10억 명을 돌파했다. 지금껏 살았고 지금도 살고 있는 모든 사람을 통틀어 다섯 명 중 한 명은 1800년 이후 225년 동안 태어났다. 인구가 많은 세계는 인류의 10만 년 역사에 비춰 볼 때 새로운 현상이다.

커지는 기간은 찰나였다. 이 현상은 시작되자마자 끝을 앞두고 있다. 전 세계 인구는 단기간에, 오늘 살아 있는 사람들이 볼 수 있을 만큼 금세 정점에 도달할 것이다. 출생이 정점인 해와 인구가 정점인 해 사이에는 간극이 있으며 우리는 지금 그 간극에서 살고 있다. 연간 출생자 수가 감소하고 있긴 해도 연간 사망자 수에 도달할 만큼 감소하지는 않았기 때문이다. 인구 감소 현상은 수십 년 안에 일어날 것이다.

그때가 언제인지에 대해서는 전문가마다 시간표가 조금씩 다르다. UN 인구통계 전문가들은 2080년대일 가능성이 가장 크다고 생각한다. 오스트리아에 있는 국제응용시스템분석연구소의 전문가들은 2080년대인 것은 같지만 조금 앞당겨 잡는다.[1] 워싱턴대학교의 보건계량연구소는 훨씬 이른 2060년대로 추정한다.[2]

보다시피 이 시기들은 완전히 일치하지는 않는다. 하지만 인류의 시간표에서 20년 차이는 차이라고 말할 수 없다. 모든 연구진이 출생률의 지속적 하락을 예측하므로 다들 21세기 안에 우리가 정점에 도달할 거라 말한다.

그다음엔 무슨 일이 일어날까? 그림 1.1은 인류의 경로를 그래프로 나타낸 것이다. 우리는 인류의 과거, 현재, 가능한 미래를 보여주는 이 그림을 '스파이크'(영어 'spike'가 일반적인 의미로 사용될 때는 '정점'으로, 두 저자의 인구 예측 모델과 관련해 쓰일 때는 '스파이크'로 번역했다-옮긴이)라고 부른다.

우리는 2023년 두 편의 발표문에서 스파이크를 처음 소개했다. 하나는《뉴욕 타임스》기명 칼럼이었고 다른 하나는 거기에 빠진 과학적 내용을 채운 연구 논문이었다. 우리는 물었다. 출생률이 현재 추세를 유지하면 어떻게 될까? 대답은 만일 그렇다면 인류가 인구 대감소에 접어들리라는 것이었다. 인류가 증가하다가 정점에 도달해 현재 인구와 거의 비슷한 수준에서 안정되는 게 아니다. 반환점을 돌고 나면 인구는 갈수록 줄어들 것이다. 100억 명의 정점 인구가 300년 안에 20억 명 이하로 하락할 수도 있다.

스파이크는 기상천외한 상상의 산물이 아니다. 스파이크는 사람들이 살고 행동하는 방식에 변화나 역전이 일어나리라 가정하지 않는다. 스파이크는 이미 많은 지역에서 일반화된 출생률이 어느 날 전 세계에 확산됐을 때 무슨 일이 일어나는지 보여준다. 그 미래에도 지금처럼 일부 사람들은 자녀를 여러 명 낳을 것이고 일부는 하나도 낳지 않을 것이다. 상당수는 한두 명을 낳을 것이다.

우리는 전 세계에서 성인 한 쌍당 자녀를 1.6명 낳는 미래를 추정

그림 1.1.[3] 스파이크 모형에 따른 시기별 인구 예상

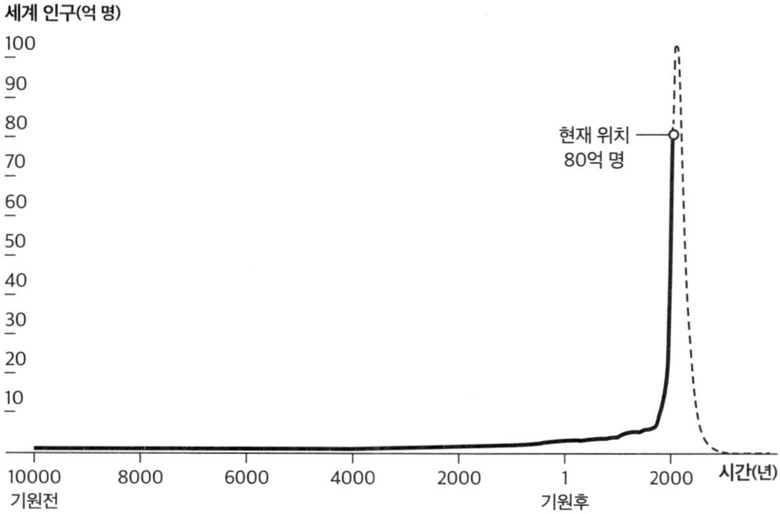

해 스파이크를 작성했다. 이 통계는 현재 미국 평균과 맞아떨어진다. 그러나 곧 보겠지만 세계 평균이 성인 한 쌍당 자녀 두 명 이하(이 책에서 '이하'는 수학 개념에서처럼 '같거나 작다'가 아니라 '작다'를 가리키며 '이상'도 마찬가지다-옮긴이)에 머무르는 한 스파이크와 같은 추세가 일어날 것이다. 여기서 두 명 이하가 관건이다. 한 세대가 다음 세대에 온전히 대체되지 않는다는 뜻이기 때문이다. 그런 종류의 미래가 정말로 가능할까?

대체 수준 이하 출생률은 더는 특별하지 않다: 이미 세계 인구의 3분의 2는 출생률이 너무 낮아서 시간 경과에 따라 인구를 지속적으로 유지할 수 없는 나라에서

살고 있다.

자녀 1.6명이라는 미국 평균은 예외가 아니다. 멕시코, 캐나다, 브라질, 러시아, 태국을 비롯한 많은 나라가 출생률이 2 이하다. EU는 통틀어 1.5다. 인구가 가장 많은 두 나라 인도와 중국도 2 이하다. 미국의 각 주, 미국의 흑인과 백인과 히스패닉, 캐나다의 각 주도 출생률이 2 이하다.[4]

자녀 몇 명을 낳는 게 '정상'일까?

당신은 지금 80억 명의 사람들과 함께 스파이크의 꼭대기에 있다. 미래의 이야기의 출발점은 저 80억 명 중 대부분이 자녀를 아주 많이 낳으려 하지 않는다는(또는 낳으려 하지 않았거나 성인이 되었을 때 낳지 않으리라는) 사실이다.

저 사람들 중 한 명이 우리가 소개할 인물인 프리티다. 2022년 프리티는 인도의 붐비는 정부 운영 병원에서 아기를 낳았다. 아기는 매우 작게 태어났다. 간호사는 카트를 가져와 아기의 몸무게를 재고 상태를 검사한 뒤 프리티를 저체중 신생아를 위한 병원의 새 프로그램 '캥거루 육아법' 프로그램에 등록했다. 프리티와 아기는 옆방에 있는 10개의 프로그램 병상 중 하나에 배정되었다.

프리티는 우타르프라데시에 산다. 인도 북부에 위치하며 인구가 많고 가난한 주다. 그녀의 집은 작은 마을에 있으며 반은 진흙으로,

반은 벽돌로 지었다. 신생아 인큐베이터는 전 세계 부자 나라에서 저체중 아기를 위한 표준 치료법이지만 이 병원에는 하나도 없다. 하지만 그들에게는 작은 아기의 체온을 유지하고 영양을 공급하고 생명을 구하는 입증된 저비용 치료법이 있다.

아기는 프리티의 첫아이였다. 프리티는 이 아기를 사랑하고 벌써부터 한 명 더 낳고 싶어 한다. 하지만 다음 아기가 남아여서 '수술'을 받을 수 있으면 좋겠다고 말한다. 아들을 낳는 의무를 다하고서 불임 수술을 받겠다는 얘기다.

두 자녀를 가지겠다는 프리티의 희망은 이젠 인도의 가난하고 불우한 주에서조차 정상이다. 이 책의 중간중간에 그녀와 간호사들의 이야기를 들려줄 것이다. 그들의 선택, 그들의 삶은 더 포괄적인 이야기의 일부다. (많은 여성이 가난하고 학교 교육을 별로 받지 못하고 어려서 결혼하는) 우타르프라데시 농촌의 여성들이 두 자녀를 선택한다는 것은 전 세계 많은 여성이 그보다 더 적은 자녀를 선택한다는 뜻이기 때문이다. 프리티는 이 책이 들려주는 이야기의 80억 분의 1이다. 더 적은 자녀를 선택하는 것이 전 세계에서 정상이 되어가고 있다.

우타르프라데시에 한 번도 가보지 않은 사람에게는 인도의 농촌이 그저 오지처럼 보일 것이다. 하지만 경제학자나 인구통계학자에게 인도는 세계 통계의 중간이다. 소득도 중간, 기대수명도 중간, 출생률도 중간이다. 그리고 인도에서 일어나는 일은 지구 전체에도 중요하다. 프리티의 아기가 태어난 때와 지금 사이 어느 즈음 인도는 세계에서 인구가 가장 많은 나라가 되었다. 수많은 비非인도인이 인도에 대해 공통으로 아는 것이 하나 있다면 바로 사람이 많다는 사실이다. 2025년 현재 인도의 인구는 14억 명이다.

반면에 많은 사람이 알지 못하는 사실은 인도가 인구 감소의 길에 들어섰다는 사실이다. 중국은 최근에, 일본은 2010년에 이 모퉁이를 돌았다. 프리티 같은 많은 여성이 자녀를 한두 명만 낳고 싶어 하는 것은 이 때문이다. 인도의 가장 최근 전국 데이터에 따르면 여성은 성인 두 명당 평균 두 명의 자녀를 낳았다.[5] 이 데이터는 2020년부터 집계했으므로 2025년에는 평균이 2보다 약간 낮아졌을 것이다. 하지만 2020년에조차 중등학교를 나온 여성(인도에서는 이런 여성의 비율이 커지고 있다)의 출산율은 평균 1.8이었으며 이는 2016년 미국 전체 여성 평균과 맞먹는다. 프리티가 출산한 병원은 인도에서도 특히 열악한 주에 있다. 하지만 그곳의 젊은 여성들은 평균 약 1.9명의 자녀를 원한다고 말한다. 이제 소가족은 뉴노멀이다.

정상은 어디가 정상적일까?

많은 사람에게 여성이 평균 1.8명이나 1.9명의 자녀를 낳는 사회는 익숙하게 느껴질 것이다. 하지만 익숙함의 대부분은 기만이다.

정상성은 전례 없는 것을 만들어낸다: 오늘날 대부분의 나라에서 정상적인 출생률은 세계 인구 대감소라는 낯선 미래로 이어질 것이다.

오늘날의 정상이 앞으로도 정상으로 유지된다면 거대한 변화가

들이닥칠 것이다. 하지만 당신은 주위를 둘러보면서도 인구 대감소의 길에 들어선 사회와, 안정된 미래를 향하는 사회의 차이를 눈치채지 못할지도 모른다. 그림 1.2는 (여럿 중) 두 가지 가능한 미래를 보여준다. 두 미래 모두 자녀를 0명, 1명, 2명, 3명, 4명 선택하는 사람의 비율이 다르다. 막대가 길수록 자녀를 그 인원수만큼 낳는 성인의 비율이 크다. 오른쪽은 증가하지도 감소하지도 않는 안정된 인구를 이루는 가족 규모의 분포이며 왼쪽은 성인 두 명당 평균 1.6명을 출산하는 인구 대감소 미래다.

왼쪽과 오른쪽은 얼마나 다를까? 이는 무엇을 물어보느냐에 달렸다. 막대는 별로 달라 보이지 않지만 **결과**는 천양지차다. 얼마나 다른가 하면, 세계 인구는 오른쪽 그림에서는 꾸준하고 안정된 반면에 왼쪽 그림에서는 0을 향해 감소한다. 다음 장에서는 당신이 그 이유를 직접 볼 수 있도록 숫자 계산을 (당신에게 고통을 주지 않고) 해볼 것이다.

하지만 현재 우리의 요점은 이것이다. 두 막대는 **별로** 달라 보이지 않는다. 둘 다 자녀를 여러 명 낳는 가족이 조금 있고 안 낳거나 한 명만 낳는 가족이 꽤 많고 두 명 낳는 가족이 대부분이다. 우리가 사는 텍사스주 오스틴 같은 곳에서는 둘 다 꽤 평범해 보인다. 물론 모든 데이터가 있고 통계 전문가라면 차이를 가려낼 수 있을 것이다. 하지만 공원, 식료품점, 수영장을 방문한다고 해서 차이를 알 수 있을까? 등하굣길, 커피숍, 호수의 조깅객들에게서 차이를 볼 수 있을까? 아마 힘들 것이다. 이는 사뭇 다른 미래로 이어지는 가족생활의 패턴이 우리의 눈에 띄지 않을 수 있다는 뜻이다.

그림 1.2.[6] 인구 대감소와 안정화라는 두 가지 미래로 이어지는 가족 구성

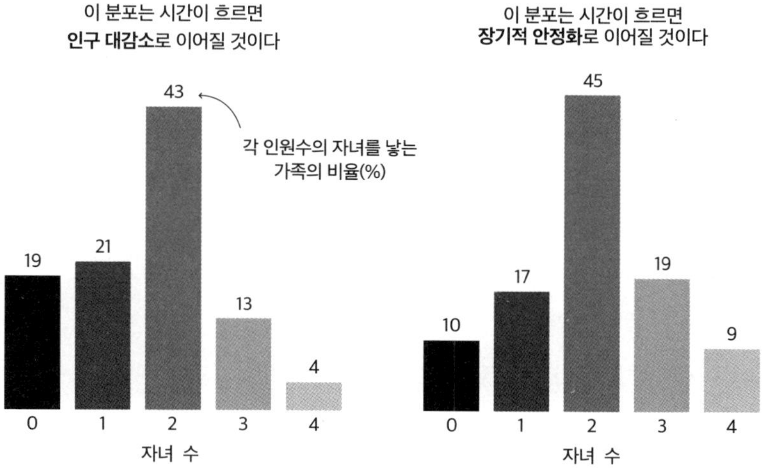

우리는 느끼지 못할지도 모른다. 보지 못할지도 모른다. 하지만 우리는 스파이크의 꼭대기에서 흔들거리고 있다. 많은 사람이 살아서 겪을 우리 시대는 과거와 미래의 나머지 역사와는 다른 것으로 드러날지도 모른다. 오늘의 '정상'이 지속된다면 말이다.

이미 인류의 이야기는 5분의 4 이상 쓰였다

전 세계 출생률은 흥미로운 방식으로 다양하다. 나라와 주에 따라, 인종과 종교에 따라, 학력과 소득에 따라 출생률이 다르다. 미국에서

10대 출산은 1월에 일어날 가능성이 가장 큰 반면에 기혼모 출산은 5월에 일어날 가능성이 가장 크다.[7] 인도에서 달리트(예전에 '불가촉천민'이라고 불리던 비천한 카스트 계급)는 상위 카스트 출신보다 자녀를 약간 많이 낳는 경향이 있다.[8]

역사에 나타난 출산율도 흥미롭다. 프랑스의 출산율은 1700년대에 빠르게 하락했는데, 이웃 나라들보다 훨씬 일렀으며 호르몬 피임약이나 라텍스 콘돔이 발명되기보다도 훨씬 일렀다.[9] 전문가들은 이 현상을 자세히 설명하는 수천 편의 논문을 학술지에 발표했다. 하지만 이런 세세한 차이는 앞으로 무슨 일이 일어날지 알아내는 데 도움이 되지 않는다.

무슨 일이 일어날지 알려면 전 세계 사람들의 **공통점**을 봐야 한다. 오늘날 지구의 모든 지역은 중국, 인도, 미국(인구가 가장 많은 세 나라)처럼 출생률이 낮거나 대부분의 아프리카 나라처럼 출생률이 하락하고 있다.

인류가 지금의 추세를 유지하면 인류의 이야기는 대부분 쓰였다고 말할 수 있다. 실은 약 5분의 4가 쓰였다. 왜 5분의 4냐고? 오늘까지 이미 1,200억 명이 출생했다. 이는 호모 사피엔스까지 거슬러 올라가서 헤아린 수치이며 오늘날 살아 있는 80억 명의 출생이 포함되었다. 스파이크의 길을 따르면 인류 역사를 통틀어 전체 누적 출생은 1,500억 명에 못 미칠 것이다. 각각의 미래 세대가 직전 세대보다 적어지다가 급기야 인류의 수가 매우 적어질 것이기 때문이다.

지금 당신이 이렇게 생각하는 것도 이해가 간다. '그럴 리가 있나. 지속 불가능한 추세에 대해 너무 확신하는 거 아냐? 사람들이 영원

그림 1.3.[10] 인류의 5분의 4가 이미 태어났을까?

히 자녀를 적게 낳진 않을 거라고.'

어떤 추세는 실제로 지속 불가능하며 그런 추세를 무한정 가정하는 것은 실책이다. 우리는 여기서 그런 실수를 저지르는 게 아니다. 전 세계 사람들은 계속해서 소가족을 꾸릴 수 있다. 오늘**보다** 작은 게 아니라 오늘**만큼** 작을 뿐이다. 평균 1.4명이나 1.6명이나 1.8명의 자녀에 해당하는 개인적 결정을 내리며 오랫동안 지속할 수도 있다. 인구 대감소의 미래는 이 수준의 **꾸준한** 출생률에서 발생한다.

인구 대감소가 얼마나 오래 지속될 것인가는 사람들이 무엇을 선택하느냐에 달렸다. 사람들이 상황을 가늠하고는 소가족이 상책이라고 판단하는 한 인구는 갈수록 감소할 것이다. 이게 조건의 전부다. 각 가족이 계속해서 평균 두 명 미만의 자녀를 낳는다면 누적 인구는 결코 1,500억 명을 넘지 못한다.

따라서 **만일** 인류가 이 추세를 유지한다면 나머지 인류 역사에는 300억 명만 등장할 것이다. 우리는 그 미래에 정확히 어떻게 쪼그라들어 사라질까? 인구 대감소의 끝에 인류가 말 그대로 최후의 두 사람으로 줄어들까? 그렇지 않다. 80억 명이 줄어드는 세상에서는 거대한 무언가가 마침내 일어나 우리를 (좋게든 나쁘게든) 이 길에서 벗어나게 할 것이다. 우리는 스파이크의 정확한 수학을 최후의 수백만까지 파고들지는 않을 것이다.

스파이크에서 벗어나는 진출로는 깎아지른 내리막일 수도 있다. 그 마지막은 많은 인구가 생존할 수 있었지만 일부가 그러지 못한 재앙일 것이다. 이 책의 한 장을 할애해 이 가능성을 다뤘다.

또한 진출로는 오르막일 수도 있다. 재앙이나 붕괴가 우리를 휘청거리게 한 뒤에 출생률이 반등할 수도 있다. 어떻게? 진보가 멈추거나 역전되면, 삶이 열악해지면 우리는 (인류가 가난했던) 과거를 향해 나아가는 것처럼 보일 것이다. 가난한 과거에는 오늘날보다 아기를 더 많이 낳았으며 가난한 나라는 부자 나라보다 아기를 많이 낳는 경향이 있다. 따라서 진출로는 사회적, 기술적, 정치적 진보를 퇴행시켜 수천 년에 걸친 투쟁과 성장의 인류 역사를 거꾸로 되돌리는 재앙일 수도 있다. 그러면 출생률이 올라갈 수도 있고 심지어 인구가 안정될 수도 있지만 바람직한 일은 아닐 것이다.

큰 변화 없이 상황이 저절로 역전될 수 있을까? 단답형으로 말하자면 그럴 리 만무하다. 역전은 수백 년에 걸친 출생률 감소 추세를 깨뜨릴 것이다. 이 추세는 대부분의 사람이 진보라고 여기는 사회적·경제적 변화에 토대를 둔다. 우리 중 누구도 이 변화가 사라지기를 바라진 않을 것이다.

출생률이 낮아진 나라의 역사를 보면 자동 반등의 가능성을 알 수 있다. 1950년 이래 여성의 전체 가임기에 해당하는 평균 출생자 수가 1.9명 이하로 내려간 나라는 26개국이다(제대로 된 통계가 작성된 나

라로 국한했다).[11]

이 26개국 중 어느 나라도 그 뒤 생애 출산율이 인구를 안정시킬 만큼 높은 수준으로 상승하지 못했다. 캐나다도, 일본도, 스코틀랜드도, 대만도 그러지 못했다. 어느 해에 태어난 사람들도 그러지 못했다. 이 중 몇몇 나라에서는 정부가 출산을 장려하고 지원하는 정책을 시행한다고 자평한다. 하지만 모두가 여전히 출생률이 2 이하다. 26 대 0이라는 수치가 상황이 달라질 수 없음을 의미하진 않지만 데이터를 무시하는 것은 무모한 처사다. 역전이 일어난다면 이는 안정화 요인이 자동으로 작동해서가 아니라 사람들이 역전을 **원해** 노력했기 때문이다.

세계가 안정되려면 둘이 필요하다

어쩌면 당신은 (이 책을 다 읽고 나서도) 번영하는 50억 명의 세계가 그만큼 잘사는 5억 명의 세계보다 낫다는 데 동의하지 않을지도 모른다. 하지만 인구 규모가 0을 향해 쪼그라들지 않고 **언제**가 되었든 어느 수준(심지어 오늘날보다 훨씬 작은 수준)에서든 안정되어야 한다는 데는 동의하는가?

피할 수 없는 수학: 어느 수준에서든 안정이 일어나기 위한(심지어 세계 인구가 적디적은 경우에도) 조건에는 같은 수학이 적용된다. 세대마다 두 명의 성인이 약 두 명의 자녀를 낳아야 한다.

잠깐, 둘이라고? 정확히 2.0이라고? **모든 사람**에 대해 둘이라고? 다음 장에서 설명하겠지만 꼭 그렇진 않다. 지금으로서는 많든 적든, 적디적든 모든 인구는 두 명의 성인이 적어도 두 명의 자녀를 낳지 않으면 계속해서 감소한다는 것만 알면 충분하다. 0을 향한 감소는 균형도 지속도 아니다.

이 피할 수 없는 산수가 무엇을 내포하는지 생각해보라. 세계 평균이 2 이하로 낮아지면(수십 년 안에 우리가 거쳐갈 지점이다) 세계 인구를 안정시키기 위해서는 전 세계 출생률이 증가했다가 영원히 높게 유지되어야 한다. 이런 일은 인구통계가 기록된 이래 한 번도 일어나지 않았다.

어쩌면 당신은 언젠가 선하고 힘센 누군가가 나타나 해결책을 찾으리라고 확신할지도 모른다. 어쩌면 스파이크의 추정보다 더 낙관적으로, 인구 대감소가 수십 년이나 수백 년 진행된 뒤에 인류가 출생률을 2까지 끌어올릴 거라 생각할지도 모른다. 그렇게 생각하더라도 계속 읽어주기 바란다.

첫째, 당신이 틀렸을지도 모른다. 이 책은 정부와 운동이 출생률에 영향을 미친 역사에 대한 통념이 틀렸음을 보여줄 것이다.

둘째, 세계 인구가 결국 회복되더라도 **언제** 회복이 시작되는가에 따라 커다란 차이가 생긴다. 전례 없는 회복이라는 낙관적 경우를 상정하더라도 실상은 반등의 시작이 10년 늦어질 때마다 최종의 안정된 인구 규모는 그 뒤로 계속 8퍼센트 더 작을 것이다(이 문장이 당신을 도발했는가? 혹은 매혹적으로 느껴졌는가? 아니면 귀를 의심했는가? 자세한 내용은 12장에서 설명하겠다).

이제는 스파이크에 관심을 기울일 때

기후변화가 심각한 중대 사건임을 처음 깨달았을 때가 언제인지 기억하는가? 1990년 이전에 태어난 사람들은 대부분 기후변화에 대해 별생각 없이 학창 시절을 보냈다. 이 책의 저자들이 자라던 시절에는 학생들이 탄소 배출이 아니라 오존층 구멍, 산성비, 텅스텐 고갈 같은 문제에 대해 배웠다. 기후변화에 대한 최초의 대중서인 빌 매키번Bill McKibben의 『자연의 종말The End of Nature』은 1989년에야 출간되었다.

하지만 기초적인 사실들은 사회 운동이 벌어지기 오래전부터 알려져 있었다.[12] 1950년대에 의회는 과학자들의 증언을 청취했다. 1965년 존슨 대통령은 의회 연설에서 이렇게 말했다. "이 세대는 방사능 물질을 통해, 또 화석연료를 연소시켜 이산화탄소를 꾸준히 증가시킴으로써 대기 성분을 지구적 규모로 변경했습니다." 백악관은 그해 발표한 보고서에서 이산화탄소를 오염물질로 규정했다. 이렇듯 진보가 있긴 했지만 속도를 낸 것은 최근 들어서다. 하지만 1950년대에 누군가 첫발을 뗀 것은 분명하다.

그들은 좋은 일을 했다. 그러지 않았다면 오늘날의 기후 정책은 이제 마침내 이뤄지고 있는 진보를 이룰 도구와 기술과 정치적 자각을 얻지 못했을 것이다. 1950년대와 1960년대의 과학자들은 기후변화의 위협을 인식했다. 그들은 모든 해결책에 이르는 완벽한 지도를 가지고 있지 않았지만, 전 지구적 도전을 시작하기에 너무 이르다고 생각하지 않았다.

스파이크 꼭대기는 오늘로부터 60년 뒤일지도 모른다(그보다 수십 년 이를 수도 있다). 1950년대의 기후 선구자들처럼 오늘 살아 있고 일하는 모든 사람이 원하는 답을 얻으려면 앞으로 수십 년이 지나야 할 것이다. 하지만 그렇다고 해서 사실들을 맞닥뜨릴 책임이 사라지진 않는다. 지금 배우기 시작해야 한다. 첫 단계는 오늘날의 인구를 이해하는 것이다. 지금의 인구가 어디서 왔고 어디로 향해 가는지 알아야 한다.

2장

성장과 쇠락을 가르는 선

시마는 우타르프라데시의 캥거루 육아법 프로그램에 종사하는 간호사다. 프리티의 모유 수유와 아기의 체온 유지를 돕고 있다. 농촌 출신의 젊은 여성 시마는 놀랍게도 질라(인도의 행정구역–옮긴이)의 수도에서 간호학 학위와 일자리를 얻었다. 이것만 해도 이미 대단한 진전이었다.

우타르프라데시도 마찬가지다. 20년 전만 해도 이곳에서 전기가 들어오는 주택은 43퍼센트에 불과했다. 아기의 8퍼센트 이상이 돌이 되기 전에 죽었다. 지금은 90퍼센트의 주택에 전기가 들어오며 유아 사망률은 5퍼센트 이내다.[1] 오늘날 시마는 세 자매와 네 형제, 부모 누구와도 밤마다 스마트폰으로 화상 통화를 할 수 있다. 하지만 시마는 집에 처음으로 전구와 선풍기가 설치된 날을 기억한다. 요즘 시마 같은 일부 여성은 전문직에 종사한다(수가 늘고 있지만 여전히 드물다). 같은 병원에서 일하는 언니 리마가 길을 개척했다.

가족 구성도 달라지고 있다. 시마의 아버지는 여덟 자녀를 두었는

데, 그 자신도 여덟 남매 중 하나였다. 한 세대 전에 여덟 자녀는 대가족이긴 해도 엄청난 대가족은 아니었다. 시마의 부모는 여덟 자녀를 전부 학교에 보내느라 수십 년을 희생했다.

이제 시마는 KMC 병동에서 일한다. 작디작은 아기들을 얼러 몸무게를 잰다. 검사 시간에 여유가 있고 병실 안에 간호사가 시마 혼자일 땐 아기에게 노래를 불러주기도 한다. 병동의 저체중 아기들은 아직 통통하진 않지만 시마를 미소 짓게 한다.

그녀는 작디작은 신생아 10명을 능숙하게 돌본다. 그렇지만 자녀는 한 명만 낳을 계획이다. 시마의 나이는 스물두 살로, 산모 프리티가 결혼했을 때보다도 세 살이 많다. 그녀는 자신이 중매 결혼을 하게 되리라는 것도 안다. 하지만 결혼 후에도 계속 일하게 허락해줄 시댁을 아버지가 찾아주길 바란다. 시마는 자신의 대가족을 사랑하지만 자신은 대가족을 꾸리고 싶지 않다고 말한다. "이젠 시대가 달라졌어요!" 언니 리마는 둘을 낳겠다고 말한다. "당연히 둘이죠." 하지만 시마는 그것도 많다고 생각한다.

2.0과 1.0 그리고 둘의 커다란 차이

30년 전 우타르프라데시의 평균적 여성은 자녀를 다섯 명 이상 낳았다. 오늘날 평균은 2.3명이다. 인도 전체로 따지면 더욱 낮다. 시마와 리마는 우타르프라데시의 평균적인 20대 여성보다 학력이 훨씬 높지만 두 사람이 그리는 가족 계획은 별로 특이하지 않다. 우타르프라데시의 젊은 여성들은 인구조사원에게 자녀를 평균적으로 약 1.9명 낳고 싶다고 말한다. 물론 8.0명과 2.3명의 차이는 어마어마하다. 하지만 2.3명과 1.9명의 차이는 중요한 선을 넘는데, 이는 다음과 같은 중대한 사실을 일깨운다.

중대한 사실: 1.9는 2.0보다 작다.

놀랍지 않은가? 어쩌면 아직은 아닐 수도 있다. 하지만 이 사실은 우타르프라데시가 인구 대감소의 길에 들어섰음을 보여준다.

인구 대감소의 기초를 이해하기 위한 가장 중요한 출발점은 두 가지 원리다. 첫 번째 원리는 인구 성장과 인구 쇠락이 같은 지수 법칙을 따른다는 것이다. 지난 100년간 세계의 크기는 네 배로 커졌다. 지난 200년간은 여덟 배 증가했다. 인구 쇠락의 대수는 인구 성장의 대수와 같으므로 미래의 어느 200년간 이만큼 빠르게 하락할 수도 있다. 이 현상을 일으킬 수 있는 전 세계 출생률이 유례가 없지도 않다. 부탄, 중국, 이탈리아, 푸에르토리코 등 많은 나라에서 오늘날 벌어지고 있는 현상이다.

두 번째 원리는 인구가 증가하는지 감소하는지, 세계가 지수적 성장의 경로를 따르는지 지수적 쇠락의 경로를 따르는지는 평균 출생률이 **대체 출산율**보다 높은지 낮은지에 좌우된다는 것이다. 대체 출산율은 세계 인구 규모를 장기간 (증가하지도 않고 감소하지도 않도록) 유지할 수 있는 여성 1인당 평균 자녀 수다. 우리 중 절반만이 난자와 자궁을 가지고 태어나므로 대체 출산율은 여성이 평균 두 명가량의 자녀를 낳아야 한다는 뜻이다. 자녀 두 명이라는 티핑 포인트는 1.9가 2.0보다 작다는 사실이 **중대한** 이유다.

소가족을 원하는 건 시마만이 아니다. 오늘날 대부분의 나라에서 출산율이 대체율을 밑돈다. 그림 2.1은 세계가 이 경계선을 넘는 순간을 보여준다. 각각의 점은 나라이고 각각의 열은 연도다. 점의 세로 위치는 그해 해당국의 출생률이다. 점들은 아래로 내려가다 2.0 아래서 모인다. 그렇다면 대체 왜 2.0이 그토록 중요할까?

아기를 낳으려면 두 명이 있어야 한다. 적어도 지금의 과학 수준으로는 그렇다. 성인 두 명이 아이 둘을 낳으면 성인 한 명당 아이 하나를 낳는 셈이다. 하지만 지금부터 우리는 '성인 1인당 출생'이 아니라 '여성 1인당 출생'에 대한 통계를 논의할 것이다. 시마가 한 자녀를 원한다고 말하고 리마가 두 자녀를 원한다고 말할 때 그들의 말뜻은 각각 한 번과 두 번 출산하고 싶다는 것이다. 그들은 원하는 자녀 수를 자신의 (현재 또는 미래의) 남편 수를 고려해 2로 나누지 않았다. 시마는 자신의 이상적 미래 가족이 성인 1인당 자녀 0.5명을 낳는다는 식으로 생각하지 않았다. 그녀는 한 명의 여성이고 한 명의 아이를 원한다.

이것이 우리가 '여성 1인당 출생'을 중심으로 생각하는 상식적 이유다. 인구통계 전문가들도 출생을 **여성 1인당**으로 집계한다. 물론 난자를 생산하고 자궁이 있고 의학적으로 임신이 가능하고 여성인 것은 서로 동의어가 아니며 평생 고정된 사실도 아니다. 하지만 이 책에서 쓰는 종류의 데이터를 수집한 조사원이나 통계 조사 기관의 설문에서는 대부분 이런 구별이 가능하지 않다. 그래서 아프리카의

그림 2.1.[2] 나라별 출생률이 2 아래로 떨어지는 순간

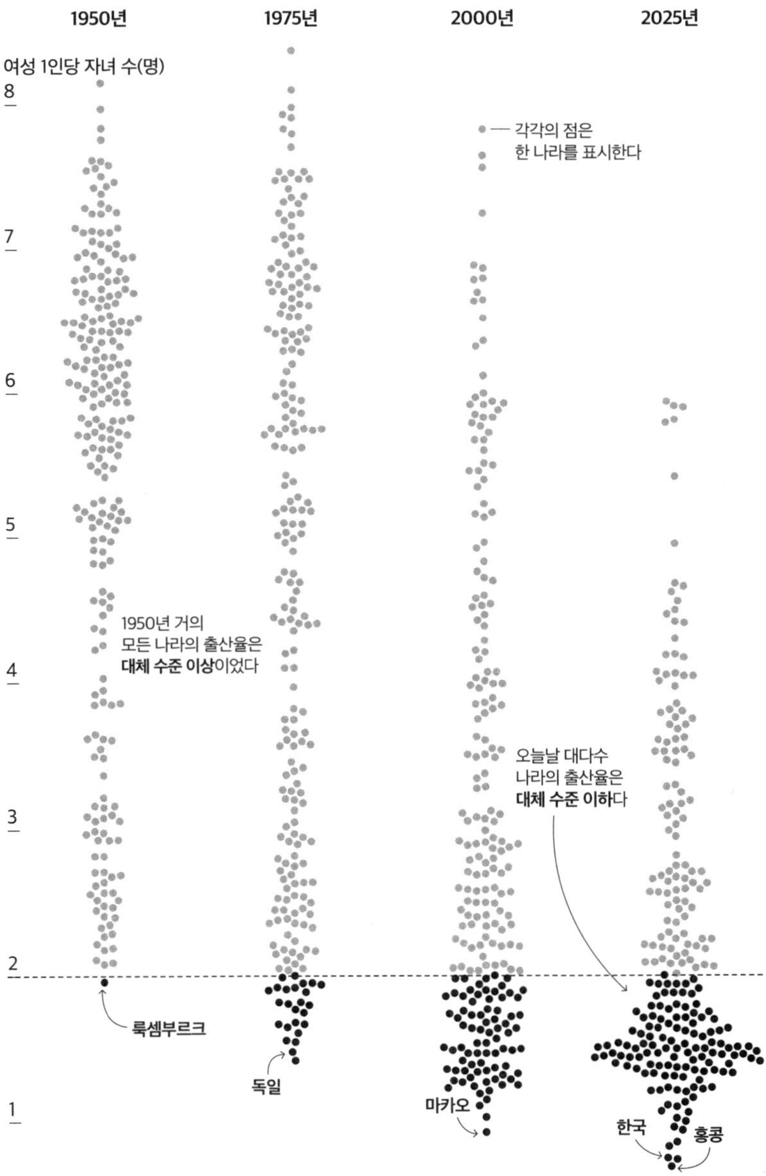

출생률에 대한 UN 공식 통계, 유럽 인구통계 전망에 대해 전문가를 인터뷰한 신문 기사, 인도 여성들이 현재 바라는 가족의 종류를 서술하는 학술 연구를 이해하기 위해 우리는 출생률을 여성 1인당 관점에서 생각할 것이다. '여성 1인당' 자녀에 대해 쓴다고 해서 자녀가 여성만의 책임이라는 견해에 동조하는 것은 아니다. 이 책에서 계속 반복되는 말 중 하나는 자녀가 모두의 공동 책임임을 모두가 알았다면 미래가 더 밝아 보일지도 모른다는 것이니까.

출생률을 측정하는 방법에는 여러 가지가 있지만 가장 흔한 것은 '합계출산율'이다(경우에 따라서는 합계출산율 대신 간단히 '출생률'이나 '출산율'이라고 쓸 것이다). 합계출산율은 특정 인구 집단에서 여성 한 명이 (각각의 나이에서 출산하는 횟수가 그 인구 집단에서 정상일 경우) 평생 낳을 자녀의 평균 인원수를 계산한 것이다. 인구학에서 '출산fertility'이라는 낱말은 의학적 가임fertility 및 불임infertility과는 전혀 무관하다. 인구통계 연구에서 출산은 단지 아기를 몇 명 낳는지를 가리킨다.

앞에서 우리는 대체 출산율이 약 2라고 말했다. 그런데 어떤 사람들은 대체 출산율이 2.1이라고 말한다. 모든 아기가 성년에 도달해 부모가 될 때까지 살아남지는 못하기 때문이다. 하지만 엄밀히 따지면 2.1도 딱 맞는 것은 아니다. 아동이 사망할 가능성이 어디서든 같거나 모든 시대에 대해 일정하진 않기 때문이다. 아기의 절반이 성인기 이전에 사망한 비참한 과거에는 대체 출산율이 4.0에 가까웠을 것이다. 자녀가 네 명 태어나고 두 명이 여아이면 그중 절반이 성인기까지 살아남는다. 즉 어머니 한 명이 낳은 아기 넷 중에서 한 명만이 다음 세대에 성인 여성이 된다.

따라서 실제 대체 출산율은 장소마다 시대마다 다르다. 대체 출산율 계산법은 학술지에 실릴 정도로 복잡한 문제다. 인구학자 스튜어트 기텔-바스텐Stuart Gietel-Basten과 세르게이 셰르보프Sergei Scherbov는 인도의 각 주별로 대체율을 계산한 연구를 발표했다.[3] 2010년대 시마가 살고 있었던 인도 우타르프라데시를 생각해보자. 당시 유아가 사망할 가능성은 지금의 우타르프라데시보다 훨씬 높았다. 그랬기에 기텔-바스텐과 셰르보프의 연구 데이터에 따르면 당시 그곳의 대체율은 2.39였다.

인도의 다른 주에서는 같은 기간 대체율이 2.1 이하였다. 시마의 상사는 직업적 비영리단체 관리자다. 케랄라라고 불리는 더 부유하고 건강한 주에서 살다가 이 일을 맡으려고 이주했다. 그곳의 대체율은 2.09였다. 20세기 초입에 잉글랜드와 웨일스에서는 아동 사망이 오늘날의 여러 가난한 지역보다도 훨씬 흔했으며 대체 출산율은 2.6이었다.

정말로 엄밀하게 따지고 싶으면 생물학적 차이 때문에 남아가 태어날 확률이 약간 높다는 통계적 사실도 감안해야 한다. 남아 선호 낙태나 50세 이전 사망이 전혀 없는 가상의 건강 인구는 대체 출산율이 2.05일 것이다. 아기가 205명 태어날 때마다 인간의 생물학적 특성 때문에 그중 약 100명이 여아일 것이기 때문이다.

하지만 시시콜콜 신경 쓸 건 없다. 미래에는 아동 사망이 드물 것이며 그렇다면 두 자녀와 실제 대체 출산율의 차이는 미미할 것이다. 합계출산율이 2.0 이하면 어떤 대체율보다도 낮을 수밖에 없다. 그러므로 이 책에서는 2를 쓸 것이다.

2는 어림으로 쓰기에 충분하다. 필요 이상으로 정확한 것처럼 가장하지 않는다. 전 세계에 대해, 긴 시간에 대해 모든 것을 평균했을 때 유의미한 2 이상의 값이 나오면 그것이 인구 성장이다. 2 이하는 인구 쇠락이다.

출산율을 이용하면 세대 크기가 어떻게 달라질지 알 수 있다. 오늘날 유럽의 평균 출산율은 약 1.5다. 이는 다음 세대가 직전 세대보다 25퍼센트 줄어든다는 뜻이다. 왜일까? 여성이 평균 1.5명의 자녀를 낳으면(여성 중 일부는 여러 자녀를 낳고 일부는 하나도 낳지 않으며 누구도 정확히 1.5명을 낳지 않는다) 평균 0.75명의 딸을 낳게 된다. 평균 0.75명의 딸을 낳으면 직전 세대에서 100명이었던 여성은 다음 세대에서 75명의 여성이 된다.

이제 전 세계를 뭉뚱그려 출산율이 1.5였고 이 숫자가 여러 세대에 걸쳐 유지되었다고 상상해보라. 지구는 얼마나 빨리 쪼그라들까? 2025년에서 출발하자. 이해에는 전 세계에서 약 1억 3,200만 명의 아기가 태어나고 그중 약 6,600만 명이 여아일 것이다. 아기들이 모두 아동기 이후까지 살아남는다고 가정하자. 몇십 년 지나지 않아 유아 사망률이 극단적으로 낮아져 거의 모두가 그렇게 될 것이기 때문이다. 성인이 된 6,600만 명의 여성이 평균 1.5명의 자녀(0.75명의 여아)를 낳으면 딸 5,000만 명(과 아들 5,000만 명)을 얻게 된다. 그 딸들이 자라 누구는 엄마가 되고 누구는 되지 않을 것이다. 그들은 딸 3,700만 명을 낳을 것이고 그 딸들은 자라서 다시 딸 2,800만 명을 낳을 것이다.

이제 다음 세대, 그다음 세대, 또 그다음 세대까지 다시 계산해보

자. 금세 복리가 더해진다. 아니, 빼진다고 하는 게 맞겠다. 일곱 세대가 지나면 전 세계에서 총 900만 명의 여아(와 900만 명의 남아)가 태어날 것이다. 이는 최초 인구의 13퍼센트다. 일곱 세대가 더 지나면 약 100만 명일 것이다. 다시 일곱 세대가 지나면 전 세계에서 해마다 16만 명의 여아가 태어날 것이다. 이 숫자는 올해 텍사스에서 태어난 여아 수에도 훨씬 못 미치며 1만 년 전 해마다 태어났으리라고 추정되는 여아의 수보다도 약간 적다.[4] 그때쯤이면 세계 인구는 쪼그라들었을 것이다. 세계는 이 방향으로 나아가고 있다. 실은 오래전부터 그랬다.

출생률은 줄곧 하락했다

인구가 성장한 것은 출생률이 증가했기 때문이 아니다. 이것이 중요하다.

출생률은 줄곧 하락하고 있었다: 신뢰할 만한 기록이 존재하는 모든 기간 동안, 적어도 스파이크가 상승한 지난 수백 년 동안 여성 1인당 평균 출생자 수는 세대마다 하락하고 있었다.

스파이크는 정점을 찍었다. 인구가 급등했음에도 출생률은 하락하고 있었다. 1800년대 초 미국에서 기혼 백인 여성(해당 집단에 대해 일부 데이터가 기록되었다)은 평균 일곱 번 출산했다.[5] 비슷한 시기에 전 세계의 평균적 여성은 약 여섯 번 출산했다.[6] 1900년대 초가 되자 미국의 수치는 백인과 비백인 할 것 없이 네 번 가까이로 하락했다.[7] 출생률이 (아마도) 세계 어느 나라보다 빨리 하락한 프랑스에서는 1900년대 초가 되었을 때 평균 세 번을 밑돌았다. 세계 평균은 약 5.5번이었다.

하지만 출생률과 세계 인구를 비교하기 위해 인구 성장이 실제로 이뤄지던 시기에 초점을 맞추자. 1950년 이래 인구 규모는 25억 명에서 80억 명 이상으로 세 배 이상 증가했다. 그럼에도 같은 기간 출생률 추세는 정반대였다. 출생률은 빠르게 하락하고 있었다. 1950년대와 1960년대 전 세계의 평균적 여성은 자녀를 다섯 명 낳았다. 그 뒤로 출생률은 반토막이 되었다. UN 데이터베이스의 최신 통계는 2.3으로, 두 명의 부모를 대체하기에 빠듯하다. 하지만 출생이 더 많아진 게 아니라면 이 많은 인구는 어디서 왔을까?

인구 스파이크의 원인, 아동 사망 감소

지구는 밖에서 들어오거나 밖으로 나가는 이주가 하나도 없다. 세계 인구는 닫힌계다. 이 말의 뜻은 아래와 같다.

관건은 출생과 사망이다: 세계 인구 성장률은 출생률과 사망률의 차이다.

세계 인구 성장률이 증가하는 이유는 사망률이 감소하거나 출생률이 증가하거나 둘 중 하나다. 앞에서 봤듯이 출생률은 상승하는 게 아니라 하락하고 있었다. 이 말은 사망률 감소야말로 인류를 스파이크로 밀어올린 혁명이었다는 뜻이다. 구체적으로 유아 사망률이 하락했다. 아기들이 성인기까지 살아남을 가능성이 커진 것이다.

그림 2.2에서 이 사실을 확인할 수 있다. 이 그래프에서 왼쪽에서 오른쪽으로의 이동은 과거에서 현재로, 그리고 가까운 미래로 역사를 관통한다. 위쪽 그림은 출생과 사망을 표시한 것이다. 출생에 대한 합계출산율이 아니라 단순히 인구 1,000명당 출생자 수를 집계한 '조'출생률이다. 아래쪽 그림은 인구 규모의 퍼센트 성장률을 표시한 것이다. 양수는 인구 증가를 나타내며 양수가 클수록 인구가 빨리 증가한다. 음수는 인구 감소를 나타낸다.

오래전에는 사망률이 높고 출생률도 높아서 인구 성장이 느리거나 심지어 0에 가까웠다. 이는 그래프가 시작되기 전 초창기에 일어난 일이다(①). 여성들이 여섯 번이나 일곱 번 출산한 17~18세기에는 예닐곱 명의 자녀가 모두 생존해 18세기의 성인이 되진 못했다. 당시에는 많은 삶이 유아기나 아동기에 끝났다. 그래서 다음 세대의 크기는 매번 직전 세대와 별반 다르지 않았다. 이것이 1장에서 본 스파이크에 선행하는 긴 평지다.

하지만 무언가 달라졌다. 사망률이 낮아지기 시작했다. 태어난 자녀 중에서 성인기까지 생존하는 수가 늘었다. 더 많은 사람이 자녀를 낳게 된 셈이다. 출생률과 사망률의 격차가 (출생률이 상승하지 않은 채) 벌어지면서 인구 성장률이 증가했다.

출생률과 사망률의 격차가 가장 클 때 인구 성장이 가장 빨랐다

그림 2.2.[8] 우리가 지금에 이른 것은 사망률 때문일까, 출생률 때문일까?

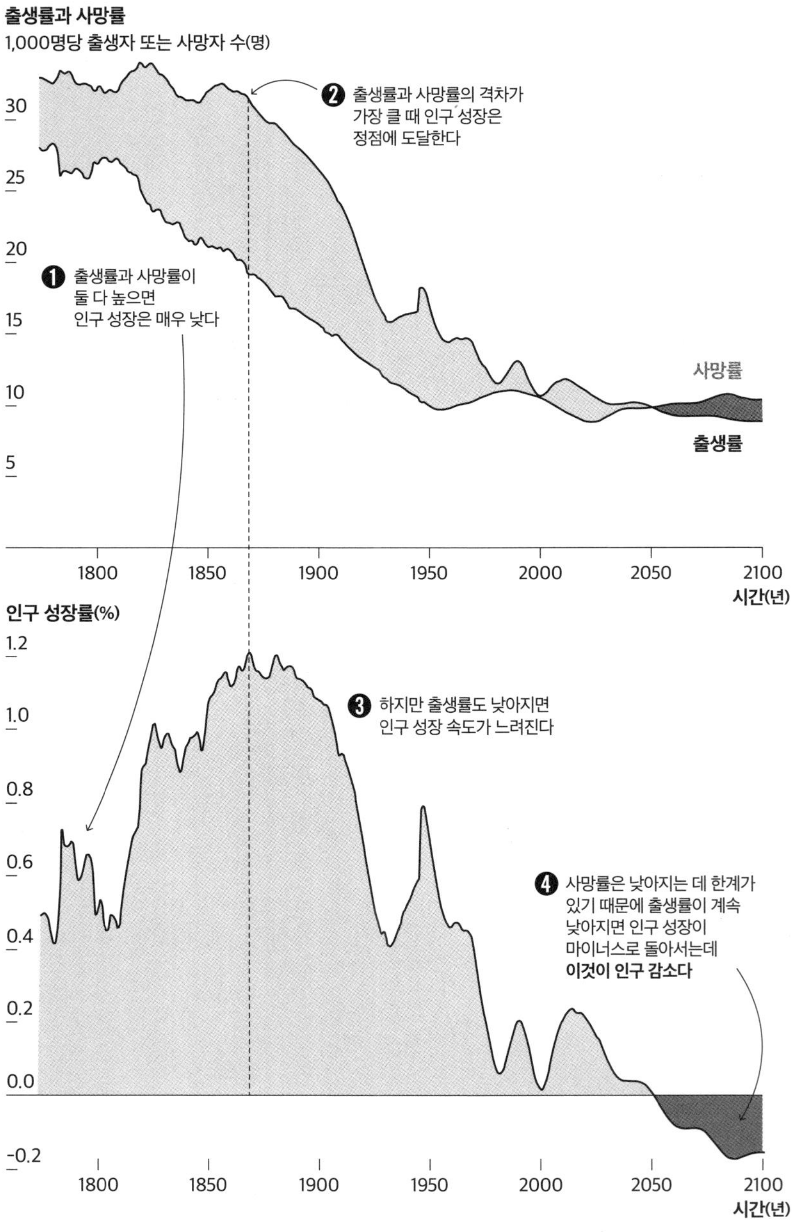

(②). 인구는 그 뒤로도 계속 성장했지만 처음만큼 빠르진 않았다. 출생률 또한 낮아졌기 때문이다. 출생률은 여전히 사망률보다 높게 유지되었지만 사람들이 점점 작은 가족을 선택하면서 결국 사망률을 따라 내려갔다(③).

인구통계 역사란 높은 사망률과 높은 출산율에서 낮은 사망률과 높은 출산율로, 다시 낮은 사망률과 낮은 출산율로 나아가는 것이라고 보는 시각을 인구변천이론Demographic Transition Theory이라고 부른다. 인구변천이론은 20세기 중반에 등장한 개념이다. 이 이야기는 출생률과 사망률이 똑같이 낮아지는 지점에서 끝난다. 인구통계학자 프랭크 노트스타인Frank Notestein은 1953년 에세이에서 인구변천이론의 단계를 규정하면서 이렇게 썼다. "유럽의 변천은 사실상 완성되었다."[9] 1953년이 되었을 때 유럽의 출생률은 2.6까지 떨어져 있었다. 하지만 변화가 끝나지 않았기에 이 이론은 다음에 무엇이 올지는 말하지 않았다.

출생률이 계속 하락하면 사망률을 제치고 더 낮아진다. 그러면 인구 성장률이 마이너스가 된다. 이것이 인구 감소다(④).

우리가 아직 언급하지 않은 사실이 하나 있다. 그림 2.2는 전 세계가 아니라 스웨덴의 데이터다. 전 세계를 그리지 않은 것은 그럴 수 없기 때문이다. 1750년에는 전 세계 데이터가 존재하지 않았다. 스웨덴은 사망 및 출생 데이터를 취합하고 보관한 최초의 나라다. 덕분에 이런 그래프를 그릴 수 있었다.

1749년 스웨덴은 인구통계를 취합하는 새 체계 타벨베르케트Tabellverket(직역하면 '표 작업')를 확립했다. 스웨덴 왕실은 스웨덴교회에 표 작업을 맡겼다. 스웨덴은 군주국으로 이미 스웨덴교회와 밀접한 관계가 있었으며 교회는 이미 계층화된 대규모 전국 조직인 성직제도를 갖추고 있었기 때문이다. 성직자들은 교구 내에서의 사망, 출생, 인구에 대한 서류를 제출했다. 이 보고서들은 전국 통계로 취합되었다. 그리하여 약 300년이 지난 지금의 우리는 18세기 스웨덴의 출생률과 사망률에 대해 알 수 있다. 하지만 그 이전과 스웨덴 이외의 나라에 대해서는 알지 못한다.

세계 전체로 보자면 포괄적 출생·사망 등록은 비교적 새로운 현상이다. 상속과 정치가 걸렸을 때는 국왕이나 귀족이 정확히 어느 후손을 낳았는지가 매우 중요했다. 후손이 어느 순서로 태어나고 죽는지도 중요했다. 하지만 전쟁은 결코 대다수 사람들의 아기를 놓고 벌어지지 않았고 대다수 사람들은 물려줄 부가 없었다. 그래서 전 세계 대다수 사람들에 대해서는 기록된 것이 거의 없었다. 대부분의 나라에서는 아무것도 체계적으로 정리되거나 보관되지 않았다. 이 작업은 행정 업무를 처리할 근대 국가 관료제 비슷한 것이 등장한 뒤에야 가능해졌다.

역사가들은 지난 100~200년 이전의 인구통계에 대해 어떻게 알까? 대부분의 삶이 결코 대장에 기록되거나 정리되지 않았는데 말이다. 비결은 역사가들이 늘 하는 일이다. 살아남은 정보를 해석하고 추론하는 것 말이다. 공동묘지에는 탄생일과 사망일이 새겨져 있고 낡은 가족 성경에는 세례 내역이 쓰여 있다. 국왕의 아들이 노예와 같은 감염병으로 죽을 수 있던 시절 엘리트의 기록도 있다. 파괴된 고대 도시의 고고학적 발자국도 있다. 하지만 이 자료들은 대략적 추정을 뒷받침할 뿐이다. 그래서 "출생자 1,000명당 1세 이하 사망자가 23명"이라고 하기보다는 "돌 전에 사망하는 아기가 약 3분의 1"이라고 말한다. 해마다 또는 나라마다 자료를 구할 수 있는 것도 아니다. 권력자가 누구인가, 어떤 기록이 불탔는가와 같은 우연에 따라 달라진다.

더 오랜 세계사에 존재하는 정보의 단편들을 최근의 고품질 데이터와 결합하면 스웨덴과 똑같은 일반적 패턴이 전 세계에서 나타나는 것을 알 수 있다. 시기만 뒤로 이동했다. 스웨덴에서는 가장 빠른 인구 성장의 순간이 1800년대 후반에 찾아왔다. 하지만 세계 전체로는 1968년이었다. 우리가 **이 사실**을 관찰할 수 있는 건 UN 현대 인구 데이터가 1950년부터 집계되었기 때문이다.

이 데이터에 따르면 스웨덴은 2051년에 인구가 감소하기 시작할 것으로 추정된다(미래의 이주를 무시하고 출생률과 사망률만 감안할 경우). 세계는 2080년대나 어쩌면 좀 더 일찍 이 지점에 도달할 것으로 추정된다(이주가 일어나지 않는다고 가정할 경우). 하지만 패턴은 동일하다. 먼저 사망률이 낮아져 인구가 성장한다. 그런 다음에 출생률이 낮아져 인구가 감소한다.

'대탈주'의 시대는 끝났다

노벨 경제학상 수상자이자 우리의 박사 논문 지도교수 중 한 명인 앵거스 디턴Angus Deaton은 사망률의 빠른 감소를 인류의 '대탈주Great

Escape'라고 불렀다. 디턴이 바탕으로 삼은 것은 또 다른 노벨 경제학상 수상자 로버트 포겔Robert Fogel의 연구였는데, 포겔은 이를 '굶주림과 조기 사망으로부터의 탈주'라고 불렀다. 여기서 핵심은 '조기'다. 사망률 개선은 심장병과 암 같은 성인병의 치료에서 비롯되지 않았다. 탈주는 대부분 아동의 생존 가능성을 높이는 방면에서 이뤄졌다. 오늘날 아동기는 여러 면에서 예전과 다르지만 가장 중요한 차이는 생존 가능성이 커졌다는 것이다.

기대수명을 수치로 뭉뚱그리면 이 사실이 가려질 수 있다. 사망률이 높은 시기와 장소에서도 사람들이 30대에 죽는 경향은 없었다. 사람들은 성인기 후반과 (여건이 열악할 때는) 생의 초반에 죽었다. 따라서 1800년경 기대수명 추정값이 30세 미만이라고 해서 평균적으로 30세 성인이 사망했다는 뜻은 아니다.

만화처럼 단순화한 사례를 들어보겠다. 사람들의 절반이 출생 직후 죽고 나머지가 60세에 죽지만 그사이에는 아무도 죽지 않는다면 기대수명은 30세다. 이는 두 가지 가능한 결과인 0과 60세에 동일한 가중치를 부여한 평균이다. 세계가 개선되어 출생 직후 사망 가능성이 0으로 하락했는데 그 밖에 어떤 변화도 없으면 기대수명은 60세로 치솟는다. 30대, 40대, 50대인 사람에게는 아무 변화가 일어나지 않고도 이런 일이 벌어질 수 있다.

사실 이 단순화는 실제 현실과 그리 다르지 않다. 벤저민 프랭클린Benjamin Franklin은 이렇게 말한 바 있다. "오래 살기보다 잘살기를 바라라." 하지만 본인은 오래 살아 1790년 84세로 타계했다. 프랭클린은 형제자매가 17명이었다. 여섯 명은 60번째 생일까지, 네 명은

70번째 생일까지, 세 명은 80번째 생일까지 살았다. 하지만 네 명은 어릴 적에 죽었다.

전 세계 기대수명이 30세 이하에서 70세 이상으로 두 배 이상 증가했다는 것은 길이가 0에 가깝던 삶이 일반적인 성인의 길이를 지닌 삶으로 상당수 대체되었다는 뜻이다. 우리 시대의 노인은 1750년의 노인보다 아주 늙진 않았다. 하지만 우리 시대의 아동 사망률은 이전과 확연히 달라졌다.

그림 2.3은 아동 사망률(출생자 중에서 5세 이전에 사망하는 비율)이 어떻게 달라졌는지 보여준다. 벤저민 프랭클린과 형제자매들의 경우는 24퍼센트였다. 아동기에 죽을 확률이 넷 중 하나였음을 감안하면 이 17명은 비교적 운이 좋았다. 1700년대에는 (우리가 알 수 있는 나라에서) 인구의 3분의 1에서 절반이 다섯 번째 생일 전에 죽었다. 프랭클린은 세 자녀를 낳았는데 그 시대의 통계에 맞게 한 명은 어릴 적에 죽었다. 오늘날 오스트레일리아, 독일, 한국에서는 아동 사망률이 아주 낮아서 250명이 태어나면 249명이 아동기를 넘긴다. 그러면 50번째 생일을 맞을 가능성이 매우 크다. 세계 전체로 보면 아동기 사망 확률은 현재 4퍼센트를 밑돈다.

아동 사망률 감소가 세계 인구 성장률을 좌우하던 시대는 끝났다. 19세기와 20세기 사이에 스웨덴에서 아동 사망률이 10명 중 두 명에서 100명 중 두 명으로 하락하자 스웨덴의 인구 추세에 큰 변화가 일어났다. 현재 스웨덴의 아동 사망률은 1,000명 중 두 명인데, 물론 여기서 더(심지어 0까지) 떨어지면 자녀의 사망을 겪지 않게 된 가족들에겐 의미가 있을 것이다. 하지만 나머지 아동 사망을 없애더라도

그림 2.3.[10] 아동 사망으로부터의 대탈주

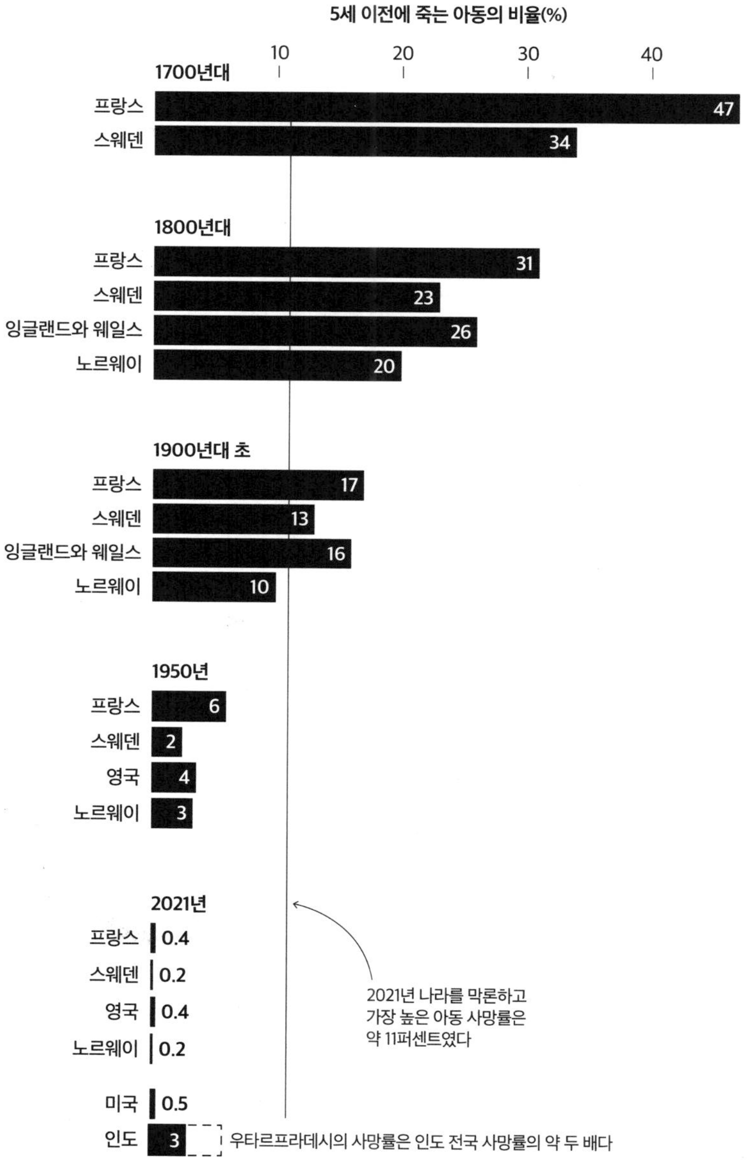

부유한 지역의 드문 유아 및 아동 사망은 인구 성장률의 바늘을 움직이지 못할 것이다. 여기에 걸린 목숨의 수가 너무 적기 때문이다.

다른 곳은 어떨까? 오늘날 우타르프라데시는 의료, 모성 영양, 질병의 차이 때문에 유아 사망의 위험이 미국, 유럽, 일본 같은 나라보다 훨씬 크다. 그럼에도 오늘날의 '높은' 아동 사망률은 평균적 여성이 자녀를 예닐곱 명씩 낳던 시절의 '정상적' 아동 사망률에 비하면 새 발의 피다. 이미 전 세계 최빈국의 아동은 과거 수백 년 전의 가장 부유한 귀족 자녀보다 생존 가능성이 크다. 2020년대 우타르프라데시의 아기는 1800년 부자 나라의 아기보다 훨씬 운이 좋다. 사망 위험이 4분의 1밖에 안 되니 말이다.

이 세계적 감소는 인류 최대의 도덕적 성취 중 하나였다. 수십 년이 더 지나면 우타르프라데시 같은 가난한 지역의 유아 사망률은 오늘날 미국과 비슷해질 것이다. 이 현상이 일어나고 아동 사망률이 모든 곳에서 하한선인 0까지 내려가면 더는 떨어질 여지가 없다.

과거 인구 성장은 아동 사망률 하락에 따른 것이므로 미래에도 인구가 계속 성장하리라 예상할 이유는 전혀 없다. 미래에는 아동 사망률이 더는 하락할 수 없기 때문이다. 이 말은 인류를 스파이크 위쪽으로 밀어올린 아동 사망률 급락을 동원해 인구를 증가시키거나 전 세계 출생률 하락에 맞서 인구를 유지하는 것이 불가능해진다는 뜻이다.

역사의 어느 시점부터 모든 향후 변화와 모든 불확실성은 출생률에 달렸다. 이미 하락하고 있던 연간 출생자 수가 연간 사망자 수를 지나 내려갈 때 비로소 인구 대감소가 시작될 것이다.

2.0이라는 수는 어떤 마법으로도 유지할 수 없다

전 세계 합계출산율은 1800년대의 3.5에서 1990년대는 3.0, 2010년대에는 2.5로 하락했다. 하지만 그러는 내내 인구에 대한 대중적 논의는 인구가 끝없이 성장하면 어쩌나 하는 것뿐이었다. 1970년 《라이프》 커버스토리에서는 예일대학교 학생의 '제로 인구 성장' 운동을 대서특필했다. "이 운동의 지지자들은 미국이 성장을 멈춰야 한다고 주장한다."

인구 대감소 가능성은 어땠을까? 대부분의 정부는 심드렁했다. 대부분의 운동가도, 인구 변화에 대한 일반 대중의 담론도 마찬가지였다. 누구나 상상한 두 가지 가능성은 '더 크게 성장'하거나 '일정한 규모로 정체'되는 것이었다. 한동안은 실제로도 그랬다. 2000년대가 되었을 때 예일대학교의 그 학생들은 AP Advanced Placement(대학 과정 선이수제-옮긴이) 시험을 치르는 고등학생의 부모가 되었다. AP 환경과학 및 인문지리학 시험 학습지침서에서는 인구변천이론을 학생들에게 설명하라고 권고했다. 이 이론은 인구 성장률이 0으로 끝나는 이야기를 들려주는데, 출생률과 사망률이 똑같이 낮아진다고 잘못된 가정을 하고 있다.

이따금 사람들은 암묵적으로 균형을 상정하는 실수를 저지른다. 그들은 인구가 오랫동안 성장한 뒤에는 인구 규모가 **정점에 도달했다가 하락**하는 게 아니라 21세기 후반에 **안정**될 거라고 말한다. 1998년 경제학자 W. W. 로스토W.W.Rostow는 이른바 '인구 대정점great population spike'에 대한 인구통계학 책을 냈다.[11] 하지만 로스토의 정점은 우리의 스파이크와 달랐다. 로스토는 인구 **크기**에 대한 그림을 작도하지 않았기 때문이다. 대신 인구 **성장**이 어떤 형태를 띨지에 대한 개념 스케치를 작도했다. 그의 도표에서 연간 인구 성장률은 20세기에 정점을 찍었다가 제로 성장률까지 하락했지만 결코 0 **이하**로 내려가진 않았다. 즉 인구가 감소하기 시작하는 범위에는 들어가지 않았다. 따라서 로스토의 그림에서 전 세계는 인구 정점에 도달해 높은 인구 수준을 영원히 유지한다.

사람들은 인구 추세에 대해 대중적인 글을 쓸 때마다 비슷하게 가정한다. 저명한 경제사학자 J. 브래드퍼드 들롱J. Bradford DeLong은 근작 『20세기 경제사: 우리는 유토피아로 가고 있는가』에서 이렇게 썼다. "인구 폭발은 비교적 단기적인 현상으로 드러났다. 인류는 장기적인 제로 인구 성장률을 향해 빠르게 이동하고 있는 듯하다."[12]

어림없는 소리다. 인류는 제로 인구 성장률이 아니라 **마이너스** 인구 성장률을 향해 빠르게 이동하고 있다. 제로 인구 성장률은 혁명적이고 가능성이 희박한 미래다. 우리 책에서는 열심히 노력하면 아마도 가능하지 않을까 희망하고 있긴 하지만(제로 인구 성장률은 '안정화'를 더 극적으로 나타내는 용어다).

인구 성장률이 결코 마이너스로 돌아설 수 없다는 암묵적 가정은 출생률이 결코 대체율보다 낮아질 수 없다는 가정과 같다. 하지만 2라는 숫자는 출생률이 멈추는 종착점인 적이 한 번도 없었다. 우리가 이 사실을 입증하는 데이터를 보유한 것은 대체 수준 이하 출생률이 새로운 현상이 아니기 때문이다. 이미 1980년에 세계 인구 다섯 명 중 한 명 이상은 출생률이 2 이하인 나라에서 살았다. 유럽 전역, 일본, 오스트레일리아, 쿠바는 이미 1970년대 중반에 성장과 쇠락의 경계선을 넘어섰다. 캐나다는 1972년, 미국은 1973년에 넘어섰다. 이 모든 나라는 이제 출생률이 2를 밑돈다.

역사는 여성 1인당 두 명을 낳는 사례가 이례적임을 보여줄 기회가 얼마든지 있었다. 출생률 하락이 2에서 영원히 멈춘 나라가 있을 법도 했다. 하지만 그런 일은 결코 일어나지 않았다. 각국의 출생률을 시간 경과에 따라 나타내면 구불구불 아래로 내려가는데 2.71828이나 3.14159와 마찬가지로 2.0이라는 수 또한 아무 영향도 미치지 않았다. 세 수는 모두 특별한 수이지만 사람들이 삶의 선택을 내리는 데 영향을 미치는 어떤 마법도 부리지 않는다. 개별적 선택들이 모인 세계 평균과도 무관했다. 그러므로 세계 출산율이 2까지 떨어진 뒤 거기서 멈추리라 예상할 이유는 전혀 없다.

과거를 맞히기가 미래보다 쉬운 법이다. 그래서 우리는 모두가 오늘날의 출생률을 정확히 알았어야 한다고 말하지 않는다. 하지만 여러 나라의 출생률이 2 아래로 내려가 그 상태를 유지해 마이너스 인구 성장률을 기록할 가능성을 고려한 사람은 거의 없었다.

아빠가 아이에게 던진 공은 호를 그리며 올라갔다가 정점에 도달한 뒤 다시 호를 그리며 내려온다. 고점에 머물러 있거나 지면과 평행하게 활강하는 일은 없다. 공의 상승을 늦추는 바로 그 힘 때문에 공은 정점을 지난 뒤 땅으로 돌아온다.

세계의 인구 폭발에 시선을 고정한 사람들, 인구가 급등하는 동시에 전 세계 출생률이 급락하는 게 불가능하다는 생각에 사로잡힌 사람들은 미래의 모습을 엉뚱하게 예측했다. 똑똑한 연구자들조차 인구에 대해서는 헛짚었다.

2.0이 숫자에 불과하다는 것을 알고 나면 인구 대감소를 예상하는 것이 합리적이다. 2에 마법적이고 자석 같은 힘이 있다는 믿음을 깡그리 털어낼 때다.

2000년부터 2010년까지 핀란드의 인구가 보낸 신호

출생률이 오랫동안 하락했다고 말할 때 으레 제기되는 반론이 있다. 반론은 이런 통계로 시작한다. 2000년 핀란드의 합계출산율은 1.73이었으며 2010년에는 1.87이었다. 10년 동안 합계출산율이 상승한 것이다. 그런데 어떻게 출생률이 언제나 하락했다고 말할 수 있는가?

우리의 대답은 이것이다. 제발 핀란드 통계의 시점을 넓혀서 보라. 2020년이 되었을 때 핀란드의 출산율은 1.4까지 낮아졌다. 1960년에는 2.7이었다. 1900년 핀란드의 합계출산율은 4.0보다 5.0에 가까웠다. 따라서 2000년대에 일시적 반등이 있었더라도 장기적으로 핀란드의 출생률 추세는 뚜렷이 하향했다.

핀란드 인구는 세계 인구의 1퍼센트의 10분의 1보다 적다. 그러므로 이 사례로 세계 전체를 설명하기는 힘들다. 사실 미래 세계의 평균이 1.73(2000년 핀란드)이나 1.87(2010년 핀란드) 중 **어느 쪽이든 간에**

인구 대감소가 다가오고 있는 것이다. 2000년대 핀란드는 이 질문의 한 사례에 불과하다. "하지만 **이** 사례는 어때?" 이런 질문들에 대한 답은 한결같다. 스파이크는 전 세계의 장기적 추세다.

스파이크는 잡음이 아니라 신호를 보여준다. 그림 2.4의 위 그래프는 신호다. 이것이 우리가 알아야 하는 정보다. 아래 그래프는 모든 정보를 포함한다. 어지럽게 뒤엉킨 각각의 선은 각국을, 각각의 점은 연도를 나타낸다. 이것은 잡음이다.

무엇이 신호이고 무엇이 잡음인가는 무엇을 측정하려고 하는가에 따라 달라진다. 한 질문에 대해 신호인 데이터점이 다른 질문에 대해서는 잡음일 수 있다. 당신이 좋아하는 농구팀이 경기 종료 몇 초 전에 5점을 득점했다는 사실은 가령 경기장에서 같은 색깔의 옷을 입은 사람들이 일제히 일어나 환성을 지르는 이유를 이해하는 데는 유용한 데이터점이다. 하지만 홈팀이 플레이오프에 진출할 수 있을지 이해하는 것이 목표라면 그 마지막 몇 초는 중요한 데이터점이 아니다. 두 번째 질문에 답하려면 나머지 시즌이 어떻게 전개되는지 알아야 한다. 전체를 봐야 한다.

특정 연도에 특정 나라에서 출생률이 상승했는지 하락했는지 아는 것은 그 시간과 장소의 세부 사항을 이해하는 데 유용한 데이터점이다. 당신의 임무가 유치원 교사 충원이라면 이 정보를 알아야 할 것이다. 하지만 우리의 홈팀 지구가 인구 대감소를 향해 나아가고 있는지 이해하고 싶다면 특정 연도의 특정 데이터점은 무용지물이다. 다른 나라와 다른 연도에 무슨 일이 일어나고 있는지 알아야 한다. 전체를 봐야 한다.

그림 2.4.[13] **잡음 많은 세계의 장기적 신호**

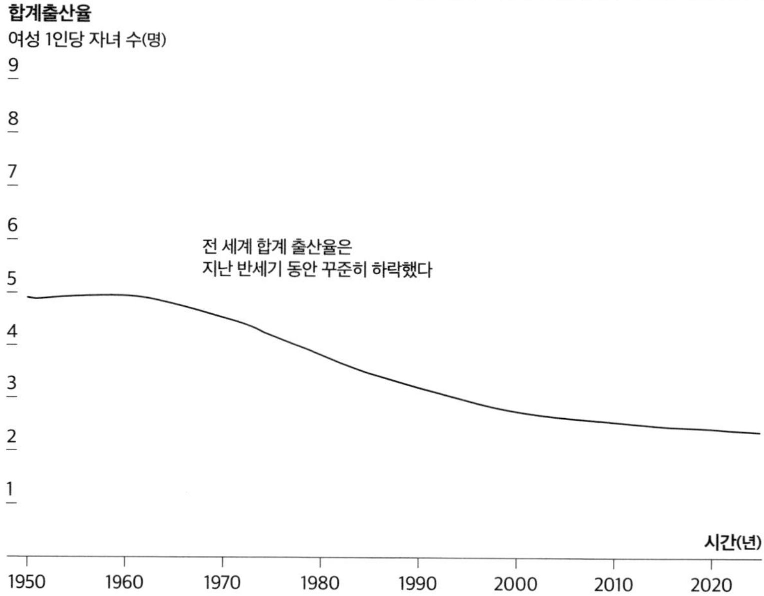

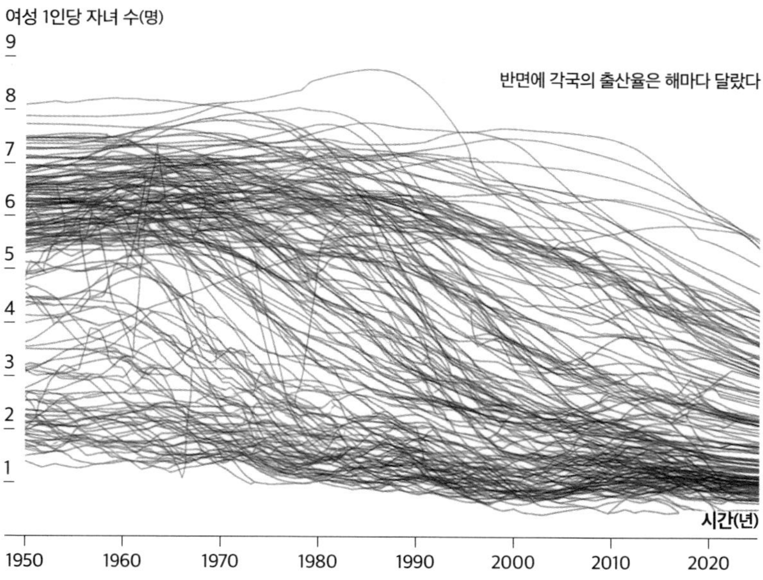

그림 2.4에서 신호인 위 그래프를 작도하기 위해 우리는 세계 평균 합계출산율에 대한 UN 연례 기록을 취합해 20년 세대에 해당하는 이동평균(추세의 변동을 알 수 있도록 구간을 옮겨 가면서 구하는 평균-옮긴이)을 계산했다. 아래 그래프는 각국을 단순히 각각의 연도에 작도했다. 두 그림 다 정보가 들어 있다. 하지만 인구의 장기적 경로를 파악한다는 이 책의 목적에 비춰 볼 때 아래 그래프에는 정보가 너무 많이 들어 있다. 선들은 교차하고 역전한다. 이 모든 사실('2020년 이후 핀란드에서 무슨 일이 일어났지?', '노르웨이는 어떻게 됐어?' 등)을 암기하더라도 인류의 추세에 대해 어떤 실마리도 얻을 수 없다.

출생률이 줄곧 하락했다는 말은 신호에 대한 언급이다. 그림 2.4의 위 그래프에서는 뚜렷하고 전반적인 하락세가 나타난다. 잡음에 현혹되지 마라.

하지만 여전히 2보다 (훨씬) 높은 나라는 어떠할까? 세계 인구의 3분의 2가 출생률이 대체율보다 낮은 나라에 산다는 말은 나머지 3분의 1은 그렇지 않다는 뜻이다. 많은 나라, 특히 사하라 이남 아프리카는 여전히 출생률이 대체율보다 높다. 하지만 아프리카의 높은 출산율이 처음부터 높았던 것은 아니다. 40년 전 사하라 이남 아프리카의 합계출산율은 6.8이었다. 그 뒤로 해마다 약 1퍼센트씩 하락해 2025년에는 4.4가 되었다. 저명한 인구학 연구자들은 하나같이 아프리카의 출생률이 계속 하락하리라 전망한다. 아프리카 사람들의 삶이 직장에서, 가정에서, 학교에서, 모든 곳에서 개선되는 한 아프리카의 출생률은 계속 하락할 것이고 세계는 스파이크의 경로를 유지할 것이다.

출생률이 2 이하로 유지될 때

낮은 출생률에서 인구 대감소로 이어지는 논리적 경로는 간단하다. 만일 전 세계 평균 출생률이 2 아래로 내려가 그대로 유지되면 세계는 지수적 인구 대감소를 겪을 것이다. 이는 '**만일-그렇다면**if-then' 문장이며 우리는 이 논리가 타당하다고 확신한다. '만일' 부분이 참이고 세계 출생률이 2 아래로 유지될 것이라고 100퍼센트 확신하지는 못하지만 출생률 하락은 뚜렷한 세계적 패턴이다.

우리의 확신은 100퍼센트보다 얼마나 낮을까? 워싱턴대학교의 두 통계학자 에이드리언 래프터리Adrian Raftery와 하나 셰프치코바Hana Ševčíková에 따르면 별로 낮지 않다. 두 사람은 2023년 《국제 예측 저널International Institute of Forecasters》에 발표한 논문에서 세계 출생률이 적어도 2300년까지 대체율 아래로 내려갈 확률을 90퍼센트로 추정했다. 2300년은 그들이 고려한 연도 중에서 가장 이르다.[14]

이 장에서 번번이 목격한 사실들의 패턴(어디를 보든 출생률이 꾸준히 하락하고 출산율이 낮게 유지되는 것)은 예측가들이 반등 가능성을 예측하지 않는 이유 중 하나다. 이 사실들을 보고서 나름의 결론을 끌어내는 것은 자유다. 하지만 낮은 출산율이 미래에도 이어질 가능성을 높여 잡는 것이 합리적이다. 1장에서 봤듯이 생애 출생률이 1.9 아래로 떨어진 26개국 중 다시 대체율을 넘은 나라가 하나도 없다는 사실은 또 다른 근거다.

다른 사실들도 그렇다. 나이를 먹으면 젊을 때보다 임신하기 힘들지만 지금은 가족을 늦게 꾸리는 추세다. 평균 초산 연령이 30세 이

상인 나라의 출생률이 2.0까지 올라간 연도는 단 하나도 없다.[15] 미국이나 인도의 어떤 주에서도 없었다. 그러므로 자녀를 덜 원하는 추세에 초산이 늦어지는 추세가 더해져 결국 부모들은 원하는 것보다 적은 자녀를 낳게 된다.

이렇게 될 확률은 90퍼센트일 수도 있고 어쩌면 95퍼센트나 75퍼센트일 수도 있다. 정확한 확률은 누구도 알 수 없지만 눈여겨볼 만큼 높은 것은 분명하다.

여기에는 우리가 건너뛴 세부 사항이 많다. 이 틈새들을 메우는 것은 학자들의 몫이다. 하지만 이따금 자질구레한 사실들을 시시콜콜 따지는 것보다 굵직한 사실들과 씨름하는 게 더 중요할 때도 있다. 세계가 계속해서 다량의 이산화탄소를 대기 중에 방출하면 태양 에너지는 지구를 산업 시대 이전보다 뜨겁게 가열할 것이다. 이것만으로도 지구 온난화를 우려하기에 충분하다. 다른 세부 사항도 중요하고 그런 문제들을 연구하는 데 일생을 바치는 사람도 있지만 말이다. 출산율이 2보다 훨씬 아래로 유지되면 각 세대는 점점 감소할 것이다. 전 세계에서, 수백 년 단위의 시간으로 따지면 '만일-그렇다면' 논리는 **정말** 이렇게 간단하다.

우리는 아동 사망률에 대해 이야기했지만 누군가는 성인 사망률은 어떻게 됐느냐고 물을지도 모르겠다. 기대수명이 두 배로 늘어 150세가 되거나 네 배로 늘어 300세가 되면 스파이크의 인구 대감소라는 결말을 막을 수 있지 않을까? 놀랍게도 대답은 '아니요'다. 태어나는 모든 아기가 오늘날의 두 배만큼 장수하거나 심지어 네 배만큼 장수하더라도, 출생률이 2 이하여서 **태어나는 아기의 수**가 지수적으로 감소하면 전 세계의 인구 규모 또한 계속해서 지수적으로 감소할 것이다.

평균적으로 미래에 두 명의 성인이 30대에 아기를 1.5명 낳고 270년을 더 살다 죽는다면 그들은 남은 수명만큼을 인구 규모에 더하겠지만 인구 대감소를 멈추지는 못한다. 그러므로 기대수명이 네 배로 늘어 300년이 되더라도 스파이크는 달라지지 않는다. 만일 성인의 **생식**수명도 변해서 사람들이 20대, 30대, 40대에 평균 두 명의 아기를 낳고 50대, 60대, 70대에도 평균 한 명의 아기를 낳는다면 인구 대감소가 멈출 것이다. 하지만 이는 성인기 후기 사망률이 달라졌기 때문이 아니라 출생률이 달라졌기 때문이다.

세계 합계출산율이 2보다 정확히 얼마나 아래로 떨어질지 모른다면 어떻게 될까? 인구 대감소가 금세 찾아오고 빠르게 전개되는 가장 큰 그림을 보기 위해 이 세부 정보를 알아야 할 필요는 없다. 그림 2.5는 세계 출산율의 미래 중에서 타당한 경우를 몇 가지 보여준다. 이 그림은 1장의 스파이크를 더 자세히 표현한다. 1장에서는 가능한 미래를 하나만 제시했지만 그림 2.5에서는 여러 가지를 보여준다.

세계는 오늘날의 엘살바도르나 말레이시아처럼 1.75에 수렴할지도 모른다. 아니면 오늘날의 유럽이나 코스타리카처럼 1.5에 수렴할지도 모른다. 그것도 아니면 오늘날의 중국, 푸에르토리코, 스페인처럼 1.25에 수렴할지도 모른다. 각각의 경로는 이미 오늘날의 세계에서 누군가에게는 정상이다. 현재 살아 있는 사람들의 4분의 1은 출생률이 약 1.25이거나 그 이하인 나라에서 산다.

그림 2.5는 이 모든 가능한 미래를 보여준다. 우리의 관심사가 인

그림 2.5.[16] 스파이크 모형과 몇 가지 가능한 미래들

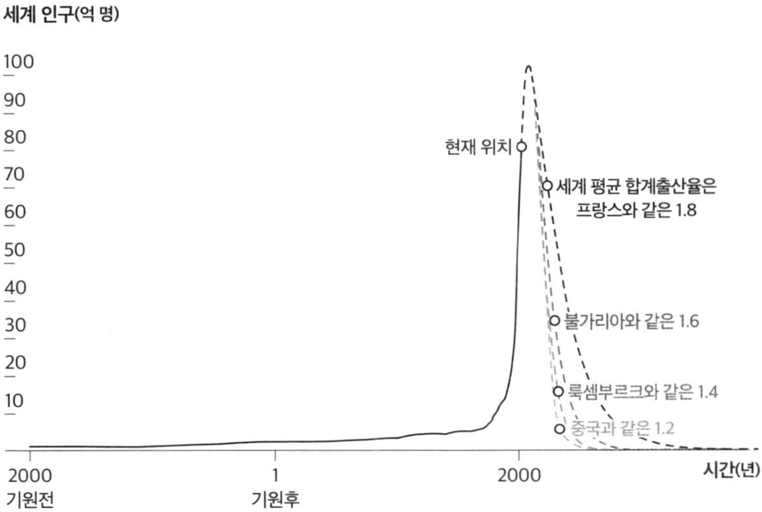

구 대감소라면, 시간 척도를 인류 세대 전체로 확장한다면 이 미래들의 차이가 정말로 중요할까? 답은 '아니요'다. 미래 추정에서 여성 1인당 자녀 0.5명의 차이(엘살바도르와 중국의 차이)가 나더라도 큰 그림은 여전히 옳다.

당신이 국가 예산을 책임지는 재무부 장관이라면 자국의 출산율이 1.8을 향하는지 1.2를 향하는지 여부가 중대한 문제겠지만 그 차이는 인류가 인구 대감소를 겪을 것인지와는 별 상관이 없다. 세계 전체가 어느 쪽에 머무르든 지구는 인류의 약 5분의 4를 이미 배출한 셈이다. 과거에 태어난 인구는 1,200억 명이고 앞으로 태어날 인구는 300억 명 미만이니 말이다.

인구 성장률이 마이너스로 돌아서는 때가 정확히 몇 년인지, 인구가 40억 명, 20억 명, 10억 명만 남는 때는 언제인지 안다고 주장할 수 있는 사람은 아무도 없다. 하지만 이 '만일-그렇다면'은 확신할 수 있다. 만일 출산율이 하락하는 곳에서 계속 하락하고 낮은 곳에서 계속 낮으면 이 미래가 오고 있는 것이다. 오차는 몇십 년을 넘지 않을 것이다.

이것을 알고 나면 이 책의 핵심 질문을 다룰 준비가 됐다. **인구 대감소는 좋을까, 나쁠까?** 우리는 인류가 인구를 안정시키는 미래를 위해 노력해야 할까?

이 질문을 던지는 것은 사실에 대한 질문과 가치에 대한 질문을 던진다는 뜻이다. 인구 대감소를 피하는 것이 좋은지 여부는 결과가 어떨지(몇 톤의 이산화탄소가 관건일까? 인구 대감소는 생활 수준과 물질적 진보에 대해 무엇을 의미할까?)와 그것에 어떤 가치를 매길지(좋은 삶을 살 수도 있는데 그러지 못하면 어떤 중요한 것을 잃게 될까?) 둘 다에 좌우되기 때문이다. 인구 대감소와 안정화를 비교하려면 결과들을 하나하나 평가해서 전체 판단에 도달해야 한다.

2부

인간 부정론

인구가 줄어들면 세상이 더 살 만해질까?

3장

사람들이 지구에 하는 짓

인간은 창조하고 향유한다. 그리고 오염시키고 파괴한다. 사람이 많아지면 창조도 많아지고 파괴도 많아진다. 그러므로 인구가 증가할수록 환경 피해도 계속해서 증가한다면 인구 대감소는 환영해야 마땅할 것이다. 하지만 피해가 언제나 증가할까? 2013년 중국은 스모그 사태를 겪었다.[1] 전 세계 신문이 이를 두고 에어포칼립스 airpocalypse('공기air'와 '대재앙apocalypse'의 합성어로, 공기 오염으로 인한 재앙을 뜻한다 – 옮긴이)라고 불렀고《뉴욕 타임스》에서는 이렇게 보도했다. "미국 대사관은 베이징 중심부의 공기를 0부터 500까지의 공기질 척도에서 무려 755로 평가했다."

그 뒤 10년간 중국 인구는 5,000만 명 증가했다. 이 증가분은 스페인이나 아르헨티나, 우간다의 전체 인구와 엇비슷하며 텍사스의 약 1.5배다. 하지만 같은 10년간 중국의 미세먼지 농도는 절반으로 감소했다. 중국 인구가 많아질수록 미세먼지(화재, 석탄 화력 발전소, 차량 배기가스로 인한 연무) 피해는 줄어들었다.

이런 복잡한 상황을 이해하는 것은 중요한 문제다. 이는 인구 규모와 환경의 관계가 미묘하기 때문이다. 미래 인구가 증가했을 때 미세먼지 오염이 심해질 것인가(또는 서식처 유실, 온실가스 배출로 인한 기후변화, 그 밖의 환경 피해가 악화할 것인가)의 질문에 답하려면 이런 사실들을 파악해야 한다.

대부분의 환경과학자들은 더는 인구 감소를 해결책으로 내세우지 않는다.[2] 하지만 환경 분야 전문가들과 운동가들이 앞서간 뒤에도 낡은 발상들은 남아 여전히 반향을 일으키고 있다. 그러므로 이 장에서는 우리가 어디까지 왔고 어디까지 아는지 점검할 것이다. 그리고 미묘한 부분을 들여다볼 것이다.

물론 오늘날의 환경 문제를 일으킨 것은 사람이다: 하지만 지금 출생률이 감소한다고 해서 환경 문제가 해결되지는 않는다.

분명히 해둘 게 있다. 오늘날 인류는 심각하고 시급한 환경 난제들을 맞닥뜨렸다. 이 난제들은 우리의 미래를 위협하며 전 세계의 가장 취약한 사람들을 위태롭게 한다. 이 난제들을 대할 때 그에 걸맞은 진지함을 갖추려면 해결책에 대해서도 진지해야 한다. 인구 감소를 그 진지한 대응의 일부로 받아들일 수 있을까? 인구 변화가 환경을 위한 급선무가 될 만큼 충분한 차이를 만들어낼 수 있을까? 아니라면 왜 아닐까?

숲속의 오두막 vs 도시의 아파트

오늘날의 세계에 인구를 더하고 그 밖에는 아무것도 바꾸지 않으면 폐기물, 오염, 환경 파괴가 늘어나리라는 것은 의문의 여지가 없다. 그러므로 안정화가 인구 대감소보다 훨씬 많은 오염을 일으키리라 예상할 만도 하다. 하지만 **세계에서 아무것도 바꾸지 않으면**이라는 대목에서 너무 성급하게 수긍하면 안 된다. 과거에 오염과 인구 규모의 연관성은 일정하지 않았다. 미래에는 어떨까? 세계는 인구와 번영을 대기·수질 오염으로부터 분리할 수 있을까? (그랬다.) 온실가스로부터도 분리할 수 있을까? (그럴 수 있다.)

이 질문에 대한 답변 중 몇 가지는 미묘하고 놀랍다. 당신의 느낌과 첫인상에는 어긋날지도 모르겠다. 그러니 잠시 시간을 내서 그 느낌과 인상을 리셋해보자.

숨을 깊이 들이쉬어 보라. 그리고 숲속에 있는 아담한 옛날식 오두막을 상상해보자. 풍경은 아름답다. 주위에 소나무가 자라고 땅은 남쪽으로 완만하게 경사졌다. 포치에서는 국립보호구역인 산맥이 보인다. 전망은 근사하고 인근의 등산로는 자연 그대로다. 땅에서 샘물이 보글보글 솟아나온다. 지금은 겨울이다. 화목 벽난로가 있고 좀 더 실용적이고 효율적인 난방이 필요할 때를 대비해 프로판가스 탱크가 매설되어 있다. 커피를 들고 현관문을 나서면 솔 내음이 감돈다. 흰족제비가 바스락거리는 소리가 들리고 줄무늬올빼미가 언뜻 보이는 듯도 하다.

이제 다른 거처를 상상해보자. 이곳은 중간 규모 아파트의 4층이고 두 면이 다른 집과 맞닿아 있다. 바닥은 누군가의 천장이고 천장은 누군가의 바닥이다. 창밖 전망은 또 다른 아파트 건물의 부서진 외벽이다. 물은 멀리 떨어진 저수지에서 수도관으로 공급된다. 오두막과 마찬가지로 가스 보일러로 건물을 난방한다. 하지만 여름에는 에어컨을 튼다. 아파트 통로를 지나면 쓰레기장 침출수 냄새가 나는 것 같다. 전철역에 내려가니 시궁쥐가 바스락거리는 소리가 들리거나 머리 위 차양에서 공작비둘기가 언뜻 보이는 듯도 하다. 지나가는 택시 백미러에서 달랑거리는 작은 크리스마스트리 모양 방향제가 이번 주에 본 가장 소나무 비슷한 것이다.

위 두 장소를 비교하면 오두막에서의 삶이 더 자연적이다. 하지만 과연 그럴까? 자연에 가까운 것은 맞다. 그러나 자연에 더 해롭기도 하다. 오두막은 아파트에 비하면 환경 재앙이다. 아파트 벽을 통해 유출되는 열은 대부분 상하좌우에 있는 집들을 효율적으로 데워준다(덕분에 집집마다 에너지를 덜 써도 된다). 하지만 오두막 벽을 통해 유출되는 열은 허공으로 흩어져 허비된다. 근사한 벽난로에서 고체 연료를 태울 때 나오는 미세먼지와 고농도 탄소는 말할 것도 없다.

또한 호젓한 오두막은 전기를 멀리서 끌어와야 하기에 송전 손실이 막대하다. 커피에 들어가는 원두, 뜨거운 코코아에 넣는 마시멜로를 외딴 산속으로 운송하는 것은 대도시로 운송하는 것보다 훨씬 탄소 집약적이다. 물론 현지의 야생 동식물을 관찰하는 일은 즐거울 것이다. 하지만 그곳을 보금자리로 삼는 것은 자연에 결코 유익하지 않다. 등산을 하려거든 딴 곳에 가서 하라.

인간의 삶은 오염을 발생시킨다. 오두막에서 사는 한 사람이 이처럼 환경을 오염시키고 파괴하고 교란하므로, 직관적으로 보면 그 영향은 인구에 비례할 것 같다. 무엇보다 둘은 **정비례**하는 것처럼 보인다. 1에이커(0.4헥타르)에 사는 한 가족이 해로우면 1에이커에 사는 10가족은 10배 해롭고 1에이커에 사는 100가족(도심의 인구 밀도)은 100배 해롭지 않을까?

그렇지 않다. 사람들이 미치는 영향은 정비례하지 않는다. 과밀한 도심에 모여 살아가면 같은 인원수가 서로 멀찍이 흩어져 사는 것보다 1인당 탄소 배출량이 적다.

세계 인구의 증감이 환경에 어떤 의미인지 이 사례들로는 확실히 알 수 없다. 숲속 오두막은 실제로는 탄소를 더 많이 배출하는 삶의 방식이 환경적으로 더 책임감 있는 선택처럼 **느껴지는** 한 가지 사례에 불과하다. 인구 성장과 감소에 대한 수많은 질문도 마찬가지다. 옳게 **느껴지는** 것이 과학적 연구 결과와 상충할 때가 많다.

사람이 많아진다고 해서 대기오염이 악화되지는 않는다

아이가 한 명 더 태어나면 환경에는 어떤 영향을 미칠까? 답은 '모든 게 더 나빠진다'보다는 복잡하다. 몇십 년 전 미국에서 가장 절박한 환경 문제는 대기 중 납, 성층권 오존층 파괴, 산성비였다. 이제 이 과거를 돌아보면서 이후 몇십 년간 인구 증가가 각각의 문제에 어떤 영향을 미쳤는지 질문해보자.

마이크의 아들 에밋은 2013년에 태어났다. 에밋의 삶은 대기 중 납 농도를 증가시키지 않았다. 에밋은 유연 휘발유 차량을 탄 적이 한 번도 없다. 이는 미국인들이 납이 함유된 차량 배기가스를 들이마시지 않겠다고 결정했기 때문이다. 1970년대에 미국 환경청은 유연 휘발유를 단계적으로 퇴출시키기 시작했다.

에밋의 삶은 대기권을 보호하는 성층권 오존층을 찢어발기는 염화불화탄소chlorofluorocarbon, CFC의 배출에도 일조하지 않았다. 전 세계 선진국들이 1987년 국제협약(몬트리올 의정서)으로 CFC 함유 제품의 이용을 사실상 금지했기 때문이다.

산성비는 1990년대 학생들이 과학 시간에 배우는 중대한 환경 문제였다. 하지만 에밋이 태어났을 때 그의 탄생은 산성비를 더 많이 불러오지 않았다. 미국 정부가 산성비의 원인인 이산화황 배출을 제한하는 규제 조치를 시행했기 때문이다.

미래 지구의 문제는 온실가스 배출이 아니다

기후변화를 비롯해 우리가 오늘날 맞닥뜨리는 환경 문제들 일부는 납 오염, 성층권 오존층 파괴, 이산화황 배출로 초래되는 문제보다 심각하다(과거의 문제들은 이미 고비를 넘겼다). 그럼에도 에밋이 자녀(마이크의 손자녀)를 낳는다면 그 아이는 2100년을 훌쩍 넘겨 살 것이다. 그 아이가 살아가는 대부분의 기간은 온실가스 배출 또한 고비를 넘긴 뒤일 것이다. 심지어 순배출량이 0으로 낮아졌을지도 모른다.

만일 그렇게 된다면 이는 중간에 살았던 사람들이 온실가스 순배출을 없애기 위한 정책과 기반을 마련했기 때문일 것이다. 이 미래는 우리의 선택 사항이며 지구에 사람이 몇 명이나 사는가와는 별로 관계가 없다. 어쨌거나 납 오염, 오존층 파괴, 산성비를 해결한 기술, 규제와 합의는 인구가 증가하는 와중에도 환경을 개선했다.

인구가 한 사람 증가하는 것이 온실가스 배출, 생물 다양성, 토지 이용, 미세먼지, 그 밖의 모든 시급한 최우선 과제에 미치는 영향은 우리가 무엇을 선택하느냐에 달렸다.

공기를 정화하자

숲속 오두막은 이야기일 뿐이며, 마이크의 손자녀가 살아갈 삶은 추정에 불과하다. 이제 팩트로 돌아가 오늘 우리가 측정하고 알 수 있는 것을 들여다보자. 대기오염 증가는 인구 증가와 정비례할까? 데이터가 우리에게 뭐라고 하는지 보자. 앞에서 우리는 중국의 대기오염 감소를 언급했다. 하지만 중국만 그런 게 아니다. 전 세계 평균 미세먼지 농도는 2015년 이래 가파르게 하락했다. 같은 시기 세계 인구는 7억 5,000만 명 넘게 증가했다.[3]

'사람이 많으면 문제도 많다'라는 법칙은 과거와 현재의 비교에서는 나타나지 않는다. 시간이 아니라 장소를 비교하면 어떨까? 그림 3.1은 대기오염과 인구 밀도의 관계를 보여준다. 각 점은 나라다. 우리는 각국에 대해 표준 측정값(지름이 2.5마이크로미터여서 $PM_{2.5}$라고 불

그림 3.1.[4] 국가별 인구 밀도는 미세먼지 오염과 무관하다

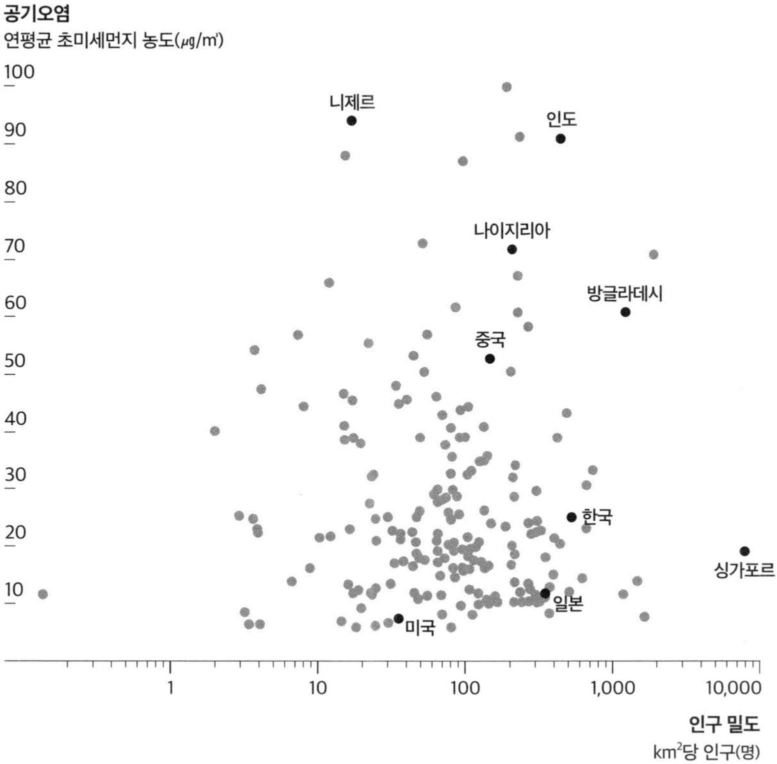

리는 미세입자의 농도)을 이용한 연간 초미세먼지 오염 농도를 나타냈다. 위치가 높을수록 오염이 심각하다는 뜻이며 오른쪽일수록 제곱킬로미터당 인구수가 많다는 뜻이다.

대기오염은 명확한 정치적 경계선 안에 완전히 가둬둘 수 없다. 바람은 자유롭게 분다. 아주 멀리까지 날아갈 때도 있다. 그럼에도 대부분의 피해는 오염원 근처에서 발생한다. 따라서 이 그림을 보면

각국이 환경 정책과 산업 정책에서 어떤 선택을 내리는지 가늠할 수 있다.

미국은 아래에 있으며 왼쪽에 치우쳐 있다. 인구 밀도는 별로 높지 않고 오염도 별로 심하지 않다. 드넓은 하늘과 웅장한 자줏빛 산은 미세먼지 연무에 가려지는 일이 거의 없다. 계절성 산불 때문에 일시적으로 공기질이 나빠질 때는 있지만 말이다. 반면에 프리티의 아기가 들이마시는 인도의 공기는 석탄 화력 발전소, 농업 부산물 소각, 공업, 건설 등의 연기로 매캐하다. 인도는 공기 오염이 가장 심한 나라 중 하나로 보이는데, 인도를 아는 사람에게는 결코 의아하지 않을 것이다.

데이터점이 인도와 미국 둘뿐이라면 우리는 인구가 많을수록 오염이 많다는 틀린 결론에 도달한다. 하지만 우리는 데이터를 보러 왔지, 일화를 듣거나 불완전한 비교의 함정에 빠지러 온 것이 아니다. 시야를 넓히면 점들은 무질서하게 흩어져 있다. 초미세먼지 농도와 인구 밀도 사이에는 어떤 관계도 없다. 통계적 상관관계가 전혀 없을 때 나타나는 산포도(도수 분포의 모양을 조사할 때 변량의 흩어져 있는 정도를 가리키는 값–옮긴이)의 모양을 학생들에게 설명할 사례를 찾고 싶다면 이 그림이 딱이다. 일본과 한국은 인구 밀도가 인도만큼 높지만 훨씬 맑은 공기를 마시고 있다. 니제르는 미국보다 인구 밀도가 낮지만 대기오염이 지독하다.

인구 밀도가 낮은 일부 지역, 특히 중소득 나라들의 초미세먼지 농도가 높은 이유는 석탄을 때서 전기를 생산하기 때문이다. 니제르처럼 농업 경제 기반 저소득 나라들의 대기오염 농도가 높은 이유는 농업 부산물을 태우고(가난한 농부들이 다음 파종을 앞두고 밭을 정리하는 가장 값싼 방법은 소각이다) 요리와 난방을 위해 나무와 똥 같은 재래식 연료를 태우기 때문이다. 석탄 화력 발전소와 농업 부산물 및 고체 연료 소각 관행은 전 세계 초미세먼지의 최대 유발 인자다.

일본과 한국의 국민은 빽빽하게 모여 살고 번영하면서도 공기를 오염시키지 않는다. 이는 일본과 한국이 미세먼지 오염을 외국에 전가하기(석탄 연소와 농업 부산물 소각을 가난한 나라로 이전하기) 때문이 아니다. 일본과 한국과 유럽과 여러 부자 나라들도 농사를 지으며(실은 아주 많이 짓는다) 에너지도 많이 쓴다(석탄을 때는 전 세계 가난한 나라들보다 훨씬 많이 쓴다). 그런데도 대기오염이 덜한 것은 석탄과 농업 부산물을 태우지 않기 때문이다.

사람이 많아지면 대기오염도 심해지는지 여부는 국민과 정부가 어떻게 하느냐에 달렸다. 사회는 번영하는 경제뿐만 아니라 규모가 크고 조밀하고 증가하는 인구와 맑은 공기를 다 가질 수 있다. 여기에는 어떤 모순도 없다. 공기를 깨끗하게 유지하기 위해 자원을 투자하고 규제를 시행하면 된다. 이 일은 종종 환경에 대한 대중의 인식에서 출발한다.

멕시코시티의 하늘은 한때 끔찍했지만 지금은 파랗다. 환경 저술가 데이비드 월리스-웰스David Wallace-Wells는 이 변화를 기록했다.

> 멕시코시티가 델리보다 오염이 심했던 1990년대에는 10~11세 아동의 80퍼센트가 하늘의 색깔을 묻는 질문에 '회색'이라고 답했다. '파란색'은 10퍼센트에 불과했다. 오늘날 멕시코시티는 세계에서 오염이 가장

심한 도시 1,000곳 명단의 맨 아래에 있다. 공기는 유명한 자전거 경주의 종착지인 프랑스 북부의 루베만큼 맑다.[5]

물론 햇빛과 맑은 공기가 전부는 아니다. 인도의 대기는 애석하게도 잘못된 방향으로 나아가고 있다. 멕시코와 달리 인도의 평균 미세먼지 노출은 지난 10년간 악화했다. 딘은 2019년 저서 『공기Air』에서 인도의 대기오염에 대한 더 많은 관심과 행동을 촉구했다.[6]

이 책에서 우리의 질문은 인구 대감소가 상황을 조금이라도 개선할 것인가다. 그 이면에 있는 질문은 다음과 같다. 인구가 많아지는 미래에는 대기오염이 더 나빠질까? 데이터를 보면 그렇게 생각할 이유가 전혀 없다. 인구가 잘못된 레버를 당길 경우에만 나빠진다. 이론상 인구 규모와 미세먼지 오염 사이에는 필연적 관계가 전혀 없다. 역사적 사실 면에서도 실제 관계가 전혀 없다. 이는 요행이 아니다. 사람과 인구가 환경을 만났을 때 일어나는 일은 그들이 무엇을 하는가에 달렸다.

'인구 폭탄'의 낙진

막대한 영향을 미친 1968년 저서 『인구 폭탄The Population Bomb』에서 폴 에얼릭Paul Ehrlich은 환경 진보를 가로막는 문제 하나를 지목했다.[7] 바로 '너무 많은 사람'이었다. 에얼릭은 우리가 선택의 기로에 서 있다고 경고했다. "인구를 통제할 것인가, 망각을 향해 달려갈 것인가."

에얼릭은 행성과 우리 중 하나를 선택해야 한다고 말했다. 사실 실제로 선택해야 하는 것은 아니었다. 우리가 **우리**를 선택하면 지구가 파괴되고 그로 인해 우리도 매우 빠르게 파멸할 것이기 때문이다. 에얼릭은 인구 통제 비상 계획을 시행하지 않으면 "기근이 사망률을 높여 인구 문제를 해결할 것"이라고 주장했다. 그의 관점에서는 많은 인간이 살아가는 미래로 이어지는 경로 중에서 타당한 것은 하나도 없었다.

우리가 잘 알고 있듯이 에얼릭의 책은 인구통계에 대한 책의 인기와 영향력을 가늠하는 기준을 훌쩍 높였다. 그의 책은 200만 부 넘게 팔렸고 그는 조니 카슨의 전국 방송 〈투나잇 쇼〉에 출연해 인구 과잉에 대해 예언했다. 역사가 매슈 코널리Matthew Connelly에 따르면 "에얼릭이 방송에 출연하고 나서 지난 몇 달간 출연한 어떤 초대 손님보다 많은 전화와 편지가 답지했다." 스탠퍼드대학교 생물학 교수였던 에얼릭은 많은 사람이 직감적으로 아는 것에 과학적(으로 보이는) 토대를 제시했다.

이제 『인구 폭탄』이 떨어진 지 60년 가까이 지났다. 세계 인구는 두 배 이상으로 증가했다. 에얼릭이 불가능하다며 배제했던 미래(말하자면 80억 명의 인구)는 우리가 살아가는 현재가 되었다. 그의 거대한 폭탄은 피시식거리며 불발했다.

그의 생각들에 대해서는 5장에서 많이 논평할 텐데, 동의할 수 있는 것은 하나도 없다(에얼릭은 자신의 막대한 대중적 영향력을 이용해 수돗물에 '임시 불임제'를 주입하는 등 대규모 비자발적 불임 조치를 궁리하기도 했다). 여기서는 『인구 폭탄』의 남은 유산에 초점을 맞출 것이다. 출생률을 낮추는 정책이 기후변화와 환경 피해와 맞서 싸우는 막강한 도구라는 주장이 오늘날 널리 받아들여지는 것은 에얼릭 때문이다.

그의 메시지는 솔깃하다. 진실을 듬뿍 엮어 넣어 옳은 소리처럼 들리게 했다. 탄소 오염은 인간의 활동에서 비롯되므로 인간이 줄면 탄소 배출이 줄어든다, 토지의 교란과 파괴는 인간 활동에서 비롯되므로 인간이 줄면 서식처 유실이 줄어들고 환경 파괴가 줄어들고 인간의 침입으로 유실되는 종이 줄어든다. 한마디로 인구를 줄이면 지구를 구할 수 있다. 간단명료해 보인다. 하지만 정말 그럴까?

안정화는 기후에 어떤 영향을 미칠까?

우리 시대의 가장 시급한 환경 문제인 기후변화에 초점을 맞춰보자. 안정화가 기후변화와 세계 기온에 어떤 영향을 미치는지 알려면 **안정화**와 **인구 대감소**가 무슨 뜻인지 구체적으로 밝혀야 한다. 인구 대감소는 인구가 약 100억 명의 정점에 도달했다가 영영 하락한다는 뜻이다. 1장에서 본 스파이크이자 인류가 지금처럼 살면 맞이할 미래다.

이 책은 평탄화를 주장한다. 이는 얼추 안정된 인구 규모를 유지하는 것이다. 왜 (일정한 인구 규모에서) **안정화**를 해야 하고 더 증가하면 안 될까? 인구가 끝없이 증가하면 왜 안 될까? 1,000억 명이 살아가는 세계가 어떤 모습일지에 대한 데이터는 없다. 우리 시대의 과학과 지식을 바탕으로 이런 주장을 옹호하는 것은 지독히 무책임한 짓이다. 하지만 몇십억 명이 살아가는 세계가 어떤 모습인지는 모두가 안다. 우리가 지금 살아가는 세계와 같다. 인류는 이 규모를 넘어 정확히 어디에서 안정되어야 할까? 60억? 80억? 100억? 다른 수? 이 책은 **어딘가**에서 안정화될 것을 주장한다. 정확히 어디인지는 대중적·학술적 논쟁에 맡겨야 할 것이다.

그림 3.2는 안정화가 일어날 수 있는 여러 경로를 보여준다. 선은 여러 가능한 미래들로 퍼져나간다. 안정된 미래 중에서 가장 현실적인 것은(이런 것이 하나라도 있다면 말이지만) 가운데쯤에 있는 시나리오다. 가운데에 있는 어느 시나리오에서든 세계 인구는 정점에 도달했다가 쪼그라든 뒤 꼭대기 아래의 일정한 수를 꾸준히 유지한다. 안정화가 인구 대감소보다 낫다고 말할 때 우리가 염두에 두는 가능성은 이런 종류다(도서관에서 빌린 책이 아니라면 그림 3.2에 당신이 원하는 평평한 선을 마음대로 그려 넣어보자).

하지만 우리는 사기를 치고 싶진 않다. 그래서 안정화의 기후 비용을 계산할 때 가장 큰 가능성(에얼릭에 따르면 최악의 가능성), 즉 기후 피해 위험이 가장 큰 가능성을 대입한다. 이는 '안정화가 내일 시작되는' 꼭대기의 진한 검은색 선으로, 세계 인구는 120억 명까지 증가해 그대로 유지된다.

'안정화가 내일 시작되면'은 저출생 사회가 지금(오늘, 바로 이 순간!) 대체 출생률 사회로 바뀌고 대체 수준 이상 출생률이 UN 예측을 따라 대체 수준으로 낮아지는 허구적 사례다. 안정화가 당장 내일 시작되더라도 안정된 대체 수준 출생률이 안정된 인구 규모로 이어지기까지는 100년 이상 걸리기 때문이다.

그림 3.2.[8] 몇 가지 가능한 미래들: 인구 대감소 또는 안정화

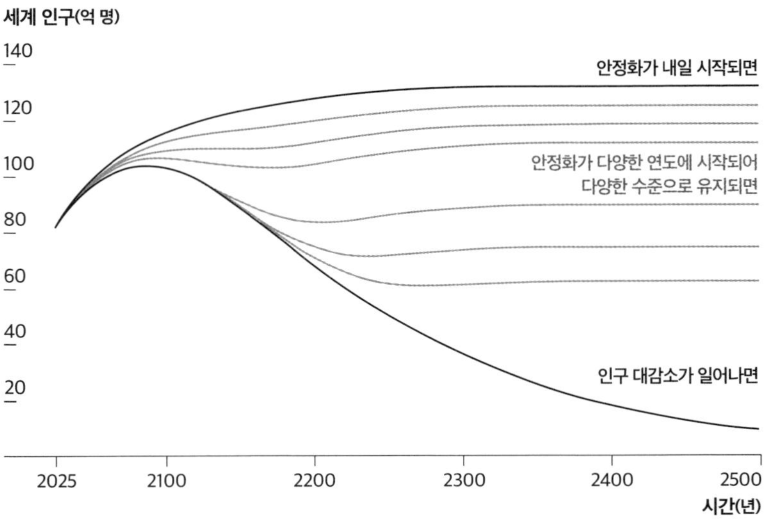

세계 인구가 어느 날 안정된다고 가정하면 어느 안정화 시나리오가 작동하는지가 중요할 것이다. 하지만 이 장의 나머지 부분에서 **안정화**는 고원이 정점에 가까운 극단적이고 즉각적인 시나리오를 뜻한다. 이렇게 큰 규모에서의 안정화는 현실적이지 않다. 장담컨대 우리가 이 책을 쓴 시점과 당신이 이 책을 읽는 시점 사이에 미국, 유럽, 라틴아메리카, 동남아시아, 기타 지역에서는 출산율이 2까지 다시 올라가지 않았을 것이다. 극단적인 시나리오를 지지하려면 이렇게(출산율이 2가 되었다고 – 옮긴이) 가정해야 한다. 하지만 이는 좋은 검증 방법이다. 그림에서 최대 인구 안정화가 지구 온난화를 대규모로 증가시키지 않는다면 중간 범위의 안정화도 그럴 것이기 때문이다.

그렇다면 안정화와 인구 대감소는 어떻게 다를까? 두 인구 경로 모두 인류의 현재 위치에서 시작된다. 두 경로가 최종적으로 얼마나 완벽하게 갈라지든 몇십 년간은 비슷하게 전개된다. 이는 가까운 장래의 출생률이 같기 때문이 아니다. 출생률은 같지 않다. 실제 이유는 오늘 출생률이 크게 달라지더라도 인구 규모가 크게 달라지기까지는 몇십 년이 걸리기 때문이다.

보전과 동력

한 세대 이내의 단기간으로 보면 세계 인구는 엄청나게 큰 선박이어서 변침이 느리다. 간단한 예를 들어보겠다. 오늘 살아 있는 사람은 8,231,613,070명쯤 될 것이다. 반올림해서 82억 명이라고 하자. 이듬해에 생존율이 최대한으로 올라가 아무도 죽지 않는다고 상상해보라. 그러면 출생수(현재 연간 1억 3,200만 명가량)가 변하지 않는다고 가정할 때 지금으로부터 1년 뒤에 살아 있을 사람은 몇 명일까? 83억 명이다.

이번에는 이듬해에 출산율이 최대한 낮아진다고 상상해보라. 아무도 태어나지 않지만 사망자 수는 평상시와 동일하다. 그러면 지금으로부터 1년 뒤에는 81억 명이 살아 있을 것이다. 이렇듯 어마어마하고 일어날 리 없는 100퍼센트 감소가 사망률이나 출생률에서 일어나더라도 인구 규모는 당장 그렇게까지 달라지진 않을 것이다.

이 간단한 예는 중요한 논점을 보여준다. 출생률과 사망률 변화는

(심지어 0이 되더라도) 인구 규모를 즉각적으로 바꾸지 못한다. 시간이 걸린다.

잘못된 사실: 인구 규모가 내일 마법같이 절반으로 감소하면 다음 달에 우리는 온실가스를 이달에 비해 훨씬 적게 배출할 것이다.

올바른 사실: 인구 성장률은 세대를 기준으로 하는 시간 척도에서 움직인다. 설령 아기가 하나도 태어나지 않더라도 인구를 내일 절반으로 줄이는 것은 불가능하다.

이를 이해하면 몇몇 통념의 결점을 꿰뚫어 볼 수 있다. 개발도상국의 학교를 다룬 2022년 NPR 기사에서는 "여자아이들이 학업을 계속하게 하는 것이 기후변화에 맞서는 좋은 전략인 이유"를 제시했다.[9] 그들의 발상은 학교를 오래 다닐수록 다음 세대가 더 작은 가족을 선택하리라는 것이었다. 교육은 낮은 출생률을 뜻하며 낮은 출생률은 인구 감소를 뜻한다는 논리다. 사람이 적어지면 탄소 오염도 줄어든다. 좋게 느껴지는 해결책이자 손쉬운 윈윈이다.

그러나 이 윈윈 이야기에서 우리가 오해하는 것은 타이밍이다. 2025년에 몇 명의 아이가 태어났다. 이 아이들은 UN 기후변화에 관한 정부 간 협의체Intergovernmental Panel on Climate Change, IPCC 같은 기후 관련 기구들이 제시한 2030년 이정표에 도달했을 때 초등학교 1학년도 아닐 것이다. 2040년에는 10대일 것이다. IPCC에서 정한 2050년 이정표에는 인류가 넷제로net-zero(배출하는 탄소량과 제거하는 탄소량을 더했을 때 순배출량이 0이 되는 것 - 옮긴이)를 달성해야 한다. 2025년에 태어난 코호트(특정한 기간에 태어나거나 결혼을 한 사람들의 집단과 같이 통계상의 인자를 공유하는 집단 – 옮긴이)는 오늘날 유럽의 대다수 나라와 남북아메리카의 여러 나라에서 초혼 평균 연령보다 여전히 어릴 것이다.

따라서 오늘 태어난 아이들이 그들 세대와 이후의 모든 세대가 훌륭한 교육을 받는 신세계에서 자라더라도, 설령 그로 인해 자녀가 적어지더라도(심지어 0명이 되더라도!) 아이의 수가 줄어든 것을 목격하려면 2060년이나 그 이후가 되어야 한다.

교육에 대한 투자를 늘리는 것은 여러 이유에서 근사한 생각이다. 하지만 이것으로 기후변화를 해결할 수 있을까? 파리 협정에서는 2050년까지 넷제로를 달성하라고 촉구한다. 인구통계의 추세로 보건대 2050년은 내일과 비슷할 것이다. 세대 수준에서는 인구 감소가 빠르게 진행되더라도 기후 문제에 실질적 영향을 미치기에는 너무 느리다.

당신에게 2억 달러가 있으면 투자 수익이 연간 1퍼센트 성장에서 연간 1퍼센트 하락으로 바뀐 지 오랜 뒤에도 당신은 여전히 억만장자일 것이다(이는 당신 은행 잔액의 **규모** 때문이다). 마찬가지로 출생률을 낮추면 단기적으로는 **어느 정도** 효과가 있을 것이다. 하지만 인구 변화를 앞당기든 늦추든 기후에 미치는 영향은 크지 않을 것이다. 따라서 인구 규모는 우리가 반드시 당겨야 할 중요하고 강력한 레버로 보기 힘들다.

인구가 (UN의 추산처럼) 2080년대에 약 100억 명으로 정점에 도달했다가 감소하기 시작해 그 뒤로 영영 감소하더라도 2100년 지구상에는 오늘날의 80억 명보다 많은 사람이 있을 것이다. 경제를 탈탄소화하고 토지 이용 방식과 식량 체계를 개혁하고 기존 서식처와 종을 보전하려면 지금 10년과 다음 10년에 긴급한 행동을 취해야 한다. 지금으로부터 75년 뒤, 즉 스파이크에서 현재 규모를 지나 내리막에 들어서는 시기에 시작하면 너무 늦다. 인구 감소가 우리를 환경 재앙으로부터 구원해주길 기다리다가는 너무 오래 기다려야 할 것이다.

전 세계가 여러 환경 과제를 시급히 해결해야 하는 향후 몇십 년간 세계 인구 규모는 우리가 바꿀 수 없는 상수다. 오늘 당장 출생률에 어떤 변화가 일어나더라도 인구 규모는 달라지지 않는다. 인구가 감소하는 현 상태의 미래가 인류를 오늘의 환경 책임으로부터 면제해주리라는 희망은 헛된 바람이다. 기후진보climate progress는 너무나 중요하므로 인구에 한눈팔다가 때를 놓쳐서는 안 된다.

탈탄소인가, 인구 대감소인가?

앞으로 몇십 년 동안 인구 규모는 가능성이 가장 큰 경로에서 거의 벗어나지 않을 것이다. 그리고 인구 변화는 기후에 대한 우리의 책임을 제때 면제해주지 못할 것이다. 이것이 가장 중요한 깨달음이다. 기후변화에 대한 고급 연산 모형도 필요 없다. 하지만 몇 년 전 우리 저자들은 다른 과학자들이 익숙한 도구와 절차를 이용한 근거를 보고 싶어 한다는 사실을 알게 되었다. 연산 모형에서 예측하는 정밀한 기온 변화도 그중 하나다(마땅히 그래야 한다!). 그래서 근거를 제시하기로 했다. 방법은 인구 추정 전문가들의 인구 추정을 기후 모형 연구자들의 기후 모형에 접목하는 것이다.

우리는 질문에 답하기 위해 학제간 연구진을 구성했다. 이 중 몇 명과는 《네이처 기후변화Nature Climate Change》, 《미국 국립과학아카데미 회보Proceedings of the National Academy of Sciences》 등에 발표한 연구에서 협력한 적이 있었다. 하지만 이번 질문은 연구진이 도전한 과제 중에서 가장 거대했다. 우리의 임무는 안정된 미래의 장기 기온을 인구 대감소의 미래와 비교하는 것이었다.

기후 분야에서 과학자들은 인간 활동을 장기적인 지구 기온으로 변환하는 수준 높은 정량적 모형을 개발했다. 과학자들이 이 모형을 이용해 해결하려는 질문은 이런 것들이다. '미국 전력망이 2045년까지 재생 가능 에너지 비율 90퍼센트에 도달하면 장기적으로 세계 기온에 어떤 영향을 미칠까?' 이는 우리의 질문이 아니다. 하지만 같은 모형을 이용해 이렇게 물을 수 있다. '인구가 스파이크의 경로를 따라 감소하는 것이 아니라 안정되면 장기적으로 세계 기온에 어떤 영향을 미칠까?'

이 모형을 이용해 이런 질문에 답하려면 반드시 먼저 규명해야 할 중요한 사항이 있다. 바로 탈탄소화의 예상 속도다. 우리가 천천히 탈탄소화하면 미래의 인구 증가는 빠르게 탈탄소화하는 것에 비해 더 많은 피해를 일으킬 것이다. 그렇다면 인류가 혁신과 정책과 그 밖의 변화를 통해 1인당 배출량을 줄이려면 모형에서 얼마나 빠른 속도를 가정해야 할까?

인구 변화가 너무 느려서 기후의 바늘을 유의미하게 움직이지 못한다는 주장을 검증하기 위해 우리는 비관적 시나리오를 가정해 난이도를 높였다. 기후 진보가 전 세계 기후 전문가들의 현재 예측보다 느리다고 가정한 것이다. 즉 앞으로 100년간 넷제로가 일어나지 않고 앞으로 수십 년간 대처가 지지부진할 거라고 가정했다. 이 비관적 시나리오에서는 온실가스 배출량이 현재와 20세기 중반 수준으로 계속 증가해 2050년(IPCC가 넷제로 시점으로 정한 연도)에 최고 수준에 도달한다. 이 시나리오는 끔찍하며 가능성이 희박해 보인다. 하지만 만전을 기하고 싶다면 나쁜 사례 시나리오에서 인구의 결과를 평가하는 것이 좋은 사례 시나리오에서 평가하는 것보다 중요하다. 그러니 이 나쁜 사례 시나리오에서 모형을 단계별로 작동시켜 보자.

그림 3.3은 기후 정책 면에서 비관적인 미래를 가정해 모형을 가동한다. 그림에서 보듯 인구 대감소와 안정화는 '최종적으로' 매우 다른 인구 규모로 이어진다(①). 하지만 여기서 핵심어는 **최종적으로**다. 타이밍을 눈여겨보라. 비관적 기후 정책을 가정하더라도 순탈탄소화는 두 인구 시나리오가 실제로 분기하기 전인 22세기 초에 일어난다(②). 인구 대감소와 안정화의 최종 차이는 수십억 명이겠지만 2050년에는 두 시나리오의 인구 규모 차이가 2퍼센트 미만이다. 이 말은 1인당 배출량이 여전히 높아서 인구 증가로 인한 기후 피해가 가장 높은 가까운 미래에 인구 대감소와 안정화 사이에 별 차이가 없다는 뜻이다(③).

세계 기온 변화는 대기 중 온실가스가 최종적으로 얼마나 쌓이는가에 달렸다. 그러므로 모형을 **기온 변화**에 대해 추적하기 전에 연간 배출량이 시간 경과에 따라 어떻게 **누적 배출량**에 더해지는지 추적

그림 3.3.[10] 비관적 기후 정책을 가정했을 때의 안정화 대 인구 대감소 I

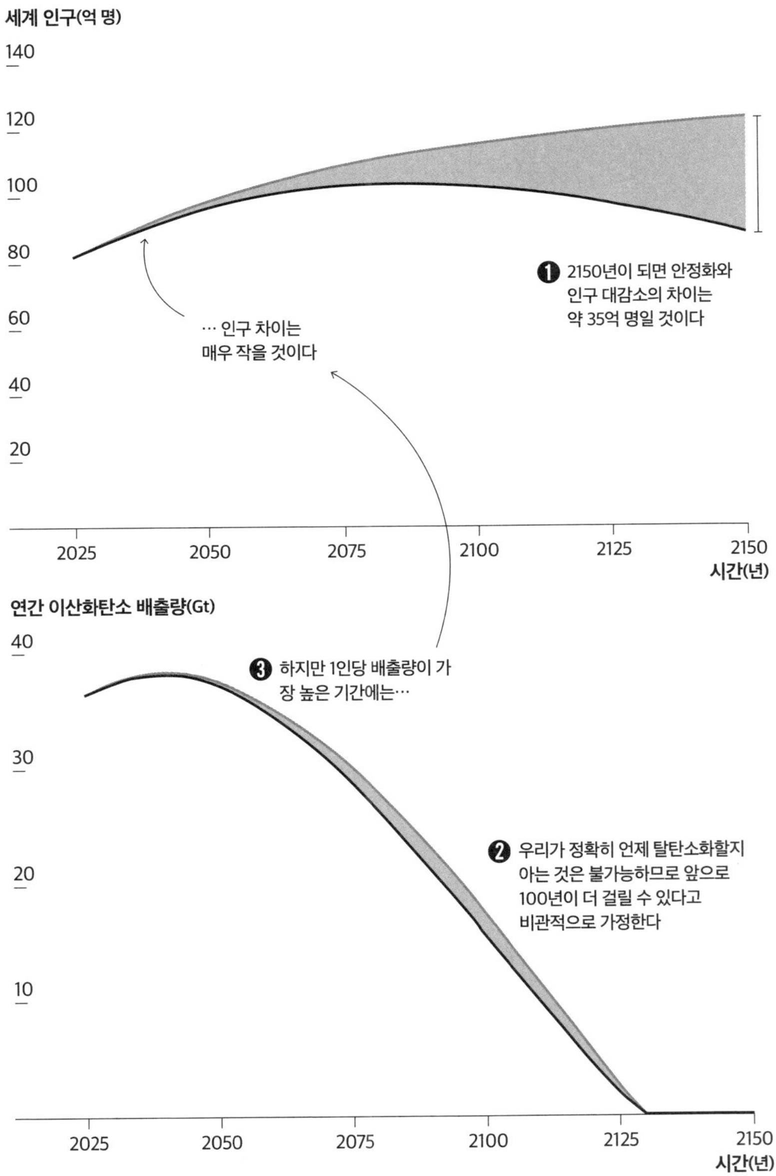

하는 게 타당하다. 그림 3.4에서는 누적 배출량을 합산했다. 이렇게 했더니 미래 인구의 장기적 경로에 큰 차이가 나더라도 대기 중 온실가스가 최종적으로 누적되는 양에는 작은 차이만이 생긴다(④).

그러므로 미래가 암울하고 우리가 앞으로 100년간 배출을 계속한다는 현재의 가정에서조차, 인구 증가가 추가 온실가스 배출에 일조하는 양은 작을 것이다. 이 사실이 뜻밖이라면 인구 규모의 큰 변화가 **언제** 시작되는지 떠올려보라. 출산율은 첫날부터 다르다. 하지만 안정화 경로에 있는 거의 모든 인구 증가는 수십 년이 지난 2100년 이후에 일어난다. 출생률 차이가 누적되어 유의미한 인구 차이가 되기까지는 이만큼 오랜 시간이 걸린다. 하지만 그때쯤이면 정책과 기술과 조직가, 연구자, 규제 담당자, 기업인의 노고로 1인당 배출량이 줄어 있을 것이다. 암울한 정책 시나리오에서조차 말이다.

정말로 중요한 것, 즉 기후변화는 어떻게 되었을까? 결론은 이렇다. 미래 기온은 비관적 정책이 유지된다는 가정 아래 두 인구 경로 사이에서 **거의 달라지지 않는다**. 인구 대감소가 일어날 경우 장기 기온 상승은 섭씨 4.22도다. 안정화가 일어날 경우는 섭씨 4.28도다. 수십억 명의 삶은 이 거대한 문제에 별다른 차이를 만들어내지 않는다.

안정화와 인구 대감소의 누적 배출량 차이가 미미하다는 것을 알게 되었으니 세계 기온 차이도 미미해야 말이 된다. 분명히 해두자면 인구가 인구 대감소나 안정화 중 어떤 경로를 따르든 기후변화는 이 모형에서 **매우 나쁠** 것이다(아무도 우리를 오해하지 않도록 이 말을 뻔질나게 되풀이할 것이다). 이 모형에서 세계 기온 증가는 지구가 인구 대감소를 겪든 아니든 무려 4도다.

그림 3.4.[11] 비관적 기후 정책을 가정했을 때의 안정화 대 인구 대감소 II

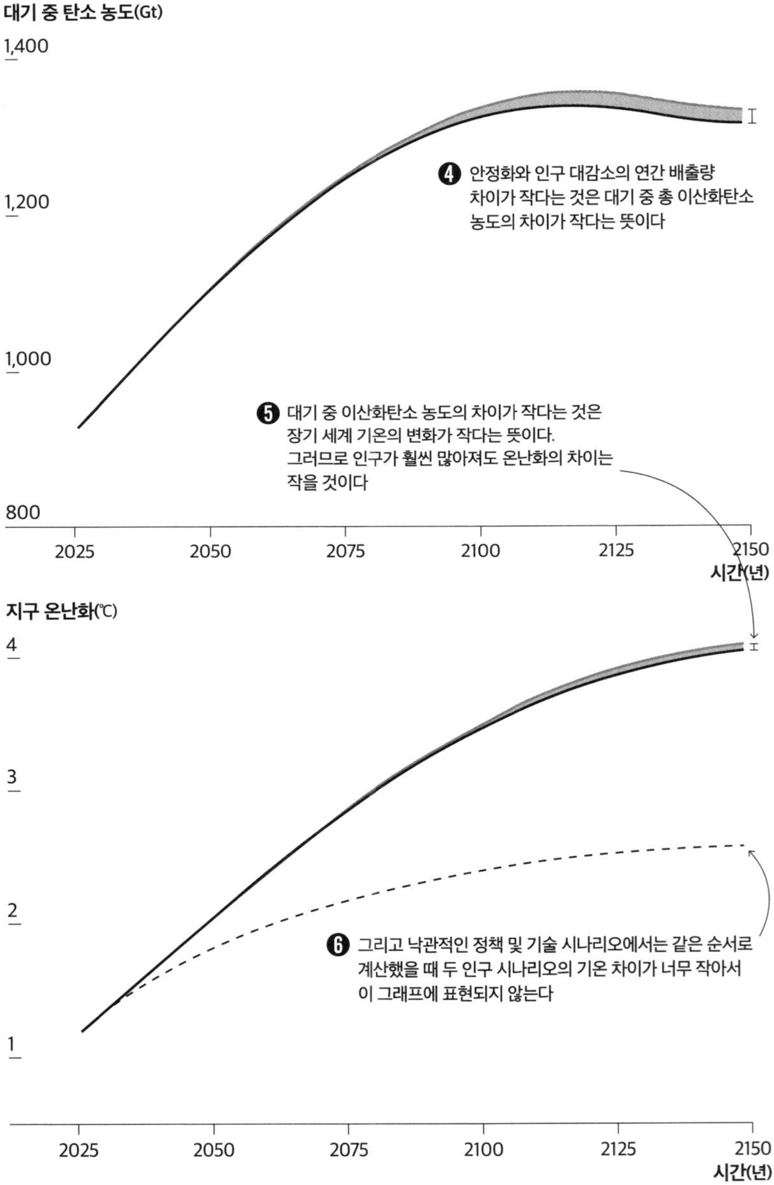

이것이 비관적 기후 정책 사례에 대한 답이다. 탈탄소화가 2도의 미래 시나리오처럼 빠르게 진행되어 파리 협정과 같은 경로를 따르면 어떻게 될까? 그림 3.4 아래 그래프의 파선(짧은 선을 일정한 간격을 두고 벌려놓은 선－옮긴이)이 이를 보여준다(사실 파선은 두 가닥이 인쇄되어 있다! 둘의 차이가 선 굵기보다 작아서 보이지 않을 뿐이다). 기후 정책의 결과가 2도에 가깝다면 인구 경로의 이 커다란 차이가 기온 변화에 미치는 차이는 소수점 둘째 자리까지 **제로**다. 인구 대감소가 일어날 경우 장기 기온 상승은 2.06도이고 안정화가 일어날 경우 장기 기온 상승은 2.06도다.

2.x도와 4.x도의 차이는 어마어마하다. 하지만 그건 인구가 아니라 탈탄소 정책과 기술에 좌우되는 차이다. 인구가 만들어낼 수 있는 차이는 미미하다.

그렇다면 우리가 모르는 것들은 어떻게 해야 할까? 아직 아무도 모르니 말이다. 미래의 탈탄소화는 얼마나 야심 차고 성공적이어야 할까? 이 질문은 어떤 모형도 답할 수 없다. 그 답은 아직 내려지지 않은 선택과 아직 취해지지 않은 행동에 달렸다. 지금까지 기후 대처의 속도는 세계 지도자들이 국제 회의에서 내놓은 맹세와 약속과 거창한 연설보다 느렸다. 그리고 몇몇 진지하고 심각한 과학자, 규제 담당자, 논평가들이 10년 전 예견한 것보다는 빨랐다. 기후의 미래상은 어제보다 오늘 더 밝아 보인다.

기후변화에 맞서는 유일한 방법은 넷제로에, 그것도 조속히 도달하는 것이다. 이렇게 하면 최악의 재앙을 면할 수 있다. 이렇게 하면 이후에 인구가 한 명 더 태어나든, 10억 명 더 태어나든 배출량에 전혀 영향을 미치지 않는다. 0 곱하기 90억은 0 곱하기 80억과 같다. 기후는 앞으로 수십 년 뒤에 좋아질 수도 있고 나빠질 수도 있다. 하지만 이를 결정하는 요인은 인구 규모가 아니라 기술, 사회적 인식, 정책일 것이다.

점점 줄어드는 아이들의 탄소 발자국

우리 저자들의 《뉴욕 타임스》 기사를 읽은 독자 한 명이 이렇게 걱정을 토로했다. "아이들보다 탄소 발자국이 큰 요인은 없다." 하긴 그렇다. 우리가 아이일 때는 이 말이 옳았을 것이다. 우리는 1980년대와 1990년대 미국 교외의 자동차가 필수인 환경에서 자랐다. 하지만 모든 아이가 미래에 우리 두 사람만큼 오염에 일조하지는 않을 것이고 과거에도 그러지 않았을 것이다. 지금의 탄소 집약적 세계 경제 이전 10만 년간 살았던 사람들도 그러지 않았다. 우리 이후에 살아갈 사람들은 어떨까?

해나 리치Hannah Ritchie는 우리 시대의 선도적 팩트 체커다. 아워 월드 인 데이터Our World in Data의 수석 연구자였던 리치는 2024년 저서 『나는 이 빌어먹을 지구를 살려보기로 했다』에서 이렇게 썼다. "우리 조부모님이 20대였을 때 영국의 평균인은 해마다 11톤의 이산화탄소를 배출했다. 지금 우리는 5톤 미만을 배출한다."

계속 들어보자. "믿기 힘든 사실이다. 오늘날 나의 생활 양식이 어떻게 1950년대보다 더 지속 가능할 수 있지? 내가 우리 조부모님만큼 검소하다면 거짓말이다. 나는 그분들보다 헤프다. 조금만 춥다 싶으면 난방을 켠다. 전기 먹는 기기를 훨씬 많이 쓴다. 그럼에도 나는 에너지를 훨씬 적게 쓰고 탄소를 훨씬 적게 배출한다. 이것은 기술 덕택이다."[12] 그렇다. 여기에 정책 변화를 이끌어낸 사회적 인식도 한몫했다.

아이의 탄소 발자국은 얼마나 클까?: 미국에서는 개개인의 연평균 배출량이 20년에 걸쳐 하락했다.

1인당 연간 배출량이 감소했다면 생애 전체에 걸친 배출량은 어떻게 되었을까? 이 질문을 영국이나 미국 내에서만이 아니라 전 세계에 대해 던지면 어떻게 될까?

그림 3.5는 세계 평균 시민의 탄소 배출량을 작도한 것으로 그래프가 임산부의 배처럼 볼록하다. 그림에서 보듯 한 사람이 80 평생 살면서 탄소 배출량에 미친 영향은 그가 언제 태어났는지 혹은 언제 태어날지에 달렸다. 그림은 1900년 이전에서 출발해 역사적 배출량 데이터를 통해 우리의 탄소 집약적 생활 양식이 상승했다가 하강하는 모습을 보여준다. 탈탄소화와 관련된 미래는 우리 모형(4도 미래)에서 쓴 것과 같은 비관적 추정값이다. 즉 우리는 탈탄소화에 이르기까지 앞으로 100년이 걸린다고 가정한다. 이렇게 되지 않길 바라고 기대하긴 하지만.

그래프는 세계가 평균적으로 오염을 일으키던 과거의 유산을 따라간다. 물론 누구의 자녀도 세계 평균 자녀가 아니다. 이런 모형은

그림 3.5.[13] 아기가 더 태어날 때의 탄소 발자국이 (4도 미래 시나리오에서조차) 하락하고 있다

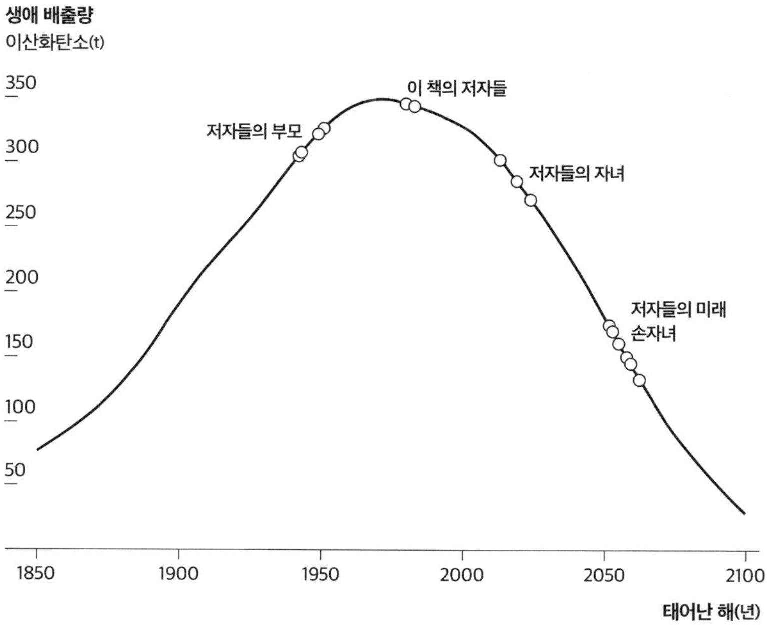

기후과학자들이 미래의 기후에 대해 배우고 정책 결정에 근거를 제시하기 위해 쓰는 불완전한 도구다. 큰 그림을 보는 데 요긴하기는 하지만 부자 아기(톱해트와 단안경을 쓴 아기가 아니라 미국 같은 부자 나라의 부모에게서 태어난 아기)는 탄소 배출의 관점에서 더 많은 피해를 일으킬 가능성이 있다. 인도의 우타르프라데시나 아프리카 또는 전 세계 가난한 지역에서 태어난 아기들은 탄소 오염 물질을 덜 발생시킬 가능성이 크다. 미세먼지 대기오염에는 더 많이 일조할지도 모르지만 말이다.

새로운 사람의 생애 탄소 발자국이 어떻든 그 발자국은 1970년대에 태어난 사람에게서 정점에 도달한 뒤 이제 하락하고 있다. 100년간의 산업화 시기에 상승했다가 이제 정상을 넘었다. 오늘 태어난 세계 평균 아기가 평생에 걸쳐 지구 온난화를 가속화하는 양은 10년 전 태어난 아기보다 적을 것이다. 또한 지금으로부터 10년 뒤에 태어날 평균적 아기가 지구 온난화를 가속화하는 양은 오늘 태어난 아기보다 적을 것이다. 물론 새로운 아이의 환경 비용은 0이 아니다. 어림도 없다. 아직은 아니다. 하지만 하락하고 있다.

인류의 대열에 새로운 사람이 합류할 때마다 그는 이산화탄소를 **당신**이 **당신**의 평생 동안 배출하는 양보다 적게 배출할 것이다. 당신은 우리와 마찬가지로 최근에 태어났으며 정점에서나 정점 근처에서 인류의 대기 파괴에 동참하고 있다. 그러나 세계 전체를 뭉뚱그리면 추가되는 아기의 생애 탄소 발자국은 하락했다. 2025년에 태어난 아기가 중년이 될 2075년에는 세계의 기후 진보가 더욱 크게 이뤄졌을 것이다.

환경을 위한 싸움에서는 타이밍이 전부다

향후 50년은 특별한 시기다. 지구가 앞으로 수백 년간 얼마나 튼튼하고 건강할지가 이때 결정될 것이다. 지금부터 2025년 사이에 우리는 인구 정점 또는 그와 거의 비슷한 현상을 볼 것이다. 운이 좋으면 이산화탄소, 독성 화학 물질의 생산량도 최대치에 도달할 것이다. 그러므로 이 특수

한 국면에 대처해 향후 50년을 헤쳐나가는 것은 지금 살아 있는 사람들의 과제다.

1988년 저서 『어쩌면 하나: 작은 가족을 옹호하다Maybe One: A Case for Smaller Families』에서 환경주의자이자 작가 빌 매키번은 소가족을 선택하면 환경 문제에 변화를 일으킬 수 있다고 주장했다.[14] 이 책은 그의 가장 유명한 책은 아니다. 매키번은 『자연의 종말』과 그가 창립한 단체인 350.org 그리고 국제 환경 운동에서의 주도적인 역할로 더 유명하다. 『어쩌면 하나』에서 그는 사람들에게 지구를 위해 가족 규모를 줄이면 어떻겠냐고 말했다. 그는 열정을 담아 책을 썼으며 누구에게도 스스로의 목숨을 어떻게 하라고 말하지 않았다.

우리는 『어쩌면 하나』의 모든 주장에 동의하지는 않는다. 그의 책에는 우리가 (8장에서 말하겠지만) 중요하게 여기는 인구윤리학이 빠져 있다. 매키번이 이해하는 경제 성장은 우타르프라데시의 시마 같은 이들과는 다르다. 우리의 친구들이 이해하는 경제 성장은 아기를 살리고 번듯한 일자리에서 일할 기회를 만들어내는 물질적 진보를 뜻한다.

그럼에도 『어쩌면 하나』는 인도주의적인 책이다. 우리는 매키번이 환경에 대해 쓴 많은 글에 동의한다. 심지어 인구의 역할에 대해 우리와 매키번이 동의하는 중요한 지점도 있다. 바로 기후변화와의 싸움에서는 **타이밍**이 전부라는 것이다. 매키번은 이렇게 설명한다.

확실히 해둘 게 있는데, 나는 한 자녀 가족이 영구적인 해결책이라고 말하는 게 아니다. 결코 그렇지 않다. 결국 그들은 그 누가 원하는 것보다 적은 인구를 배출할 것이다. 이 책을 50년이 지나면 저절로 지워지는 종이에 쓸 수 있다면 기꺼이 그럴 것이다. 다음 세기 중반이 되면 우리의 인구, 기술, 욕구, 곤경은 근본적으로 달라져 있을지도 모른다. 어쩌면 우리는 또 다른 베이비붐을 일으키고 싶어질 수도 있고 아닐 수도 있다. 예견할 방법은 전혀 없다. 미래에 누렇게 바랜 이 책을 우연히 발견하거든 한낱 신기한 골동품으로 여겨주시라.

1998년 매키번은 가족 규모가 기후에 중요해질 수도 있는 시점을 50년 뒤로 봤다. 아이들의 탄소 발자국이 영원토록 크지 않을 것이며 결국 이야기가 달라질 것이라고 내다봤다는 점에서 그는 선견지명이 있었다. 그의 50년 뒤 미래가 우리의 현재가 되어간다. 당신이 이 책을 읽을 즈음이면 그 50년의 처음보다는 끝에 더 가까워졌을 것이다. 오늘 우리 모두가 서 있는 시점으로부터 **그 50년 안의** 어느 시점에도 인구 규모가 유의미하게 달라질 수는 없다.

매키번의 50년 중 나머지 기간 동안 기후변화에 대해 행동하고 인간이 환경에 압박을 가하는 행위들에 반대하자. 이렇게 하면 단기적으로나 장기적으로나 많은 삶을, 인간의 삶과 인간 아닌 동물의 삶도 개선할 수 있다. 그때까지는 인구에 시선을 빼앗기지 말자. 기후변화는 신중하고 사실에 입각한 행동을 필요로 하는 중대한 문제다. 당신은 삶과 가족을 위해 최선이라고 생각되는 결정을 내리라. 하지만 인구 추세에 변화를 일으키는 건 21세기 기후 문제의 해결을 위한 급선무 목록에 있지 않다.

4장

인구는 타인의 몸에서 시작된다

“하지만 출생률이 계속 상승한다고 할 때 아기를 낳을 사람은 누구인가요?”

한 학술대회에서 우리가 스파이크의 근거를 제시하자 동료 인구학자가 던진 질문이다. 답은 두말할 것도 없이 ‘여성’이다. 바로 이것이 그녀가 말하고자 한 요점이었다. 산아에는 불가피한 불공평이 있다. 인간 삶의 생물학적 측면은 불공평하다. 육아의 문화와 경제도 불공평하다. 역사를 통틀어 모든 사회는 여성에게 더 많이 요구하고 남성에게 더 많이 베풀었다. 육아에서만 그런 게 아니다. 이는 매우 중대한 문제다.

안정된 인구는 더 많은 자녀를 의미한다. 그러면 출산도 육아도 많아진다. 이를 비롯한 여러 이유 때문에 인구 대감소 대신 안정화를 이루는 것이 여성에게 어떤 의미인지 묻는 일은 중요하다. 안정화를 달성하는 것은 힘겹게 쟁취한 성과를 되돌리고 출생률이 높던 시절로 퇴보한다는 뜻일까? 이 질문에 대한 모든 답은 인구가 **어떻게** 안정되는지에 달렸다.

여성이 맞이할 결과를 이해하려면 우리가 어떤 안정화 경로를 염두에 두는지 명확히 해야 한다. 강압과 통제를 통한 경로(사람들이 원하는 것보다 큰 가족을 꾸리도록 강요하거나 압박해서 여성의 자유, 기회, 보호를 박탈하는 경로)는 재앙일 것이다. 이 책은 다른 경로를 제안한다. 바로 자유롭고 공정한 사회에서 사람들이 여러 방안을 저울질해서 평균적으로 두 자녀를 낳는 삶이 자신에게 최적이라고 판단하는 미래다. 그러려면 지금의 부모 노릇이 더 수월하고 나은 방향으로 바뀌어야 하며 이를 위해서는 정부와 사회의 더 많은 지원, 유연성, 자금, 공정성이 필요하다.

우리는 공정하고 안정된 미래를 만들 수 있다: 인류는 여성과 남성에게 좋고 자유롭고 공정하면서도 평균 출생률이 2인 미래를 선택할 수 있다. 불가피한 딜레마는 전혀 발생하지 않는다.

그런 미래에서는 부모가 되고 싶은 사람들은 부모가 되기로 선택하는 데 필요한 지원을 (부모 아닌 사람들에게서, 납세자에게서, 모두에게서) 얻을 것이다. 사실 이것이야말로 유일하게 효과가 있는 접근법이다. 증거에 따르면 강제, 억압, 모든 형태의 정부 통제 같은 나머지 모든 접근법으로는 세계 인구를 안정시킬 가능성이 희박하다. 이 주장을 뒷받침하기 위해 에이프릴의 이야기를 들어보자.

텍사스에서 일어난 소동

2022년 6월 텍사스에서 에이프릴은 임신 사실을 알게 되었다. 에이프릴과 남편은 2년 남짓 둘째를 가지려고 노력하고 있었다. 같은 달, 대법원은 50년의 판례를 뒤집고 낙태 권리를 주정부 재량에 맡기는 판결을 내렸다. 그리고 에이프릴이 산부인과를 처음 방문하기 몇 주 전에 대법원 판결 초안이 유출되었다. 에이프릴과 남편은 걱정스러웠다. 에이프릴 같은 40세 여성은 유산 가능성이 매우 높은데, 이 새로운 법률에 따르면 임신 과정에 문제가 생겼을 때 필요한 진료를 받지 못하는 게 아닐까?

진료실에서 에이프릴은 의사에게 묻고 또 물었다. 그때마다 간절히 원한 대답은 **"당신은 안전할 겁니다"**였다. 하지만 에이프릴과 남편에게 확신을 줄 수 있는 의사는 아무도 없었다. 계속해서 질문을 던지던 에이프릴은 결국 참지 못하고 울음을 터뜨렸다. 남편은 진료실 구석에 놓인 의자에서 무릎 사이에 팔을 묻은 채 불안감에 온몸이 떨렸다.

에이프릴과 남편은 나중에 단둘이서 다른 주로 이사하는 방안을 논의했다. 초기의 몇 달 동안은 텍사스주가 임산부에게 정확히 어떤 피해를 입힐지 도무지 알 수 없었다. 하지만 걱정할 상황인 것만은 분명했다. 그 뒤 몇 달간 텍사스주에 거주하는 여성들은 실제로 건강과 생명에 중대한 위험을 안은 채 비정상 임신을 억지로 유지해야 했다. 새 법률은 임신을 원하는 여성과 낙태를 원하는 여성 모두를 위험에 빠뜨렸다.

에이프릴은 산부인과를 처음 방문한 지 몇 주 뒤에 유산했다. 공교롭게도 텍사스 밖으로 나갔을 때였다. 그녀가 받은 작은 위안은 자신에게 필요한 의료를 얻지 못하리라는 두려움이 (완전히 사라지지는 않았어도) 줄어들었다는 것이다(출혈이 얼마나 심해야 필요한 진료를 받을 수 있을까? 출혈이 얼마나 오랫동안 지속되어야 할까? 왜 병원 직원들은 임신이 유산되었고 끝이라는 확인을 해주지 않는 것처럼 보일까?).

에이프릴과 남편은 그 뒤로 임신 시도를 그만두기로 했다. 마흔이 넘으면 임신이 유산으로 이어질 가능성이 매우 높았다. 두 사람은 그 가능성을 텍사스에서 맞닥뜨릴까 봐 두려웠다. 새로운 법률은 그들이 임신 시도를 그만두기로 한 유일한 이유는 아니었다. 이런 결정은 언제나 복잡하다. 하지만 텍사스에서 벌어진 소동은 중요한 고려 사항이었다.

위험을 감수할 순 없다고 판단한 여성이 에이프릴만은 아니었을 것이다. 다른 여성과 다른 가족들은 다른 경험을 했고 앞으로 할 것이다. 물론 우리는 이 책에 넣을 이야기를 선별했다. 하지만 이 이야기를 고른 이유는 우리가 제시하려는 논점에 들어맞기 때문이 아니다. 우리는 수백 건의 인터뷰를 걸러 낙태 금지가 어떤 커플의 출산 포기에 일조한 유일무이한 사례를 찾아낼 때까지 이야기를 솎아내고 또 솎아내지 않았다.

사실 에이프릴은 저자 중 한 명의 아내다. 마이크가 바로 진료실 구석 의자에서 떨고 있던 남편이었다. 에이프릴의 임신, 유산, 힘겨운 결정의 이야기는 우리가 찾아 헤맨 것이 아니다. 고통이 우리를 찾아왔다.

텍사스에서 산아 관련 의료가 제한되면서 마이크와 에이프릴이 바라던 둘째 아이 출산은 더 힘들어졌다. 2024년 판사가 냉동 배아를 아동으로 선언해 앨라배마에서 체외수정을 잠정적으로 금지하면서 이곳 사람들은 바라는 아이를 낳기가 힘들어졌다. 그럼에도 이런 퇴행적 결정이 인구 대감소에 대한 건설적 대처라고 주장하는 사람들이 있다.

산아 자유의 제한이 왜 건설적 대처가 아닌지 이해하려면 윤리에 대한 질문과 사실에 대한 질문에 답해야 한다. 우리는 둘 다 다룰 것이다. 8장에서는 윤리를 다루면서 강제 출생이 도덕적으로 혐오스러운 이유를 논의하고, 10장에서는 사실을 다루면서 낙태 금지가 출생률에 미치는 결과(또한 반대 방향에서 중국의 한 자녀 정책이 낳은 결과)에서 거의 모든 사람이 오해하는 대목을 논의한다.

이것들은 사실 이 책의 논의와는 별도로 다뤄야 할 거대한 문제들이다. 따라서 이 장을 시작하는 지금은 다만 이렇게 요약할 수 있겠다. **사람들, 특히 여성들이 가족을 위해 무엇을 선택하고 염원하는지는 출산의 미래에 중요하다.**

2라는 출생률과 자녀를 원하지 않는 사람들

인류를 안정시킬 가장 그럴듯한 방법(또한 이 책에서 보증하는 유일한 방법)은 모든 사회가 부모의 여건을 개선하려고 노력하는 것이다. 하지만 그러더라도 여전히 부모가 되는 것이 모두의 몫은 아닐 것이다.

안정화 출생률은 약 2다. 2는 모든 사람에 대해 2가 아니라 **평균적으로** 2라는 뜻이다.

평균이 의미하지 않는 것: '평균'은 '모두'가 아니다. 2라는 평균으로 귀결하는 가족 조합은 무한히 많다.

나라마다, 지역사회마다, 세대마다, 사람마다 다른 경로를 밟더라도 평균하면 같은 출산율이 될 수 있다. 캐나다와 체코를 생각해보라.[1] 두 나라에서 다 1973년에 태어난 여성(오늘날의 체코는 당시 체코슬로바키아의 일부였다)은 자라서 평균 1.8명의 자녀를 낳았다. 체코에서는 여성의 절반 이상이 정확히 두 명을 낳았지만 캐나다에서는 5분의 2 미만만이 그렇게 했다. 대신 캐나다 여성들은 셋 이상의 자녀를 낳을 가능성이 체코 여성들보다 높았다. 캐나다 여성들은 자녀를 한 명도 낳지 않을 가능성도 체코의 두 배에 가까웠다. 체코는 가족 규모가 균일하고 캐나다는 다양했지만 두 나라의 출생률을 평균하면 같은 수치가 나왔다.

그림 4.1은 이론상 인구를 안정시킬 수 있는 무수한 가능성들 중에서 뽑은 표본이다. 한 가지 예에서는 2가 가장 흔한 자녀 수다. 하지만 0 또는 1, 2, 3이 가장 흔한 수여도 평균은 여전히 2일 수 있다. 어떻게 이럴 수 있을까? 이는 **가장 흔하다**가 **평균**과 같은 뜻이 아니기 때문이다.

인구 성장에 중요한 것은 (통계적 의미에서의) 평균이다. 그림 4.1의 두 번째 예에서 가장 흔한 자녀 수는 1이다. 하지만 3도 많고 2도 꽤

그림 4.1.[2] 인구 집단의 출생률을 평균했을 때 안정화가 이뤄지는 여러 조합들

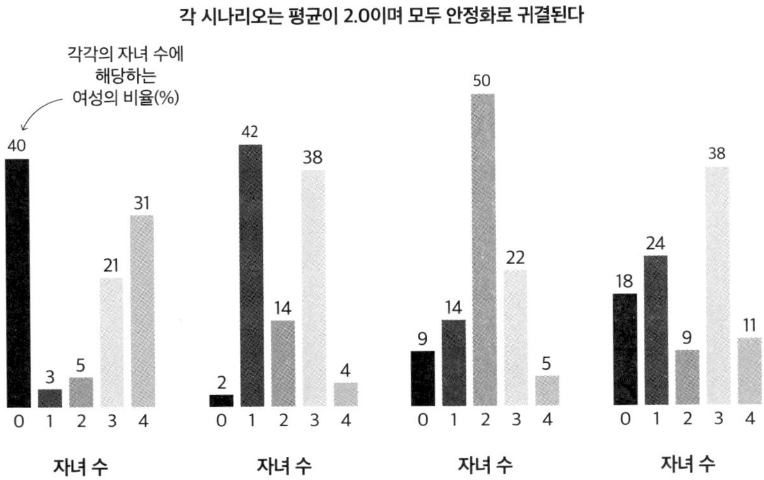

있어서 출생률을 평균하면 2가 된다. 마지막 예에서는 3이 가장 흔하지만 0도 많다. 가장 왼쪽 예에서 보듯 심지어 자녀 0명이 가장 흔한 선택이어도 인구 집단이 대체 출산율을 유지할 수 있다. 충분히 큰 가족들이 평균에서 0을 상쇄하면 된다.

네 가지 예 중 어느 것도 어떤 나라나 전 세계의 상황에 정확히 들어맞지는 않을 것이다. 요점은 사람들이 원하는 것이 다양하더라도 이를 수용하면서 평균 2를 달성하는 방법들이 있다는 것이다. 안정화에 이르는 길에는 선택의 여지, 다를 여지, 많은 사람이 자녀를 한 명만 낳거나 아예 낳지 않을 여지가 있다.

안정화는 정체를 의미하지 않는다

1893년 뉴질랜드는 여성이 총선에서 투표할 수 있는 최초의 나라가 되었다. 그 뒤로 130년간 전 세계 출생률은 (적어도) 절반으로 줄었다. 인류는 여성과 여아에게 더 이롭고 자유롭고 공정한 삶을 향해 불완전하나마 거대한 진보를 이뤘다.

시간 경과에 따른 출생률 하락, 시간 경과에 따른 여성의 삶 개선 같은 이 커다란 추세들은 커다란 딜레마를 제기한다. 인구를 평균 출생률 2로 안정시키려면 성평등을 향한 진보를 중단하거나 역전시켜야 할까? 사회가 공정해질수록 출생률은 2.0에서 1.8로, 1.5에서 1.3으로 떨어지기만 할까? 안정화는 직장에서, 가정에서, 정치에서, 문화 권력에서 평등을 결코 달성하지 못하는 대가를 치러야 할까?

그렇지 않다. 인류가 무엇을 선택하느냐에 따라 정치 지도자의 절반이 여성이고, 교대 근무 관리자의 절반이 여성이고, 말하는 사람의 절반이 여성이고, 조용히 책을 읽는 사람의 절반이 여성이고, 자녀의 수영 강좌를 지켜보는 성인의 절반이 여성이고, 도시락을 싸는 법을 기억하는 사람의 절반이 여성이면서도 평균 출생률이 2인 미래가 가능하다.

약 2인 출생률은 여성을 위한 진보의 지속과 양립할 수 있다. 이것이 가능한 이유는 이미 일어난 적이 있기 때문이다. 1975년부터 2010년까지 35년간 미국의 변화를 생각해보라. 미국에서의 삶은 이 기간에 많이 달라졌다. 특히 여성이 많은 변화를 겪었다. 그렇다면 이 수십 년간 미국의 출생률은 어떻게 됐을까? 별로 달라지지 않았다. 1975년 미국의 합계출산율은 1.77이었다. 수십 년간 조금씩 오르락내리락하며 이 수준을 유지했다. 1979년부터 2016년까지 미국의 출생률은 1.80을 웃돌았다. 2010년에는 1.93이었다.

미국의 출생률은 하도 일정하기 때문에 수십 년에 걸쳐 조금만 상승한 것도 인구학에서는 다소 이례적이다. 우리는 확실한 이유를 모른다. 그리고 누구에게도 만족스러운 설명이 있을 것 같지는 않다. 딘은 최근 박사 과정생 한 명에게 이 문제에 대해 물었다. 미국 여성들이 낳고자 하는 자녀 수를 어떻게 선택하는가에 대한 박사논문을 방어하는 자리에서였다. 그 학생은 방어에 성공해 우수한 성적으로 졸업했지만 답을 모르기는 마찬가지였다.

유럽의 합계출산율은 1975년의 2.07에서 2010년에는 1.61로 하락했다. 일본은 1.94에서 1.39로 하락했다. 캐나다는 1.85에서 1.63으로 하락했다. 그러므로 이 나라들을 비롯한 많은 지역에서 출생률이 하락하는 동안에도 미국의 출생률은 오랜 기간 이례적으로 안정적이었다. 이 변칙은 스파이크의 거대한 이야기에 비하면 별것 아니다. 미국의 출생률은 이 안정기 이전에 하락했고 이후에도 하락하고 있다. 하지만 이처럼 특수한 사례에서 무엇이 가능한지 배울 수 있는 기회이기도 하다.

출생률이 낮아질 때만 여성의 기회가 신장된다는 것이 사회과학의 철칙이라면 출생률이 정체된 35년간 미국 여성들을 위한 경제적, 사회적, 정치적 진보 또한 정체했으리라 생각할 수 있다. 하지만 오히려 정반대가 참이다. 이 시기는 경이로운 개선의 시기였다.

성별 임금 격차는 줄어들었다.[3] 1970년 미국의 전업 여성 노동자는 남성 연평균 임금의 60퍼센트 미만을 받았지만 2010년이 되었을 때는 이 비율이 75퍼센트를 넘었다. 아직 평등은 아니지만 추세는 올바른 방향을 향하고 있었다. 그런데도 출생률은 어느 방향으로도 움직이지 않았다.

종합사회조사General Social Survey에서는 해마다 미국인들에게 물었다. "부양 능력이 있는 남편을 둔 기혼 여성이 사무실이나 공장에서 돈을 버는 것에 찬성하십니까, 반대하십니까?"[4] 출생률이 2.01이었던 1972년에는 미국인의 65퍼센트가 여성 취업에 찬성했다. 출생률이 거의 동일하게 1.99였던 1998년에는 81퍼센트가 찬성했다. 작가 게일 콜린스Gail Collins는 『모든 것이 변했을 때When Everything Changed』에서 이렇게 설명한다. "1970년대에 미국은 대부분의 여성이 가정 밖에서 일하게 되리라는 사실을 깨달았다. 하지만 여성이 가족 부양에 일조할 돈을 벌 뿐 아니라 어엿한 경력을 쌓으리라는 생각에 익숙해진 것은 1980년대가 되어서였다."[5]

종합사회조사는 1998년 이후 이 질문을 삭제했는데, 이 또한 진보의 표시다. 연구자들은 만장일치가 아니라 이견이 있는 쟁점에 대해 질문을 던지고 싶어 하기 때문이다. CNN이 2012년 여론조사에서 비슷한 질문을 했을 때는 2퍼센트만이 반대했다.

오늘날 여아의 삶에는 더 크고 나은 선택지와 가능성이 열려 있다. 1960년에는 어떤 여성도 미국 대법관, 인도 대법관, 영국 상원 상임법관이 되지 못했으며 보스턴 마라톤에서 뛰지도 못했다. 어떤 여성도 《포춘》 500대 기업 CEO가 되지 못했다. 어떤 여성도 아이비리그 대학 총장이 되지 못했다. 우리 둘이 박사 학위를 받은 프린스턴대학교에서 최초의 여성 **학부생**이 졸업한 것은 1973년이었다. 1960년에는 어떤 여성도 인디애나폴리스 500 자동차 경주에 참가하지 못했고 영국 국교회 목사로 서임받지 못했으며 국제축구연맹FIFA 심판 자격을 얻지 못했다.

이 모든 일은 그 뒤에 일어났다. 1981년 최초의 여성이 미국 대법관이 되었다. 콜린스는 이렇게 경탄한다. "이 세대의 미국인은 여성이 집안일에 하도 치여서 배심원을 맡을 수 없고 '미국 여성 우주인이라는 말을 들으면 역겹다'라는 말이 NASA 대변인의 입에서 나오는 세상에서 태어나, 여성 우주인과 판사가 흔해진 사회에서 성장했다."

1970년대 후반이 되었을 때 미국에서는 준학사 학위(2년제 대학 졸업자에게 수여되는 학위 – 옮긴이)를 취득하는 여성이 남성보다 많았다. 그 뒤로 해마다 같은 현상이 나타나고 있다. 1980년대 초반이 되었을 때는 학사 학위를 취득하는 여성이 남성보다 많았다. 1980년대 후반에는 석사 학위를 취득하는 여성이 남성보다 많았고, 2000년대 초반에는 박사 학위를 취득하는 여성이 남성보다 많았다.

1974년 평등한대출기회보장법으로 성별에 따른 대출 차별이 불법화되었다. 그전까지만 해도 여성은 남편과 동행하거나 남편의 서명을 받지 못하면 신용카드를 발급받지 못할 수도 있었다. 캘리포니아는 1970년 미국 최초로 무귀책 이혼(한국의 협의이혼과 비슷한 방식 – 옮긴이)을 허용한 주가 되었다. 덕분에 여성이 잘못된 결혼에서 벗어나기가 훨씬 수월해졌다. 2010년 뉴욕은 무귀책 이혼을 허용한 마지막 주가 되었다. 2015년 결혼은 다시 한번 변화를 겪었다. 대법원이 동성혼을 헌법적 권리로 인정한 것이다. 오늘날 여성은 남편이 동행하지 않아도 결혼하고 이혼하고 신용카드를 발급받을 수 있다.

35년에 걸친 미국의 이 이야기를 오해하진 말라. 여느 35년과 마찬가지로 진보는 필연적이지 않았다. 하지만 이런 개선이 이뤄지는 동안 출생률이 일정했다는 사실에서 보듯이 약 2의 출생률을 평등을 향한 지속적 진보와 결합하는 것은 달성 가능한 목표다. 이것은 개념 증명proof of concept(제품, 기술, 정보 시스템 등이 조직의 특수 문제 해결을 실현할 수 있는지 알아보는 증명 과정으로, 아직 시장에 나오지 않은 신제품에 대한 사전 검증을 위해 사용된다 – 옮긴이)이다. 하나의 사례에 불과하지만 출산율이 떨어지지 않고서는 개선이 이뤄질 수 없다는 지나치게 단순한 주장을 반박하는 수십 년짜리 사례다.

2라는 출생률과 직장 내 공정성

수십 년을 넘어 이제는 미국 바깥으로 눈을 돌려 오늘날 여러 나라들의 통계를 비교해보자. 성 불평등의 핵심 경제 지표는 성별 임금 격차다. 이는 전형적 여성에게 지급되는 임금이 전형적 남성에게 지급되는 것보다 얼마나 적은가를 나타낸다. 임금 격차는 한 나라의 사회제도, 경제, 정치에 대해 모든 것을 알려주지는 않지만 그럼에도 중요하고 관심을 끄는 현상이다.

그림 4.2는 한 나라의 성별 임금 격차가 출생률과 어떤 관계인지 보여준다. 두 수치는 연관되어 있을까? 아니면 증거로 보건대 더 많은 분산도와 유연성의 여지가 있을까? 우리는 여성과 남성의 소득

그림 4.2.[6] 부자 나라들에서는 출생률이 남성과 여성의 임금 격차와 관계없다

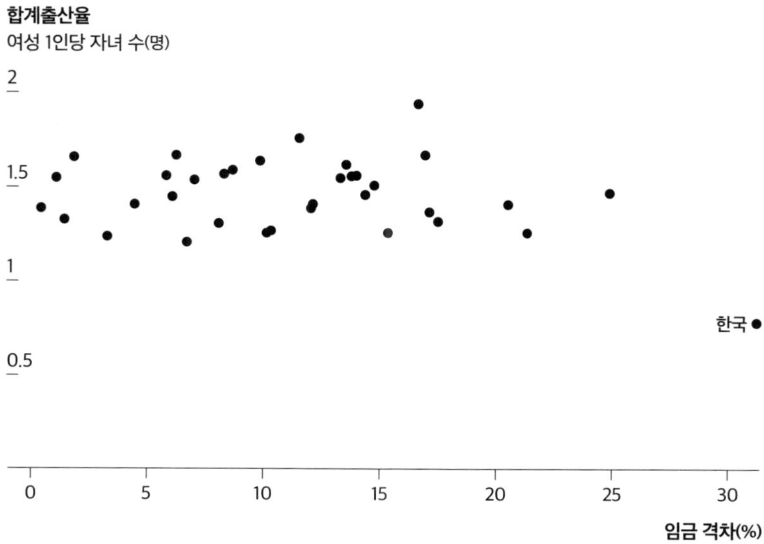

중앙값 차이를 표시했다. 여기서 17퍼센트(미국 통계)라는 수치는 전업으로 일하는 전형적인 중간 소득 남성이 전업으로 일하는 전형적인 중간 소득 여성보다 임금을 17퍼센트 더 받는다는 뜻이다.

우리는 OECD 국가(미국, 상당수 유럽 국가, 동아시아의 몇몇 부자 나라, 칠레와 멕시코 같은 일부 라틴아메리카 국가를 비롯한 전 세계 38개국의 부자 나라 집단) 데이터를 취합했는데, 모두가 인간 발전 지표에서 높은 성적을 기록했다. 그림의 거의 모든 나라에서 출산율은 1.0과 2.0 사이에 있다. 현재 부유하고 출산율이 대체 수준 이하인 나라들을 대상으로 이 관계를 이해하기에 알맞은 범위다. 이 데이터는 (이를테면) 과거 사회나 산업 시대 이전에 대해 무언가를 알려주지는 않지만 그런

조건들은 우리의 지금 질문에는 적절하지 않다. 우리의 관심사는 현재와 미래이기 때문이다.

증거는 출산율과 공정성에 대해 무엇을 알려주는가? 둘 사이에는 밀접한 관계가 있을까? 그림이 보여주는 것은… 하나도 없다. 어떤 관계도 없다. 이를테면 일본, 스페인, 이탈리아는 합계출산율이 1.3으로 동일하지만 임금 격차는 일본은 21퍼센트, 스페인은 7퍼센트, 이탈리아는 3퍼센트다. 아일랜드는 출생률이 1.8로 유럽에서 가장 높은데, 2퍼센트의 낮은 임금 격차를 보여준다. 프랑스와 뉴질랜드는 출생률이 아일랜드와 엇비슷하지만 임금 격차는 둘 다 9퍼센트를 넘는다.

통계학자가 평균적 관계를 나타내기 위해 이 점들을 연결하면 어떻게 될까? 선은 직선일 것이다. 이 말은 출생률과 임금 격차 사이에 어떤 상관관계도 없다는 뜻이다. 더 중요한 사실은 상당수 점이 평균선에서 멀리 떨어져 있다는 것이다. 이상값outlier인 한국을 제외하면 성별 임금 격차는 이 점들의 출생률 분산도를 0.2퍼센트도 설명하지 못한다. 기술적 측면에서 이 데이터로 보건대 출생률을 좌우하는 것은 (성별 임금 격차가 아닌) **다른 무언가**임을 알 수 있다.

나라 대신 미국의 주들을 비교하면 어떨까? 시간 경과에 따른 각 주의 변화를 들여다보면 더 효과적일 것이다. 경제학자 멀리사 커니Melissa Kearney와 공동 연구자들이 2022년에 이 연구를 실시했다.[7] 그들이 발견한 것은 앞서와 비슷하게 패턴이 없는 점의 구름이었다. 연구진은 성별 임금 격차가 더 빠르게 줄어든 주의 출생률이 더 빠르게 하락하지 않았음을 밝혀냈다.

OECD 국가나 미국 주가 아니라 개발도상국들을 비교하면 어떨까? 여기서는 정확히 똑같은 임금 격차 기준을 이용할 수 없다. 부자 나라와 가난한 나라는 '노동'의 의미가 다르기 때문이다. 가난한 나라에서는 비공식 노동이 많기 때문에 직접 비교할 수 있는 데이터가 존재하지 않는다.

하지만 이웃 나라인 방글라데시와 인도를 생각해보자.[8] 가장 최근의 인구통계 조사에서 방글라데시의 출생률은 2.3으로, 인도의 출생률인 2.0보다 약간 높았다. 하지만 방글라데시 여성들은 인도 여성들에 비해 문해력이 좀 더 높았으며 유급 노동 의향은 훨씬 컸다. 다시 말하지만 여성의 더 나은 노동 기회와 낮은 출생률을 짝짓는 긴밀한 연관성은 전혀 없다.

우리가 OECD 국가 그래프에서 한국을 무시한 이유는 무엇일까? 그래야 아무도 이상값에 시선을 빼앗기지 않을 것이기 때문이다. 하지만 한국을 포함해도 우리의 주장은 오히려 강화된다. 한국은 오른쪽 아래에 뚝 떨어져 있는데, 성별 임금 격차가 가장 불평등하면서도 출생률이 가장 낮다. 그래프에 나타나지는 않았지만 한국 여성들은 나머지 부자 나라에 비해 유급 노동 비율이 낮다. 따라서 한국(또는 어느 나라든)의 데이터점 하나는 별다른 증거가 될 수 없다. 이는 공정성의 퇴보가 출생률을 높이는 확실한 방법이라는 증거가 결단코 **아니다**. 오히려 정반대 관계를 보여준다.

한국의 이상값을 제외하지 않으면 데이터점들의 구름에 맞는 추세선은 사회가 공정할수록 출생률이 올라간다는 주장을 뒷받침한다. 그럴지도 모르겠다. 언젠간 그렇게 될 수도 있다. 전문가들의 말에 따르면 한국의 출생률이 낮은 이유는 높은 성 불평등이 여성의 출산과 양육에 유난히 불리하기 때문이라고 한다. 박나래는 서울에 있는 경제학자로 딘의 몇몇 연구에 공저자로 참여했는데, 한국 경제가 빠르게 성장하긴 했지만 "문화적 규범은 그만큼 빠르게 바뀌지 않았"다고 말했다.

한국 여성은 평균적으로 학력이 높지만 아기를 낳으면 1차 양육자가 된다. 따라서 한국 여성들은 결혼과 출산을 주저할 수밖에 없다. 잃을 게 많고 불평등한 규범 때문에 피해를 입을 수 있기 때문이다. 박나래의 말이 옳다면 더 평등한 한국을 건설하는 일은 안정화에 필요한 첫 단계일 것이다.

복지의 전반적 지표들은 어떨까? 스웨덴과 덴마크는 EU 성평등 지수에서 최상위에 올라 있는 두 나라다.[9] 성평등 지수에는 임금 이외에도 시간 활용, 권력, 건강, 여성 대상 폭력 등이 포함된다. 스웨덴과 덴마크는 최하위 두 나라인 그리스와 헝가리보다 출생률이 높다. 이렇듯 평등 수준이 높은 곳일수록 사람들은 더 많은 자녀를 낳기로 선택한다.

우리는 이 책을 쓰는 동안 페루 출신의 26세 여성 제시카에게서 같은 말을 들었다.[10] 제시카는 자기 나라의 남성들이 너무 마초적이어서 자신은 결코 결혼과 출산을 하지 않을 거라고 말했다. 페루 남성들은 자녀도 전혀 돌보지 않는다. 한국의 데이터점, 유럽의 통계, 페루에서의 증언은 결정적인 사회과학 증거는 아니지만 모두 같은 방향을 가리킨다. 공정성은 인구 안정화와 상충하지 않는다. 어쩌면 공정성이야말로 인구를 안정시키는 유일한 방법인지도 모른다.

2라는 출생률과 가정 내 공정성

경제학자 클라우디아 골딘Claudia Goldin은 2021년 저서 『커리어 그리고 가정』에서 엘리트 직종의 성 불평등에 대해 썼다. 골딘은 일부 직종이 유난히 탐욕스러운 이유는 하루 종일 일할 준비와 의향이 있는 사람에게 가장 큰 보상이 돌아가기 때문이라고 말한다. 자녀가 없으면 두 명의 배우자 모두 탐욕스러운 일자리를 선택할 수 있다. 하지만 자녀가 있는 부모는 논리적으로 한 사람만 그럴 수 있다. 엄마와 아빠 둘 다 같은 주에 출장을 갈 수는 없다. 어린이집이 쉬거나 아이가 아플 때 부모 둘 다 24시간 일할 수는 없다.

골딘은 이렇게 설명한다. "대학을 졸업한 사람들이 반려자를 찾고 가정을 꾸릴 계획을 세우기 시작할 때, 그들은 '동등한 두 사람의 결혼 생활'이냐, '돈이 더 많은 결혼 생활'이냐 사이에서 어려운 선택에 직면한다."[11]

골딘은 탐욕스러운 엘리트 직종에서 아빠 쪽으로 추가 조금만 기울어도 최상위 임금에서 커다란 성별 격차가 발생할 수 있다고 말한다. 통계 증거도 이를 뒷받침한다. 이를테면 평균 임금 격차가 벌어지는 시기는 직업을 가지는 것과 엄마가 되는 것의 갈등이 첨예해지는 연령에 여성이 도달하는 때다. 여성은 30세에 직장에서 승승장구하다가 40세에 바닥에 고꾸라지는 경우가 종종 있는데, 이즈음 탐욕스러운 일자리의 무지막지한 힘이 연약한 걸음마쟁이라는 요지부동 물체를 밀어붙이기 때문이다.

이런 사실을 꿰뚫어 본 골딘의 성취는 더욱 엘리트답다. 그녀는

2023년 노벨상을 받았다. 하지만 모든 부모가 탐욕스러운 엘리트 직종에 종사하지는 않는다. 대부분의 가족은 그런 엘리트 직장인이 한 명도 없다. 그렇더라도 골딘의 이론과 통계는 모든 사람에게 적용되는 중요한 논점을 짚는다. 바로 일자리 시장에서 벌어지는 몇몇 일들이 가정에서 벌어지는 일에 좌우된다는 사실이다. 부유한 가정이든 가난한 가정이든 집 안에서 벌어지는 일은 불평등하다.

통계학자들은 가족의 닫힌 문 뒤를 보기 힘들지만 미국 노동통계국Bureau of Labor Statistics, BLS은 그러려고 애쓴다. BLS의 발표에 따르면 2021년의 평범한 어느 날 "남성은 21퍼센트가 청소나 빨래 같은 집안일을 하는 반면에 여성은 49퍼센트가 했다".[12] 평균적 여성은 집안일을 하는 날 2.7시간을 할애하는 반면에 남성은 2.1시간을 할애한다. 6세 미만 자녀가 있는 가정에서 평균적 여성은 자녀를 신체적으로 돌보는 데 1.2시간을 쓰는 반면에 남성은 0.5시간을 쓴다.

이 통계에서 사람들은 그 시간에 딴 일도 하는 게 아니다. BLS는 **전업** 젖먹이기, 씻기기, 옷 입히기, 따라다니기, 닦기, 옷 갈아입히기만 집계한다. 이 가정들에서 여성은 조사원들이 '교육 관련 활동'과 '가정 내 아동 돌봄과 관련된 이동'이라고 부르는 일에 쓰는 시간이 남성의 두 배다. 이 통계표 안에는 평균적 남성이 평일에 자녀의 특별 행사에 참석하느라 쓰는 시간을 조사한 각주가 있는데, 그 내용은 이렇다. "추정값은 대략 0이다."

물론 이 통계들이 **모두**에게 해당되는 것은 아니다. 이 책을 읽는 당신은 아빠이고 주부이며 당신의 아내가 집에 쌀을 가져오는 사람일 수도 있다. 어쩌면 당신은 홀아비일 수도 있다. 어쩌면 당신의 자녀에게 아빠가 둘이고 엄마는 없을 수도 있다. 그렇다면 당신은 규칙이 아니라 통계적 예외다. 통계는 모든 사람의 삶의 짜임을, 또는 어느 누구의 삶의 짜임도 결코 재현하지 않는다. 하지만 이 데이터는 개인적 편차와 예외에도 불구하고 전체적인 사실이 무엇인지를 우리에게 알려준다.

안정화가 여성에게 불리하지 않은 가장 뚜렷한 이유는 자녀를 키우는 데 걸리는 오랜 기간 동안 남성이 부모 노릇과 집안일을 더 많이 할 수 있고 그래야 한다는 것이다.

아홉 달 넘게 걸린다: 한 사람을 만들려면 여러 해가 걸린다. 이 말은 남성이 상황을 바로잡을 시간이 얼마든지 있다는 뜻이다.

남성은 임신할 수 없다. 하지만 할 수 있는 일은 많다. 유축기를 세척하고, 새벽 3시에 일어나 우는 아기를 달래고, 피곤한 몸으로 저녁을 차리고, 빨래를 개켜 서랍에 넣고, 그 밖에도 많은 일을 할 수 있다. 아이의 간식을 챙기고, 어린이집과 학교에서 오는 전화와 메시지를 처리하고, 아이가 부모를 찾을 때마다 가서 곁에 있어주고, 징징대는 소리를 들어주고, 장난감을 보여주겠다고 떼쓸 때 봐주는 부모가 될 수 있다. 수영 강습, 체조 수업, 생일 파티에 (심지어 거북한 상황이더라도) 자녀를 데려다줄 수 있다. 두 살배기, 세 살배기, 네 살배기를 만드는 데 들어가는 모든 노력과 책임과 (직업, 주의력, 의복, 수면에 따르는) 위험을 기꺼이 짊어질 수 있다. 물론 아동기와 청소년기에도 아빠 노릇을 할 수 있다.

그러므로 여성에게 더 많은 부모 노릇을 기대하기 전에 남성에게 더 많은 부모 노릇을 기대해야 마땅하다. 당신이 훗날 어느 서고에서 이 책을 발견했을 때 이 문단이 시대착오적 착각이길 바란다.[13] ('저때는 아빠들이 부모 노릇을 안 했단 말이야?')

우리가 노력하는 동안 다른 모든 사람도 부모 노릇에 더 힘을 쏟아야 한다. 당신은 무력한 아기에서 출발했다. 한마디로 예쁜 눈과 우스꽝스러운 팔다리를 지닌 소화관消化管이었다. 부모와 주변의 많은 사람이 당신을 한 인간으로 키워냈다. 인구 안정화에 모두가 두루 관심을 품는다면(이 문단에서는 모두가 그럴 거라 가정한다) 이를 실현하기 위한 짐도 모두가 두루 짊어져야 한다.

구체적으로 말해보겠다. 노동 연령에 해당하는 중년기는 약 40년이다. 두 자녀를 키우는 사람이라면 이 40년 중 10년을 어린아이와 함께한다. 따라서 어린 자녀를 집중적으로 돌보는 기간은 평균적으로 성인기의 4분의 1이며 나머지 4분의 3은 그 4분의 1 몫을 하고 있는 사람들을 돕는 데 쓸 수 있다.

불평등한 가족을 선택하도록 유도하는 강력한 경제적 유인이 불평등의 문화적 습관을 떠받친다는 골딘의 말은 옳다. 이 유인들을 무시해서는 결코 문제를 해결할 수 없다. 부모 아닌 사람(과 지금은 어린 자녀를 돌보고 있지 않은 사람)들이 무엇을 할 수 있는지에 대해서는 4부에서 자세히 언급할 것이다. 지금으로서는 돌봄 노동이 더 폭넓게 공유될 미래를 의심하는 사람들 때문에 인구 대감소의 미래 가능성이 훨씬 커진다고만 말해두겠다.

불평등한 모성 부담은 필연이 아니다

여성은 임신하면 여러 달 동안 시도 때도 없이 지독한 구역질로 고생한다. 남성은 파트너가 임신해도 구역질하지 않는다. 불공평하다. 이는 완벽하게 평등한 부모 노릇(부담과 기쁨을 정확히 반으로 나누는 것)이 불가능한 이유 중 하나다.

엄마와 아빠와 부모와 부모 아닌 사람들은 결코 동일하고 평등한 경험을 하지 않는다. 예측 가능한 어떤 미래에서도 부모 노릇은 실제로 불평등할 것이다. 여성은 아기를 잉태하고 분만하고 분만의 크고 작은 위험을 겪는다(큰 위험으로는 사망이 있고 작은 위험으로는 소변을 지릴까 봐 마음껏 웃지 못한다는 점이 있다). 여성은 젖을 먹일 수도 있고 분유를 먹일 수도 있는데, 둘 다 번거롭고 고달프다.

불평등이 고착화된 세상에서는 이런 생물학적 차이가 고질적인 것처럼 느껴질 수 있다. 진화가 인류에게 유성 생식을 부여했다는 사실은 누구도 바꿀 수 없다. 따라서 불평등한 부담을 변화시키기 위해 할 수 있는 일은 아무것도 없다. 하지만 정말 그럴까?

아니, 그렇지 않다. 생물학적 사실은 최종 결정권자가 아니다. 후원 기관, 의사, 연구자들이 얼마든지 개입할 수 있다. 이를테면 10년 전 입덧 치료제로 승인받은 디클레지스Diclegis가 있다. 몇몇 헌신적인 연구자들은 임신 기간에 발생하는 욕지기와 구토의 치료법을 찾으려고 끈질기게 노력해왔다. 그러나 여성 건강에는 안된 일이지만 후원 기관들은 종종 다른 데 돈을 쓰기로 결정한다. 여성의 건강보다 남성의 건강에 더 많은 연구 자금이 몰리는 현상은 오랜 숙제다. 《네

이처》의 한 사설에서는 이렇게 회상한다. "1993년 국립보건원재활성화법이 통과되기 전에는 약물과 백신을 남성에게만 시험하거나 임신 가능성이 있는 여성을 배제하는 것이 정상적이었고 용인되었다."[14]

자금 지원만이 문제가 아니다. 임산부와 태아를 대상으로 한 임상시험을 가로막는 걸림돌은 또 있다. 윤리검토위원회는 이런 임상시험에 대해 더 깐깐하게 질문을 던진다. 여기에는 바람직한 면도 있다. 하지만 검토위원회에서 임산부의 복지에 적절한 비중을 두었다면 임신의 고충을 덜어주는 부분에서 이미 진전을 거뒀으리라 생각한다. 임신의 고충을 덜어주기 위해 더 열심히 노력하지 않는 것은 **선택**이다. 실험적 약물을 쓰거나 무시무시한 행동을 하지 않고도 연구에서 충분히 많은 진전을 이뤄낼 수 있다.

선택은 우선순위와 관계있다. 연구자들이 내리는 선택, 무엇을 추구하고 누구의 복지를 염려할 것인지에 대한 자금 지원 기관의 선택, 누구를 채용하고 누구를 승진시킬지에 대한 학과의 선택에는 모두 우선순위가 결부된다. 임신과 그로 인한 생물학적 준비 때문에 여성은 남성이 겪지 않는 여러 건강상의 어려움을 겪는다. 임신의 어려움을 덜어주거나 여성 건강을 개선할 수 있는 많은 발견과 혁신이 세상에 나올 수 있음에도 이런 성과를 거둘 수 있는 연구를 수행하거나 지원하거나 보상하는 선택을 내린 사람은 아무도 없다. 이는 문제지만 어떤 면에서는 기회이기도 하다. 우리는 다른 선택을 내려야 하며 그럴 수 있다.

처음으로 돌아가자. 우리 동료가 제기한 것은 정말로 중요한 질문이었다. "아기를 **낳을** 사람은 누구인가요?" 하지만 다른 질문들을 던질 수도 있다. "누가 아이를 키우기 위해 노력하나요?"는 다른 질문이다. "누가 그 일을 뒷받침하나요?"도 다른 질문이다. 여기 또 다른 질문이 있다. 부모 노릇을 변화시키고 우리의 경제를 변화시키고 (문화, 과학, 그 밖의 모든 분야에서) 우리의 우선순위를 변화시켜 여성과 남성이 훌륭하고 자유롭고 안정된 미래에 평균 두 명의 자녀를 낳아 기르는 삶을 선택하고 싶다면 그렇게 하는 임무는 누구의 몫인가? 이 질문이 이 장의 핵심이다. 우리는 모두의 몫이라고 말한다.

좋은 발상 중 어떤 것들은 간단하다. 임신 구역질을 예방할 수 있는 과학에 투자하면 여성의 상황이 직접적으로 개선될 것이다. 좋은 발상 중 어떤 것들은 복잡하다. 사회적 우선순위를 변화시키는 것은 의미 있는 일이지만 (이를테면) '돌봄 노동'을 '중요한 노동'과 분리하는 불평등한 구조를 유지하는 관성이 존재한다. 돌봄 노동은 부모에게 국한되지 않는다. 엄마 아닌 사람, 부모 아닌 사람, 아직 부모가 아닌 사람, 아직 조부모가 아닌 사람들의 기여는 사회적 선택이다. 그렇기에 이런 변화가 간단하지는 않을 것이다. 하지만 선택할 수 있는 방안이다. 가능성은 있다.

이는 장밋빛 전망이 아니다. 그렇기는커녕 성공이 전혀 보장되지 않는 도전이다. 4부에서 설명하듯 부모 노릇의 미래는 **선택된 부모 노릇**일 것이다. 따라서 안정화가 일어나려면 수십억 명의 개별적 의사결정권자, 즉 잠재적 부모에게 좋은 방안처럼 들려야 한다. 여성에게 좋은 삶과 인구 대감소를 피하는 경로 사이에는 불가피한 갈등이 전혀 없다. 하지만 할 일은 많다.

5장

불완전한 세상에 새 생명을 더하다

돌아갈 몫이 충분하지 않으면 어떡할까? 구체적으로 말해서 **만일** 인류가 인구 대감소 대신 인구 안정화를 선택했을 때 모두에게 돌아갈 몫이 충분하지 않으면 어떡하나? 결핍과 고통으로 가득한 삶을 만들어내지 않는 유일한 방법이 인구 대감소면 어떡하나? 지구가 꽉 차서 삶이 비참할 지경이라면 인구 대감소를 받아들이는 것은 합리적 판단일 것이다. 자녀를 낳지 않는 것이 그들을 위하는 길일 정도로 미래 세대의 삶이 열악할 가능성이 있을까?

당신과 마찬가지로 우리도 미래를 살아본 적은 없다. 하지만 현재의 사실들을 과거의 사실들과 비교할 수는 있다. 과거가 그랬듯이 우리의 현재는 완벽하지 않으며 미래도 그렇지 않을 것이다. 이따금 인류는 세 걸음 전진했다가 한 걸음 후퇴한 적도 있었다. 하지만 이것만큼은 명확한 사실이다.

모두에게 돌아갈 몫은 충분할 것이다: 데이터에 따르면 지금의 삶은 과거보다 낫다. 지금 훨씬 많은 사람이 살고 있는데도 말이다. 자원이 고갈되고 인구가 늘어난 미래에 대한 두려움은 과거의 일이다.

이 장은 미래의 대다수 삶이 빈곤하고 고통스러울 것이라는 음울한 관점을 살펴본다. 인류의 현재를 기준으로 미래를 음울하게 바라보는 경향은 인류의 과거를 기준으로 현재의 복지를 오해한 탓일 때가 많다. 우리 모두가 열심히 노력해서 개선해야 하는 삶이 있는 건 사실이다. 하지만 오늘날 한 아이가 좋은 삶을 누릴 가능성은 인류 역사를 통틀어 어느 때에도 뒤지지 않는다. 어느 때보다 많은 부모가 자녀가 좋은 삶을 누릴 거라 기대한다. 텍사스에서도 그렇고 우타르프라데시에서도 그렇다. 전 세계 평균을 내봐도 그렇다.

삶이 더 나아지고 있음을 목격하고 그에 대해 쓴 사람은 우리가 처음이 아니다. 이미 3장에서 환경 진보에 대한 해나 리치의 말을 들었다. 4장에서는 게일 콜린스가 미국 여성의 여건 개선에 대해 이야기했다. 우리가 전 세계 빈곤층의 삶의 질 개선에 대해 개인적으로 알게 된 것은 박사 논문 지도교수 중 한 명인 앵거스 디턴을 통해서였다. 그의 평생에 걸친 과제는 빈곤층의 복지를 면밀히 연구하는 것이다.

하지만 전 세계 삶의 질이 빠르게 개선되었다는 진실을 얘기할 때마다 비관론자들은 대뜸 의심의 눈초리를 보낸다. 어떤 사람들은 경제가 명백히 악화하고 있고, 좋은 삶을 감당하기에 충분한 돈을 마련하는 것이 과거 세대에 비해 점점 힘들어지고 있다고 반박한다. 또 어떤 사람들은 설령 소득이 증가하고 있더라도 돈에 대해 이야기하는 것은 자족과 복지라는 정말로 중요한 지표를 무시하고 엉뚱한 목표에 초점을 맞추는 격이라고 반박한다. 그래서 우리는 이 장에서 루피(인도의 화폐 단위－옮긴이)나 달러에 초점을 맞추지 않을 것이다(물론 루피가 많아지면 프리티와 그녀의 아기, 간호사 시마가 더 잘살게 되겠지만). 그 대신 건강, 영양, 생존의 개선에 초점을 맞출 것이다. 이 복지 지표들은 객관적이고 명료하며 지역별, 시대별로 측정하고 비교할 수 있다.

그러면 북적거리는 지구에서 결핍을 뜻하는 가장 오래되고 가장 흔한 비유부터 시작하자. 그렇다. 식량이다.

기근의 두려움은 어디에서 왔을까?

마이크는 이 책을 쓰기 두어 해 전, 어느 일요일 오전에 가족과 아침 식사를 하고 있었다. 그는 아버지 밥, 아들 에밋, 아내 에이프릴과 나눠 먹을 페이스트리를 자르고 있었는데, 문득 밥이 이렇게 말했다.

"뭐 하나 물어보자꾸나. 출산율을 늘려야 한다고 말하는 사람들 말이다. 그들은 무슨 생각을 하는 거냐?"

경제학자이자 인구통계학자인 아들에게 걸맞은 질문이었다. 밥이 고개를 갸웃하는 동안 에밋은 호박빵을 한입 베어 물었다. 마이크는 에밋과 밥을 위해 발효버터와 눈꽃소금을 퍼두었다. 하지만 둘 다 먹고 싶어 하지 않았다. 마이크는 남은 것을 에이프릴에게 건넸다.

"기근은 어떡하고?"

밥이 말을 멈춘 사이 마이크가 달콤짭조름한 퀴냐망(버터 케이크의 일종 – 옮긴이)을 건넸다. 이번 주에는 피스타치오를 넣었다.

"이미 이 지구에 있는 사람들을 어떻게 먹일지부터 걱정해야 하는 거 아니냐?"

밥은 빵을 베어 물고는 대답을 기다렸다.

마이크는 아버지의 예전 시절을 안다. 밥이 태어난 1943년에 세계 인구는 오늘날의 3분의 1에도 못 미쳤다. 그는 로드아일랜드의 자그마한 공업 도시 운소컷에서 가난하게 자랐다. 작은 집에서 두 명의 형과 한 침대에서 잤다. 어릴 적에는 새 옷을 입은 적이 거의 없었고 형 토미와 토니에게 물려받았는데, 대개가 헌 옷이었다. 밥은 정부에서 무상으로 공급하는 가루우유를 물에 타 먹었다.

오늘날 밥이 살아가는 세상은 노릇노릇하게 구운 빵으로 가득하지만 그는 생활 필수품이 부족하던 어린 시절과 여전히 생활 필수품이 부족한 사람들을 잊지 않고 있었다. 마이크는 밥의 질문에 대해 좀 더 생각해보고 나중에 대답하겠노라 약속했다. 그리고 밥의 질문과 우리의 대답은 이 장이 되었다.[1]

마이크의 아버지를 비롯한 여러 세대의 미국인은 폴 에얼릭과 그의 1968년 저서 『인구 폭탄』에 영향받아 인구에 대한 견해를 형성했다. 그의 책은 이렇게 시작한다.

> 전 인류를 먹이기 위한 투쟁은 실패했다. 1970년대와 1980년대가 되면 지금 시작된 비상 계획에도 불구하고 수억 명이 굶어 죽을 것이다. 지금처럼 발전한 시대에도 전 세계 사망률의 현저한 증가는 무엇으로도 막

을 수 없다. 인구를 통제하려면 결연하고도 성공적인 노력이 동반되지 않는 한 인도주의적 구호 프로그램들은 형 집행을 유예할 뿐이다.

에얼릭의 인구 폭탄 선언은 한낱 학술적 명제가 아니었다. 행동을 촉구하는 외침이었으며 그는 정책 대응이 뒤따르길 바랐다. 책의 표지에는 '인구를 통제할 것인가, 멸망을 향해 내달릴 것인가'라는 무시무시한 문구가 쓰여 있었다. 하지만 1968년 이후 처방은 달라졌다. 인구 통제 옹호론은 한물갔다(한물간 정도가 아니라 일부 집단에서는 사회적으로 금기시될 정도다). 하지만 에얼릭의 교리문답은 살아남았다. 인구 성장을 억제하지 못하면 무시무시한 기근을 겪으리라는 두려움이 많은 사람의 머릿속에 새겨졌다.

기근의 원인은 정치의 실패다

에얼릭과 그의 후예들은 기근을 생물학적이거나 산술적인 필연으로 상상한다. 지구의 생산 능력에는 한계가 있으므로 인구가 늘면 무언가 줄어야 한다고 말한다. 반대로 사람이 줄면 그들을 먹여살리는 데 필요한 열량이 줄고 따라서 기근이 줄 것이다. 이 개념은 직관적이고 수학적이고 간명하다. 하지만 인구에 대한 역사적 사실로서는 틀렸다. 근대에 발생한 기근은 인류가 열량을 생산하지 못해 일어난 게 아니다.

오늘날의 기근은 **정치적** 사건이며 군사 분쟁에 의해 촉발되는 경우가 대부분이다. 정권의 서투른 정책 때문일 때도 있다. 이 주장은 여러 차례 제기되었는데, 가장 유명한 것은 노벨상 수상자 아마르티아 센Amartya Sen의 명제다. 센에 따르면 민주주의는 결코 기근을 겪은 적이 없다. 민주주의가 가뭄, 홍수, 병충해를 방지할 수 있어서가 아니다(좋은 통치 제도가 이런 재해의 고통을 덜어줄 수는 있겠지만). 민주주의는 유권자를 책임지는 제도다. 그러므로 공급할 식량이 있으면(그리고 오늘날 세상에는 언제나 어딘가에는 식량이 있다) 민주주의 정부는 식량을 공급할 것이다. 어떤 사람들은 센의 단언에 딴지를 걸었다. 이를테면 인도는 선거를 치르면서도 오랫동안 만성적 영양 결핍에 시달렸다. 하지만 기근 해결에 몰두하는 사람들은 기근을 정치적 사건으로 이해한다.

기근에 주력하는 자선 단체 옥스팸Oxfam은 생물공학으로 다수확 곡물을 개발하는 데 중점을 두지 않는다. 부자 나라의 토지를 농지로 전환하라고 로비를 벌이지도 않는다. 기근의 궁극적 원인이 재배 열량의 부족이라면 저런 사업에 최우선 순위를 두는 게 합당할 테지만, 옥스팸 소말리아 담당 국장은 지독한 기근을 겪고 난 2013년에 이렇게 표현했다. "기근은 자연 현상이 아닙니다. 파국적인 정치적 실패입니다."

세계가 우리 모두를 먹여 살리기에 충분한 열량을 생산하지 못한다는 통념을 타파하는 가장 확실한 방법은 인구가 성장하는 동안 가용 열량이 어떻게 되었는지 살펴보는 것이다. 그림 5.1은 UN 식량농업기구 데이터를 이용해 1961년부터 오늘날까지 1인당 가용 열량을 나타낸 것이다.

그림 5.1.[2] 에얼릭 시대부터 지금까지 1인당 가용 열량의 증가

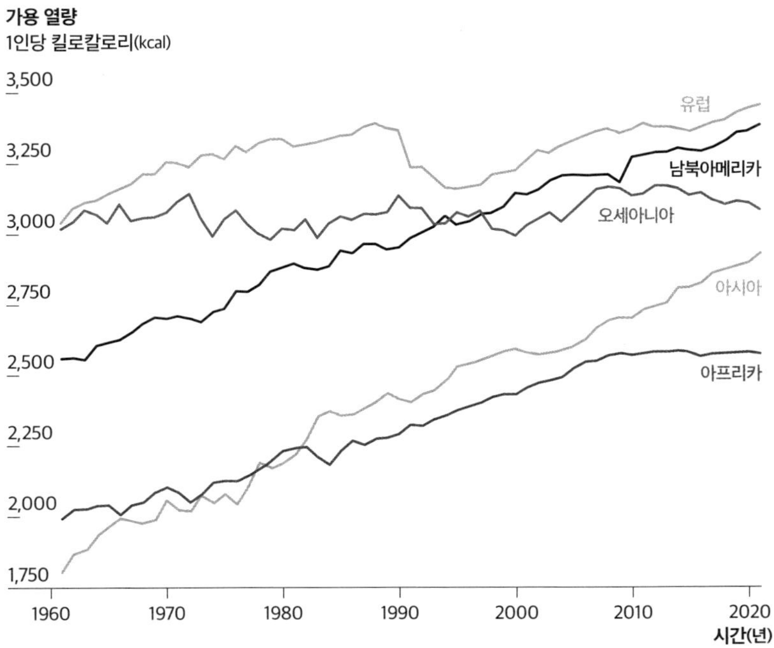

마이크는 아버지 밥의 질문에 답하기 위해 이 그림을 보여주었다. 그림은 데이터를 입수할 수 있는 가장 이른 시기(가까운 미래에 인류가 기근을 피할 수 없으리라고 에얼릭이 예견한 1968년보다 몇 년 전)로 거슬러 올라간다. 1961년부터 2020년까지 세계 인구는 31억 명에서 78억 명으로 두 배 이상 증가했다. 인구 성장은 비록 속도는 달랐지만 모든 대륙에서 일어났다. 성장은 유럽에서 가장 느리고 아시아에서 가장 빨랐다. 그리고 지난 60년에 걸쳐 모든 대륙에서(성장이 느린 곳이든 빠른 곳이든) 1인당 가용 열량이 증가했다. 감소가 아니라 증가했

다! 밥은 차트를 보고서 생각을 바꿨다.

에얼릭이 언급한 사실들은 한참 철 지난 것이었다. 1970년대나 1980년대에는 인류가 굶어 죽지 않았다. 인구통계학자 데이비드 램 David Lam은 2011년 미국인구학회 회장 취임 연설에서 농담조로 이렇게 선언했다. "우리는 인구 폭탄을 맞고도 살아남았습니다."[3] 램의 집계에 따르면 "1960년대 이래 10년마다 세계 식량 생산은 세계 인구보다 빨리 증가했"다. 전 세계적으로 현재의 1인당 식량 생산량은 1961년보다 약 50퍼센트 많다.

더 건강한 아동기를 향해 조금씩 나아가다

영양 상태가 개선되었는지 알고 싶다면 열량 계산보다 손쉬운 방법이 있다. 세계 각지에서 인구가 절정에 도달했을 때 영양 공급에 성공한 역사를 따져보면 된다.

개발도상국의 평균인은 부자 나라의 평균인보다 키가 작다. 나이 든 세대는 차이가 더욱 크다. 평균적 미국인은 개발도상국의 노년층 집단 가운데에 있으면 자신이 우뚝 솟아 있는 것처럼 느껴질 것이다. 노인들이 아이일 때는 식량이 오늘날보다 귀했다. 어릴 적에 잘 먹는 사람은 키가 잠재 신장까지 자란다(잠재 신장은 사람에 따라 다르다). 하지만 열량이 귀하거나 감염이나 설사로 열량을 빼앗기면 몸이 자라지 못한다. 키가 컸을 사람은 덜 커지고 키가 작았을 사람은 더 작아진다.

전 세계 잠재 신장의 체계적인 유전적 차이는 크지 않다.[4] 이를테면 북유럽인이 아시아인보다 키가 훨씬 크게 자라는 유전자를 타고나진 않는다. 오늘날 가난한 나라에서 성인의 키가 작은 것은 유럽의 옛 무덤에 묻힌 유해가 작은 것과 같은 이유에서다. 어릴 적에 음식을 충분히 먹지 못하고 영양소를 질병에 빼앗겼기 때문이다.

언뜻 보기에 키 자체는 다른 것들과 상관없을 것 같지만 생애 초기 영양의 이런 각인 효과는 중요하게 작용한다. 우리를 유전적 잠재 신장에 도달하지 못하게 하는 영양 결핍은 인지 발달에도 영향을 미치며 생애 후기에 질병으로 이어진다.[5] 이런 까닭에 개발도상국의 국민 건강에 초점을 맞추는 인구통계학자의 중요한 도구는 줄자다. 딘은 에얼릭의 무시무시한 책을 종종 떠올리는데, 그 이유는 심란한 도입부로부터 몇 페이지 뒤에서 에얼릭이 옛 델리 도심의 인구 밀집 지역을 찾았다가 "사람들, 사람들, 사람들, 사람들"에 기겁했다고 고백하기 때문이다.

딘이 에얼릭의 묘사를 바탕으로 머릿속에 그리는 광경은 진실과 그리 멀지 않다. 찬드니 초크에 있는 델리 전철 역사 밖으로 나오면 에얼릭을 겁에 질리게 한 사람들, 사람들, 사람들, 사람들을 만나게 된다. 근처에는 헌 콘센트를 파는 골목이 있다. 골목에 딘이 즐겨 찾는 가게가 있는데, 그곳에서 유아용 체중계와 줄자를 비롯해 유아 건강 연구와 의료에 필요한 물품을 구할 수 있다.

연구자들의 줄자가 보여주는 사실은 다음과 같다. 수십 년 전과 비교하면 인도 아동들은 눈에 띄게 키가 자랐다. 가령 최근 데이터에 따르면 인도의 평균적 5세 아동은 불과 15년 전보다 1.8센티미터 크다. 그림 5.2는 크고 빠른 성장이 유전과 무관함을 보여준다. 관건은 아동이 영양을 더 많이 섭취할 수 있는 건강하고 청결하고 풍요로운 환경이다.

에얼릭은 인도의 인구 과잉에 대한 자신의 두려움을 극적으로 표현했다. 오늘날에도 인도의 열악한 주에서는 수많은 아기가 저체중과 위험을 안고 삶을 시작한다. 바로 산모의 영양 결핍 때문이다. 심지어 여러 세대가 함께 사는 가정에서 다른 가족 구성원은 영양 결핍이 없는데 산모만 결핍인 경우도 있다.[6] (이런 가정들이 민주적이지 않다는 사실을 센에게 보내는 답변의 첫머리로 삼을 수 있을지도 모르겠다.) 전 세계 영양 결핍의 최근 역사에서 보듯 **사정이 예전보다 나아졌다**와 **아직도 할 일이 있다**라는 이중적 진리가 결합된 패턴은 다양한 방식으로 나타난다.

사람들이 행복을 누리고 좋은 삶을 사는 것은 무엇보다 중요한 문제다. 하지만 이것을 오늘날의 인구에 대해 측정하는 일은 쉽지 않으며 과거에 측정된 적도 없다. 그러므로 수십 년이나 수백 년에 걸친 행복 그래프는 작도할 수 없다. 하지만 열량과 센티미터는 작도할 수 있고 이로써 사람들의 기초적인 물질적 요건이 과연 오늘날 더 훌륭히 충족되는지 알 수 있다. 진보를 식량 생산으로 측정하든, 아동의 신장으로 측정하든 영양 상태는 나날이 나아지고 있다. 에얼릭을 겁에 질리게 한 델리도 예외가 아니다.

식량 생산을 더 늘리는 것은 가난한 지역에서조차 굶주림의 진짜 해결책이 못 된다. 당신이 사는 곳의 식량 안보를 지키는 해결책도 되지 못할 것이다. 우리와 마찬가지로 당신은 빼곡하고 위생적인 식

그림 5.2.[7] 다른 지역과 마찬가지로 인도의 아동 역시 키가 예전보다 크다

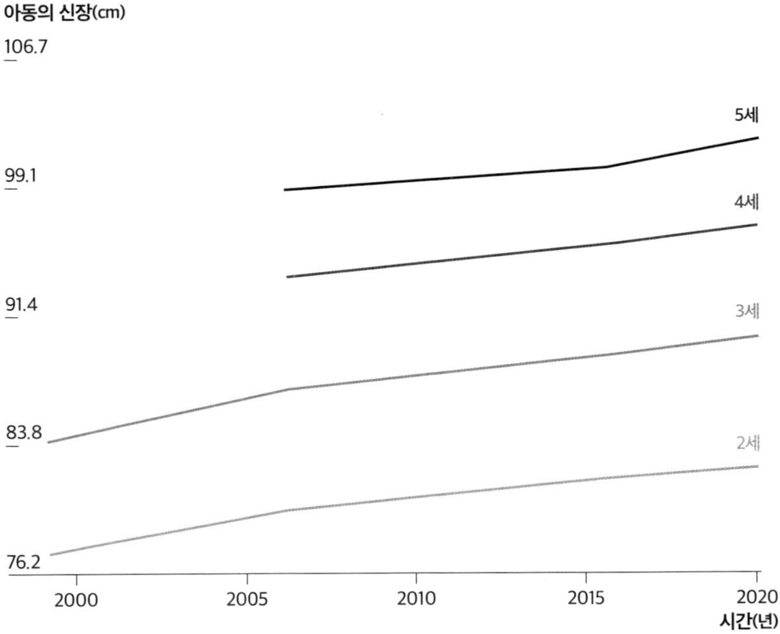

료품점에서 먹거리를 구입하고 있을 것이다. 텍사스에서는 에이치이비HEB나 월마트라고 불리고 우타르프라데시 수도 러크나우에서는 룰루 하이퍼마켓이라고 불리는 곳에서 말이다. 하지만 식료품점의 선반들을 더 빼곡하게 채운다 한들 당신 도시의 굶주림을 해결할 수는 없다. 미국을 비롯한 선진 경제국에서는 국내 농업 생산이 증가한다고 해서 푸드뱅크나 스냅SNAP(옛 푸드스탬프) 같은 빈곤층 구호 프로그램의 필요성이 사라지지는 않을 것이다. 그런데 왜 다른 지역에 대해서는 잘못 판단하는 실수를 저지르는 걸까?

굶주림이 가용 열량의 문제라고 생각하는 건 노동 시장의 인종·계급·성별 차별이 일자리 부족의 문제라고 생각하는 것과 같다. 이것이 심각한 문제인 이유는 정치, 경제, 사회의 문제이기 때문이다. 정치적 의지만 있다면 문제 해결에 필요한 물질적 자원은 부족하지 않다.

텅스텐 고갈을 비롯한 우리의 어릴 적 걱정거리들

『인구 폭탄』에서 에얼릭의 경고는 기근에서 멈추지 않았다. 그는 온갖 종류의 물질적 결핍을 예언했다. 걸신들린 인류가 지구를 집어삼키고 내다 버리고 다시 집어삼키느라 원재료가 점점 희소해질 것이라고 말이다.

1960년대에 걱정거리는 석유와 텅스텐 같은 원자재였다. 우리가 2025년에 에얼릭과 비슷한 두려움을 품는다면 전기차 모터에 필요한 구리와 배터리에 필요한 리튬이 동날까 봐 걱정할 것이다. 또 19세기 중엽에 에얼릭의 입장을 받아들였다면 고래기름의 공급 부족을 우려했을 것이다. 어떻게 해야 램프를 밝힐 수 있을까? 에이해브는 최후의 숨을 내뱉으며 모비 딕에게 저주를 퍼부었다. 150년 뒤 고등학생들은 애초에 왜 에이해브가 고래를 작살로 잡으려고 했는지 이해하지 못한다(이해하려면 경제사 수업을 들어야 한다).

공론장에서 에얼릭의 지적 맞수는 경제학 교수 줄리언 사이먼Julian Simon이었다. 에얼릭은 사람들이 빈약한 부스러기를 놓고 다투는 장면을 봤지만, 사이먼은 같은 세상에서 혁신과 적응을 봤다. 사이먼의 표현에 따르면 인간의 창의성은 궁극적인 재생 가능 에너지였다. 사이먼은 기술이 발전하면서 원료의 희소성이 오히려 **줄어들** 것이라고 주장했다.

1980년 사이먼은 에얼릭에게 내기를 제안했다. 그는 10년 뒤 천연자원의 물가 조정 가격이 1980년 수준 아래로 떨어질 거라는 쪽에 걸었다. 이는 희소성 문제가 개선되었으리라는 뜻이다. 사이먼은 자신의 주장에 자신 있었기에 내기에 걸 물건의 선택을 에얼릭에게 맡겼다. 식량이든, 광물이든 에얼릭이 좋아하는 어떤 희소한 자원도 상관없다고 했다.

에얼릭은 도전을 받아들였다. 그는 기근과 아사를 경고했음에도 식량을 선택하지 않았다. 에얼릭과 그의 전문가 자문단이 선택한 것은 크롬, 구리, 니켈, 주석, 텅스텐이었다. 그들은 이 원자재들을 조합해 1980년을 기준으로 1,000달러어치 바스켓(투자나 금융에서 여러 상품을 하나의 단위로 묶은 것 – 옮긴이)을 만들었다. 1990년이 되었을 때 바스켓의 물가 조정 가격이 상승했다면 사이먼은 에얼릭에게 바스켓 가격보다 훨씬 큰 금액인 1990년 가격을 지불해야 했다. 반면에 가격이 하락했다면 에얼릭은 사이먼에게 바스켓 가격보다 훨씬 작은 금액만 지불하면 됐다.

마이크는 내기의 결판이 나기 얼마 전인 1980년대 말에 초등학교 4학년이었다. 내기에 대해서는 전혀 몰랐다. 하지만 전 세계 텅스텐 공급이 달릴까 봐 겁이 났다. 그해 학교 수업에서 텅스텐이 바닥나고 있다는 경고를 들었기 때문이다. 명백하고 골치 아픈 문제였다.

녹는점이 높은 텅스텐은 백열전구 필라멘트에 알맞은 유일한 소재였다. 마이크는 전구가 종종 타버린다는 것을 경험으로 알고 있었다(그중에서도 작고 붉은 스탠드 전구에 크레용을 대고 녹일 때, **특히** 손가락을 데어 손을 흠칫 뒤로 빼다가 스탠드를 쓰러뜨렸을 때는 더더욱 실감했다). 마이크는 전구를 여러 번 갈아야 했다. 집에 있던 전구는 금세 동났고 더는 침대에서 책을 읽을 수도 없었고 크레용 녹이기 놀이를 할 수도 없었다. 어떤 아이들은 이런 문제를 골똘히 생각하곤 하는데, 마이크가 바로 그런 아이였다. 그는 여러 밤 동안 침대에 누운 채 침실 전등을 바라보며 텅스텐에 대해 생각했다.

텅스텐은 바닥나지 않았다. 1990년 10월 내기가 끝났을 때 에얼릭은 사이먼에게 576달러 수표를 끊어주었다. 바스켓은 실질 가격으로 50퍼센트 이상 가격이 내려가 있었다. 채굴과 제련 기술의 발전으로 크롬과 니켈의 가격이 내려갔다. 그리고 대체 원료가 발견되면서 주석, 구리, 텅스텐도 값싸졌다. 마이크의 아버지가 오늘날 주석 깡통이라고 부르는 것에는 주석이 하나도 들어 있지 않다. 그 대신 지각地殼에 가장 풍부한 금속 중 하나인 철이 잔뜩 들어 있다.

지각에 있는 원소 중에서 규소는 철보다도 많다. 100년 전에는 그 많은 규소를 쓸데가 많지 않았지만 지금은 많다. 실리콘(규소) 반도체가 발명되면서 규소는 풍부하고 유용한 **자원**으로 탈바꿈했다. 규소는 마리오 카트(닌텐도 게임기용 레이싱 게임 – 옮긴이), 스마트폰, 멀리 떨어진 연인과의 화상 통화, 초코칩 쿠키의 인터넷 레시피, 방사선과에서 유방암을 더 정확히 탐지하는 알고리즘이 되었다. 혁신은 말 그대로 발치의 흙에서 풍부하고 귀중한 자원을 건져냈다.

오해를 피하기 위해 말해두자면 인류의 변화와 혁신은 자연과학에서만 일어난 것이 아니다. 우리는 사회를 더 훌륭히 조직하는 법, 서로를 더 잘 돌보는 법, 공적 의사결정에 더 많은 목소리를 반영해야 하는 이유를 배웠다. 의회민주주의, 저작권법, 오염 배출에 대한 벌금, 유치권, 보통 선거권은 모두 **인간이 창안한 발상**이다. 또한 과거의 시도에서 얻은 경험을 바탕으로 오늘날 새로운 선거 제도, 시장, 학교 체제를 수립할 수도 있다.

이런 세상에 아이를 낳아도 될까?

식량이나 텅스텐이 바닥날 위험은 없다. 하지만 그렇다고 해서 모든 아이가 건강하고 행복한 삶을 살 거라는 뜻은 아니다. 아래는 부모가 될지 고민하다가 두려움을 느낀 여성의 고백이다.

> 이 세상에 아이를 낳는 것이 어떤 의미인지 생각하니 깊은 슬픔과 절망이 밀려왔다. 생태적 데드존(물속 산소가 고갈되어 생명체가 살 수 없는 환경으로 변한 바다–옮긴이), 신경쇠약, 줄어드는 자원을 차지하려는 분쟁 속으로 두 팔 벌려 걸어 들어가는 소수의 탐욕스러운 인간 집단이 지배하는 세상 말이다.
>
> 브릿 레이Britt Wray, 『불안 세대Generation Dread』[8]

우리는 아빠로서 이 두려움을 알고 존중한다. 21세기의 많은 부모와 마찬가지로 딘과 다이앤이 자녀의 모습을 처음 본 것은 초음파 화면에 뜬 얼룩에서였다. 두 번째 아기는 여러 번의 유산과 시험관 아기 시술 실패 이후에 태어났다. 두 사람은 러크나우의 병원 지하에 있는 초음파 화면을 보며 숱한 실망을 한 끝에 희소식을 듣고는 경외감에 휩싸였다. 그들은 무엇을 찾아봐야 할지 알고 있었다. 분당 심박수가 올바른지, 정수리에서 엉덩이까지의 거리가 올바른지 알아봐야 했다. 요즘 예비 부모들은 산전 진찰에서 많은 검사를 선택할 수 있다. 하지만 어떤 검사도 당신이 알고 싶어 하는 것을 알려주지는 않는다. "아이가 행복할까요?" "좋은 삶을 살게 될까요?"

딘과 다이앤은 자녀를 낳을지, 언제 낳을지, 몇 명이나 낳을지 정하느라 고심했다. 두 사람은 해마다 대부분의 시간을 인도에서 아기들이 삶을 건강하게 시작할 수 있도록 돕는 일로 보낸다. 요즘은 시마가 속한 신규 KMC 프로그램에 참여하고 있으며 이전 수십 년간은 다른 곳에서 일했다.

두 사람은 가정을 꾸리는 것과 그에 따르는 온갖 변화가 그들의 자녀에게는 쉬운 삶이 아닐 수도 있음을 안다. 두 학교, 두 가정, 두 언어, 두 문화의 어려움만이 아니다. 대기오염, 장거리 비행, 잦은 병치레, 안전벨트 없는 차량만이 아니다. 아이들이 자라면 결국 부모가 일의 어려움 앞에서 이따금 느낀 슬픔을 이해하고 어쩌면 공감할 것이다. 여기에는 무고한 죽음을 목격하고 곱씹는 것도 포함된다. 이런 일들은 아이들에게 어떤 영향을 미칠까? 그럼에도 아이들이 행복할 수 있을까?

확실한 것은 없다. 딘의 아이들에게나 어느 누구에게나 마찬가지다. 새로 태어나는 모든 아기는 불확실성을 마주한다. 부자 나라에서 태어나는 대부분의 아기는 좋은 삶을 살아갈 가능성이 크다. 물론 보장은 없다. 자녀의 삶이 어떻게 펼쳐질지 미리 아는 것은 불가능하다. 그럼에도 딘과 다이앤은 해보기로 마음먹었다. 좋을 가능성이 나쁠 위험보다 크다고 판단했기 때문이다.

아기들은 점점 더 많이 살아남고 있다

당신이 주석과 크롬 가격 이야기에 시큰둥하더라도 괜찮다. 우리도 원자재 가격에 전전긍긍하지는 않는다. 우리의 관심사는 가격이 무엇의 신호인가다. 희소와 풍요 그리고 그 모든 희소와 풍요가 사람들에게 무엇을 의미하는가가 궁금하다. 우리는 이 장에서 달러와 루피에 초점을 맞추지 않겠다고 약속했다. 그러니 인간의 번영을 가늠하는 더 직접적인 기준인 건강과 장수 같은 주제로 돌아가자.

KMC 병동에서 시마는 모든 것을 한꺼번에 모니터링한다. 한 아기의 몸무게와 산소 포화도를 기록한 뒤에, 다른 아기의 산모에게 아기를 감쌀 KMC 천싸개 묶는 법을 가르친다. 그리고 틈틈이 구석에서 실리콘 컵에 모유를 짜는 프리티를 주시한다. 프리티는 이번에는 20밀리리터를 짜내야 한다. 하지만 10밀리리터밖에 안 나온다.

시마가 새로운 사실을 알려준다. 이제 유축기를 쓸 때가 됐다. 유축기는 이 병원의 돌봄에서 최근 개선된 점 중 하나다. 하도 새로운 물품이어서 딘의 가족이 텍사스와 우타르프라데시를 오가면서 교체 부품을 여행 가방에 넣어 가져와야 한다. 하지만 프리티는 유축기가 맘에 들지 않는다. "뭐라고요? 소처럼 젖을 짜라고요?" 농담처럼 말하지만 유축기를 쓰고 싶지 않은 마음이 고스란히 드러난다.

하지만 시마는 프리티를 달래는 법을 안다. 적절한 말을 건네 프리티가 미소를 짓게 하고는 유축기를 달아준다. 프리티의 아기는 젖병으로 모유를 충분히 먹은 뒤 잠든다. 남은 모유는 냉장고에 보관한다. 시마는 해결된 문제를 프리티의 클립보드에 기록한다.

KMC 프로그램의 원동력은 간호사들이다. 이런 순간을 넘길 수 있는 것은 그들 덕분이다. KMC 프로그램 이전에는 간호사나 침대가 충분하지 않았다. 그래서 조그만 신생아들은 위험을 무릅쓰고 가난한 마을의 집으로 돌아갔다. 산모는 연약한 아기에게 젖을 먹이거나 체온을 유지하는 법을 훈련받지도 못했다. 이제는 시마 같은 의료진의 솜씨와 애정 덕에 신생아 사망이 매주 감소하고 있다. 수십 년의 기대수명이 늘어나고 있는 것이다. 이 개선은 세상이 더 나아지는 한 가지 방향이다.

시마의 다음 임무는 벽에 붙은 침대의 산모를 검사하는 것이다. 이 산모는 아기를 낳고 처음 며칠간 아무 말도 하지 않았다. 화가 난 것처럼 보였다. 하지만 시간이 지나면서 아기에게 젖을 더 자주 물리며 아기와 더 끈끈한 유대를 맺어가고 있다.

아기 아빠는 상황을 수수방관한다. 시골에서 온 가난뱅이인데, 시마에게 대들지는 않는다. 어쨌거나 그녀는 정부 운영 병원의 간호사니까. 하지만 분만을 끝낸 아내에게는 거침없이 불만을 쏟아낸다. KMC 병동은 여럿이 함께 쓰는 공간이어서 프리티를 비롯한 산모들은 입을 다문 채 둘 사이에 끼어들지 않으려 한다. 하지만 아기 아빠는 급기야 시마에게 아기를 구하려는 시도를 중단하라고 말했다. "아기가 살면 사는 거고 죽으면 죽는 거죠."

시마는 문제가 무엇인지 안다. 애석하게도 최선을 다했지만 '코드 핑크Code Pink' 상황이라고 관리자에게 말했다. 코드 핑크는 많은 가족이 **딸**이라는 이유로 아기의 목숨을 구하길 원하지 않는다는 사실을 병원 내에서 언급하기 위해 간호사들이 사용하는 용어다. 이를 표현하기 위해 중립적 용어가 필요했는데, 딘이 이 용어를 떠올렸고 간호사들은 그의 제안을 받아들였다. 코드 핑크는 대체로 의료진의 조언에도 불구하고 아기를 집에 데려가겠다고 우기는 상황이다.

애석하게도 이런 일은 흔한 이야기다. 오늘날 인도의 5~9세 여아 100명당 남아는 약 109명이다. 남아와 여아의 비율은 원래 거의 비슷하다고 추정되므로 이 숫자는 여아의 생존이 방해받거나 사망이 방치될 가능성이 더 크다는 것을 보여준다.

그 결과는 어마어마한 손실이다. 인도에서 여아가 쉰 번째 생일을 맞을 가능성이 남아와 비슷해진다면 해마다 50만 명의 목숨이 더 태어나 살아가는 셈이다. 이 격차는 베네수엘라나 이탈리아, 짐바브웨, 오스트레일리아(뉴질랜드 포함)의 연간 총 출생자 수를 능가한다.

우리는 인류가 여성, 남성, 모든 사람에게 좋고 자유롭고 공정한 미래를 건설하는 쪽을 선택할 거라 낙관한다. 하지만 우타르프라데시에서 보듯 우리가 해야 할 일이 있다. 그렇다면 왜 낙관하는 걸까? 상황이 열악하기는 해도 느릿느릿 개선되고 있기 때문이다. 오늘날 학령 인구 여아 100명당 남아는 109명이다. 10년 전인 2015년에는 여아 100명당 약 110명이었다. 그보다 10년 전에는 약 111명이었다. 충분히 빠르진 않지만(실제로 무언가 조치가 필요하다) 이 추세는 현재가 과거보다 낫고 미래가 현재보다 나을 수 있음을 보여준다.

나아지고 있음을 인정해야 한다

증거를 더 체계적으로 검토하면 삶과 건강이 전 세계에서 전반적으로 개선되고 있음을 알 수 있다. 기대수명은 가장 기초적인 데이터로도 산출할 수 있기에 번영을 측정하는 유용한 지표다.[9] 사망자 수와 연령대별 인구 규모를 알면 기대수명을 구할 수 있다. 이 말은 폭넓은 시간과 장소에 걸쳐 대등한 비교를 할 수 있다는 뜻이다. 심지어 가장 가난한 나라에서도 오늘날의 정부 통계 기관은 기대수명을 취합하거나 신뢰성 있게 추정할 역량을 갖추고 있다. 현대 통계 기관이 등장하기 이전 시대에 대해서는 어떤 기록에서든 데이터를 발굴해 수명을 파악할 수 있다. 기록은 진보의 이야기를 들려준다.

중대한 진보: 사람들은 어느 때보다 오래, 건강하게 살고 있다.

지난 200년에 걸친 건강과 장수의 증진은 어마어마했다. 1,800년 세계 평균 기대수명은 30세를 밑돌았다.[10] 인구 폭탄이 떨어졌을 즈음에는 57세로 상승했고 최근 수치는 73세다. 에얼릭의 주장 이후로도 인류의 수명은 연평균 3.7개월씩 증가했다. 부유하든 가난하든, 여성이든 남성이든 인류는 더 오래 살고 있다.

가장 큰 이득은 가장 취약한 사람들에게 돌아갔다. 이는 전 세계적으로 공통된 현상이며 부자 나라 미국의 불우한 집단들을 들여다봐도 마찬가지다. 마이크가 대학원 시절에 처음 발표한 논문은《인구통계학Demography》에 실렸다.[11] 논문은「기대수명의 흑백 격차Black-White Disparities in Life Expectancy」라는 제목으로, 미국에 초점을 맞췄으며 데이터는 2,000년 전에 수집되었다. 그 뒤로 10년간 백인 미국인의 기대수명이 상승했고 흑인 미국인의 기대수명은 두 배 상승했다. 데이터가 존재하는 어떤 연도에서도 흑인 미국인의 기대수명이 더 낮았지만 격차는 줄어들었다.

건강한 삶을 향한 진보의 기다란 궤적에는 공중보건, 위생, 영양도 한몫했다. 지난 수십 년간(마이크의 아버지가 태어나기 이전은 아니었지만) 의학도 삶이 더 나아지는 데 일조했다. 오늘날 우리는 HIV 보균자의 에이즈 발병을 막아주는 단백질분해효소protease 억제제가 있다. 당뇨병 환자의 목숨을 지켜주는 인슐린도 있다. 아동 영구 장애의 주원인이던 폴리오(급성회백수염. 폴리오 바이러스의 감염으로 인한 급성 전염병으로, 입을 통해 바이러스가 들어가 척수에 침범해서 손발의 마비를 일으킨다. 어린이에게 잘 발생한다-옮긴이)를 예방하는 백신도 있다.

우타르프라데시의 성인들 중에는 어릴 적 폴리오 감염의 후유증을 아직까지 안고 살아가는 사람들이 있다. 하지만 이런 모습은 머지않아 사라질 것이다. 거의 모든 곳에서 폴리오가 근절되었기 때문이다.

또 우리에겐 불안과 우울을 치료하는 약이 있다. 입덧의 고통을 덜어주는 디클레지스도 있다. 어린아이들에게서 발병하는 선천맹을 억제하고 역전시킬 수 있는 유전자 치료법도 있다. 이 밖에도 수많은 치료법이 있다. 가까운 장래에 훨씬 많은 치료법이 등장할 것이다. 지금 태어난 아이들이 살아갈 수 년, 수십 년 뒤의 먼 미래에는 그보다도 훨씬 많을 것이다. 과거였다면 죽었거나 사회에 의해 버림받았을 사람들이 오늘날은 천수를 누릴 수 있다. 기술(과 우리 사회)이 개선되었기 때문이다.

심지어 가장 단순한 의약품에서조차 인간 조건의 중대한 개선을 볼 수 있다. 일반 의약품 진통제 나프록센(알리브)은 화끈거리는 근골격계 통증을 다스리는 기적의 약물이다. 에얼릭이 TV에 출연한 1968년에 나프록센은 억만금을 줘도 구할 수 없었다. 하지만 지금은 알약 하나에 4센트 남짓한다. 2024년 평균 임금(농업 제외, 민간 부문, 미국)은 시간당 35달러였다. 이 정도 임금을 받는 사람에게 나프록센 알약 하나의 비용은 5초의 노동에도 못 미친다. 나프록센은 부작용 없이 고통을 덜어준다. 통증이 이토록 쉽게 사라진다는 것은 옛 왕들도 꿈꾸지 못한 기적이다.

물론 의학의 발전은 의약품에 그치지 않는다. 물리치료, 서서 일하는 책상, 스트레칭 학습 동영상 같은 기술은 모두 근골격계 통증을 완화하거나 예방하는 데 도움이 된다. 아직 모든 사람에게 보급되지는 않았지만 점점 더 많은 사람이 혜택을 누리고 있다.

만일 우리가 중세 유럽에서 태어났다면

1968년 이래 인류의 자급 노력은 실패로 돌아간 적이 없다. 하지만 오늘날 사람들은 (인도의 가난한 여성에게 자녀를 몇 명이나 낳을 작정이냐고 묻는 것은 상상도 할 수 없겠지만) 에얼릭의 책에서 모든 사람에게 던진 질문을 바꿔 스스로에게 던진다. 사회·경제 체제가 실패하고 환경이 파괴되는 세상에 왜 자녀를 낳는가? 이런 세상을 자녀에게 물려주고 싶은 사람이 어디 있나?

다른 번영의 지표들을 살펴보자. 교육, 여성의 권한 증대, 자연재해와 기후변화로 인한 사망은 어떻게 됐을까? 딘의 학부 수업에서 학생들은 한스 로슬링Hans Rosling의 2018년 저서 『팩트풀니스』에 인용된 설문조사에 참여한다.[12] 딘은 수업 첫날 강의 계획서를 설명하고 자기소개를 하고 학생들의 이름을 익히기 전에, 몇 분을 할애해서 학생들에게 설문지를 나눠 준다. 여기에는 세계에서 일어나는 일에 대한 다음과 같은 질문들도 있다. 원한다면 당신도 직접 답해보라.

오늘날 전 세계의 한 살배기 아기들 중에서 일부 질병에 대해 백신을 접종받은 아기들은 얼마나 될까?

☐ 20퍼센트

☐ 50퍼센트

☐ 80퍼센트

자연재해로 인한 연간 사망자 수는 지난 100년에 걸쳐 얼마나 달라졌을까?

☐ 두 배 이상 증가

☐ 거의 비슷하게 유지

☐ 절반 이하로 감소

전 세계적으로 30세 남성은 평균 10년간 학교에 다녔다. 같은 나이의 여성은 몇 년간 학교에 다녔을까?

□ 3년

□ 6년

□ 9년

대부분의 학생들은 질문마다 가장 비관적인 답, 즉 위의 보기에서 첫 번째 항목들을 선택한다. 하지만 정답은 마지막 항목들이다. 『팩트풀니스』가 출간된 2018년 이후 세계는 더 건강하고 안전하고 교육 수준이 올라갔다.

수업이 시작되고 몇 주가 지나면 딘은 학생들에게 이렇게 묻는다. "여러분이 중세 시대 유럽에 태어났다면 삶이 얼마나 좋아졌을까요? 혹은 얼마나 나빠졌을까요?" 지금쯤 학생들은 여러 주 수업을 들었기에 질문이 무슨 뜻인지 알아듣는다. 그들은 문제를 꿰뚫어 본다. 한 학생이 손을 들고는 지금의 삶이 더 낫다고 답한다. 심지어 중세 귀족의 삶과 비교해도 수세식 변기와 현대 의학 등을 감안하면 오늘날의 삶이 더 낫다는 것이다. 더 중요한 사실은 일부 TV 드라마에서 묘사하는 것과 달리 우리가 그 시나리오에서 봉건 귀족이 아니라 농민으로 살고 있을 가능성이 크다는 것이라고 그 학생이 설명한다. 그러면서 삶은 고되고 불확실할 것이라고 덧붙인다. 몇몇 학생이 고개를 끄덕이고 딘이 맞장구친다.

하지만 곧이어 딘은 실은 질문에 함정이 있었다고 말한다. 중세 인구는 다섯 살이 되기 전에 죽을 확률이 3분의 1에 가까웠다(1800년대 이전에 대해서는 자세한 기록이 없으므로 40퍼센트에 가까웠을 수도 있다!). 그러므로 자신이 (통증을 가라앉힐 나프록센도 없이 농사짓느라 고생하면서) **살아 있다고** 가정해 경험을 상상하는 것조차 너무 낙관적이다. 학생들 중 3분의 1은 어려서 죽었을 것이다.

진보의 기록을 나쁜 소식과 비교하면

과거의 진보는 무의미할지도 모른다. 많은 사람이 주변을 둘러보건대, 또 최근 기억으로 보건대 상황이 나빠졌다고 우려하는 듯하다. 이를테면 2020년경부터 코로나 사망, 사고, 절망사death of despair(빈부 격차의 확대 속에서 삶에 지친 빈곤층이 마약과 알코올 중독으로 죽는 것 – 옮긴이)의 증가로 성인 사망이 증가한 것은 어떻게 봐야 할까?

2020년과 2021년 미국에서는 기대수명이 하락했다. 미국 언론에서는 중대 뉴스였다. 그림 5.3은 기대수명이 얼마나 하락했는지 보여준다. 이는 앞선 1918년 스페인 독감 시기의 더 가파른 하락을 닮았다. 최근의 기대수명 하락이 우려스러운 이유는 우리가 예상하게 된 것, 대부분의 수치가 보여주는 것, 즉 개선의 추세와 정반대이기 때문이다.

최근의 상황 악화는 이후 세대들의 삶이 살 만할 것인지에 대해 무엇을 의미할까? 그림에서 보듯 기대수명 하락으로 미국의 사망률은 1990년대와 비슷해졌다. 1990년(또는 1980년, 1970년, 또는 밥의 1943년)의 사망 위험을 겪는 사람들이 살 가치가 없는 삶을 영위하고

그림 5.3.[13] 미국의 기대수명

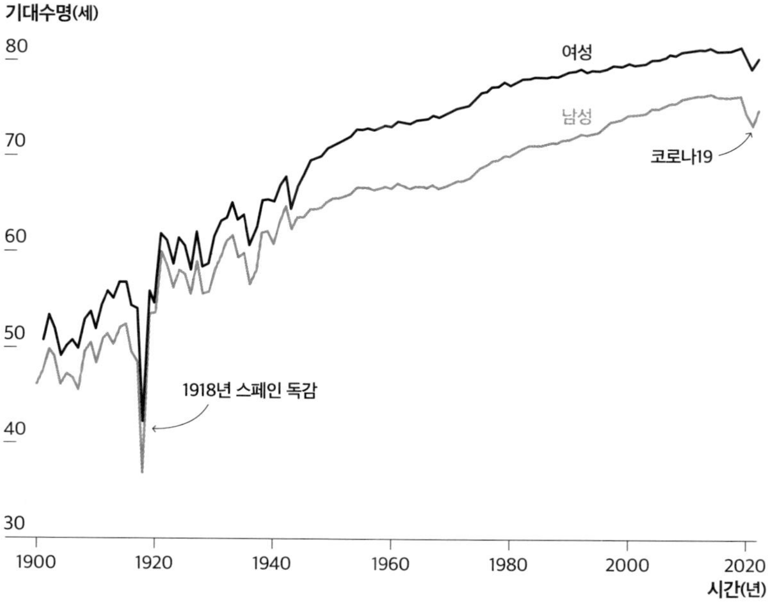

있다고 생각하는 것이 과연 합리적일까? 그런 사람들은 과연 태어나지 않는 게 나았을까?

그보다는 이 하락이 시작에 불과하다고 우려하는 게 더 합리적이다. 상황은 점점 나빠질 테니 말이다. 우리가 이 책을 쓰던 시기에 이런 우려가 신문 1면과 사설을 뒤덮었다. 하지만 우리는 역사에서 교훈을 얻을 수 있다. 누군가 1918년에 기대수명이 계속 추락할 거라 예견했다면 그는 틀렸을 것이다. 오늘날도 마찬가지다. 사망률이 1년(또는 2년이나 5년)간 악화됐다고 해서 역사가 인간 복지의 개선으로부터 돌아섰다고 판단하는 것은, 어느 해 12월이 이례적으로 추웠다는 이유로 지구 온난화의 장기적 추세를 부정하는 것과 같다.

우리 아이들이 환경 재앙 때문에 거주 불능 행성에서 살게 되리라는 생각은 어떨까? 미세먼지 오염의 추이를 볼 때 현재가 과거보다 낫고 미래가 현재보다 나을 것임은 3장에서 이미 살펴봤다. 세계은행 데이터에 따르면 미세먼지의 전 세계 평균 농도는 지난 10년에 걸쳐 점점 **낮아졌다**. 오늘 신문의 독자 의견란에서 누군가는 산불에 따른 대기오염으로 아이들이 여름 야외 활동을 못 하게 됐다고 개탄할지도 모른다. 기고자는 산불이 드물던 자신의 어릴 적 호시절에 대한 향수가 있을 것이다. 하지만 그런 향수 때문에 역사적 사실에 대한 판단을 그르쳐서는 안 된다.

(아이들이 유연 휘발유 연기를 들이마시던) 1970년이나 (부자 나라 아이들이 석탄 가루를 들이마시던) 1870년, (오염을 일으키는 영국의 산업혁명이 시작된) 1770년, (아무리 낮잡아도 전 세계 아동의 3분의 1 이상이 다섯 살 이전에 목숨을 잃은) 1670년에 태어나고 싶어 하는 사람이 있을까? 그런 사람은 과거와 현재의 공기 질이나 삶의 질 차이에 대해 진지하게 생각하지 않는 사람이다.

기후변화가 두려운 이유는 우리가 온실가스 배출의 모퉁이를 갓 돌았을 뿐이기 때문이다. 미국을 비롯한 어느 나라도 기후변화에 대처하기 위한 적절한 규모의 대응 조치를 내놓지 못했다. 기후변화로 인한 재앙은 이미 일부 지역의 일부 사람들에게 크나큰 피해를 일으키고 있다. 앞으로 열사熱死, 화재, 홍수가 증가하면서 훨씬 많은 지역에서 훨씬 많은 사람이 열악한 상황에 처할 것이다.

그럼에도 이 두 가지는 동시에 참일 수 있다. 첫째, 지구가 더워져서 미래는 더 가난해질 것이며 기후변화 없는 미래에 비해 고통과 조기 사망이 증가할 것이다. 둘째, 우리 자녀와 손자녀들이 살아갈 더워지는 지구는 우리의 증조부모가 상상한 것보다 더 부유할 것이며 불필요한 고통과 조기 사망이 감소했을 것이다. 선도적 기후과학에서 말하는 모든 것은 이 두 가지 사실에 부합한다.

기후변화가 극단적이기는 하지만 무한한 위협은 아니라고 말하는 것은 기후변화의 심각성이나 긴급성을 부정하는 게 아니다. 위험을 과장하는 건 우리가 해야 할 진지한 노력에 이롭지 않다. 지구 전체가 '살 수 없는 곳'이 되지는 않을 것이다. 기후변화는 미래 세대가 삶을 원하지 않을 이유가 되지 못한다. 오늘 우리가 자신의 삶에 가치를 부여하고 가까운 과거 세대가 자신의 삶에 가치를 부여했다면 말이다.

그동안의 노력과 성과를 부정하지 말자

우리의 《뉴욕 타임스》 기고문을 읽은 독자 한 명이 이런 느낌을 글로 표현했다. "솔직히 20세기의 혁신들은 우리의 삶을 개선하는 데 별로 도움이 되지 않았다." 많은 댓글에서 우리는 (온전히 동의하지는 않을지라도) 독자들이 어디 출신이고 무엇에 공감하는지 파악할 수 있다. 하지만 20세기의 성과를 부정하는 건 그전 시기에 자녀와 사랑하는 이들의 이른 죽음을 겪어야 했던 사람들의 고통을 하찮게 여기는 것이다. 세계 대부분을 뒤덮었다가 그 뒤로 줄어든 절대 빈곤을 하찮게 여기는 것이다. 인간 경험의 한구석이나마 더 낫게 만들기 위해 노력하고 성공을 거둔 앞선 세대의 사람들을 모독하는 것이다. 무엇보다 지금 우리 앞에 놓인 거대한 난제들을 해결할 힘이 우리에게 없다고 거짓 주장을 펴는 것이다. 인간의 노력과 창의성이 세상을 더 낫게 만들지 못한다고 말하는 것이다. 그들에게 우리는 말한다. 사람들은 할 수 있고 해왔다고.

모두에게 돌아갈 몫이 충분하다고 해서 누구든 모두에게 필요한 몫이 돌아가도록 노력해야 할 책임을 면제받을 순 없다. 오히려 그 반대다. 우리는 풍요를 짓고 공유할 의무가 있다.

우리는 한가한 얘기를 하는 게 아니다. 딘과 다이앤이 KMC 프로그램에서 일하는 것, 마이크가 백악관에서 일하는 것은 이 의무 때문이다. 마이크의 배우자가 오스틴에서 주택을 확충하고 지역사회의 회복력을 키우기 위해 노력하는 것도 이 의무 때문이다. 이는 우리가 자녀들에게 바라는 삶의 모습이다. 우리 시대의 불완전함은 행동을 촉구한다. 당신 또한 그렇게 느낄지도 모르겠다.

그렇다. 산불, 홍수, 가뭄을 비롯한 기후 재난은 이미 악화하고 있다. 그렇다. 전 세계에서 전염병 대유행이 일어나고 절망과 중독으로 인한 사망이 발생하고 있다. 그렇다. 빈곤이 감소하긴 했어도 여전히 수많은 빈곤층이 있다. 그렇다. 부유한 세계는 이 난제들에 시급히 주의를 기울여야 한다.

이 책의 저자인 우리가 직업을 선택한 이유는 이 문제들을 이해하고 해결하는 데 기여할 **의무감** 때문이었다. 우리는 이 문제들의 시급성을 인정하면서도 오늘 인류의 삶이 나아졌고 내일은 과거 어느 때보다 나아질 것임을 인식한다. 당신이 살아가고 있는 것과 같은 삶이 살 가치가 있다면 미래 대다수의 삶도 그럴 것이다. 마이크가 확인해봤더니 밥은 자신의 삶에 행복을 느낀다. 가루우유며 헌옷이며 그 밖의 모든 것을 생각해보라.

어떤 사람들은 이 장을 읽고도 지금으로부터 몇십 년 뒤, 즉 오늘 태어난 아이들이 중년에 도달할 때쯤이면 삶이 끔찍할 것이라고 철석같이 믿는다. 어떤 사람들은 오늘날의 삶조차 열악하며 일반적인 사람의 관점에서 살 가치가 없다고 생각할지도 모르겠다. 앞으로 수십 년에 걸쳐 기대수명이 증가할 거라고? 아, 지긋지긋해. 오래 살면 형편없는 음식을 더 많이 먹어야 하잖아.

우리는 이런 독자들과는 결코 합의에 이르지 못할지도 모른다. 하지만 나쁜 미래가 오늘 아이를 낳지 않을 이유라고 생각하는 사람들과도 도덕적 책무를 공유할 방법이 하나 있다. 그들은 우리 세대가, 이미 태어난 우리가 앞으로 나빠지리라 예상되는 삶을 만들어내서는 안 된다고 주장한다. 우리는 한 생명을 이 세상에 데려와야 하는지 여부가 그 생명이 **앞으로 살아가게 될 삶의 질에 달렸다**는 데 동의한다. '달렸다'라고 말하는 것은 다른 사람들에게 미치는 영향 때문만이 아니라(이것도 중요하긴 하지만) **그 삶을 살아갈 사람**이 누리는 삶의 질 때문이기도 하다.

이는 중요한 합의다. 생명을 탄생시키는 것(또는 생명을 탄생시키길 거부하는 것)이 세상을 좋은 곳으로 만드는 이유는 **그 생명이 누릴 삶**이 좋기 때문일 수도 있고 나쁘기 때문일 수도 있음을 인식하기 위한 급진적 시도의 첫걸음이어서다. 8장에서는 그 길을 걸을 것이다.

이 장에서는 알아야 할 것들을 보여주었다. **당신**은 현재의 삶과 근과거近過去의 삶이 살아갈 가치가 있는 삶이었다고 생각하는가? 그렇다면 당신은 미래의 삶도 살아갈 가치가 있다고 판단할 수 있을 것이다. 따라서 당신이 부모이거나 그럴 가능성이 있다면 앞으로 나아가되 부모로서의 정상적 불안을 품으라(우리도 다 그런다!). 하지만 두려움은 떨쳐버리라.

3부

인간 공정론

인구는 왜 중요할까?

6장

진보는 사람들에게서 온다

경제학자들이 컴퓨터, 통계적 유의성 검사법, 볼펜을 손에 넣기 전에 우리에게는 토머스 맬서스Thomas Malthus가 있었다. 인구가 약 10억 명이었던 1798년에 그는 『인구론』을 발표했다. 맬서스는 인구가 많아지는 것이 미래의 사회 개선에 불리하다고 썼다. 인구가 수십억 명으로 증가한 훗날 경제학자들은 맬서스가 한 번도 보지 못한 증거, 이론적 도구, 계량경제학 수단, 그 밖의 자료를 손에 넣었다. 오늘날 경제학자들의 생각은 맬서스와 다르지만 인구가 많아지는 게 더 나쁘다는 대중적 관념은 끈질기게 남아 있다. 삶의 양이 늘어날수록 삶의 질은 낮아진다는 것이다. 과연 그럴까?

이는 영락없는 에얼릭의 견해였다. 우리의 《뉴욕 타임스》 칼럼을 읽은 독자 한 명은 인구 감소의 결과를 쉽게 판단할 수 있다고 말한다. "솔직히 말해서 세계 인구가 20억 명이고 기술이 현재와 같거나 효율성이 더 커지면 지구는 낙원 같을 겁니다." 하지만 이 독자는 중대한 가정을 얼버무렸다. 미래에 인구가 20억 명으로 줄어들어도 기술과 효율성이 지금과 같을까? 21세기 경제학자들은 그렇게 생각하지 않는다.

앞 장에서는 인구가 증가하면 평균적 생활 수준이 하락하리라는 우려에 대해 살펴봤다. 이런 우려가 많이 제기되긴 하지만, 경제적 측면에서 장기적인 물질적 진보의 큰 그림을 그리는 전문가인 경제학자들에게서 제기되는 일은 결코 없다. 그들은 정반대로 믿는다.

인구가 많으면 번영한다: 인구가 증가한 미래에는 생활 수준이 높아질 것이다. 그 이유는 사람들이 아이디어, 창의성, 실험, 기술에 이바지해서 타인에게 유익을 끼치기 때문이다.

경제학은 인구가 많으면 번영하는 이유에 대해 두 가지 통찰을 제시한다. 바로 **아이디어 창출**과 **고정비용**이다. 이 장에서는 아이디어 창출을 들여다볼 것이다. 인구가 늘면 사람들이 발견하는 것도 많아지고 장기적으로 더 많은 진보를 달성할 수 있다. 고정비용은 다음 장에서 다룰 것이다.

시간이 지나면서 생활 수준이 개선되는 이유는 인류가 공유하는 노하우, 창의성, 이해의 저장고에 새로운 사람들이 자신의 몫을 더하기 때문이다. 프리티의 아기와 우리의 아이들이 증조부모 세대보다 훨씬 나은 삶을 기대할 수 있는 것은 이 때문이다. 우리는 왜 그런지 알아내기 위해 프리티의 아기가 출발한 곳에서 시작할 것이다. 그곳은 좋은 아이디어의 힘을 보여주는 장소다.

프리티와 아기는 시마, 리마, 그리고 두 사람의 상사 카비타가 일하는 우타르프라데시의 정부 운영 병원에 아직도 머물고 있다. 프리티의 아기는 5주 전에 태어났으며 몸무게는 임신 34주차에 1,070그램을 살짝 넘겼다. 2021년 미국에서 태어난 370만 명의 아기 중에서 이렇게 가벼운 아기는 1퍼센트의 절반에 불과했다. 이렇게 작은 아기는 취약하다.

프리티에게 KMC 병동은 며느리 노릇을 하러 집에 돌아가는 것보다 편안하다. 하지만 만사가 잘 풀리면 따분한 법이다. 아기가 성장하는 것이 감사하긴 하지만 지루한 건 어쩔 수 없다. 시마가 간호사, 수유 도우미, 치어리더를 겸하는 것은 이 때문이다. 프리티는 몇 주일간 자신의 집이었던 침대 10개짜리 병실을 (아기를 업은 채) 걸어다니면서 미소 짓고 시마와 농담을 주고받는다. 이렇게 또 하루를 무사히 넘긴다.

프리티의 아기는 쑥쑥 자라고 있다. 오늘은 1,315그램으로, 1.5킬로그램에 가깝다. 카비타는 시마의 오전 클립보드를 검토하고서 담당 소아과 의사에게 퇴원 의견을 내기로 했다. 시마와 동료들은 앞으로 몇 주간 프리티의 집에 찾아가 아기를 보고 휴대폰으로 프리티에게 종종 전화할 것이다. 지금 시마와 카비타가 동의하는 사실은 아기가 잘 먹고 있다는 것, 프리티가 계획을 이행하고 있다는 것, 병원에 더 머무르면 감염 위험이 있다는 것이다. 카비타가 결론을 내린다. "더는 프리티에게 가르칠 게 없어요." 게다가 다른 사람에게 침대가 필요하기도 하다.

프리티가 배운 것은 캥거루 육아법KMC이다. KMC는 값비싼 신생아 집중치료실이 없는 지역에서 저체중 아기를 보살펴 목숨을 살리는 방법(절차)이다. 보호자는 아기의 체온을 유지하고 영양을 공급하고 끊임없이 맨살을 맞대고 모유 수유를 하는 법을 배운다.

이 장은 진보에 관한 것이다. 그런데 왜 엄마와 아기 사이의 맨살 맞대기에 대해 이야기하고 있을까? 진보와 번영의 강력한 동인이 지식과 기술의 축적이기 때문이다.

KMC는 기술이다.[1] 1978년 콜롬비아에서 발명됐다. 저체중아는 체열을 많이 발생시키지 못한다. 그래서 외부 열원을 꾸준하고 정밀하게 공급받지 못하면 금세 저체온증으로 사망할 수 있다. 보고타의 일부 소아과 의사들은 부자 나라의 현대 의학에서 체온 유지를 위해 이용하는 장비인 인큐베이터가 없었다. 그래서 이를 대신할 방법을 고안했는데 그것이 KMC로 알려진 절차다.

물론 KMC는 역사를 통해 검증된 방법들을 규격화하고 다듬은 것이다. 핵심은 춥고 배고픈 아기를 엄마의 가슴에 안기는 것이다. 그리고 세부 사항이 중요한데, KMC를 발명한 의사들과 이를 다듬은 간호사들은 아기를 (미끄러지지 않도록) 한곳에 묶어두고 (엄마의 온기가 그대로 전해지도록) 맨살을 맞대고 (아기가 질식하거나 짓눌리지 않도록) 엄마가 비스듬히 누워 있도록 하면 도움이 된다는 사실을 발견했다. 아기의 체온을 엄마의 체온으로 유지하는 이 절차는 수없이 조정되고 개량되었으며 마침내 정량화되었다.

2021년 《뉴잉글랜드 의학 저널New England Journal of Medicine》에서는 가나, 인도, 말라위, 나이지리아, 탄자니아에서 이뤄진 대규모 실험 결과를 발표했다.[2] 연구에서는 이 절차적 기술이 효과가 있음을 무작위 대조 실험을 통해 입증했다. 프리티의 아기와 비슷한 몸집의 아이는 산모가 캥거루 육아법을 즉각적으로 배운 경우 생후 첫 달에 사망할 확률이 25퍼센트 감소했다.

이를 논문의 딱딱한 언어로 표현하면 다음과 같다. "상대적 사망 위험, 0.75; 95퍼센트 신뢰도 구간CI, 0.64~0.89; P=0.001." 이런 개선을 "인큐베이터나 복사열 난방기를 이용한 통상적 돌봄"으로 삶을 시작한 대조군과 비교했다. 복사열 난방기는 그 자체로 매우 훌륭한 기술이므로 KMC의 효과가 이보다 큰 것으로 보건대 미숙아를 그대로 집에 보내는 것보다는 훨씬 크리라는 것을 알 수 있다.

KMC는 세상을 더 나아지게 한 중요한 방법이며 또 수많은 방법 중 하나에 불과하다. 인구가 급증하면서 우리는 모든 것을 더 풍부하게 만들었다. 이 역사가 요행일까? 5장에서는 **무엇**이 일어나는지 들려주었지만 **어떻게**나 **어째서**는 알려주지 않았다. 이제 인구가 대감소의 시대로 접어들 때 우리가 무엇을 잃을지 알 수 있도록 어떻게와 어째서를 이해할 때다.

진보가 이루어지는 방식

최근 몇 세대의 연구가 이뤄지기 전까지만 해도 경제학자들은 물질적 진보(그들이 경제 성장이라고 부르는 것)가 어디서 오는지에 대해 그다지 뚜렷한 이론을 가지고 있지 않았다. 수십 년간 물질적 진보를 설명하는 선도적 모델은 물적 자본의 축적을 강조했다. 물적 자본은 우리가 가치 있게 여기는 물건을 만들기 위해 노동자들이 쓰는 도구와 기계와 구조물이다. 이 모델들은 여러 방면에서 효과를 발휘했지만, 가장 중요한 쓰임새 중 하나는 무엇이 가능하지 **않은지** 보여주는 것이었다. 자본 축적만으로는 진보를 떠받칠 수 없었다. 노하우와 효율을 개선하고 또 개선해야 했다. 하지만 어떻게? 모델들은 경제 성장이 기술 변화에서 와야 한다고 알려주었지만 기술 변화가 어디서 오는지는 알려줄 수 없었다.

사정이 달라진 것은 1980년대 들어서였다. 폴 로머Paul Romer는 로체스터대학교에 소속된 경제학자였다. 그는 혁신을 이해하는 새로운 방법을 찾아냈다. 콜롬비아 보고타에서 탄생한 캥거루 육아법을 인도 우타르프라데시에서 재현할 수 있음을 깨달은 것이다. 엄밀히 말해서 로머는 캥거루 육아법에 대해 구체적으로 들어본 적은 한 번도 없었을 것이다. 그가 깨달은 건 더 일반적인 사실이었다. 어느 곳에서 아이디어가 발명되면 다른 곳에서도 사용할 수 있다는 사실 말이다. 가령 텅스텐이 전구 필라멘트 재료로 훌륭하다는 사실을 발견하거나, 인구 추정의 코호트 요인법을 개발하거나, 수유모의 유선염을 진단하는 법을 알아내면 다른 곳에서 그 아이디어를 활용할 수 있다.

수십 년 뒤 로머는 이 통찰로 노벨상을 받았다.[3] 경제적 진보의 **어떻게**와 **어째서**를 발견한 공로였다. 그는 발견의 긍정적 힘이 어떻게 생활 수준을 꾸준히 향상시킬 수 있는지 설명하는 한 세대의 모델들 중 첫 번째를 만들어냈다.

이론적 발전의 포문을 연 핵심 개념은 좋은 아이디어가 바닥나지 않는다는 것이었다. 좋은 아이디어는 끝없이 복제되고 다시 적용된다. 로머는 2018년 스톡홀름에서 열린 노벨상 시상식에서 이렇게 설명했다. "아이디어는 공유될 수 있습니다. 차례대로 이용하는 공유를 말하는 게 아닙니다. 이는 피타고라스 정리처럼 모두가 한꺼번에 이용할 수 있는 공유입니다."

이것이 '비경합 혁신non-rival innovation' 경제학이다. 경제학 용어로 **경합재**는 한 사람이 이용하면 다른 사람은 이용하지 못하는 물건을 가리킨다. 어떤 쿠키든 한 사람의 배만 채울 수 있다. 어떤 수공구든 한 번에 한 사람의 손에만 들릴 수 있다. 어떤 항생제 알약이든 한 사람의 감염만 치료할 수 있다. 하지만 쿠키 요리법, 수공구 디자인, 항생제 제법은 무한히 여러 번 쓰일 수 있다. 요리법, 디자인, 제법은 **비경합재**다. 쿠키를 아무리 많이 굽고 망치를 아무리 많이 써도 지식은 여전히 넉넉하고 가치 있고 무한하다. 아이디어(기술, 절차 개선, 정치 이론, 영감을 주거나 무언가를 규명하는 허구 작품과 예술 작품 또는 그 무엇이든)가 가치가 있는 이유는 아무리 여러 번 쓰거나 경험해도 바닥나지 않기 때문이다.

캥거루 육아법은 비경쟁 절차 혁신이다. 인도 정부는 이 기술을 인도 전역의 병원에 보급할 수 있었고 실제로도 그렇게 했다. 다른 정부들도 마찬가지다. 모든 지식은 공짜로 존재한다. 세계보건기구는 『캥거루 육아법 지침서Kangaroo Mother Care: A Practical Guide』를 웹사이트에 공개했다. 클리블랜드 클리닉은 같은 정보를 미국인에게 맞게 재구성했다. 맨살을 맞댈 때는 스마트폰을 치우는 게 좋다고 덧붙이는 식으로 말이다. 세계보건기구와 클리블랜드 클리닉은 같은 사무실을 쓰거나 같은 샌드위치를 점심으로 내놓거나 같은 달러 지폐로 직원 월급을 지급할 수 없다. 사무실, 점심, 예산을 제각각 구비해야 한다.

하지만 같은 지침은 동시에 발표할 수 있다.

시마, 카비타, 그리고 그들의 팀을 통해 KMC는 프리티의 아이를 살려냈다. 가장 중요한 투입 요소는 프리티의 시간과 노력, 사랑이었다. 하지만 두 번째로 중요한 투입 요소는 시마가 진행한 KMC 절차였다. 보고타의 한 의사가 이 절차를 이미 영구적으로 개발했기 때문에 쓸 때마다 새로 발견할 필요가 없다. 이제 시마의 KMC 병동에서 아무리 많은 아기의 목숨을 건지더라도 캥거루 육아법은 동나지 않고 계속된다.

아이디어, 절차, 제법, 지식이 모두 비경합재라는 사실은 더 경제적인 용어로 표현하자면 빅딜big deal이다. 경제학은 희소성을 다루는 학문이지만 이곳 엔진룸에서 우리가 발견한 것은 결코 바닥나지 않는 연료이자 계속 베푸는 선물이다. 이는 누군가에게 무언가가 늘어난다고 해서 다른 누군가에겐 줄어들어야 하는 게 아닌 이유다. 따라서 오늘날 의료, 수공구, 디저트가 몇백 년 전보다 나아진 이유를 이해하는 첫걸음은 아이디어와 기술이 비경합재임을 깨닫는 것이다.

두 번째 걸음은 **사람들**이 아이디어를 발견한다는 사실을 깨닫는 것이다. 사람들은 발명품을 창조한다. 사람들은 (열대병을 예방하는 새 백신처럼) 거대하고 (더 맛있는 커피처럼) 소소한 방식으로 매사를 더 낫게 만든다. 경제학자들은 이를 '내생적 경제 성장'이라고 부른다. **내생적**이란 '내부에서 만들어진다'라는 뜻이다. 아이디어는 경제 바깥에서 오는 게 아니다. 우리에게서 온다. 사람들이 경제 안에서 행하는 활동이 아이디어를 만들어내 경제를 앞으로 굴러가게 한다.

귀중한 아이디어: 사람이 많아질수록 아이디어도 많이 창출된다. 그러면 개개인의

삶이 더 나아질 수 있다.

가장 명백한 사례들은 기술의 첨단을 달리는 부자 나라들에서 볼 수 있다. 하지만 첨단 기술만 기술인 것은 아니다. 사람들이 문제를 해결하는 곳 어디서나 진보가 일어난다. 지금껏 고안된 것 중에서 가장 생산적인 기술 중 하나는 1960년대 방글라데시에서 발명되었다. 방글라데시의 콜레라 전문 병원에서 의사들은 경구재수화염Oral Rehydration Salt을 처음으로 조제했다. 소금과 설탕을 섞어 알맞은 비율로 물에 녹인 이 간단한 용액 덕에 설사로 인한 아동 사망을 부쩍 줄일 수 있었다.

오늘날 이 간단한 조제법은 누구든 어디서든 **이용**할 수 있다. 이 방법은 극단적이지 않은 시나리오에서조차 아동의 상태를 호전시킬 수 있다. 우타르프라데시에서는 찬장에 이미 비치되어 있는 것들로 조제할 수 있다. 오스틴에서는 포도맛이 첨가되어 간편하고 예쁜 병에 담긴 페디얼라이트Pedialyte(먹는 포도당 상품 이름 – 옮긴이)를 구입할 수 있다. 오스틴의 부유한 아동은 우타르프라데시의 가난한 아동보다 더 좋고 맛있는 경구재수화염을 먹을 수 있다. 하지만 오늘날 어느 곳의 아동이든 이 조제법 덕을 본다. 1960년대 이전에 태어난 아동(즉 지금까지 태어난 대부분의 아동)은 이 혜택을 누리지 못했다. 이 조제법이 탄생한 것 역시 **사람들**(이 경우는 방글라데시의 콜레라 의사)이 찾아냈기 때문이다.

아이디어의 이런 측면은 특정 장소나 특정 경제 구조에 한정된 것이 아니다. 아이디어는 자본주의 사회에 사는 사람에게서 처음 떠올랐든, 공산주의 사회나 수백 년 전 중상주의 사회나 봉건주의 사회에 사는 사람에게서 처음 떠올랐든 상관없이 재사용된다. 아이디어는 온라인에 공짜로 게시되든, 교과서에 실리든, 특허권을 방어하는 변호사들에 의해 보호되든 재사용된다. 오늘날 인도 학생이 깨알만 한 LED 조명의 밝고 값싸고 믿음직한 불빛 아래서 밤늦도록 교과서를 읽는다고 해서, 지구 반대편에서 다른 나라의 학생이 햇빛 아래서 읽고 있는 같은 교과서의 글자가 사라지지는 않는다.

좋은 소식과 나쁜 소식

좋은 소식은 페디얼라이트를 다 마셔버린다고 해서 조제법이 동나진 않는다는 것이다. KMC 병동의 침대가 모두 채워진다고 해서 KMC 기법이 축나진 않는다. 하지만 안 좋은 소식도 있다. 바로 이 요리법, 조제법, 기법을 누구도 발견하거나 만들어내지 않았다면 누구도 쓸 수 없었으리라는 것이다.

세계는 전례 없는 경제 실험을 직면하고 있다. 새 아이디어를 발견할 사람이 점점 줄어들면 진보(경제학자들이 '내생적 경제 성장'이라고 부르는 것)는 어떻게 될까? 과학자와 발명가가 감소하는 것뿐 아니라 교사와 도서관 사서와 연구 조수와 그들의 작업을 보조하는 모든 사람, 그리고 그들에게 식료품을 판매하고 그들의 부모와 자녀를 돌보고 그들이 탄 버스를 운전하고 그들의 작업을 가능케 하는 모든 사람이 줄어든다면? 다음번 KMC나 경구재수화염을 발견할 수 있는 모든 활동이 감소한다면 무슨 일이 일어날까?

최근까지 대부분의 경제학자들은 이 문제를 제기할 생각을 하지 못했다. 인구 규모가 언제나 증가하던 시절의 역사를 연구하느라 바빴기 때문이다. 하지만 장기적 경제 변화의 이해를 주도한 또 다른 경제학자 채드 존스Chad Jones는 당신이 지금 알고 있는 사실을 최근 알아차렸다. 인구 대감소가 다가오고 있다는 사실 말이다. 그래서 그는 과거가 아니라 미래를 바라봤다. 그가 오랜 기간에 걸쳐 많은 수식을 써서 얻은 답을, 지금 우리는 다음과 같이 간단하게 요약할 수 있다.

사실에 대한 사실: 사실은 바닥나지 않지만 발견되지 않을 수는 있다.[4]

아이디어를 떠올리는 건 사람들이기 때문에 인구 대감소의 미래에는 안정된 미래에 비해 쓸 만한 아이디어가 덜 창출될 것이다. 경제학자들은 의견이 다르기로 유명하지만 이 문제에서만은 만장일치다. 예일대학교의 마이클 피터스Michael Peters는 유수의 경제학 학술지에 최근 발표한 논문의 첫머리를 이렇게 열었다. "사실상 모든 경제 성장 이론은 인구 규모와 생산성 사이에 정적 상관관계가 있다고 예측한다."[5] 인구가 증가하면 아이디어가 더 많이 배출되고 더 널리 공유되어 개개인에게 유익하다.

반면에 발견, 혁신, 검증을 할 사람이 없으면 창조가 덜 일어날 수밖에 없다. 발전도 줄어들고 진보도 줄어든다. 미래에 태어나는 사람이 줄면 지열 발전이나 식물성 대체육이나 불안 치료나 대중음악이나 모든 가치 있는 것에서 다음번 도약을 이뤄낼 팀에 결원이 생길지도 모른다. 앞으로 태어날 사람이 적을수록 개개인은 더 열악한 상황에 처할 것이다.

작고 휑한 지구를 옹호하는 이들은 있는 사람들에게 더 투자하면 된다고 대답하기도 한다. 우리 사회가 과학자와 공학자를 더 많이 배출하도록 유도하면 된다는 것이다. 물론이다! 그래야 한다! (창작 논픽션 저술가도 많아져야 한다!) 또한 인구가 쪼그라드는 세상보다는 인구가 안정된 세상에서 그렇게 해야 한다. 인구가 수십 년간 계속 성장하는 지금도 그렇게 해야 한다. 우리의 풍요로운 미래에 자급농과 박사 연구원이 적어야 할 이유는 전혀 없다. 업무 환경이 더 수월해지고 우리가 향유할 발전이 많아지는 것은 윈윈이다.

현실은 바로 그 방향으로 나아가고 있다. 다음 100년 안에 세계 인구가 정점에 도달했다가 감소하든, 역전되어 안정되든 당신은 오늘보다 100년 뒤에 박사를 비롯한 고학력 지표의 비중이 커진다는 쪽에 내기를 걸어야 한다.

하지만 우리가 만들어내는 혁신을 집계할 때는 부분이 아니라 총량이 중요하다. 더 커진 미래는 혁신가의 **총량**이 많아진 미래다. 10억 인구의 50퍼센트가 혁신 분야에 종사할 때보다 100억 인구의 10퍼센트가 같은 분야에 종사하는 것이 혁신을 더 많이 만들어낼 것이다. 그렇기 때문에 인구 대감소 대신 안정화를 달성하면 삶을 개선하기 위해 전 세계와 공유할 수 있는 새 아이디어를 발견할 기회의 총량이 증가한다.

심지어 인구가 줄면 아이디어도 줄어든다는 것을 인식하는 것조차 문제를 축소하는 것이다. 로머는 기술 진보가 **누적적**이라고 설명한다. 아이디어는 서로를 배가하며, 이후의 아이디어는 이전의 아이디어와 상호작용한다.

2023년 미국 프로야구에 피치 클록pitch clock(주자가 없을 땐 15초, 주자가 있을 땐 18초 안에 투수가 반드시 공을 던져야 하는 규정 – 옮긴이)이 도입된 것은 1954년 미국 프로농구에서 샷 클록shot clock(공격팀이 공을 잡으면 24초 안에 필드슛을 해야 한다는 규정 – 옮긴이)이 도입되었기 때문이다. 샷 클록이 발명되기 9년 전 컬럼비아대학교 대 포덤대학교 경기에서 3점 슛이 처음 시도되었으며, 3점 슛이 고안되기 54년 전인 1891년에 농구가 발명되었다. 그보다 46년 전인 1845년에는 니커보커 규칙Knickerbocker Rules(최초의 야구 규정 – 옮긴이)이 제정되었는데, 이 규칙은 그보다 더 오래된 게임을 다듬은 것이다.

이처럼 인간 아이디어의 대보관소에서 어떤 한 가지 항목이 누락되면 혁신과 개선의 전체 계통에서 핵심이 되는 요소가 상실되거나 혁신이 이뤄지는 시기가 지연될 수도 있다.

진보는 아직 끝나지 않았다

하지만 미래는 부유해질 것이다. 그렇지 않은가? 아주아주 부유해지지 않을까 봐 걱정해야 하는가? 우리와 오랫동안 협력한 인구통계학자 친구가 물었다. "사람이 줄어들어도 지금의 생활 수준을 유지할 수 있을까?" 마땅히 물을 만한 질문이다. 하지만 **모든 곳의 사람들**

을 위한 상황 개선이 아니라 생활 수준의 **유지**를 목표로 삼는 것은 너무 소심하다. 아직 해결해야 할 문제들이 있다. 가난한 나라에서든, 부자 나라에서든 개선을 통해 더 나은 생활 수준, 건강, 기회를 누릴 수 있는 사람들이 여전히 너무 많다.

인구 감소로 진보가 느려졌을 때 우리가 무엇을 잃을지는 가늠하기 힘들다. 인구 대감소의 미래가 무엇을 놓칠지 예견하기도 힘들다. 미래 기술을 시시콜콜 예측하다 보면 우스꽝스럽게 보일 수밖에 없다. 그런 꼴을 당하지 않고 미래를 내다보려면 역사를 되짚어봐야 한다. 지금 진보가 느려졌을 때 우리가 무엇을 잃을지는 명확히 보이지 않을 수도 있다. 하지만 과거의 진보가 지연되거나 상실되었을 때 지금 우리가 무엇을 잃고 있는지는 똑똑히 볼 수 있다.

여기서 출발하자. 지난 50년 동안 진보가 이뤄지지 않았다면, 즉 1975년의 생활 수준을 그저 **유지**하고 있다면 우리는 최악의 기후 재앙을 면할 청정 에너지 인프라를 결코 제때 얻지 못했을 것이다. 1980년대 이전에는 세계 어디서도 1메가와트 규모의 태양광 발전소조차 짓지 못했다. 이 정도 규모로는 주택 1,000채에 전력을 공급하지도 못한다. 규모를 키우기에는 기술이 너무 미성숙했다. 하지만 그 뒤로 태양광 기술은 성큼성큼 발전했다. 오늘날 미국의 태양광 발전 용량은 최초의 태양광 발전소가 생산할 수 있었던 용량의 1만 배를 넘어선다.

바람도 커졌다. 오늘날 풍력은 미국 중부의 중요한 전력원이다(바람이 들판을 휩쓰는 오클라호마에서는 더더욱 중요하다!). 이는 기술이 개선되어 풍력이 상업성을 얻었기 때문이다. 기술 진보 없이 청정 에너지 미래는 없다. 탄소 배출에 대한 해답도 없다.

진보가 75년 전에 끝났다면 지금 우리에게는 경구 피임약이 없을 것이다. 이 제약 기술이 출시된 후 인간의 번영과 재생산의 자유에 얼마나 중요한 역할을 했던지, 우리가 그냥 '알약the pill'이라고만 말해도 많은 독자가 오늘날 판매되는 수만 가지 정제와 캡슐 중에서 어느 알약을 가리키는지 알아들을 정도다. 그렇기에 기술 진보가 75년 전에 멈췄거나 느려졌기를 바라는 사람은 없을 것이다.

진보가 100년 전 얼어붙었다면 훨씬 많은 것이 우리 곁에 없을 것이다. 크고 작은 즐거움도 탄생하지 못했을 것이다. 농구의 샷 클록과 야구의 피치 클록을 비롯해 TV 스포츠 중계도 없을 것이다. 전기자전거도 없을 것이고 자전거 헬멧도 없을 것이다. 자전거 헬멧이 중상 예방에 얼마나 효과적인지 알 수 있는 병원 진료 기록과 역학疫學 연구도 없을 것이다.

초코칩 쿠키도 없을 것이다. 이 과자는 1938년 루스 웨이크필드Ruth Wakefield가 발명했다. 웨이크필드는 버터스카치 쿠키를 개량하려고 궁리하다 녹지 않는 초코칩을 쿠키에 넣는다는 새 아이디어를 떠올렸다. 그러고는 자신이 운영하는 톨하우스 여인숙에서 혁신적 쿠키를 처음 선보였다. 네슬레 초코칩 포장지에 아직도 톨하우스 로고가 찍혀 있는 것은 이 때문이다.

1943년작 뮤지컬 〈오클라호마!Oklahoma!〉는 '북 뮤지컬'(지금은 친숙해진 개념으로, 음악과 연극과 이야기가 두 막에 걸쳐 어우러지는 장르)이라는 참신한 아이디어를 구현한 초기 작품이다(그전에는 흥겨운 노래와 춤을 줄거리 없이 모아놓은 것에 가까운 장르가 존재했다). 〈오클라호마!〉 1막에서는 여행자가 이렇게 노래한다. "그들이 가서 7층짜리 마천루를 지었다네."

여행자의 1907년 관점에서 보면 캔자스시티는 끝도 없이 발전하는 도시였다. 물론 로저스와 해머스타인(〈오클라호마!〉를 제작한 작곡가·작사가 콤비 – 옮긴이)의 유머는 1943년의 관객들은 다르게 알아들으리라는 것이었다. 그들은 허구의 오클라호마 군중이 1907년에 꿈만 꾸던 경이로운 문물을 누리고 있었다. 그리고 이는 80년 뒤의 우리도 마찬가지다.

위험은 단지 진보가 찾아오지 않으리라는 게 아니다. 단지 쿠키와 알약과 공연이 등장하지 않으리라는 게 아니다. 인구 대감소의 세계에서도 진보는 느리긴 해도 여전히 일어난다. 하지만 해결책이 빠르게 찾아오지 않으면 문제가 생긴다. 이를테면 우리는 인류가 언젠가 지금보다 훨씬 효과적으로 암과 싸울 수 있는 도구를 얻을 거라 기대한다. 이는 좋은 일이다. 하지만 우리 저자들의 부모 네 명 중 세 명이 손자녀 얼굴도 보기 전에 암으로 사망한 일은 되돌리지 못한다.[6] 진보가 **언제** 일어나느냐가 중요하다.

75년 전 사람들은 좋은 모든 것을 가지고 있지 않았다. 그러니 진보가 계속되는 것은 좋은 일이었다. 50년 전 사람들은 좋은 모든 것을 가지고 있지 않았다. 그러니 진보가 계속되는 것은 좋은 일이었다. 지금 우리는 좋은 모든 것을 가지고 있지 않다. 그러므로 진보가 계속되는가는 중요한 문제다.

한낱 우연만은 아니다

가장 최근 증거에 따르면 유전학적으로 현대 인류는 30만 년 전으로 거슬러 올라간다. 인류의 이야기가 당신이 지금 읽고 있는 책과 같은 분량의 책이라면 마지막 200년은 마지막 페이지의 마지막 문단일 것이다. 그 문단에서 많은 일이 일어났다.

기술 진보와 생활 수준의 대규모 향상(기대수명, 건강, 영양, 안전, 노동일 단축, 위험 감소)은 지난 200년 안에 일어났다. 인구의 대규모 성장도 지난 200년 안에 일어났다.

세상이 수많은 사람으로 꽉 찬 지금 태양광 전지가 등장한 것은 한낱 우연이 아니다. 세상이 수많은 사람으로 꽉 찬 지금 자궁경부암 백신이 등장한 것도 한낱 우연이 아니다. 세상이 수많은 사람으로 꽉 찬 지금 냉난방이 공급되는 실내 일자리가 등장한 것도 한낱 우연이 아니다. 원인과 결과다.

1990년대에 경제학자 마이클 크레머Michael Kremer는 고고학 증거와 인류학 증거를 바탕으로 스파이크보다 훨씬 오랜 기간에 걸쳐 인구 규모에 대한 증거를 취합했다.[7] 그의 체계적 분석은 호모 사피엔스가 존재한 동안 인구와 진보가 어떻게 맞물렸는지 보여준다.

하지만 원인과 결과가 반대 방향으로 일어날 수는 없을까? 기술 진보가 더 많은 사람으로 가득 찬 세상을 낳을 순 없을까? 물론 그럴 수 있다! 인과는 양방향으로 흐른다. 진보는 아기들이 생애 초기에 살아남아 성인으로 자라도록 해준다. 그러면 이 성인들이 진보에 이바지한다.

사람들과 번영의 관계는 가속화의 선순환이다. 맬서스는 놓쳤지만 현대 경제학자들은 이 사실을 알고 있다. 경제학자 오데드 갤로어Oded Galor는 『인류의 여정』에서 이렇게 말했다. "지난 몇 세기에 생활 수준이 놀랄 만큼 높아진 것은 그야말로 변혁의 산물이었다."[8] 그 변혁이란 무엇이었을까? 바로 인류가 토머스 맬서스의 인구 함정에서 벗어난 것이었다. 갤로어는 이렇게 설명한다. "얄궂게도 맬서스가 막 논문을 완성하고 빈곤의 덫이 언제까지나 이어지리라 선언하던 바로 그때, 맬서스 기제는 갑자기 힘을 잃었다. 정체에서 성장으로의 대전환이 일어난 것이다."

지난 몇백 년간 진보는 가속화되었다. 비결은 사람들이었다. 아동, 그들의 건강, 그들이 배우는 것이 비결이었다. 그러나 미래가 인구 대감소를 겪는다면 이 선순환의 고리가 끊어질 것이다.

빛의 짧은 역사

'진보'는 추상적으로 느껴질 수 있다. 그러니 이 개념을 약간 설명해보겠다. 당신이 이 책을 공원 벤치나 해변에서 읽고 있지 않다면 아마도 값싼 인공 광원에 의지해 낱말을 보고 있을 것이다. 천장에 설치된 형광등일 수도 있고, 스마트폰에 달린 LED 백라이트일 수도 있다. 값싼 빛은 인류 역사의 척도, 스파이크의 척도에서 새로운 현상이다. 값비싼 빛에서 값싼 빛으로의 변화는 참기름에서 고래기름으로, 다시 다이오드로 기술이 진보한 이야기다.

빛의 찬란한 역사를 경제학자들에게 들려준 것은 윌리엄 노드하우스William Nordhaus의 1994년 연구 논문이었다. 노드하우스가 이 논문을 쓴 것은 인구에 대해 이야기하기 위해서가 아니었다. 그는 시간 경과에 따른 생활 수준 개선을 측정하는 더 나은 방법을 찾고자 했다. 하지만 우리는 그의 연구를 우리 목적에 맞게 활용한다. 이것이 위대한 아이디어의 특징이다. 재활용된다는 것.

노드하우스가 풀고 싶었던 문제는 이것이다. 경제학자들은 숫자로 기록된 가격이 존재하지 않는 과거에 대해 1인당 GDP를 비교할 수 없다. 품질이 시간 경과에 따라 달라진 상품들을 비교하는 것도 무의미하다. 현대의 사과와 오래전 유럽의 쓰고 푸석푸석한 꽃사과를 비교할 수 없으며, 현대의 사과와 5,000년 전 중앙아시아 톈산산맥에서 재배한 초기 재배종 사과를 비교할 수는 더더욱 없다.

오늘날의 사과는 크기가 3~5배이며 색깔, 단맛, 아삭한 식감을 내기 위해 선택 육종되었다. 그리고 이 특징들이 진열대에서 두드러지도록 즉시 운송된다. 오늘날의 상품과 서비스는 비록 같은 이름으로 불리더라도 과거와 달라졌으며 종종 훨씬 나아졌다.

그래서 노드하우스는 인간이 오랫동안 소비했으며 공통 측정 단위가 있는 사례 '상품'을 발견했다. 그 덕에 사과를 비교하는 것보다 나은 결과를 얻었다. 노드하우스는 루멘lumen을 비교했다. 그는 표준적 계량경제 방법에서 벗어나 목재, 식물성 기름, 동물성 기름 같은 여러 재료를 수집해 직접 불을 붙이고 측광기로 광도를 측정했다.

노드하우스가 들려준 이야기는 이렇다. 100만여 년 전 오스트랄로피테쿠스(호모 사피엔스의 초기 조상)가 불을 쓰기 시작했다. 수만 년간 사람들은 동물이나 식물의 기름을 석등잔에서 태워 힘겹게 빛을 만들었다. 기원전 3000년경 이집트인과 크레타인은 기름으로 초를 만드는 법을 알았다. 기원전 1750년경 바빌로니아인은 참기름을 태워 조명으로 썼다. 잠시 책을 덮고 당신의 빛이 이런 방식이라고(또는 인공 조명이 전혀 없다고) 상상해보라. 이런 빛은 너무나 귀중해서 가장 중요한 목적에만 썼을 것이다.

그 뒤 수천 년에 걸쳐 기름등잔은 천천히 개선되었다. 초도 개선되었다. 1292년 파리의 조세 기록에는 초 장인 72명이 나열되어 있다. 1792년에는 석탄 가스 조명이 등장하기 시작했다. 이 역사에서 연대가 가속화되는 것에 유의하라. 혁신의 간격은 점점 줄어들었다. 그러다 1800년대에 신기술로 초가 개량되었다. 그래도 빛은 맘 편히 쓰기에는 여전히 너무 비쌌다. 그러나 진보는 100년이 아니라 10년마다 일어났다. 1820년대에 가스등이, 1860년대에 석유램프가 등장했다.

그다음은 전기였다. 1860년 런던왕립학회에서 방전 램프가 시연되었다. 에디슨의 백열전구는 1879년에 빛을 발했다.[9] 20세기에는 형광등이 등장했다. 노드하우스의 목록은 1980년대에 끝난다. 마지막은 소형 형광등으로, 마이크의 어린 시절을 밝힌 텅스텐 필라멘트 전구보다 효율적이었으며 에너지를 덜 쓰고도 같은 광도를 냈다. 노벨상 수상 강연에서 로머는 오늘날 한 시간 노동으로 살 수 있는 빛의 양은 고대 바빌로니아 참기름 등불 시대의 35만 배라고 설명했다.

이야기는 거기서 끝나지 않았다. 노드하우스가 논문을 발표한 1997년 이후 LED 램프가 조명을 다시 탈바꿈시켰다. LED는 과거

그림 6.1.[10] 빛의 아이디어의 역사

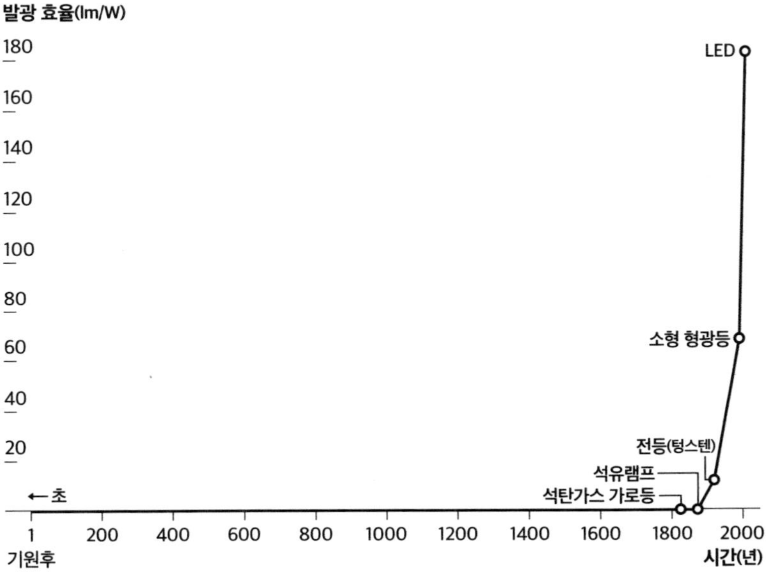

의 어떤 조명보다도 오래가며 에너지도 덜 쓴다. 노드하우스가 루멘을 비교한 것은 시간이 지나도 나아지지 않는 소비재를 찾기 위해서였지만 이는 너무 힘든 과제라는 사실이 드러났다. 조명은 달라졌다. 이제 당신의 조명은 깜박거리지 않는다. 기호에 따라 색온도와 조도를 조절할 수도 있다. 매일 밤 기름을 채워야 하는 예전 램프와 달리 현대식 램프는 한번 설치하면 몇 년, 어쩌면 평생도 간다.

이 이야기의 요점은 시간이 지남에 따라 생활 수준이 개선되었다는 것만이 아니다. 물론 그 또한 사실이지만 노드하우스의 데이터를 표현한 그림 6.1을 자세히 들여다보라. 그래프는 꾸준히 상승하지 않았다. 오랜 침체기가 이어지다가 혁신이 시작되고 폭발적으로 성장했다(한 시간 노동으로 살 수 있는 양도 폭발적으로 성장했다). 이 패턴이 친숙해 보이는 것은 그럴 수밖에 없기 때문이다. 스파이크 오르막의 그림자니까.

두 패턴이 맞아떨어진다고 해서 인구 증가가 혁신 증가를 낳는다는 주장이 **입증**된 건 아니다. 적어도 캥거루 육아법 무작위 대조 시험이 이 육아법의 효과를 입증한 것과 같은 방식으로 입증되지는 않았다. 거시경제 역사의 난점은 임상시험과 달리 한 세계에는 많은 인구를, 다른 세계에는 적은 인구를 무작위로 배정한 다음 각각의 세계에서 인류 역사가 어떻게 전개되는지 관찰할 수 없다는 것이다. 하지만 인구가 이 혁신의 역사에서 중요하게 작용하지 않았다면 그것이야말로 지독한 우연이었을 것이다.

빛의 짧은 역사에서 배울 수 있는 것이 더 있을까? 내일 브라질이나 대만의 엔지니어가 더 나은 전구를 고안했을 때 다른 나라에 사는 그 누구도 그 전구를 쓰지 못할까 봐 걱정하지 않을 것이다. 물론 우리도 마찬가지다. 이 사실은 너무도 명백해서 질문하는 것조차 말이 안 된다. 중요한 돌파구는 전 세계로 퍼져나간다.

이따금 노벨 물리학상은 '광자 얽힘 실험'이나 '우리은하 한가운데에 있는 초대질량 블랙홀 발견'을 치하한다. 하지만 2014년 아카사키 이사무, 아마노 히로시, 나카무라 슈지에게 수여된 물리학상의 선정 이유는 '밝고 에너지를 절약하는 백색광원을 가능케 한 효율적 청색 발광 다이오드의 발명'이었다. 아카사키, 아마노, 나카무라가 이 발명을 해낸 것은 1990년대 일본에서였다. 전 세계 개발도상국의 간호학과 학생들이 밤늦게까지 캥거루 육아법을 비롯한 혁신을 거의 공짜로 공부하고 있는 건 LED 조명 덕이다. 이 학생들 중 일본에 가본 사람은 거의 없다.

진보는 몇몇 천재들의 행렬이 아니다

빛의 역사는 단순히 위인 이야기가 아니다. 물론 역사에 기여하는 개인은 흥미로운 전기와 (때로는) 손에 땀을 쥐게 하는 영화의 주인공이 될 수 있다. 하지만 과학, 기술, 사회에서 일어나는 대부분의 진보는 많은 손과 많은 마음이 맞든 결과다.

LED를 혁신해 2014년 노벨 물리학상을 수상한 세 사람의 노력은 중요했지만, 그들이 없었다면 인류가 LED를 결코 가질 수 없었던 것은 아니다. 모든 아이디어가 그들의 머릿속에서 나온 건 아니다. 모든 실험을 그들이 해낸 것도 아니다. 이를 보여주는 한 가지 사실은 다음 미개척지 너머에서 기다리는 기발한 통찰, 발명, 발견이 두 명의 연구자나 연구진에 의해 동시에 따로 이뤄진 경우가 많다는 것이다.

LED 이전에 에디슨은 더 나은 전구를 만들기 위해 팀과 함께 일했다. 그의 실험실은 과학자와 기계공과 유리 장인으로 가득했다. 그들의 기여 덕에 에디슨은 백열전구 특허를 취득했다. 하지만 윌리엄 소여William Sawyer와 앨번 맨Albon Man도 비슷한 백열전구로 미국 특허를 취득했으며 잉글랜드에서는 조지프 스완Joseph Swan이 동일한 특허를 취득했다. 이 발명가들은 다른 과학자들의 자료과학, 물리학, 화학을 토대로 삼았다. 실제로 에디슨이 전구를 발명한 시기보다 적어도 100년 전에 이미 사람들은 다양한 필라멘트 소재를 방전시켜 빛을 냈다. 그리고 그들에게 그런 실험을 할 시간이 있었던 건 다른 누군가에 의해 재배되고 배달되고 요리된 음식을 먹었기 때문이다.

사람들이 뭉치면 함께 문제를 해결할 수 있다. 설령 모두가 실수를 저지르더라도, 설령 집단을 이루기 전에 그 누구도 해법을 알아내지 못하더라도 말이다. 남다른 생각이나 행동을 하는 사람 덕분에 진보가 훌쩍 도약할 때도 있긴 하지만 그런 예외에 현혹되면 안 된다. 이 장의 논증과 증거는 인구가 많아질수록 천재가 탄생할 가능성이 커지기 때문이라고 말하지 않는다. 천재는 우리의 논의와 아무 상관도 없다.

힘은 위인에게만 있는 것이 아니라 우리의 숫자에도 있다: 비경합 혁신이 어찌나 강력한지 심지어는 이상값이 없더라도, 심지어 모두가 똑같이 똑똑하고 모험적이고 창의적이고 다정하고 체계적인 평행우주에서라도 진보는 인구 규모에 좌우될 것이다.

이유는 그 평행우주에서조차 아이디어들이 여전히 **누적**될 것이기 때문이다. 많은 사람이 아이디어를 가지고 있다. 원대한 아이디어도 있지만 대부분은 미세 조정이다. 헨리 포드는 바퀴, 엔진, 차체를 발명하지 않았지만 그와 그의 회사는 이 요소들을 조립하는 매우 유용한 절차를 실행했다. 마찬가지로 루트비히는 판 베토벤만 있는 게 아니고 마리는 퀴리만 있는 것이 아니며 헨리는 포드만 있는 게 아니다. 수많은 루트비히들과 마리들과 헨리들도 인류의 진보에 중요하다. 기억할 만한 아이디어를 가진 사람이라면 누구나 중요하다.

언젠가 인간의 창의성이 필요하지 않다면

사람들은 아이디어를 만들어냈고 아이디어는 진보의 토대가 되었다. 언젠가 아이디어가 다른 곳에서 탄생하게 되어 혁신가로서의 인간이 필요 없어지거나 적어도 군더더기가 되면 어떻게 될까? (아마도 조만간 닥칠 일이지만) 인류를 역사의 현재 시점까지 이끈 생각과 발견을 AI가 해내기 시작하면 어떻게 될까? 혹자는 만일 그런 일이 일어나면, 만일 컴퓨터 지능이 인간 창의성을 대체하고도 남으면 아마도 일부 인간은 동료 인간이 아니라 컴퓨터와 잘 지낼 수 있으리라고 주장하기도 한다.

그럴지도 모른다. 신기술이 어떤 결과를 가져올지 정확히 아는 사람은 아무도 없으므로 이 가능성 또한 배제할 수 없다. 하지만 이 가능성을 확실시할 수도 없다. 어쩌면 AI가 인간이 하는 모든 중요한 생각을 할 만큼 똑똑해지려면 아주 오랜 시간이 걸릴지도 모른다. 어쩌면 영영 그렇게 되지 못할지도 모른다. 어쩌면 일부 과제에서는 AI가 인간보다 훨씬 잘 해낼 수도 있겠지만 다른 과제에서는 인간이 오래도록 AI보다 훨씬 잘할 것이다. 그러므로 기계는 과거에 그랬듯 미래에도 인간의 생각과 노동을 **보강**할 것이다. 그렇다면 진보는 여전히 우리에게 달렸다. 옛이야기의 새 장인 셈이다.

'어쩌면'이 많기도 하다. 그러니 더 작은 미래에서 누락될 수 있는 모든 진보를 AI가 채워주리라 기대하지는 말라. 인간이 할 수 있는 대부분의 일을 AI가 할 수 있는 미래를 대비하지 않는 것이 무책임하듯 AI가 그렇게 할 수 없는 미래를 대비하지 않는 것도 무책임하다.

이제 이 장에서 다루지 않았고 이 책에서 다루지 않을 문제로 마무리하고자 한다. 오늘날 인구 대감소의 경제와 관련해 가장 흔히 듣는 우려는 노동자가 너무 적어지고 은퇴자가 너무 많아져 정부 예산이나 노동력에 차질이 빚어지리라는 것이다. 어쩌면 그럴지도 모른다. 하지만 어쩌면 우리 사회가 인구를 안정시키지 않고도 이 문제들을 해결할 수 있을지도 모른다.

미국의 노인 피부양률(24~64세 인구 대비 65세 이상 인구의 비율)은 향후 75년에 걸쳐 두 배로 증가할 것이다. 하지만 지난 75년에 걸쳐서도 이미 두 배로 증가했으며 그래도 재앙이 일어나지 않았다. 이 변화들을 싱크탱크가 연구하고 열띤 논의에서 주제로 삼고 재무장관과 입법권자들이 관리하는 것은 옳고도 마땅하다. 하지만 우리의 인간 긍정론은 이 닳고 닳은 우려와 논쟁을 다루지 않는다. 이 책의 인간 긍정론은 더 거대한 문제를 다룬다.

왜 우리에겐 LED 조명이 있는데 우리 조상들은 어둠 속에서 살았을까? 오늘 살아 있는 누군가가 LED 조명 제작법을 알기 때문이다. 여기서 결정적 요소는 지식이다. 오늘날의 삶이, 동물성 기름으로 만든 초를 밝히고 진통제도 없고 항생제도 없고 걷거나 말을 타는 것 말고는 어떤 육상 운송 수단도 없는 삶보다 훨씬 나은 이유에 대해 경제학자들이 꼽는 기본적 요인은 과학과 기술의 발전이다. 삶은 훨씬 나아졌다. 미래에도 훨씬 나아질 수 있다. 물론 13세기 파리의 초장인 72명이 우리의 삶을 상상할 수 없었듯 오늘날 우리도 미래의 삶을 정확히 상상할 수 없다.

하지만 우리가 암과 감염병과 저체중으로 죽어가는 한, 오염된 공기를 들이마시는 한, 개발도상국의 수많은 사람이 쥐꼬리만 한 돈을 벌려고 고된 노동을 하는 한, 이를 비롯한 과제들이 남아 있는 한 개선의 여지는 얼마든지 있다. 현재에 도달하기 위해 누군가는 발견과 발명을 해야 했다. 누군가는 이미 알려진 것을 체계화하고 가르쳐야 했다. 번영하는 미래에 도달하기 위해서도 누군가는 이 일을 해야 할 것이다. 지난 200년은 인구가 증가하는 동안 생활 수준이 나아진 혁명기였다. 사과로 가득한 카트가 뒤집힐 리 없다고 안주해서는 안 된다('사과 카트를 뒤집다upset the apple cart'는 계획을 망친다는 뜻의 영어 숙어다 - 옮긴이).

7장

소행성 피하기

프리티와 아기는 이제 집에 있다. 그렇다고 일이 마무리된 것은 아니다. KMC 병동 간호사들은 몇 주간 프리티의 집을 방문하고 전화를 걸어 작은 아기가 잘 먹고 자라는지, 진흙과 벽돌로 이뤄진 시골집에서 맨살 맞대기와 젖먹이기가 잘 이뤄지고 있는지 점검할 것이다. 그럼에도 다들 낙관적이다.

프리티가 몇 주 동안 KMC 병동에 머무른 것은 아기를 살리고 싶었기 때문이다. 하지만 몇몇 외부인은 부유한 도시의 커다란 건물에서 에어컨 바람을 쐬며 편히 앉아서 이 목표에 의문을 던진다. 우타르프라데시에는 먹여야 할 입이 너무 많지 않나? 그래서 저 여인과 가족들이 저토록 가난한 것 아닌가? 저 아이가 없으면 엄마가 더 잘 살 수 있지 않을까?

프리티는 그렇게 생각하지 않는다. 그녀는 아기를 원한다. 그리고 5장에서 봤듯이 수백 년간 세계 인구의 증가와 더불어 생활 수준도 함께 개선되었다. 하지만 회의론자들은(심지어 6장에서 봤듯이 개선을 주도한 이들이 앞선 혁신가들임을 받아들이면서도) 이 지구를 다른 사람들과 공유하는 것이 파이를 나누는 것과 같은 제로섬 게임이라는 느낌을 떨치지 못한다.

그들의 논리는 이렇다. 1번 참가자가 이기려면 2번 참가자가 져야 한다. 나무, 밀, 돌, 양, 벽돌의 양은 제한되어 있다. 당신이 쓸 농지가 늘어나면 내가 쓸 농지는 줄어든다. 광물 자원도 마찬가지다. 에너지도 마찬가지다. 나머지 모든 것도 마찬가지다.

앞 장에서는 사람이 많을수록 아이디어도 많아진다고 말했다. 아이디어가 전파되면, 시간이 지나고 세대가 거듭되면서 생활 수준이 개선된다. 그리하여 인류가 많았던 역사 이후의 삶이 인류가 적었던 가상의 역사 이후의 삶보다 나아진다. 이 장에서는 다른 질문을 던진다. 바로 지금 여기에서의 인구경제학에 대한 것이다. (우리와 동시대에 살고 있는) 더 많은 사람과 더불어 살아가는 것이 더 나을까, 아니면 더 적은 사람과 더불어 살아가는 것이 더 나을까? 다른 사람이 있으면 우리가 원하는 것을 얻기 위한 경쟁이 치열해질까, 아니면 어떤 욕구와 필요는 인구가 많은 세상에서만 충족할 수 있을까?

파이 조각을 갖지 않는 방법: 곁에 사람이 적다는 것은 당신이 원하는 것을 원하는 사람이 적다는 뜻이다. 한편 이는 당신이 원하는 것을 얻는 데 문제가 될 수도 있다. 이웃들은 당신의 파이 조각을 먹는 게 아니다. 그들이야말로 누군가 파이를 굽고 있는 이유다.

우리의 욕구와 필요는 어떻게 충족되는가?

당신이 먹고 싶은 음식이 파이가 아니라 시오라멘(소금으로 간을 한 일본식 라면 – 옮긴이)이라면, 당신이 사는 지역에 똑같은 음식을 먹고 싶어 하는 사람이 있을 경우 시오라멘 가게가 있을 가능성이 커진다. 고객이 많지 않으면 라멘 가게를 운영할 수 없기 때문이다. 당신의 이웃들은 당신의 그릇에서 면발을 후루룩 들이마시지 않는다. 오히려 당신의 그릇에 면발을 채워준다.

당신이 원하는 것이 더 가벼운 자전거(또는 매끈한 벨트드라이브가 장착된 자전거나, 편리한 페달 보조 장치가 달린 자전거나, 유아용 안전 시트를 얹은 자전거)라면 당신은 그런 자전거를 원하는 사람이 충분히 많길 바랄 것이다. 그래야 누군가 그런 자전거를 디자인하고 생산하고 판매하려는 마음을 먹을 테니 말이다.

당신이 원하는 것이 영화나 콘서트를 보는 것이거나, 특수 면역요법 치료를 받는 것이거나, 당신의 목적을 위한 맞춤형 소프트웨어를 이용하는 것이거나, 심지어 지구를 향해 날아드는 소행성과의 충돌에서 살아남는 것이라면(이 대목은 이따 설명하겠다) 당신은 같은 것을 원하는 사람들이 더 있을 때 더 좋은 결과를 얻을 것이다.

경제학에서 '클수록 좋다'라고 말하는 기본적 이유는 고정비용 때문이다. 고정비용이 '고정'인 것은 아무것도 하지 않는 게 아니고 무언가를 하는 비용이라는 의미에서다. 그 무언가를 얼마나 많이 하는가와는 무관하다. 라멘 가게에서 고정비용은 라멘을 몇 그릇 파는가와는 상관없이 영업을 유지하는 데 드는 비용이다. 여기에는 건물 임차료, 가스레인지와 조리 도구, 그리고 주인이 시간과 주의력을 다른 일에 쓰지 않음으로써 포기하는 소득이 포함된다(이에 반해 재료비와 직원 인건비는 고정이 아니다. 이런 비용은 손님이 많아질수록 증가한다. 이를 경제학자들은 '가변비용'이라고 부른다). 식당에 손님이 몇 명뿐이면 고정비용을 감당하지 못한다. 그러면 폐업하는 수밖에 없다.

아니면 애초에 문을 열지 못할지도 모른다. 작은 도시에서는 근사한 에티오피아 식당과 근사한 인도 식당과 근사한 한국 식당을 찾기 힘들다. 하지만 대도시에서는 쉽게 찾을 수 있다. 이는 규모가 고정비용을 능가하기 때문이다. 손님이 많으면 고정비용이 상대적으로 낮아진다. 고정비용이 중요한 이유는 손님이 많아지면 제품 하나를 생산하는 데 드는 평균 비용이 낮아지기 때문이다. 그러면 업체는 사람들이 원하는 것을 그들이 감당할 수 있는 가격에 생산하면서 사업을 영위할 수 있다.

상업은 고정비용을 잘 보여주는 손쉬운 사례 연구지만 상업만 이런 건 아니다. '클수록 좋다'는 내셔널퍼블릭라디오National Public Radio, NPR를 떠받치는 개념이기도 하다. NPR은 수많은 후원 회원이 없다면 지금과 같은 수준의 방송과 팟캐스트를 제작할 수 없을 것이다. 몇 명이 방송을 듣고 후원하든 프로그램 제작 비용은 동일하기 때문이다.

규모가 달라질 수 있는 모든 활동에는 고정된 비용이 있고 사업 범위에 따라 달라지는 비용이 있다. 고정비용은 규모를 키웠을 때 비용 절감 효율을 통해 보상을 받을 수 있는 보편적 요인이다. 독일어로 된 영화, 음악, 고예산 텔레비전 드라마가 영어로 된 것보다 적은 이유는 무엇일까? 중요한 한 가지 이유는 독일어권 시장이 영어권 시장보다 작기 때문이다.

과학자들이 실폭스sealpox(물범에 의해 감염되는 전염병-옮긴이) 백신이 아니라 호흡기세포융합바이러스Respiratory Syncytial Virus, RSV(감기와 유사한 증상을 나타내는 급성 호흡기 감염 바이러스로, 출생 후 2년 이내에 거의 모든 어린이가 첫 감염을 경험한다-옮긴이) 백신을 발견한 것은 왜일까? 한 가지 이유는 해마다 수백만 명이 RSV에 걸리기 때문이다. 반면에 실폭스 위험에 노출된 사람은 거의 없다. 해양 포유류 재활 시설에서 물범을 관리하는 사람이 운 나쁘게도 감염된 물범과 접촉했다면 모를까.

도시의 규모 효과가 우리에게 가르쳐주는 것

오스틴의 주택 가격 중앙값은 그보다 작은 도시인 오클라호마주 털사(딘이 자란 곳이다)의 두 배를 넘는다.[1] 오스틴 사람들은 왜 이렇게 많은 돈을 쓸까? 답은 간단하다. 많은 사람과 함께 있기 위해서다. 경제학 관점에서 본 도시의 기본적 장점은 이것이다. **사람들이 부대끼기 위해 돈을 낸다.**

이웃이 있을 때의 이점은 임차료가 지독히 높은 유일한 이유가 아니다. 주택 공급을 늘리고 주택 가격을 낮추기 위해서라면 많은 도시 정책을 변화시킬 수 있으며 그래야만 한다. 하지만!!! 나쁜 정책 아래서든 좋은 정책 아래서든 임차료가 높게 **유지되려면** 누군가 지불 의향이 있어야만 한다. 도시 주거 비용이 상승하고 있는데도 점점 많은 사람이 농촌을 떠나 도시로 향한다. 전 세계 도시 인구는 매일 20만 명씩 증가한다.

도시에 결점도 있을까? 물론이다. 어떤 사람들은 소음을 지적하고 또 어떤 사람들은 공간 부족이나 주차난을 지목한다. 하지만 사람들은 (새 일자리를 찾아서, 대학에 입학하려고, 소도시에서 이룰 수 없는 꿈을 좇아) 도시로 이주하면서 도시 생활의 장점이 그들이 느끼는 단점보다 크다고 말한다. 다른 사람들이 있는 곳으로 가려고 더 많은 대가를 지불하는 이유는 모든 걸 고려했을 때 많은 사람과 함께 있는 것이 자신에게 유리하기 때문이다.

도시의 경제학을 들여다보면 더 많은 인구가 어떻게 전문화, 교역, 규모를 통해 유익을 가져다주는지 이해할 수 있다. 인구 대감소가 생활 수준에 무엇을 의미하는가에 대한 이 장에서 요점은 도시 자체가 아니다. 도시는 다른 종류의 대규모 인구가 선사하는 혜택에 대해 알 수 있는 요긴한 축소판이다.

그림 7.1은 도시가 무언가를 성취하고 있음을 보여준다. 그래프는 1960년에서 출발한다. 세계은행이 인플레이션을 보정한 전 세계 생활 수준 추정값을 발표하기 시작한 때다. 방글라데시에서 경구 재수화염 용액이 발명되고 뉴욕에서 에얼릭의 책이 출간된 1968년에 인류의 36퍼센트는 도시에 살았다. 지금은 57퍼센트가 도시에 산다. 도시에 사는 사람의 비율이 두 배 가까이 증가하는 동안 전 세계 생활 수준은 세 배 가까이 증가했다. 그래프에서 이 점을 보여주지는 않지만 1부에서 언급했듯이 같은 기간에 아동 사망률이 하락하고

그림 7.1.[2] 함께가 더 낫다: 세계가 도시화되면서 생활 수준이 상승했다

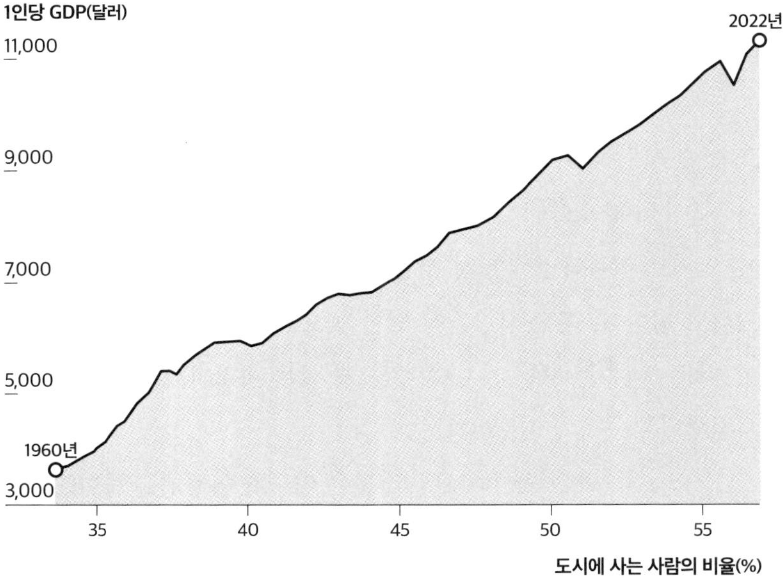

기대수명이 증가하고 학력이 급등하는 등의 현상이 일어났다. 도시화는 번영을 동반했다.

물론 그림 7.1은 원인과 결과의 간단한 사례가 아니다. 생활 수준 개선, 생산성 개선, 기술·사회 변화, 인구 밀집은 모두 20세기 후반의 거대하고 복잡한 이야기에 등장하는 조연들이다. 그래프가 보여주는 것은 선택지가 더 많을 때(돈이 더 많아졌다는 뜻) 사람들이 주로 도시를 선택한다는 것이다. 사람들은 서로를 선택한다. 임차료가 매우 비싼 한 가지 이유는 다른 사람들이 매우 귀중하기 때문이다. 우리는 단지 그들 곁에 있기 위해 기꺼이 대가를 지불한다.

그렇다면 경제적으로 볼 때 많은 사람은 무엇에 좋을까? 한 가지 유익은 이미 살펴봤다. 사람들에게는 귀중한 아이디어가 있다. 하지만 캥거루 육아법으로 아기의 체온을 유지하기 위해 콜롬비아 보고타로 이주할 필요는 없다. LED 조명으로 책을 읽기 위해 아카사키, 아마노, 나카무라가 LED를 발명한 일본으로 이주할 필요는 없다. 그렇다면 다른 유익은 무엇이 있을까? 왜 우리는 많은 사람이 사는 도시로 이주할까?

무엇보다 사람들이 도시로 이주하는 건 자신을 고용해줄 사람들 가까이에 있기 위해, 즉 일자리를 찾기 위해서다. 이 책의 저자들도 그랬다. 우리 둘 다 대학교 때문에 오스틴으로 이주했다. 하지만 일은 정답의 절반에 불과하다. 고임금 일자리가 도시에 있을 가능성이 큰 이유는 사람들이 다양한 타인들과 긴밀히 협력할 때 더욱 생산적일 가능성이 크기 때문이다. 도시에는 자신과 비슷한 사람들도 있고, 자신과 다른 보완적 기술을 지닌 사람들도 있다.

도시 생활을 지향하는 추세 이면의 또 다른 사실은 이것이다. 무언가를 **제작**하면 다른 누군가가 그것을 **이용**하거나 **향유**한다. 우리는 모두 어떤 때는 판매자고(직업이 있고 노동을 팔기만 한다면) 어떤 때는 구매자다. 도시에는 살 수 있는 것이 더 많다. 도시에는 고객과 주민이 더 많기에 공원, 음악회장, 경기장, 박물관을 지어야 할 이유도 더 많다. 도시에서는 서로를 발견하기도 더 수월하다.

오늘날은 물리적 근접성이 유익하지만 조만간 사람들은 함께 어우러지지 않고서도 그 유익을 얻을지 모른다. 신기술과 새로운 교류 방식 덕분에 우리는 멀리 떨어져서도 더 효과적으로 일할(또는 여가를 즐길) 것이다. 설령 그렇더라도 사람들이 별 쓸모 없다는 건 아니다. 도시에서 일어나는 일을 관찰하기만 해서는 사람들이 서로에게 선사하는 가치를 과소평가할 수 있다.

큰 세상에서의 교역과 전문화

인구가 많아지면 사람들 사이에 교역이 더 많이 일어날 수 있다. 거래가 성사될 때마다 그러지 않을 때보다 사정이 좀 더 좋아진다. 교역이 뭐가 그리 좋은지 감이 오지 않는다면 당신이 이용하고 향유하는 모든 것을 직접 생산하려 한다고 상상해보라. 음식, 의복, 의약품, 변기, 전기 제품, 혼수, 소아용 백신, 소화기, 신호등, 철로, 컴퓨터, 그리고 거기서 흘러나오는 음악까지 모든 것을 말이다. 동시에 당신은 오롯이 혼자서 자녀를 돌보고 가르쳐야 한다. 교역은 우리가 새로운 것을 배우거나 즐거움을 누리고 싶을 때 다른 사람의 책을 집어 들 수 있다는 뜻이다(모든 사람이 인구통계학 연구를 직접 할 필요는 없다. 우리가 있지 않은가!).

여기서 핵심 개념은 **전문화**다. 전문화 덕분에 어떤 일을 잘하는 사람이 그 일을 할 수 있다. 전문화가 실현되면 시간이 흐르면서 사람들이 매우 좁은 범위의 **무언가**를 잘하는 전문가가 되고 그 일을 하는 데 시간을 쓸 수 있다. 각자가 자신이 잘하는 것에 집중하고 이를 서로 교역하면 모두에게 이롭다.

요점은 이것이다. 전문화가 의미 있으려면 당신이 그 일을 하길 원하는(그리고 당신의 노력을 기꺼이 후원하려는) 사람이 충분히 많아야만 한다. 문제는 다시 고정비용이다.

의료는 중요한 사례다. 누구나 건강을 중시하기 때문이다. 최고의 라멘을 맛보는 것은 삶에서 가장 중요한 일에 속하지는 않는다. 당신과 사랑하는 이들이 중병에 걸렸을 때 필요한 치료를 받는 건 가장 중요한 일에 속한다. 규모 효과 덕에 의사는 당신의 질환만을 치료하는 일에 전문화될 수 있다. 그리고 자신의 시간과 재능을 쏟는 것이 생산적일 만큼 충분히 많은 환자를 찾을 수 있다. 실제로 농촌에 수준 높은 의료를 공급하고 병원이 계속 운영되도록 하는 건 미국 정책 입안자들의 중요한 과제다. 대형 병원의 고정비용을 지불하거나 전문가를 영입하기에는 환자가 너무 적기 때문이다.

딘은 처음에는 아버지가, 나중에는 어머니가 암에 걸렸을 때 털사로 돌아갔다. 그가 수액을 맞는 부모 곁에 앉아 있는 동안 부모는 오클라호마의 소도시들에서 치료받으러 온 환자들과 담소를 나눴다. 털사에는 대형 암센터가 규모의 경제를 달성하기에 충분한 인구가 산다. 하지만 젠크스, 스키아톡, 클레어모어, 글렌풀, 브리스토, 비니타, 노와타는 그렇지 않다.

시마의 KMC 병동은 질라 수도에 있는 정부 운영 의과대학 소속이다. 이곳에서 저체중 신생아를 살릴 수 있는 한 가지 이유는 시마가 방법을 알기 때문이다. 시마는 한낱 의료 전문가가 아니다. 한낱 간호사가 아니고, 한낱 신생아 간호사도 아니다. 시마는 친절하고 비용이 적게 들고 충분한 평가를 거친 캥거루 육아법에 숙련된 신생아 간호사다.

하지만 여기서 한 단계 더 들어가야 한다. KMC 병동이 **어느** 아기든 도울 수 있는 것은 **많은** 아기를 도울 수 있기 때문이다. 딘이 KMC 병동에서 맡은 일의 한 가지는 러크나우에서 장을 보고 스웨덴 친구들에게서 물품을 조달하는 것이지만 연구와 자금 마련도 그의 일이다. 딘(과 다이앤)은 KMC 병동이 후원받을 자격이 있음을 자선 사업가들에게 홍보하는 비영리단체의 공동 대표다. 딘의 홍보에서 핵심은 KMC 병동이 목숨을 구하는 문제에서 적은 비용으로 큰 효과를 거둔다는 것이다.

이 프로그램의 주된 비용은 시마 같은 간호사와 그들의 관리자와 보조 인력의 임금이다. 프로그램에 참여하는 아기 한 명당 평균 수백 달러가 든다. 통계에 따르면 프로그램은 참여한 아기 10명 중 적어도 한 명의 사망을 예방한다. 이 여리디여린 아기들 중 누가 KMC 간호사들의 관심 없이도 살아남을지 미리 알 수 있는 사람은 아무도 없다. 그렇기에 한 명의 목숨을 살리기 위해 10명의 아기와 그들의 엄마를 돕는 것이다. 이 말은 이 프로그램이 평균적으로 수천 달러를 들여서 한 건의 신생아 사망을 방지한다는 뜻이다(참여한 아기와 엄마들에게 가외의 혜택을 제공하기는 하지만). 이는 자선 사업가와 정부에게 친숙한 다른 구명 전략에 비해 **매우 값싸다.**[3]

아기 한 명당 비용이 이렇게 낮을 수 있는 건 정부 운영 의과대학에 이미 수많은 아기가 있기 때문이다. 20년 전 우타르프라데시에서는 분만의 약 5분의 1만이 가정이 아닌 의료 시설에서 실시되었다. 이제는 상황이 역전되었다. 가정 분만이 5분의 1 미만이다. 산모의 진료와 신생아 백신 접종 측면에서 보면 대단한 진보다. 또한 이 사실은 이 병원이 하루 평균 30명의 분만을 진행한다는 뜻이기도 하다. 어마어마한 규모다. 텍사스의 병원 한 곳은 2021년 나흘에 걸쳐 "희귀하고도 예외적인" 107건의 분만을 실시해(하루 27건) 전국 뉴스에 보도되기도 했다.[4]

경제를 제로섬 게임으로 여기는 사람은 시마의 병원에 북적거리는 환자와 기진맥진할 정도로 열심히 일하는 직원들을 보고서 병원이 감당하지 못할 만큼 환자가 많다고 판단할지도 모르겠다. 하지만 이렇게 생각해보라. 하루 평균 30건의 출생아 중에서 대부분은 곧장 집에 가도 괜찮지만 한두 명은 KMC 병동의 도움이 필요한 후보일 것이다. 이 덕분에 KMC 프로그램이 딱 알맞게 바쁘다.

그렇다면 (가정 분만이 아니라) 병원 분만이 일상화되기 전에도 KMC 프로그램이 돌아갈 수 있었을까? 그렇지 않다. 간호사를 채용하고 질라에 파견해 방방곡곡 돌아다니며 저체중아를 찾도록 하는 일은 결코 현실적이지 않았을 것이다(결국 어떤 마을에서 한 명 찾아낼지도 모르겠지만). 과거의 저체중아는 시마의 전문화된 돌봄을 받지 못한 채 집에서 희박한 생존 확률에 의지해야 했을 것이다.

KMC 병동의 아기 한 명당 비용이 이토록 값싼 이유는 관리자와 전문 소프트웨어와 교대 간호사(한 번에 병실 전체를 담당한다)의 비용이 수많은 아기에게 **분산**되기 때문이다. KMC 병동을 개설하는 데는 고정비용이 든다. KMC 프로그램이 가능하고 비용 대비 뛰어난 효과를 거두는 것은 규모의 효과 덕이다.

혁신의 유인도 규모에 달렸다

당신이 사는 동네에 사람이 더 많이 유입되면 라멘 가게가 한 곳 더 문을 열 수 있을지도 모른다. 이는 고정비용 현상이다. 하지만 그 식당은 시오라멘을 발명하지 않았다. 제작의 규모 효과와 발명의 규모 효과가 다른 건 우리가 (고정비용에 대한) 7장을 (바닥나지 않는 인류의 아이디어 저장고를 채우는 사람들에 대한) 6장으로부터 분리한 이유다. 두 효과는 인구가 많으면 번영하는 서로 다른 두 가지 방식임을 이해하는 것이 중요하다.

이를 이해했으니 이제 둘을 뒤섞겠다. 두 경제 과정(앞 장의 비경합 혁신과 이 장의 고정비용)은 상호작용하기 때문이다. 어떻게? 혁신도 고정비용 현상이다. 먹어줄 사람이 많은 곳에 식당을 여는 것이 더 합리적이듯, 원하는 사람이 많은 물건을 발명하려고 노력하는 것이 더 합리적이다. 단기적으로, 또 국지적으로 사업가들은 작은 읍내에서는 도시에서보다 혁신적 레스토랑을 적게 창업할 것이다. 장기적으로, 또 세계적으로 혁신가들은 자신의 창조물에 대한 시장이 작다면 기업과 병원, 의약품 임상시험, 집필에 덜 뛰어들 것이다.

따라서 인구 대감소의 이런 결과를 이해하려면 소비자로서의 경험에서 한발 물러나 전기자동차, 식물성 대체육, 인공 와우(달팽이관) 같은 혁신이 왜 일어나는지 물어야 한다. 이런 제품이 일단 발명되면 대량으로 생산되는 이유는 원하는 사람이 충분히 많기 때문이다. 하지만 이런 기술은 **개발** 비용이 많이 든다. 검증된 레시피를 써서 요리하는 것보다 힘들다. 인류가 온갖 제조와 개량에 대한 사전 투자를 감당할 수 있는 건 결국에는 많은 사람에게 팔 수 있기 때문이다.

스마트폰 하나를 제조하는 데는 몇백 달러가 든다. 하지만 차세대 스마트폰을 **발명**하는 데는 수억 달러가 들지도 모른다. 억만장자들이 당신과 똑같은 스마트폰을 쓰는 건 이 때문이다. 물론 그들의 스마트폰에는 금제 케이스가 씌워져 있거나 다이아몬드가 박혀 있을지도 모르겠다. 이 책의 저자들은 억만장자들이 자기 물건을 어떻게 꾸미는지 전혀 모른다. 하지만 껍데기 안은 똑같은 스마트폰이라는 걸 안다.

어떤 기술기업도 잠재 시장이 몇백 명에 불과한 신형 스마트폰을 개발하겠다고 고정비용을 지출하지는 않을 것이다. 억만장자들이 자기만의 스마트폰 모델을 소유하지 않은 이유는 억만장자 전용 스마트폰의 어마어마한 가격으로도 고정비용을 감당할 수 없기 때문이다. 1,000달러짜리 스마트폰을 1억 대 판매하면 R&D 지출을 회수할 수 있지만 100만 달러짜리 스마트폰을 억만장자 몇 명에게 판매하는 것으로는 어림도 없다.

전 세계 가난한 지역에서 필요로 하는 배터리 시간과 내구성을 맞춘 맞춤형 스마트폰은 어떨까? 50달러짜리 스마트폰을 아프리카와 남아시아 전역에 5,000만 대 판매하는 것은 여전히 억만장자 모델보다 짭짤할 것이다.

사람들의 힘: 개발도상국의 가난한 농민과 상인 수백만 명은 전 세계 억만장자를 모두 합쳐도 불가능한 혁신에 박차를 가할 수 있다.

애플의 전직 최고경영자는 2010년대에 이런 스마트폰을 생산하는 사업을 주도했다. 지금은 많은 기업이 전 세계 빈곤층을 겨냥한 맞춤형 스마트폰을 개발하려고 경쟁한다. 억만장자용 스마트폰을 제조하는 기업은 여전히 전무하다. 우리가 (성능이 엄청나게 뛰어나고 생산성을 높여준다는 의미에서) 근사한 스마트폰을 가질 수 있는 이유는 같은 걸 원하는 이웃들이 지구상에 많기 때문이다.

규모가 중요하기 때문에 인구 대감소의 지구에서는 메울 수 있는 틈새의 개수가 줄어들 것이다. 우리의 스파이크 논문에 대해 독자 한 사람은 이렇게 썼다.

> 어느 시점이 되면 인구가 현대를 떠받치기에 충분한 수준에 미달할 것이다. 시장, 공장, 공급망이 작동하려면 최소한의 생산자와 소비자가 있어야 한다. 세계 인구가 지금의 100분의 1로 감소하면 아이폰, 에어버스 제트기, 발더스 게이트Baldur's Gate(PC와 게임기용 롤플레잉 게임 – 옮긴이)가 존재하지 않을 것이다. 그런 제품의 생산을 떠받치기에는 소비자가 충분하지 않을 테니까. "오, 그렇지만 그게 나와 무슨 상관이지?" 그런데 인구가 더욱 감소하면 어느 시점에는 노트북 컴퓨터나 출판사나 암 치료법처럼 당신과 상관있는 것들도 생산할 수 없을 것이다.[5]

당신과 상관있는 것들

작아진 세상에서 우리가 누리지 못하는 것으로는 무엇이 있을까?

정확히 말할 수 있는 사람은 아무도 없다. 전에는 기술이 발전한 세계에서 인구 대감소가 일어난 적이 한 번도 없기 때문이다. 하지만 범위를 좁혀 최근 혁신에 대해 사례 연구를 할 수는 있다.

코로나는 전령 리보핵산messenger ribonucleic acid, mRNA과 이를 이용한 생명공학 기술에 명성을 안겨주었다.[6] 바이오엔테크와 화이자의 mRNA 백신이 2020년 12월 영국에서 처음으로 승인받은 이후 몇 년간 연구자들은 또 다른 mRNA 혁신을 위해 열심히 연구했다. 모더나Moderna(이 회사의 이름은 'modified'(변형)와 'RNA'를 축약한 합성어다)가 널리 알려진 계기는 코로나19 백신이지만 이 회사는 mRNA 의약품을 개발한다는 폭넓은 사명을 추구한다.

다른 질병도 마찬가지다. 신생아에게 위험한 바이러스인 RSV에 대항하는 백신이 개발되었고 HIV 백신과 말라리아 백신도 현재 연구 중이다. 암과 유전 질환의 mRNA 치료도 추진되고 있다(실폭스 백신은 여전히 감감무소식이다).

이 백신들은 모두 매우 새로운 것들이다. mRNA 의약품은 2019년 이전에는 거의 존재하지 않았다. mRNA 자체가 고작 70년 전에 발견되었기 때문이다. 이전에 보급된 모든 질병 백신은 다른 기술을 썼다. mRNA 백신은 심지어 실험된 적도 거의 없었다. 2013년에는 광견병 mRNA 백신 임상시험이, 2015년에는 독감 백신 시험이 실시되었다. 코로나에 특효인 mRNA 백신이 발명된 것은 천우신조였다.

이 지점에 도달하기까지는 전문화된 역할을 맡은 수많은 과학자의 노력이 필요했다. 그들을 지원하는 사람들의 방대한 저변도 필요했다. 주입된 mRNA가 효과를 발휘하기도 전에 인체의 면역계에 의해 파괴되지 않도록 전령 RNA의 화학 구조를 변형한 것은 단 한 번의 혁신이었다. 생화학자 커리코 커털린Karikó Katalin이 2005년 면역학자 드루 와이스먼Drew Weissman과 함께 이 변형 mRNA(유사우리딘pseudouridine)를 개발했다.

길고 외로운 길이었다. 커리코는 연구비를 따내지 못해 펜실베이니아대학교에서 방출되었다. 그래도 mRNA를 유용하게 만들기 위해 계속 노력했다. 하지만 커리코는 공을 다른 사람들과 나눈다. "저를 비롯해 모두가 조금씩 무언가를 덧붙였습니다."

또 다른 중요한 단계는 mRNA가 인체 세포 속으로 안전하게 들어가 작동할 수 있도록 작은 지방 거품으로 둘러싸는 작업이었다. 1987년 로버트 멀론Robert Malone이라는 대학원생이 지방 방울fat droplets을 이용해 mRNA를 개구리 배아에 들여보내는 실험을 진행했다. 2001년이 되었을 때 이 지방 방울은 네 가지 성분으로 이뤄진 '지질나노입자lipid nanoparticles' 제조법으로 다듬어졌다. 이 입자들 덕분에 백신이 큰 규모에서 효과를 발휘할 수 있게 되었다. 이 기법을 이용한 최초의 의약품은 2018년 승인되었다.

최초의 mRMA 백신을 탄생시킨 궁극적 주역은 소수의 선임 과학자였고 2023년 노벨 의학상은 커리코와 와이스먼에게 돌아갔지만 이 위업은 그들을 지원한 많은 기여자와 방대한 인프라가 있었기에 가능했다. 지질나노입자 연구를 개척한 연구실의 생화학자 피터 컬리스Pieter Cullis는 많은 공동 연구자, 학자, 기사, 직원이 백신을 가능하게 했다는 커리코의 의견에 동의한다. "우리는 이 지질나노입자 시스템을 만들어 골든타임에 선보일 수 있도록 함께 노력한 수백 명,

어쩌면 수천 명의 사람들에게 이야기하고 있는 것입니다."

틈새를 찾는 경제적 전문화의 등장은 인류의 오랜 시간 척도에 비춰 볼 때 새로운 현상이다. 산업혁명이 시작될 때의 전문화는 핀의 생산을 18가지 업무로 나누는 차원이었다. 오늘날 mRNA 백신을 개발하는 데는(전 세계에 배분하는 것은 말할 것도 없다) 무수한 사람들이 동시대에 존재해야 한다.

실험실의 선임 과학자뿐 아니라 그들을 보조하는 박사후 연구원, 임상시험 실무를 진행하는 직원들(코로나 백신의 경우 출시에 이르기까지 여러 연구가 필요했지만 그중에서도 NCT04470427 및 NCT04405076 시험이 중요했다), 동료 검토를 제공하고 과학적 주장을 조사하고 검증할 인접 분야의 연구자 네트워크, 연구비 신청서를 평가하고 연구에 필요한 자금을 지원하는 국립보건원과 미국 국립과학재단의 과학자와 행정가 팀, 연구비를 처리하고 연구자들을 지원하는 수십 명의 대학 인력, 이 모든 사람을 훈련하는 수백수천 명이 필요하다.

물론 이뿐 아니라 실험실 벤치, 현미경, 원심 분리기, 고압 멸균기를 만드는 엔지니어와 산업디자이너, 결과를 분석하고 작도하는 통계 소프트웨어를 만드는 개발자, 결과를 발표할 조판 소프트웨어를 만드는 개발자도 있어야 한다. 전부 거명하자면 한도 끝도 없다.

새로운 기적의 mRNA 의약품은 인구가 훨씬 적은 세계(이를테면 지금의 80억 명이 아니라 10억 명)에도 존재했을까? 물론 인구가 8분의 1인 세계에서는 많은 것이 다를 테지만 지금은 한 가지 차이만 보자. 인구가 10억 명인 세계에서도 지금의 mRNA 기술이 탄생할 수 있었을까? 우리는 답이 **그렇다**와 거리가 멀다는 걸 안다.

쿠키를 여섯 개 구워야 하는데 요리법에는 12개 만드는 법이 나와 있다면 간단하게 반으로 나눌 수 있다. 설탕 한 컵 대신 반 컵만 쓰면 된다. 티스푼으로 재든, 테이블스푼으로 재든, 컵으로 재든 설탕은 설탕이다. 어떤 활동은 쿠키 요리법의 설탕처럼 규모가 달라지지만, 많은 중요한 활동이 그렇지 않다. 우리는 전문화한다. 다른 것에 전문화한 사람들과 협력하고, 대규모 프로젝트의 비용을 분담하고, 서로에게서 배운다. 오래된 교과서의 문장에서만 배우는 게 아니라 지금 여기 초전문화된 협력자들에게서도 배운다.

이 책의 저자들도 서로의 아이디어를 거듭거듭 개선하는 과정을 거쳤다. 만일 이 책을 혼자서 쓰려고 했다면 시간을 두 배 들였어도 결코 완성하지 못했을 것이다(우리는 그 밖에도 많은 사람들에게 도움을 청했다. 그들의 이름은 감사의 글에서 볼 수 있다).

네 명이 맞들면 무거운 가구를 옮길 수 있지만 한 명씩 시도하면 아무리 용을 써도 꿈쩍하지 않는다. 전령 RNA를 세포질에 밀어넣는 것 같은 복잡한 생물공학 과제야 말할 것도 없다.

수십억에서 수백만으로, 수백만에서 0으로?

이렇듯 우리는 라멘과 스마트폰과 고가의 텔레비전뿐 아니라 백신 제조법과 신생아 병동과 암 치료에도 고정비용이 중요하다는 것을 알게 되었다. 여기 어마어마한 결과를 일으킬 수 있는 또 다른 중요한 사실이 있다. 언젠가 인류는 멸종할 것이다.

우리는 그런 일이 오랫동안 일어나지 않길 바란다. 그전에 태양이 불살라질지도 모른다. 일부 연구자들은 인간의 존속 기간이 전형적인 포유류 종과 비슷하다면 우리에게 남은 시간은 50만~100만 년이라고 말한다.

하지만 물론 우리는 전형적인 포유류 종이 아니다. 우리는 사망률을 극적으로 낮추는 법과 출산율을 극적으로 낮추는 법을 알아냈다. 우리의 동료 포유류 중 그 무엇이 이렇게 할 수 있을까? 그 어떤 종도 성체의 삶을 연장할 심장 우회술이나 자녀의 수와 출생 시기를 선택할 정관 절제술과 자궁 내 장치(자궁 내에 설치하는 피임 기구-옮긴이)를 만들어내지 못했다. 이런 사실로 보건대 우리는 전형적인 포유류 종의 멸종 위험에 해당하지 않는다.

이 사실들은 우리 인간이 특별히 걱정해야 할 것이 있을 가능성을 제기한다. 출생률이 오랫동안 너무 낮은 상태로 유지되면 인류는 멸종될 수 있다. 이는 1장에서 정량화한 위험이었다. 우리의 계산에 따르면 전 세계 출생률이 2 이하에 머무를 경우 전 인류의 출생 중 5분의 4는 과거지사다(앞으로 태어날 인류는 5분의 1밖에 안 남았다는 뜻이다-옮긴이). 그 어떤 포유류 종도 이런 경로를 선택하진 않는다.

1부에서는 우리가 얼마나 빨리 수십억에서 수백만으로 감소할 수 있는지 봤다. 하지만 수백만이 정확히 어떻게 0이 될 것인지는 알 수 없었다. 그러니 적은 인구가 제공할 수 없는 보호를 많은 인구가 어떻게 제공할 수 있는지 살펴보자.

파국적 위험은 종류에 따라 이를 피하기 위해 규모가 중요한 경우가 있다. 지구를 향해 돌진하는 소행성의 문제는 또 다른 고정비용 문제로 귀결한다. 어쨌거나 경제학 교수 저자들에게는 그렇다. 이 문제를 들여다보자. 우리는 영화에 나올 법한 파국적 멸종 위험을 묘사할 것이다. 이 위험은 우리 모두를 죽일 만큼 거대하다. 여기서 중요한 건 **모두**라는 것이다.

> **어떤 문제들은 소행성과 비슷하다**: 인구가 많으면 모두를 쓸어버릴 수 있는 커다란 소행성 같은 공통의 위협을 해결할 가능성이 커진다.

여기서 우리가 머릿속에 그리는 위험은 누군가가 우리를 끝장낼 '마지막 날 기계doomsday machine'(행성, 특히 지구에 있는 모든 생명체를 파괴하거나 행성 자체를 파괴해 지구 종말을 일으킬 수 있는 가상의 구조물 - 옮긴이)를 꿈꾸기 때문에 생기는 위험이 아니다. 어쨌거나 다음번에 태어나는 아이가 대악당이 될지도 모르지만 말이다.

하지만 여기서는 사람이 아니라 다른 것에서 비롯하는 위험을 생각해보자. 인류가 대비가 되어 있든 아니든, 얼마나 많은 사람이 대비가 되어 있든 막무가내로 다가오고 있는(만일 다가오고 있다면) 위험 말이다. 공룡을 쓸어버린 것과 같은 대형 소행성, 대륙 규모의 초화산, 홍역만큼 전염성이 강하고 광견병만큼 치명적인 역병 등. 하지만 구체적 시나리오에 얽매이진 말라. 이 특정 재난들은 아래와 같이 작동할 수 있는 모든 위험의 비유다.

> **고정비용이 결부된 위협**: 일정한 기간 안에 막대한 탈출 비용(이를테면 소행성의 진로를 바꾸는 것)을 치르지 않으면 모든(아무리 많더라도) 인류를 죽일 수 있는 위협.

이 막대한 비용이 **고정**인 이유는 '우리 모두를 죽이다'가 수백만을 죽인다는 뜻이든, 수십억을 죽인다는 뜻이든 소행성의 진로를 바꾸려면 반드시 치러야 하는 비용이기 때문이다. 고정비용을 제때 치를 수 있는 쪽은 어디일까? 많은 인구일까, 적은 인구일까? 안정된 인구일까, 100~200년간 대감소를 겪은 인구일까?

여기서는 약간의 산수로 많은 것을 알 수 있다. 먼저 두 가지 미래를 상상해보자. 두 미래에서 다 생활 수준이 극적으로 향상되어 전 세계 1인당 소득이 7만 달러(현재 미국의 1인당 소득)에 도달했다. 하지만 그중 한 미래에서는 100억 명이 살아서 이 소득을 누리고, 다른 미래에서는 (인구가 많은 미래의 1,000분의 1에 불과한) 1,000만 명만이 살고 있다.

크고 작은 두 세계를 향해 지구를 결딴낼 똑같은 소행성이 날아오고 있다. 소행성의 진로를 바꿀 수는 있지만 엄청난 대가를 치러야 한다. 필요한 투자금은 10조 달러다. 이 투자금은 연구, 광석 채굴, 기계 제작 등에 쓰인다. 이 규모의 투자가 이뤄진다면 충분한 로켓과 유도 시스템을 만들 수 있으며, 충분한 우주 비행사와 지상 지원 인력을 속성으로 훈련해 거대 우주 암석이 너무 늦지 않게 지구를 비껴가도록 할 수 있다.

대단하다! 10조 달러를 지불하는 것은 큰일이다. 여기서 '지불'이란 우리 경제의 다른 귀중한 활동에 돌아갈 물질적 자원과 노동력을 이 일에 쏟아붓는다는 뜻이다. 지구적 사업에 필요한 엔지니어링과 제조에 인력과 철강을 투입하기 위해 비상 산업 역량을 쓰느라 앞으로 몇 년간 신모델 자동차나 기차나 비행기를 하나도 개발하지 못할지도 모른다. 연구 인력이 우주 프로젝트에 투입되는 바람에 생명을 구할 의약품의 발견이 몇십 년 늦어질지도 모른다. 그리고 또 어떤 이유로 초콜릿 칩이 한동안 귀해질지도 모른다. 하지만 인류의 생존은 이를 감수할 만한 가치가 있다. 경제 강국들의 주도로 각국 정부가 힘을 합쳐 나름의 방식으로 기여하기 시작한다. 무엇보다 세금을 올리고 지출과 건설을 늘린다.

이런 노력은 우리 경제에 얼마나 부담이 될까? 인구가 100억 명인 세계 경제에서는 모든 인간 활동의 약 1.5퍼센트를 이 소행성 저격에 돌려야 할 것이다(1인당 소득 7만 달러의 1.5퍼센트에 100억을 곱하면 10조 달러가 된다). 어떤 사람들은 불평할 것이고 어떤 사람들은 소행성의 존재 자체를 부정할 것이다. 정부는 기금과 활동의 일부를 부실하게 관리할 것이다. 어떤 억만장자는 독자적으로 로켓을 제작할 것이다. 말 그대로 온갖 소동이 벌어질 것이다. 하지만 이 세계에서 우리는 모든 사람의 세금을 평균 1.5퍼센트 인상하는 것만으로 과제를 완수할 수 있다.

세계 인구가 1,000만 명인 경제는 어떨까? 여기서는 세율을(어디 보자, 소수점을 세 칸 옮기면…) 1,500퍼센트 인상해야 한다. 어라.

모든 인간 활동을 즉각적이고도 온전히 소행성 튕겨내기라는 공동의 대의에 돌리더라도, 누구도 농사를 짓지 않고 어린이집에서 일하지 않고 쓰레기를 수거하지 않고 풍력 발전기를 돌리지 않고 어떻게든 버틸 수 있더라도, 오류나 부패나 오만에 허비되는 자원이 하나도 없더라도(행운을 빈다!) 이 작은 세계는 7,000억 달러(7만 달러의 100퍼센트 곱하기 1,000만)밖에 조달하지 못한다. 인류의 생존에 가장 중요한 구조대를 우주로 내보내는 데 필요한 10조 달러의 93퍼센트가 모자란다.

이렇듯 인구가 더 많은 세계는 재앙을 피할 가능성이 더 크다. 적어도 고정비용 모형에 들어맞는 유형의 사례에서는 그렇게 말할 수 있다. 소행성만 이런 것이 아니다. 이 모형은 새 전염병을 예방하는 새로운 백신의 개발에도 적용된다. 고정비용이 동일할 경우 인구가 많으면 1인당 부담액이 줄어든다. 각자가 평균적으로 덜 희생하고도 로켓을 제작하거나 우주 레이저를 쏘거나 백신을 개발하고 시험할 수 있다. 인구가 충분하기만 하다면.

인구가 많으면 소행성이 더 일찍 추적 시스템에 나타나기도 쉽다. 더 빠른 기술 진보가 뒷받침하기 때문이다. 치료법이 더 빠르게 등장하고 발견이 더 일찍 이뤄지고 짐이 너무 오래되기 전에 가벼워진다. 소행성이 날아오고 있다면 우리가 대비했든 못했든 소행성은 사정을 봐주지 않는다. 소행성이 도착할 즈음 과학과 공학이 더 진보했다면 대비가 되어 있을 가능성이 클 것이다.

결론은 적어도 일부 실존적 위협으로부터 살아남을 가능성은 인구가 많을 때 더 높다는 것이다. 거대 화산이든, 소행성이든 어떤 위협에 대해서는 인구가 충분하지 않으면 제대로 방어할 수 없을지도 모른다. 물론 세계에 존재하는 실존적 위험의 모든 가능성과 마찬가지로 우리는 결정적으로 작용할 요소를 알지 못하며 심지어 상상하지도 못한다. 하지만 이것만은 알 수 있다. 언젠가 위협을 맞닥뜨렸을 때 더 많은 사람이 힘을 보탠다면 더 쉽게 이겨낼 것이다.

소행성의 경제학은 덜 극적인 문명 위협에도 해당한다

고정비용의 논리를 마지막으로 한 번만 들여다보자. 중요한 사례여서 꼭 살펴봐야 한다. 바로 탈탄소다. 3장에서 봤듯이 기후변화는 너무 시급한 과제이기 때문에 인구 대감소가 일어나더라도 몇십 년 안에 중대한 변화를 이루기 힘들다. 이유는 타이밍이다. 어떤 국제적 노력이 인구 성장 곡선을 구부리는 것보다 더 빨리 전 세계가 넷제로에 도달해야 한다. 하지만 그 뒤엔 어떻게 될까? 넷제로 이후의 환경 목표는 무엇일까?

넷제로라는 이정표에 도달하면 탄소를 대기 중으로 돌려보내는 중요한 과제가 남는다. 이를테면 재산림화된 지역이나 지층에 격리하거나 (아직 발견되지 않은) '역배출negative emission' 기술을 동원할 수 있다. 어느 미래 시점에 대규모 역배출이 가능하다고 해서 지금 기후 대처를 소홀히 할 수는 없다. 하지만 기적이 일어나 오늘 넷제로가 달성되더라도 인류의 최근 과거 때문에 온실가스 농도는 **이미** 너무 높은 수준이다.

이 책을 쓰는 지금 대기 중 탄소 농도는 약 425피피엠ppm이다.[7] NASA의 추정에 따르면 산업혁명으로 탄소가 대기 중에 쏟아져 들어가기 시작했을 때보다 약 145피피엠 증가했다고 한다. 탄소 배출이 넷제로에 도달할 즈음에는 농도가 600~700피피엠에 이를 전망이다. 숫자는 조금 달라질지도 모르지만 그래도 **상당한** **수치**다.

고정비용이 결부된 또 다른 위협: 인류가 온실가스 순배출을 중단하더라도 이미 배출된 온실가스를 막대한 비용을 들여 제거할 때까지는 상당량이 대기 중에 남아 있을 것이다.

그러므로 미래 세대가 내려야 할 불가피한 결정은 탄소를 공기 중에서 뽑아낼 것인가, 만일 그렇게 한다면 이를 위해 얼마나 투자할 것인가다. 우리가 미래 세대에게 얼마큼의 제거 작업을 떠넘기든 그들에게는 고정비용이 들 것이다.

고정이란 정확히 무엇일까? **고정되었다**란 '해결되었다'라는 뜻이 아니다(영어 단어 'fixed'에는 '고정된'이라는 뜻 외에 '해결되었다'라는 뜻도 있다-옮긴이). '수치가 변하지 않다'라는 의미임을 명심하라. 여기서 온실가스의 양은 그 제거 작업에 미래의 사람들이 얼마나 많이 동원되든 수치가 변하지 않을 것이다. 그들은 자신이 물려받을 온실가스 농도를 선택하진 않았지만 그래도 어쩔 수 없이 처리해야 할 것이다.

우리의 탄소 발자국은 언젠가 누군가의 고정비용이 될 것이므로 규모 효과의 논리가 성립한다. 경제가 커지면(평균적으로 커지는 게 아니고 1인당 규모가 커지는 것도 아닌, 전체적으로 커지면) 탄소를 제거하는 비용을 더 쉽고 빠르게 감당할 수 있다.[8] 인구가 100억 명이면 한 사람당 1톤의 탄소를 더 격리해야 하더라도 인구가 10억 명일 때 한 사람당 5톤의 탄소를 격리해야 하는 것보다 개인의 희생도 줄어들고 더 유리하다.

이는 인구가 기후에 영향을 미치는 시나리오들을 평가하려고 우리가 꾸린 팀에서 나온 뜻밖의 통찰이었다. 방정식을 풀었더니 모형에서는 (지금이 아니라 먼 미래에) 인구가 많아지면 기후 진보에 실제로 유리할 수도 있다는 결과가 나왔다. 더 부유하고 더 인구가 많은 미래는 **인구** 1인당, 발명가 1인당, 노동자 1인당, 경제에서 유통되는 1달러나 1루피당 더 적은 대기 중 이산화탄소를 물려받을 것이다.

3장에서 봤듯이 인구 대감소가 일어나더라도 우리가 미래 세대에게 떠넘기는 고정비용 문제의 규모는 거의 달라지지 않는다. 인구 감소세가 너무 늦게 시작되기 때문이다. 하지만 인구 대감소가 일어나면 미래 세대가 동원해야 하는 자원이 급감할 것이다. 전 세계적인 고정비용에서 중요한 것은 세계 경제의 전체 규모다. 따라서 배출 감축에서 배출 제거로 과제가 전환되면 일손이 많을수록 각자가 떠안을 짐이 가벼워진다.

불확실성은 핑계가 되지 못한다

하지만 소행성이 정말로 날아오고 있을까? 인구가 정말로 줄어서 다음번 암 면역요법을 개발할 능력을 잃거나, 심지어 우리가 이미 발견한 희귀병의 면역요법을 개발할 능력을 잃을 수 있을까? (인구가 감소해 잠재 환자의 수가 연간 1,000명이 아니라 10명밖에 안 된다면 제약 회사가 그 의약품을 계속 생산할 수 있을까?)

우리는 알지 못한다. 우리는 몇백 년 뒤에 무슨 일이 일어날지 알지 못한다. 인구 대감소 같은 전례 없는 미래가 어떤 결과를 가져올지 확실하게 말할 수 있는 사람은 아무도 없다. 하지만 **출생률이 낮**

게 유지되면 인구가 몇백 년의 시간 척도에서 매우(아마도 취약할 정도로) 적어질 것임은 확실하게 예측할 수 있다.

인간이 만들고 행하는 것 중에서 인구가 적었던 100년 전에는 찾아보기 힘들었던 것이 있을까? 백신? 스트리밍 서비스를 제공하는 고가의 텔레비전? 당신 스타일에 딱 맞는 작가가 쓴 책이나 뉴스레터? 지역사회를 더 낫게 만들기 위해 활용할 수 있는 사회 통계와 아이디어? 만일 그런 것이 있다면 스파이크는 당신에게 이렇게 경고한다. 작고 쪼그라드는 미래에 수억 명이 그 일을 해낼 수 있으리라 확신하지 말라고.

틈새를 채울 사람이 턱없이 모자랄 때 복잡하고 상호 의존적인 현대 경제가 무엇을 생산할 수 있을지는 아무도 모른다. 인간 사회에서 틈새를 겨냥한 경제적 전문화가 나타난 것은 스파이크의 척도에서 매우 새로운 현상이다. 따라서 전문화가 존재하지 않을 때 어떤 일이 일어날지 확언할 수 있는 사람은 아무도 없다.

8장

좋은 것은 많을수록 좋다

인구 대감소의 한 가지 결과는 하도 조용해서 알아차리지 못한 채 지나치기 쉽다는 것이다. 탁월하고 행복과 기쁨으로 가득할 수도 있는 수십억의 삶이 결코 존재하지 않을 수도 있다. 그 적막은 환영해야 할 평화일까, 애도해야 할 상실일까?

종교들에는 이에 대한 나름의 관점이 있다. 꾸란은 무슬림에게 묻는다. "네가 생명이 없을 때 알라께서 네게 생명을 주셨는데 어찌 알라를 믿지 않을 수 있는가?" 이 질문은 아직 존재하지 않는 것이 더는 살아 있지 않은 것과 비슷한 상실임을 시적으로 보여준다. 아브라함의 하느님은 이브와 아담에게 "생육하고 번성하여 땅에 충만하라. 땅을 정복하라"라는 유명한 명령을 내렸는데, 이는 생명(비존재가 아닌 존재)이 우리가 추구해야 할 선임을 암시한다. 베트남의 불교 스승 틱낫한은 이렇게 말했다. "가장 큰 기적은 살아 있다는 것이다."

하지만 인간의 생명이 귀중하다고 말하는 것은 종교만이 아니다. 수많은 세속적 인간주의자는 삶을 살아갈 기회를 최고의 행운으로 여긴다. 천문학자이자 불가지론자인 칼 세이건Carl Sagan은 "우리가 희귀하고 귀중한 것은 살아 있기 때문이다"라고 생각했다. 그는 암으로 이른 죽음을 앞뒀을 때 자신이 누린 좋음에 감사하는 쪽을 택했다. "연약한 존재인 우리에게는 죽음을 바라보면서 생명이 선사하는 짧지만 장엄한 기회에 매일 감사하는 것이 훨씬 나아 보인다." 철학은 죽는 법을 배우는 학문이라고 누군가는 말하지만 소설가 어슐러 K. 르 귄Ursula K. Le Guin은 삶이 중요하다고 생각했다. "우리는 죽기 위해 살지 않아요. 살기 위해 살지요."

한 인간의 삶보다 더 중대한 문제는 어떨까? 세속적이든 종교적이든 대부분의 사상가는 인간의 멸종이 비극이라는 데 동의할 것이다. 모든 인류가 내일 사라지면 중요한 무언가가 상실될 것이다. 인간이든 아니든 모든 **생명**이 내일 사라지면 훨씬 거대한 무언가가 상실될 것이다. 복지wellbeing를 누리려면 복되게well 살아야being 한다.

이 장에서는 이렇게 묻는다. 또 다른 사람이 태어나 좋은 삶을 산다는 것은 어떤 의미일까? 그러지 못한다는 것은 어떤 의미일까? 수십억 명이 그러지 못한다는 것은 어떤 의미일까? 부모에 대해, 환경에 대해, 기술 진보와 생활 수준에 대해 결과를 쌓아가면서 우리는 인구가 감소하지 않고 안정되었을 때 존재할 장래의 사람들도 어느 정도(전적으로도 아니고 전혀도 아니고 **어느 정도**) 고려해야 할까? 아니면 지금 여기 살아 있는 사람들의 복지만 신경 써야 할까?

누군가 인구의 머나먼 미래에 대해 물을 때마다 가치에 대한 질문(그래프와 숫자를 넘어선 질문)이 표면에 떠오른다. 기후학자와 운동가들이 이 질문을 제기하고 우리의 대학 동료들이 제기한다. 우리 칼럼의 독자들도 제기했다. 그 질문들은 통계적 사실을 들이댄다고 해서 해결할 수 없다. 하지만 안정화 대 인구 대감소를 진솔하게 온전히 평가하려면 그 질문들을 피할 수는 없다.

이 책에서 우리의 입장을 설명하지 않은 채 넘어갈 수도 없다. 물론 인구 규모는 중요하다. 물론 더 나은 미래를 향한 진보는 중요하다. 하지만 그렇다고 해서 사람들로 하여금 자신이 원하지도 않는 자녀를 낳도록 권유하거나 그런 강요를 정당화할 수는 없다.

그러므로 이 장에서 우리는 이 질문들을 던지고 당신이 인구 대감소의 윤리를 숙고하길 권한다. 우리의 믿음은 좋은 삶을 살 기회가 중요하다는 것이다. 이 믿음을 천명하는 것은 경제의 향방, 정부 예산의 균형, 지정학적 권력을 넘어선 곳에서 인구 대감소의 의미를 찾아야 한다고 말하는 것이다. 공적 연금의 지불 능력만이 중요한 문제가 아니다. 인구는 곧 사람이다.

우리의 거대한 질문, 인구윤리학

좋은 삶을 사는 것이 좋은 일이라는 이해에 도달하는 데는 여러 길이 있다. 감정으로 도달할 수도 있고 이성으로 도달할 수도 있다. 논리와 세부 사항을 하나하나 밟아가며 도달할 수도 있다. 경제학과 철학과 하위 분야로 '인구윤리학'이라 불리는 틈새 연구가 바로 이 일을 한다. 이 장에서는 인구 대감소와 안정화를 비교하는 데 필요한 만큼만 인구윤리학을 소개한다. 그 목표는 모든 것을 해결하려는 것이 아니다. 모든 전문가가 쓴 모든 문헌을 검토하려는 것도 아니다. 보는 것만으로도 충분히 거대하다.

좋은 것은 많을수록 좋다: 나머지 조건이 동일하다면 세상에는 좋은 것이 많으면 좋고 적으면 나쁘다. 여기에는 좋은 삶도 포함된다. 좋은 삶은 많을수록 좋다.

'좋은 것이 많으면 더 좋다'라는 말이 뻔하고 무의미한 소리처럼 들릴지도 모르지만 좋은 삶이 좋은 것이라면 이 말에는 힘이 있다. 이 말은 우리가 삶의 질에 대해서뿐 아니라 얼마나 많은 사람이 삶을 향유하는지에 대해서도 신경 써야 한다는 뜻이다. 우리가 마법 지팡이를 휘둘러 좋은 삶을 하나 더 미래에 더할 수 있다면, 중요한 무언가나 누구도 희생시키지 않고 그럴 수 있다면 그 삶을 더하는 것이 그러지 않는 것보다 낫다는 뜻이기도 하다. 그러면 세상을 전반적으로 더 나은 곳으로 만들 수 있다. 그렇게 해서 좋은 경험을 누리는 좋은 삶을 더 많이 가질 가능성이 늘어난다면 이는 그 미래의 한 가지 유익이라 볼 수 있다.

우리가 '더 낫다'라고 쓸 때 이는 모두의 복지에 대해 이야기하는 것이다. 미래를 단순히 당신이나 당신 친구에게 더 나은 것이 아니라 전반적으로 또한 불편부당하게 더 낫도록 한다는 생각에는 여러 이름과 뉘앙스가 있다. 우리가 '더 낫다'라고 쓸 때 이는 미국 헌법에서 '보편적 복지'(의회법률정보포털에서는 '국민의 복지'로 번역한다 – 옮긴이)라고 부르는 것을 의미한다.

더불어 경제학자들이 '사회 복리'라고 부르는 것, 윤리철학자들이

'가치론'을 다룰 때 연구하는 것, 영웅들이 '더 큰 선'에 대해 이야기할 때 의미하는 것, 악당들이 그와 똑같은 구절을 들먹일 때 의미하는 척하는 것을 의미한다. 정부 기관의 보건·환경 경제학자들이 누군가의 이득(이를테면 상수도에서 납을 제거하는 이득)을 누군가의 손실(누군가의 세율과 도로를 일시적으로 뜯어내는 행위가 다른 누군가에게 끼치는 불편)과 견주어 무엇이 전반적으로 **더 나은지** 평가할 때 묻는 것을 의미한다.

우리는 보편적 복지가 중요하고 어느 미래가 불편부당하게 더 나은지에 대해 모두가 관심을 가져야 한다고 믿는다. 이는 사회 복지가 모든 정책적·사회적 질문에 대해 중요한 **유일한 것**이라고 믿는 것과는 다르다. 보편적 복지를 증진하고자 하는 바로 저 미국 헌법은 정부가 무시해서는 안 되는 권리와 규칙도 나열하고 있다. 보편적 복지가 사회의 가장 큰 정책과 사회적 결정에 중요한 것들 **중** 하나라는 데 동의하는 사람이라면 우리가 이 장에서 말하는 것('좋은 것이 많으면 더 좋다')에 동의할 것이다.

우리가 '좋은 삶'이라고 쓸 때 이는 '모든 것을 따져 총체적으로 좋은 삶'을 의미한다. 귀하고 좋은 삶을 사는 방법이 여러 가지임을 알기에 좋은 삶의 의미를 규정짓지는 않을 것이다. 모든 종류의 경험, 신체, 전통, 능력은 누군가에게 좋은 삶의 일부일 수 있다. 어떤 사람들은 그 삶을 사는 사람이 좋다고 말하면 좋은 삶이라고 말할 것이다. 어떤 사람들은 좋은 삶이 '좋다'고 인정받으려면 특정 자원이 필요하다거나 상황에 달렸다거나 위대해야 한다고 주장할 것이다. 좋은 삶이 무엇인지에 대해 모든 사람이 동의하지 않아도 괜찮다. 중요한 것은 좋은 삶이라는 것이 존재한다는 것뿐이다. 나머지 조건이 동일할 경우 미래에 어떤 좋은 삶이든 더 많을수록 좋다.

이 장을 살펴보기에 앞서 몇 가지 상식적 개념을 들여다보자. 첫째, 우리는 이 진리가 자명하다고 주장한다. 불편부당함은 윤리적으로 옳다. 불편부당함은 에이브라는 사람이 잘살고 빔라오라는 사람이 잘살고 첸이라는 사람이 고생하는 미래가, 첸이 잘살고 에이브가 잘살고 빔라오가 고생하는 미래와 똑같이 좋고 똑같이 나쁘다는 뜻이다. 보편적 복지에 대해 묻는 것에 조금이라도 의미가 있다면 그 의미란 공평무사함이다.

냉소적인 사람들은 중요한 것은 아무것도 없다고 말한다. 그들은 이런 미래나 저런 미래가 **그들에게는** 좋을지 몰라도 인구(아니면 기후, 평등, 자유, 안전 또는 누군가 가치를 부여할 법한 모든 것)의 관점에서 **전체적으로** 더 좋거나 나쁜 미래 같은 것은 없다고 말한다. 우리는 이 냉소적 시각에 동의하지 않는다.

우리는 더 미묘한 허무주의도 배격한다. 이 허무주의 시각은 변하지 않는 사람들 집단에 대해 무엇이 더 좋거나 나쁘다고 말할 수는 있을지라도, 다른 삶들이 존재하는 미래에 대해서는 유의미하게 더 좋거나 나쁜 것이 결코 존재하지 않을 수 있다고 생각한다.

그들은 이렇게 말할지도 모른다. 정책이 지금 여기서 사람들을 승자와 패자로 나눌 때조차 판단은 쉽지 않다고. 하지만 인구가 변화한다면? 서로 다른 사람들로 이뤄지고 서로 다른 수의 인구가 살아가는 두 미래(카를로스와 데비가 지금으로부터 몇 세대 뒤에 태어나는 미래와 에리카, 프란시스코, 가우탐이 지금으로부터 몇 세대 뒤에 태어나는 미래)를 어떻게 비교할 수 있을까? 어떤 사람들은 우리가 판단할 수 없다고, 아무것도 더 낫지 않다고 말한다.

우리는 동의하지 않는다. 사회적·정치적 질문들 중에서 중요한 것은 서로 다른 사람들이 태어나고 서로 다른 삶이 살아지는 미래들에 대한 것이기 때문이다. 가능한 미래들 중에서 어느 것이 더 나을지 판단하는 일이 이 사실 때문에 불가해한 수수께끼가 되는 건 아니다. 모든 사람은 늘 그런 판단을 한다. 우리 사회의 모든 거대한 변화(시민권, 무귀책 이혼, 메디케이드, 전구)는 사람들이 가족 구성을 어떻게 선택하는가에, 따라서 훗날 어떤 사람들이 존재하게 되었는가에 영향을 미쳤다.

그러므로 우리는 (이를테면) 20세기에 개발도상국 여아(와 나머지 모든 사람)의 교육 수준이 올라간 것이 좋은 일이었다고 판단할 수 있다. 여기서 **교육 개선은 좋은 일이었다**라고 말하는 것은 서로 다른 사람들의 집합으로 이뤄진 시나리오를 비교하는 판단이다. 이는 교육 수준이 높은 여아 세대가 성인 여성으로 자랐을 때 다른 전망, 다른 가족계획 목표, 다른 출산 패턴을 나타냈기 때문이다. 그래서 다른 때에 다른 아이들이 다른 수만큼 태어났고 교육 여건이 개선되지 않은 대체 역사와 비교할 수 있다.

대부분의 사람들은 "개발도상국 여아의 교육 수준이 올라간 것은 좋은 일이었다"라는 주장이 타당하다고 이해한다. 서로 다른 수의 서로 다른 사람들로 이뤄진 시나리오들을 비교하는 일인데도 말이다. 우리는 서로 다른 미래가 서로 다른 집합의 사람들로 이뤄졌다는 이유만으로 어느 미래가 더 나은지에 대한 질문을 멈추진 않는다.

우리는 좋은 삶이 존재한다고 전제했다. 어떤 미래는 다른 미래보다 나으며 어떤 미래는 다른 미래보다 못하다. 모든 중대 정책이나 사회 변화는 이후에 태어나는 사람들에게 영향을 미친다. 어느 미래가 더 나으냐는 질문에 우리는 불편부당하게 답해야 한다. 이제 이 장이 가리키는 질문, 좋은 것이 많으면 더 좋은지 따져볼 때가 됐다.

인구의 절반이 사라진다면

단체 사진 하나를 상상해보라. 당신도 그 안에 있다. 당신이 가족 모임에 곧잘 어울리는 사람이라면 사진 속 주인공들은 당신의 가족일 수도 있다. 어쩌면 캠핑 간 친구들 사진일 수도 있고, 총각 파티 사진일 수도 있고, 스포츠 팀 사진일 수도 있다. 어쩌면 상상할 필요가 없을지도 모르겠다. 이미 그런 사진이 선반에 놓여 있거나 스마트폰에 저장되어 있을지도 모르니까.

이제 사진 속에서 당신과 함께 있는 사람의 절반이 애초에 존재하지 않았다고 상상해보라. 그들은 산 적이 없기 때문에 죽지 않을 것이다. 당신은 그들을 만난 적이 없기 때문에 그들을 딱히 그리워할 이유가 없다. 당신은 다른 팀, 다른 가족, 다른 반, 다른 친구 패거리의 일원일 것이다. 이때의 사진은 다른 사진일 테지만 저기 빠진 사람들은 그 사진에도 없을 것이다. 어디에도 없을 것이다. 이쪽이 더 나쁠까? 반으로 깎인 것이 당신의 가족, 지인뿐 아니라 전 세계라면 어떨까? 사라진 수십억 때문에 우주가 조금 어두워질까?

인간의 수는 감소할 수도 있고 안정될 수도 있다. 이 책에서 당신은 이 가능성들을 나타낸 그래프를 봤다. 다음 명제는 받아들이기 힘들 것이다. 페이지 위의 그림이나 82억 같은 숫자에서는 깊이 절실히 느끼기 힘들 것이다. 숫자는 한낱 숫자가 아니다. 숫자는 사람이다. 스파이크의 내리막 뒤에 오는 빈 공간에 결여된 것은 언젠가 당신처럼 실재할 수 있는 **사람들**이다. 그들은 당신이 느끼는 것만큼이나 절실히 경험과 염원과 기쁨과 슬픔을 느낀다.

빈 공간의 문제는 사람들에게 보이지 않는다는 것이다. 아래는 우리가 스파이크 칼럼을 발표했을 때 독자들이 단 댓글이다.

> "나는 세계 인구가 지금의 절반이었던 1970년대 초에 살아 있었다. 그때 사람이 너무 적다는 생각을 했던 기억은 없다."
>
> "1955년 세계 인구는 25억 명가량이었다. 오늘날은 약 80억 명이다. 나는 1955년에 태어나지도 않았지만 그 시기에 대해 읽고 그때 살았던 사람들에게 들어보니 살아가기에 매우 근사한 시기였고 사람들이 결코 '부족'하지도 않았다고 한다."
>
> "절반에 못 미치는 사람이 살던 지구를 기억한다. 그때는 대단했다. 나는 모두를 사랑했다. 특히 멀리 떨어져 지낼 수 있을 때는 더더욱 그랬다(그때는 그러기가 훨씬 수월했다). 젊은 시절 일자리가 필요했을 때는 회사를 찾아가 입사 지원서를 작성하기만 하면 일자리를 얻을 수 있었다. 대학에 가면 여러 선택지가 주어졌고 고달팠던 기억은 전혀 없다."

이들이 왜 저렇게 생각했는지 이해할 만하다. 하지만 여기에는 맹점이 숨어 있다. 아마도 이 독자들은 20세기의 삶들 중에서 유난히 유복했던 삶들을 상상하거나 기억했을 것이다.

1955년을 살펴보자. 전 세계 출생 시 기대수명은 50년에 불과했다. 아기 다섯 명 중 한 명은 5세가 되기 전에 죽었다. 막힌 동맥을 뚫어주는 혈관 성형술, 암을 치료하는 병용화학요법, 당뇨병을 치료하는 합성 인슐린은 아직 구할 수 없었다. 그래서 사람들은 오늘날이라면 잃지 않아도 됐을 사랑하는 이를 잃었다. 미국에서는 더 자유롭고 평등한 사회를 지향하는 민권 운동이나 성 혁명이 아직 일어나지 않았다(그 뒤로 수십 년에 걸쳐 일어났다).

1955년 인도에서는 출생 시 기대수명이 30~39년이었다. 카스트 제도를 거부하고 불교로 개종하는 달리트 운동이 시작되려면 1년을 기다려야 했다. 중국에서는 대약진 운동이 벌어져 수천만 명의 목숨을 앗을 참이었다. 1955년 아프리카 대부분은 여전히 식민지였으며 오랫동안 벗어나지 못했다. 1955년의 많은 삶은 70년 뒤의 기준에 익숙한 많은 독자가 '매우 근사했다'라고 부를 만한 게 아니었다.

전체 역사를 보지 못하는 것은 흔한 맹점이다. 이 장에서 다루는 윤리적 맹점은 아니지만 또 다른 맹점, 즉 세 댓글에 공통된 숨은 전제를 눈여겨보는 건 도움이 될 것이다. 바로 세 독자 모두가 공유하는 특권이다. 댓글을 단 사람들은 살아 있다. 그래서 살아 있는 사람의 관점에서 글을 쓴다(그들에게는 다행한 일이다! 미래 사람들도 그들만큼 다행해야 한다!). 1955년 인구는 오늘날의 3분의 1가량이었다. 1955년 규모의 세계에서는 당신(독자)과 우리 둘(저자) 중에서 한 명만이 이 자리에 있을 것이다.

자신의 윤리적 맹점을 한눈에 알아차리지 못하는 것은 잘못이 아니다. 이 맹점은 더더욱 잘못이 아니다. 오히려 지극히 정상이다. 이 책을 읽는 모든 사람은 존재하기 때문에 모두가 이 관점과 특권을 공유한다. 그러니 존재할 **가능성**만 있는 미래 수십억 인구가 중요하지 않다는 이면의 가정을 알아차리지 못하는 것도 이해할 만하다.

하지만 그들이 중요하다면 어떨까? 우리가 어떻게 하는지, 당신이 어떻게 하는지, 나머지 모든 사람이 어떻게 하는지에 따라 언젠가 존재할 수도 있고 존재하지 않을 수도 있는 미래 사람들이 중요하다면 어떻게 될까? 인구 대감소를 이미 살고 있는 사람들의 관점에서만 평가한다면, 우리가 존재하게 된다는 가정을 숨긴다면 우리는 이 장에서 답하려는 다음 질문을 무시하는 셈이다. 더 많은 좋은 삶이 존재하는 것은 안정화의 유익으로 여겨질까?

미래를 대신해 불만을 제기할 대변인이 없기 때문에 우리는 이 질문을 무시하거나 일축하려는 유혹을 느낀다. 하지만 **어쩌면** 이 유혹이 틀렸을지도 모른다. 미래 사람들은 목소리를 낼 수 없다. 그들의 이해관계가 중요하다면 그들의 처지에 귀 기울이고 헤아리는 것은 우리의 몫이다.

가상의 두 미래, 어느 쪽이 나을까?

앞으로 존재하게 될 여분의 삶은 인구 안정화의 유익으로 여겨질까? 진전을 이루고 무엇이든 구체적인 이야기를 하려면 더욱 정확성을 기하고 소박하게 시작해야 한다. 그렇게 하면 다음과 같은 흔한 질문에 답할 준비를 할 수 있다. **삶의 양이 아니라 질에만 관심을 가져야 하지 않을까?**

소박하게 시작하기 위해 우리는 좋은 삶을 더하는 것에 대해서만 물을 것이다. 그 밖에는 어떤 변화도 일어나지 않는다고 마법적으로 가정할 것이며, 더해지는 삶이 나쁠 위험은 전혀 없다고 마법적으로 가정할 것이다. 이는 철학자 존 브룸John Broome이 이 질문을 규명하기 위해 찾아낸 방법을 우리 나름대로 바꿔본 것이다.[1]

현실 세계에서는 삶을 더하면 (다른 사람들에게 미치는 영향을 비롯해) 추가적 영향이 생긴다. 그리고 현실 세계에서는 어떤 삶은 열악했다. 이 두 가지 현실적 문제가 다 중요하다. 방금 우리는 여러 장에 걸쳐 가장 중대한 현실 문제들에 대해 궁리했다. 하지만 좋은 삶 자체가 어떤 상황에서든 가치가 있는지 보려면 그 세부 사항들은 한동안 제쳐두어야 한다.

아래는 단순화한 두 가지 가능성이다(그림 8.1에도 나와 있는데, 각각의 점은 사람이며 점이 위에 있을수록 더 나은 삶이다).

- **미래 A**는 낮은 출생률을 비롯한 모든 조건이 현 상태대로 유지된다. 당신의 삶, 우리의 삶, 당신이 아는 모두의 삶은 미래 A에 있다.
- **미래 B**는 두 가지 마법적 단계를 거쳐 만들어진다. 첫째, 미래 A를 그대로 본뜬 사본을 만든다. 이것은 미래 B의 절반이되 미래 A의 모든 삶에 대해 똑같은 삶이 대응한다. 둘째, 미래 B의 나머지 절반을 근사하게 만든다. 이 나머지 절반의 각 사람은 당신이 아는 어떤 사람의

그림 8.1. A와 B 중 어느 미래가 나을까?

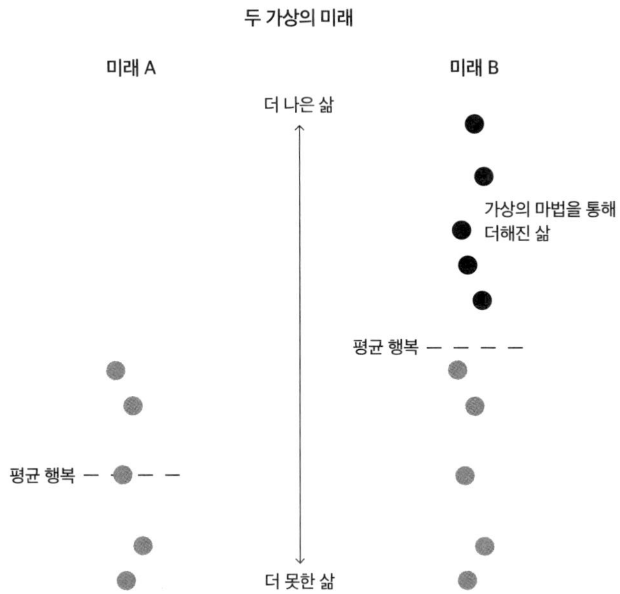

삶보다도 낫고 미래 A의 어떤 삶보다도 나은, 놀라울 정도로 좋은 삶을 살고 있다.

미래 A의 모든 사람과 모든 삶은 미래 B에서도 같은 복지를 누리고 같은 부침을 겪는다. 하지만 미래 B의 나머지 삶은 대단히 경이롭고 즐겁다. 말하자면 미래 B는 미래 A에 동수同數의 더 행복한 삶을 더한 것이다.

이 지침을 따르면 미래 A와 미래 B는 두 가지 점에서 달라진다. 바로 **크기**와 **삶의 질**이다. 미래 B는 인구가 미래 A의 두 배다. 미래 B

에는 더 나은 삶이 포함되어 있다. 인구의 절반은 미래 A의 어떤 사람보다 잘살며 나머지 절반은 똑같이 잘살기 때문이다. 따라서 미래 B의 **평균적** 삶이 미래 A의 평균적 삶보다 낫다고 말할 수도 있다. 하지만 미래 B에서 더 나은 것은 통계적 평균만이 아니다. 최상의 삶도 미래 B에서 더 낫다. 그리고 중앙값 삶도 더 낫다.

불평등은 어떨까? 한 가지 방법으로 불평등을 정확히 측정할 수는 없지만 우리는 미래 B를 만들 때 지니 계수Gini coefficient가 미래 A와 같도록 했다(지니 계수는 경제학자들이 쓰는 표준적 불평등 수치다). 게다가 미래 B에서 가장 비참한 사람은 미래 A에서 가장 비참한 사람보다 비참하지 않다.

문제는 어느 미래가 전반적으로 **더 나은가**다. 미래 B에는 있지만 미래 A에는 있지 않은 삶은 하나같이 대단하기 때문에, 또한 미래 A 대신 미래 B가 실현되었을 때 아무도 더 비참해지지 않기 때문에 선택은 식은 죽 먹기다. 미래 B가 미래 A보다 낫다. 이와 다른 주장을 진지하게 펼치기는 쉽지 않을 것이다.

미래 B가 다른 사람들에 대한 나쁜 결과를 감추고 있으므로 더 나쁘다고 말하고 싶은 사람이 있을지도 모르겠다. 하지만 위의 예는 미래 B에 사람이 추가되더라도 아무 이득이나 피해가 발생하지 않도록 구성되었다. 이를테면 미래 B를 선택한다고 해서 환경이 파괴되지는 않는다. 사고실험의 조건에 따르면 누구도 미래 B의 인구가 더 많아지도록 하기 위해 자신이 원치 않는 아기를 낳아 길러야 하지 않는다. 이 장의 질문을 앞 장들에서 살펴본 주제들과 분리할 수 있는 것은 이 마법(요긴하고 사안을 명확하게 해주는 마법) 덕분이다.

다른 누군가는 미래 B에서 복지 수준이 낮은 누군가(A와 B 둘 다에 존재하면서 차트의 바닥에 놓인 사람)가 자기보다 훨씬 잘사는 사람들과 사회를 공유하느라 불쾌하거나 샘날 것이므로 피해를 본다고 말하고 싶을지도 모르겠다. 하지만 우리의 예는 이 또한 배제되도록 구성되었다. 우리는 A와 B에 둘 다 존재해 겹치는 사람들의 소득이나 일자리 만족도나 가정생활이 A와 B 전반에 걸쳐 동일하다고 단순히 말하는 게 아니다. 둘 다에 존재하는 사람들의 **복지**가 동일하다고 말하는 것이다.

그들은 시샘하는 유형이 아닐지도 모른다. 아니면 미래 B에서는 자신보다 훨씬 행복한 사람의 존재가 이따금 인식될 때 그 괴로움을 덜 수 있는 아이스크림을 한 입 먹을 수 있을지도 모른다. 아니면 미래 B에서의 대단한 삶이 비참한 절반과 동시대가 아니라 이후에 전개되거나 다른 행성에서 전개되어 아예 인식하지 못할지도 모른다. 사고실험을 간명하게 유지하고자 한다면 어떤 방법을 써서 예를 구성해도 무방하다. 이렇듯 마법적으로 간명하게 구성하면 미래 B가 더 나은 선택지다.

안정화와 인구 대감소를 비교하는 것은 미래 B와 미래 A를 비교하는 것만큼 간명하지 않다. 하나만 예를 들면 우리는 더해진 삶이 단 하나도 나쁘지 않은 목가적 미래를 묘사했다. 하지만 고통은 중요한 문제다. 좋은 것이 많으면 더 좋다는 말은 '만일-그렇다면' 주장이다. 어떤 삶이 모든 것을 따졌을 때 좋다면 그 삶은 세상을 낫게 만든다. 그러므로 현실 세계에서 우리는 고통도 염두에 두어야 한다. 나쁜 것은 많을수록 나쁘다.

그럼에도 우리는 군더더기를 덜어내 중요한 것을 알게 되었다. 여분의 훌륭한 삶을 더하고 그 밖에는 아무것도 바꾸지 않으면 미래가 더 나아진다. 그 삶들을 배제하면 미래가 더 나빠진다. 미래 B가 미래 A보다 나으면(우리는 그렇다고 말한다), 또한 나머지 삶이 유일한 차이라면(실제로도 그렇다. 우리가 그렇게 구성했다) 미래 B가 나은 것은 **나머지 매우 좋은 삶들 덕분**이다. 좋은 것이 많으면 더 좋다.

미래 B가 더 나은 것은
단지 그 안의 삶이 더 나아서일까?

우리가 곧잘 듣는 반론이 있다. "아니야. 미래 B가 더 나은 것은 **그 안에 있는 삶들이 더 낫기** 때문이지, 그 삶들이 더 많기 때문이 아니라고! 이를테면 미래 B에서 전형적인 사람의 복지가 더 높은 것은 좋은 삶이 더해져서 전체 윤곽이 위로 올라가기 때문이야. 삶의 **질**이 문제인 거지, 삶의 **양**은 아무 의미도 없어."

이렇게 **양이 아니라 오로지 질이 중요하다**는 관점의 가장 단순한 형태는 다음과 같다(다른 형태들도 있긴 하지만). 우리는 저마다 다른 미래가 얼마나 좋거나 나쁜지 판단할 때 사람들이 누리는 **평균적** 복지만을 감안한다. 사람들은 평균적으로 얼마나 행복한가? 그들의 물질적, 사회적, 지적, 영적 욕구와 염원은 **평균적으로** 얼마나 적절히 충족되는가? 이론상 인구가 적으면 평균적으로 더 나은 삶을 살 수도 있고 그 반대일 수도 있다. **양이 아니라 오로지 질** 접근법은 우리가 평균 복지에 대해 안다면 얼마나 많은 삶이 살아지고 있는지는 무시해도 괜찮다고 말한다.

그러나 좋은 것이 많으면 더 좋다는 우리의 관점은 양과 질 둘 다 중요하며 얼마나 많은 삶이 살아지는지를 무시하면 안 된다는 것이다. 왜 질만 따지면 중요한 것을 놓치게 될까? 한 가지 이유는 그 논리를 따라가다 보면 아주 이상한 지점과 우리가 지지할 수 없는 결론에 이르기 때문이다.

양이 아니라 오로지 질 주장이 옳다면 좋은 삶을 더한다고 해서 반드시 세상이 더 나아지는 것은 아니다. 정말 훌륭한 삶이어도 마찬가지다. **양이 아니라 오로지 질** 입장에 따르면 새로운 삶을 더해 세상이 나아지는 것은 그 삶들이 평균을 끌어올릴 때뿐이기 때문이다.

질만 있으면 실패하는 이유: 질만 중요하다는 견해와 반대로, 더해진 사람들의 삶이 좋은 삶이라면 세상이 나빠질 수는 없다(그 밖의 어떤 사람도 하등의 영향을 받지 않는 가상의 시나리오에서).

좋고 가치 있는 삶, 그 삶을 사는 사람에게 전반적으로 행복이나 가치를 선사하고 나머지 그 누구에게도 피해를 입히지 않는 삶이 존재 가치가 없다는 말은 당신이나 우리나 받아들일 수 없다. 하지만 양이 아니라 오로지 질 접근법은 여기에 반대하는 잘못을 저지른다. 양이 아니라 오로지 질 입장은 어떤 사람이 존재하지 않을 때 세상이 더 나아진다고(괜찮은 게 아니라, 충분히 좋은 것도 아니라 **더 나아진다고**) 말한다. 자신의 삶은 사랑하면서도 말이다.

무엇이 잘못인지 따져보자. 우타르프라데시에서 아이가 태어난다고 상상해보라. 시기는 내년이라고 하자. 이 아이는 운이 좋다. 당신 기준으로는 가난하지만 가족들은 아이를 사랑한다. 아이는 중병을 모면한다. 어릴 적에는 행복하고 건강하며 형제자매와 즐거운 시간을 보낸다. 청소년기에는 좋아하는 학교를 다니며 성평등 개선으로 덩달아 혜택을 누린다. 졸업할 때가 되어 자신이 뿌듯해할 만한 일자리를 얻을 방법을 궁리한다. 어쩌면 간호사인지도 모르겠다.

그녀는 어른이 되어서도 형제자매와 사이가 좋으며 출퇴근할 때 전화 통화를 한다. 부모는 중매결혼을 시키되 그녀의 의사를 존중한다. 신랑감은 괜찮은 사람이다. 그녀는 부모 노릇에서 보람을 느낀다. 그녀는 이 책을 읽고 있는 대부분의 사람만큼 건강하고 부유하고 안전하지는 못할지라도 수십, 수백 년 전 같은 질라에서 자란 대부분의 여성보다 건강하고 부유하고 안전하다. 한마디로 그녀는 2025년 기준에는 못 미칠지언정 행복한 삶을 산다. 우리의 질문을 신중하게 숙고한다면 그녀는 이 삶을 비존재와 바꾸지 않을 것이다.

그녀의 복지가 2025년에 대해서뿐 아니라 모든 시대에 대해 평균 이하라면 어떨까? 그녀의 삶은 세상을 더 나쁘게 만들었을까? **양이 아니라 오로지 질**에 따르면 그녀가 아예 존재하지 않은 것이 나았을 것이다. 하지만 이는 '그녀에게 나은 것'도, '그녀에 따르면 나은 것'도 아니다. 그녀는 단지 자신의 삶을 원한다! 하지만 그녀의 존재가 평균을 끌어내리므로 그녀가 없었다면 **우주**가 더 나아졌으리라는 게 **양이 아니라 오로지 질** 견해에서 주장하는 바다. 이렇듯 **양이 아니라 오로지 질** 접근법은 엉뚱한 결론으로 이어질 수 있다.

이번에는 우리가 만들고 있던 도표에 삶을 하나 더해 같은 요점을 다시 들여다보자. 이를 우타르프라데시 여성의 사례와 다르게 구성하기 위해 지금껏 살았던 어떤 삶보다 멋진 삶을 더하겠다. 이제 아래와 같이 상상해보라. 그림 8.2는 이 상상을 나타낸 것이다.

- **미래** C는 미래 B와 똑같되 한 사람이 더해졌다. 이 사람의 행복한 삶은 당신(독자)과 우리(저자들)보다 낫다. 그는 자신의 삶을 사랑한다. 매우 좋은 삶이다. 실제로 당신 기준에 비춰봐도 매우 경이롭다. 하지만 이 예에서 매우 좋은 삶 하나를 더하는 것은 미래 B의 평균적 삶만큼 좋지는 않다.

어라? 미래 C에서 행복한 삶을 하나 더했더니 미래 B의 드높던 평균이 낮아졌다. 따라서 **양이 아니라 오로지 질** 관점에 따르면 미래 C는 미래 B만 못하다.

양이 아니라 오로지 질 접근법은 이 좋은 삶을 더하든 말든 그저 **무관심**한 게 아니다. 좋은 삶을 더하면 (이 경우) 세상이 **나빠질** 거라고 말한다. 미래 C에 더해진 사람이 자신의 살아 있음에 행복해하더라도 이 접근법은 판단을 바꾸지 않는다. 아무도, 그 무엇도 피해를 입지 않는데도 말이다.

누구도 피해를 입거나 영향을 받지 않는데 어떻게 좋고 행복한 삶(당신보다 낫고 인류의 오랜 역사에서 이제껏 살았던 어떤 삶보다 나은 삶)이 세상을 나쁘게 할 수 있을까? 우리의 대답은 그럴 수 없다는 것이다. 그러므로 **양이 아니라 오로지 질** 관점은 설령 이따금 옳은 방향을 가

그림 8.2. B와 C 중 어느 미래가 더 나을까?

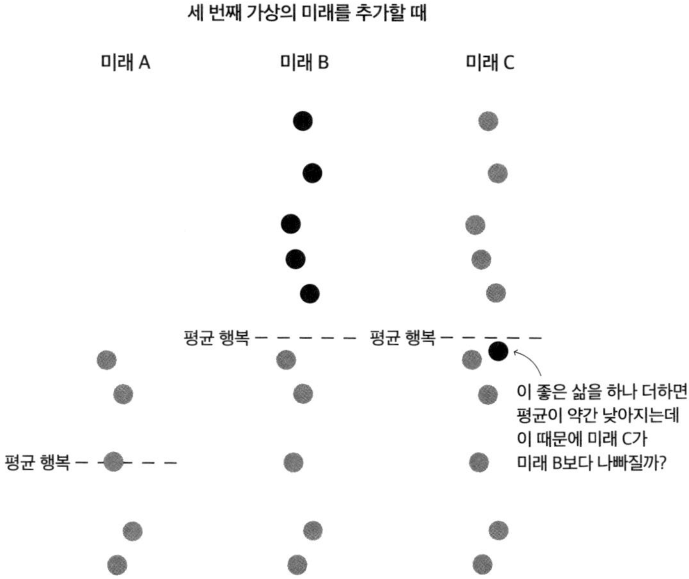

리키더라도 무엇이 좋은 것인가에 대한 전반적이고 오류 없는 길잡이로서는 틀릴 수밖에 없다.

분명히 해두자면 어떤 형식논리의 모순 때문에 미래 C가 미래 B보다 나쁘다고 생각할 **수 없다**거나 생각이 **허용되지 않는다**는 말은 아니다. "미래 B를 미래 C보다 낫게 평가하는 것은 잘못이다"라거나 "매우 좋은 삶을 더했을 때 세상이 나빠진다는 것은 잘못이다"라는 말은 회로를 태워버리지 않고도 이 말에 반대할 수 있는 로봇을 프로그래밍할 수 없다는 뜻이 아니다. 우리의 말은 결과를 신중하게 고려한 사람이라면 반대하지 않으리라는 뜻이다.

우리가 여기서 이야기하고 있는 대상은 바로 그런 **사람**이다. 그는 매우 좋은 삶을 살고 여기에 감사할 것이다. 왜 다른 누군가는 그렇지 않다고 말해야 하는가? 그 사람에게 선사할 수 있는 삶을 부정하는 이유가 무엇인가? 이 가상의 사례에서는 누구에게도 무엇에도 어떤 비용이나 결과가 초래되지 않는데도 말이다. 어떤 우주적 법정에서 그들은 판사에게 어떤 논증을 제시하려나? 이 잠재적인 사람의 변호사나 조력자에게 뭐라고 말하려나? 그러니 미래 B가 미래 C보다 낫다고 생각할 수야 있겠지만 우리가 생각하기에 누구도 그래서는 안 된다.

질에만 초점을 맞추면 질을 어떻게 정의하든 똑같은 문제들을 맞닥뜨린다. 평균 대신 중앙값 복지를 비교해 무엇이 최선인지 결정하면 어떨까? 나머지 모든 사람을 무시하고 가장 비참한 사람의 복지만 비교한다면? 모든 **양이 아니라 오로지 질** 논리는 좋고 귀한 삶을 살아가는 사람들이 존재만으로 세상을 나쁘게 만든다고 주장함으로써 기본적 검증조차 통과하지 못한다.

당신은 이것이 문제라고 생각하는가? 우리는 그렇게 생각한다. 이것이 우리가 **양이 아니라 오로지 질** 관점이 틀렸다고 말하는 한 가지 이유다. 우리는 이 절 첫머리에서 "삶의 **질**이 문제지, 삶의 **양**은 아무 의미도 없"을 가능성을 고려했다. 하지만 이렇게 생각하면 다른 누구에게도 악영향을 전혀 미치지 않는 대단한 삶이 결코 존재하지 않는 쪽을 선호할 것이다. 따라서 우리의 결론은 질에**만** 초점을 맞추는 방식은 인구 대감소가 안정화보다 나은지 판단하는 도구나 지표로 효과가 없으리라는 것이다.

우리는 질과 양 둘 다 중요하다고 말한다. 그래도 미해결 질문이 많이 남아 있다. 이를테면 상충 관계가 있을 때 질과 양에 얼마나 **정확히** 비중을 두어야 할까? 이는 거대한 질문이지만 이 책에서 답해야 하는 질문은 아니다. 사실들(건강, 사망, 교육, 소득, 여가 시간, 안전, 그 밖의 수많은 지표들)의 현실적 문제로 보건대 더 큰 세상은 (평균적으로, 또 누군가는 선호할 법한 나머지 대부분의 질 판정 기준에 따라) 더 나은 세상인 것으로 입증되었다. 그러므로 인류 앞에 놓인 현실 세계의 선택을 놓고 볼 때 안정화는 인구 대감소보다 좋아 보인다. 범위를 좁혀 질만 고려하든, 좋은 것이 많으면 더 좋다고 말하든(이는 좋은 삶의 양과 질이 둘 다 중요하다는 뜻이다) 말이다.

불가사리의 비유

좋은 것이 많으면 더 좋다는 걸 보여주는 이야기가 있다. 비슷한 얘기를 들어봤을지도 모르겠지만 다시 들을 만한 가치가 있다.

새벽 어스름에 당신은 간밤에 폭풍우가 지나간 해변을 걷다가 누군가 불가사리를 집어 다시 살아갈 수 있도록 바다에 슬며시 던져 넣는 광경을 목격한다. 어느 방향을 보든 수많은 불가사리가 해변에 떠내려와 옴짝달싹 못하고 있다. 당신이 묻는다.

"뭐하고 계신가요?"

"이건 아직 살아 있어요. 물살을 따라 깊이 흘러가면 살 수 있어요. 제가 도와줄 수 있어요."

당신이 반박한다.

"하지만 너무 많잖아요! 이렇게 한다고 해서 변화를 일으킬 순 없어요!"

그가 다시 불가사리 한 마리를 집어서 물속에 퐁당 떨어뜨린다.

"저 녀석에게는 변화를 일으켰죠."

펜실베이니아대학교의 인류학자인 로런 아이즐리Loren Eiseley는 1960년대에 이 이야기의 최초 버전을 썼다. 캥거루 육아법, 피타고라스 정리, 그 밖의 비경합 혁신과 마찬가지로 아이즐리의 이야기 역시 널리 퍼졌으며 다양한 곳에서 인용되었다. 그렇기에 당신이 들어봤을 버전은 아이즐리가 『뜻밖의 우주The Unexpected Universe』에 쓴 이야기와 약간 다를 수도 있다.

아이즐리의 이야기에는 사회 복지를 연구하는 경제학자들이 '독립성'이라고 부르는 개념이 담겼다. 불가사리 이야기에서 얻는 교훈은 두 미래 중 어느 것이 나은지 평가할 때(불가사리 한 마리를 바다에 던지든 던지지 않든) 그 두 미래를 아울러 두루 변화하거나 달라지지 못하는 것(결코 도움을 얻지 못할 해변의 많은 불가사리들, 도움이 필요하지 않은 바닷속의 더 많은 불가사리들)에 신경 쓰지 말라는 것이다. 두 선택지의 **차이**만 생각하라. 그 차이에 좋은 점만 있다면(정책, 자선 프로그램, 당신의 행위에 영향받는 모든 사람에게 결과가 좋다면) 나머지 모든 것과 별개로 무엇이 나아질지 알 수 있다.

미래 B에서 더해진 삶과 미래 C에서 더해진 삶에는 많은 **좋은 것**이 있다. 특히 **그 삶을 살아가는 사람들에게 좋은 경험**이 있다. 이 사람들은 그 경험을 원할 것이다. 그거면 충분하다. 우리의 단순화한 시나리오에서는 이렇게 더한 삶의 존재만으로 다른 누구의 상황도 나빠지거나 나아지지 않는다. 그러므로 어느 미래가 더 나은지 평가할 때는 영향받지 않는 사람들을 고려할 필요가 없다. 평균 복지 같은 평가 방법이 실패하는 이유는 영향받지 않는 사람(또는 불가사리)에 의해 판단이 영향받기 때문이다.

미래 C는 미래 B보다 낫고 미래 B는 미래 A보다 낫다. 나머지 조건이 동일할 경우 좋은 것이 많으면 더 좋다. 앞에서 우리는 좋은 삶들이 그저 짠 하고 나타나는 마법 같은 사례들을 들여다보면서 이를 확인했다. 여기서 더 나아가려면 마법을 꺼야 할 것이다. 인구 윤리의 문제를 해결하려면 마법 세계의 시나리오와 현실 세계에서의 결과를 둘 다 고려해야 한다.

무량수의 삶은 더욱 좋지 않을까?

더해진 삶이 깔끔하고 단순한 사고실험에서 좋다면, 훨씬 많은 삶이 현실 세계에서 언제나 더 좋다는 뜻일까? 여기서 우리의 답은 매우 간단하다. 복잡한 시나리오를 들여다보거나 미래 D를 상상할 필요는 전혀 없다. 무언가가 좋다고 믿는 것은 "어떤 비용과 결과가 따르든 상관없이, 상상할 수 있는 어떤 양이든 더 가지면 언제나 좋다"라는 뜻이 아니다.

우리의《뉴욕 타임스》칼럼에서 가장 많은 추천을 받은 댓글은 이것이다.

> 이 논리에 따르면 우리는 모두 자녀를 최대한 많이 낳아야 한다. 왜 두 명에서 멈추는가? 이론상 25명까지 낳을 수 있는데? 내가 생물학적으로 가능한 최대한의 자녀를 낳지 않음으로써 무산시키고 있는 모든 잠재적 즐거운 삶에 대해 생각해보라.

하도 많은 독자가 이 반론에 찬성했기 때문에 우리는 오해의 여지를 남겨둔 책임이 우리에게 있다고 생각한다. 전 세계 모든 사람이 자녀를 25명 낳으면 당연히 세상이 나빠질 것이다! 모든 사람이 시도하는 유일한 방법이 자녀를 하나 더 낳는 것일 때 삶, 사회, 여성 건강이 정확히 어떻게 망가질지 상상하는 것은 우리의 깜냥 밖이다. 자녀를 절대로 원하지 않았던 사람이라면 하나만 낳더라도 충분히 나쁠 것이다.

안정된 미래가 인구 대감소 미래보다 낫다고 해서 더 많은 아기가 더 적은 아기보다 언제나 나은 것은 아니다. '무언가가 좋은 일이다'를 '무언가가 유일하게 좋은 일이며 나머지 모든 목표를 배제하고 그것이 유일한 목표여야 한다'로 혼동하는 것은 잘못이다.

굶주린 사람을 먹이는 것은 좋은 일이다. 아이들을 가르치는 것은 좋은 일이다. 아픈 사람을 치료하는 것은 좋은 일이다. 이 좋은 목표 중 하나에 쓰는 1달러, 1분, 한 번의 생각이 나머지 목표들에 쓰이지 못하더라도 모두 좋은 일이다. 하지만 그 무엇도 나머지 모든 목표와 가치를 배제하고서 추진해야 하는 유일한 목표는 아니다. 우리는 마지막 다섯 장에서 중요한 문제들을 살펴봤다.

파이를 다 먹는 것은 좋은 생각이 아닐 것이다. 하지만 한 조각을 먹는 것은 좋은 생각일 때가 있다(당신이 알레르기가 있거나 파이를 싫어하지 않는다면). 여기에는 어떤 모순도 없다. 사실 안정화가 인구 대감소보다 낫다고 해서 무량수의 삶이 몇십억보다 반드시 나은 것은 아니다. (사실을 넘어서면 어떨까? 허황한 가설의 마법을 다시 부리면 어떻게 될까? 무량수의 삶이 최상의 계획일 수도 있을까? 이 의문은 이 책에서 답하고자 하는 현실적 질문의 범위를 넘어선다. 하지만 많은 학자가 이 의문에 매료된다. 당신이 가설적으로 어마어마한 인구의 철학에 관심이 있다면 이 책의 결론 뒤에 있는 부록을 참고하라.)

산아 자유를 지지하면서도 인구 대감소를 걱정할 수 있다

인구 변화의 가치와 윤리에 대해 이야기할 때 처음 제기되는 질문 중 하나는 대개 산아 자유에 대한 것이다. '좋은 삶이 더 많은 세상'이 더 좋다면 이런 우려가 따라붙는다. 사람들이 낳고 싶어 하지 않는 자녀를 낳도록 강요하는 게 정당화되진 않을까? 좋은 것이 많으면 더 좋다는 생각은 자유와 모순되는 것처럼 느껴진다. 산아 자유를 지지하는 것은 인구 대감소를 걱정하는 것과 양립할 수 있을까? 그렇다. 두 생각은 양립할 수 있다. 둘 다 더 나은 미래를 만들어가는 일부다.

사람들이 무언가를 선택했을 때 상황이 더 나아진다고 해서 사람들에게 강요해도 괜찮다고 말할 수는 없다. 임신 문제는 뒤에서 다루기로 하고 다른 사례부터 살펴보자. 대부분 사람은 자신의 신장을 기증해 누군가의 목숨을 구하는 것이 가치 있다고 인정할 수 있다. 이러면 누군가에게는 세상이 무척 좋아질 것이고 전체적으로는 약간 좋아질 것이다. 하지만 이를 인정한다고 해서 법률로 당신에게 신장 기증을 강요할 수 있다는 뜻은 아니다.

철학자 주디스 자비스 톰슨Judith Jarvis Thomson은 다른 사람의 신부전과 산아 자유의 도덕적 유사성을 처음 제기했다.[2] 당신의 몸이 타인의 신장 공장이 아니라 자신의 것일 때 사회 전체와 개인의 삶 둘 다 더 나아진다. 여기에는 여러 명백한 이유가 있다.

이만하면 충분하겠지만 우리는 좋은 것이 많으면 더 좋다는 주장에 누군가는 발끈하리라는 것을 잘 안다. 하지만 좋은 삶을 좋게 경험하면 세상이 더 나은 곳으로 바뀐다는 데 동의한다고 해서, 모두가 만사 제쳐두고 자녀를 더 많이 키워야 한다는 뜻은 아니지 않은가? 여성이 원치 않는 아기를 임신하고 출생해야 한다는 뜻은 아니지 않은가? 당연히 아니다. 아래 두 문장을 동시에 옳다고 믿는 데는 어떤 모순도 없기 때문이다.

> 인구 대감소가 일어나지 않으면 **더 나을** 것이다.
>
> 누구도 아기를 낳으라고(또는 낳지 말라고) **강요**받거나 **요구**받아서는 안 된다.

시마의 KMC 병동 간호사 업무라는 렌즈를 통해 이 문제를 들여다보자. 좋고 행복한 경험, 애정 어린 관계, 보람 있는 과제 등의 유익을 사람들에게 선사하는 한 가지 방법은 그들의 삶을 창조하는 팀워크에 참여하는 것이다. (시마가 직장에서 하고 있는) 또 다른 방법은 그들이 생애 초기에 죽지 않도록 함으로써 삶을 **연장**하는 팀워크에 참여하는 것이다. 시마의 일은 삶을 창조하지 않는다. 하지만 신생아의 목숨을 살리면 다른 방법으로는 불가능했을지도 모르는 (긴) 인생의 좋은 경험이 생겨나도록 할 수 있다.

시마의 직업은 자신이 선택한 결과다. 하지만 그녀가 KMC 병동을 떠나 다른 직업을 가지고 싶어 하거나 결혼해 다른 지역으로 이주하고 싶어 하거나 어떤 이유에서든 간호사를 그만두고 싶어 한다면 어떨까?

정부를 동원해 시마가 목숨을 살리는 업무를 계속하도록 강요해야 한다는 데 동의하는 사람은 아무도 없을 것이다. **정부는 누구에게도 간호사가 되라고 강요해서는 안 된다**는 명백한 진리는, **나머지 조건이 모두 동일할 때 세상이 더 좋아지는 한 가지 길은 간호사의 노력을 통해(그리고 사회의 도움으로) 더 많은 아기가 살아남아 좋은 삶을 사는 것**이라는 생각과 완벽하게 양립할 수 있다.

같은 맥락에서 **정부는 누구에게도 부모가 되라고 강요해서는 안 된다**는 명백한 진리는, **나머지 조건이 모두 동일할 때 세상이 더 좋아지는 한 가지 길은 부모의 노력을 통해(그리고 사회의 도움으로) 더 많은 아기가 잉태되고 태어나 좋은 삶을 사는 것**이라는 생각과 완벽하게 양립할 수 있다. 사람들의 중대한 인생 결정을 강요하려 드는 것은 인구 대감소를 면하는 것이 귀중하다는 명제와 아무 상관 없는 끔찍한 발상이다.

생명을 살리는 간호사의 사례에서 이 진리를 파악하기가 쉬운 이유는 정부가 사람들에게 스스로의 의지에 반해 간호사(또는 어떤 직업이든)가 되도록 강요하지 않기 때문이다. 반면에 생명을 창조하는 부모의 사례에서는 경보음이 울린다. 일부 정부는 여성들에게 스스로의 의지에 반해 자녀를 낳으라고 실제로 강요하기 때문이다. 강제 불임은 말할 것도 없다. 하지만 생명 창조의 경우에도 양립하는 주장에는 내재적 모순이 전혀 없다.

우리는 간호사가 되지 않겠다는 개인의 자유를 존중할 수 있다. 마찬가지로 엄마나 사형수 담당 변호사나 신장 기증자나 전쟁 지역의 구호 활동가나 자살예방센터의 자원봉사자 등이 되지 않겠다는 자유도 존중할 수 있다. 그러면서도 생명이 좋음을 인정할 수 있다. 당연히 그럴 수 있다!

시마가 반드시 간호사가 되어야 하지 않는다는 데 당신이 동의한다면, 생명이 귀하며 좋은 것이 많으면 더 좋다는 이유만으로 누구도 반드시 부모가 되어야 하지 않는다는 데 동의해야 한다. 세상은 그보다 복잡한 곳이다. 강압적 산아 정책의 위협이 실질적이고 해롭기는 해도 이는 좋은 것이 많으면 더 좋다는 생각을 논박하지 않으며 심지어 아무 관계도 없다.

신장 매칭의 경제학이 선사한 것

그렇다면 좋은 것이 많으면 더 좋다는 말은 현실에서 무슨 뜻일까? 부모 되기에 대한 개인의 선택을 존중하면서 사회 전체가 생명의 가치를 중시한다는 것은 어떤 모습일까?

인구 대감소를 피하기 위해 무엇을 해야 하는가는 이 책 4부의 질문이다. 지금은 맛보기용 이야기를 들려주고자 한다. 신장 기증자와 신장 이식이 필요한 환자를 맺어주는 난제에 대한 이야기다. 앞에서 말했듯이 신장은 산아 자유에 대한 효과적 비유다. 대부분의 건강한 사람들은 신장이 두 개이며 한 개만 있어도 괜찮다. 그래서 대체로 신장 이식은 살아 있는 사람이 친척에게 신장을 기증하는 것에서 시작된다. 이타적 신장 기증은 많은 도움이 된다. 투석을 받지 못하는 사람들의 목숨을 살리며(가난한 나라에서는 모든 사람이 신장 투석을 받지는 못한다) 이식받는 사람의 삶을 개선한다.

문제는 신장 이식 수술을 할 수 있으려면 기증자의 혈액형과 조직형tissue type(인체에서 조직 적합성을 결정하는 인간백혈구항원 단백질 – 옮긴이)이 환자와 일치해야만 한다는 것이다. 기증자는 부모, 형제자매, 자녀 등 자신이 알고 사랑하는 사람을 돕고 싶어 하는 경향이 있지만 가족끼리도 혈액형과 조직형이 일치하지 않을 수 있다.

오래전부터 의사들은 기증자와 환자를 쌍으로 맺으면 더 많은 사람들을 맺어줄 수 있음을 알고 있었다. 가족 X에 속한 기증자가 친척을 돕고 싶지만 혈액형과 조직형이 일치하지 않고, 가족 Y에 속한 기증자도 친척을 돕고 싶지만 혈액형과 조직형이 일치하지 않는다고 해보자. 기증자들이 가족을 바꿔 가족 X가 가족 Y에서 신장을 기증하고 가족 Y가 가족 X에게 신장을 기증하면 하루에 네 번의 수술로 2 대 2 교환이 성립한다.

그러나 개선된 것은 맞지만 여전히 많은 사람이 배제된다. 가족 X와 Y에 속한 네 사람 모두가 수술받을 각오가 되어 있고 두 가족이 딱 알맞은 시기에 서로 만날 가능성이 얼마나 되겠는가?

앨빈 E. 로스Alvin E. Roth는 이런 종류의 질문에 흥미를 느낀다.[3] 경제학자인 로스는 사람들이 대규모 집단에서 어떻게 매칭(짝 맞추기)을 하는지 연구한다. 일자리는 노동자와 회사 사이의 '매칭'이다. 대학 입학 승인은 학생과 교육 기관 사이의 '매칭'이다. 연애도 '매칭'이다. 신장이 필요하고 혈액형과 조직형이 자신과 같은 사람에게 신장을 기증하는 것도 매칭이다. 1990년대에 로스는 의료계를 도와 수련의를 수련 병원과 매칭하는 도구를 개선했다. 그리고 신장 기증 문제에 대해 들었을 때 자신의 도구가 이번에도 도움이 될 수 있음을 직감했다.

로스와 공동 연구자들은 그들이 개척한 매칭경제학 도구를 이용해 새로운 신장 기증 시스템을 수립했다. 첫째, X와 Y 같은 가족들이 두 가족 맞바꾸기를 위해 더 수월하게 서로를 찾을 수 있도록 데이터베이스와 절차를 마련했다. 그 뒤 더 기다란 기증자-수증자 사슬을 찾아내고 제안할 수 있는 새 알고리즘을 고안했다. 기다란 사슬에서는 당신의 배우자가 신장을 얻는 대신 당신의 잉여 신장이 누군가의 (당신과 매칭되는) 엄마에게 간다. 그녀의 아들은 자신의 잉여 신장을 (자신과 매칭되는) 다른 누군가에게 제공한다. 이런 식으로 계속된다. 인척 관계가 없는 수십 명의 사슬이 이렇게 연결될 수 있는 것은 한 명의 '순수nondirected' 기증자 덕분이다. 그는 아픈 친척이 없어서 신장이 자신의 수증자에게 돌아오길 요구하지 않은 사람이다.

미국 의료계는 로스의 시스템을 받아들였다. 혈액형이 맞지 않는 가족 구성원들은 마침내 사랑하는 이를 도울 수 있게 되었다. 신장을 기다리는 시간도 줄었다. 수천 건의 이식 수술이 추가로 시행되었고 삶이 연장되고 개선되었다. 로스는 2012년 노벨상을 받았다. 이렇게 이식이 증가하자 좋은 것이 많아졌으며 세상은 더 나아졌다.

이 이야기의 교훈은 경제학자들이 부모를 베이비시터와, 연애 희망자를 서로 매칭하는 더 나은 도구를 설계해 부모 되기 문제를 해결해주리라는 것이 아니다. 요점은 자유롭고 자발적인 선택의 범위 안에서도 세상을 더 낫게 만들 여지가 종종 생긴다는 것이다. 로스의 시스템이 등장하기 전에는 신장 기증은 자발적이었다. 로스의 시스템이 등장한 뒤에도 신장 기증은 자발적이다. 로스의 시스템이 등장하기 전에는 신장병 환자의 예후가 좋지 않았다. 그러나 로스의 시스템이 등장한 뒤에는 신장병 환자의 예후가 좋아졌다.

자유로운 선택을 존중한다고 해서 모두가 현 상태에 얽매인다고 생각하는 것은 상상력 부족의 소산이자 잘못된 판단이다. 로스와 많은 의사, 간호사, 장기 기증자가 입증한 것은 시스템 차원에서 공감을 바탕으로 똑똑하게 생각하면 누군가의 자기결정권이나 신체적 자율성을 해치지 않고도 더 나은 미래를 만들 수 있다는 사실이다. 심지어 더 많은 생명을 세상에 더할 수도 있다. 이는 인구 대감소를 피하기 위한 계획은 아니지만 영감을 선사한다.

이 책 첫머리에서 우리는 지금 해야 할 일은 인류의 지평에서 인구 대감소에 대한 대화를 시작하는 것이라고 말했다. 한 시간 동안 책을 읽고 사색한 것만으로는 먼 미래와 장소에 사는 누군가가 좋은 삶을 경험하도록 하는 일에 어떤 가치가 있는지 깨달음을 얻지 못할 수도 있다. 그래도 괜찮다. 이 장은 그 문제를 해결하려고 쓰지 않았다. 당신에게 동참을 권유하려고 썼다. 그건 힘든 일이다. 한꺼번에 해낼 수 없다.

불편부당함은 우리와 가까운 사람들보다 훨씬 바깥에 있는 사람들에게 관심을 갖는 것이다. 이 일은 힘들다. 인류의 미래라는 거창한 질문들에서만 그런 것이 아니다. 현재 일어나는 일에 비유하면 이해하기 쉬울 것이다. 지역 주택 공급 정책은 편파적이라는 비판을 종종 듣는데, 그렇다면 주민들의 목소리와 요구 사항에 얼마나 무게를 부여해야 할까?

마이크의 아내 에이프릴은 오스틴 도시계획국에서 근무하는데, 자신의 업무를 더 폭넓은 관점에서 생각하려고 한다. 그래서 자신의 부서와 시의 선출직 대표들에게 지금의 오스틴 주민뿐 아니라 (부분적으로는 자신과 동료들이 무엇을 성취하느냐에 따라) 오스틴 지역사회에 참여할지도 모르는 사람들까지 고려해달라고 요청했다.

에이프릴은 주택 공급이 늘기만 해도 여러 개발 계획들이 오스틴에 이주하는 사람들에게 어떻게 유익할지를 염두에 두려고 노력한다. 주택이 공급되면 그들은 멀리 떨어진 교외에서 출퇴근하느라 교통 정체를 겪고 오염을 일으키는 상황에서 벗어나 직장 가까이에서 살 수 있다. 공무원으로서 이런 입장을 유지하기란 쉬운 일이 아니다. 신규 주택이 건설되고 인구가 밀집하면 기존 주민들의 불만이 커지기 마련이다. 그들은 지금 이곳에 살고 있을 만큼 유복하고 발언권이 크다. 게다가 미래의 오스틴 주민들은 지역사회 의견을 듣는 회의에 참석하지 않을 것이다. 그럼에도 에이프릴은 그들의 복지까지 고려하고 싶어 한다.

> **미래의 오스틴 주민도 중요하다**: '더 낫다'와 '더 못하다'는 이미 오스틴에 사는 사람들에게만 더 낫고 더 못하다는 뜻일 수 없다. 모두에게 '더 낫다'여야 한다.

> **미래의 인간도 중요하다**: '더 낫다'와 '더 못하다'는 이미 살고 있거나 반드시 태어날 사람들에게만 더 낫고 더 못하다는 뜻일 수 없다. 모두에게 '더 낫다'여야 한다.

좋은 것이 많으면 더 좋다는 생각이 모든 것을 해결하는 단 하나의 올바른 생각은 아닐지라도(어떤 올바른 생각도 그렇지 않다) 어떤 한 미래에 다른 미래보다 좋은 것이 많이 들어 있다는 사실은 **무언가**에는 중요하지 않을까? 만일, 그러니까 **만일** 우리가 서로에게 피해를 입히거나 중요한 것을 희생하지 않고서 미래를 인구 대감소로부터 돌려세우는 출산과 양육에 대한 염원을 뒷받침할 방법을 함께 찾을 수 있다면 그것이 더 낫지 않을까? 어쩌면 훨씬 낫지 않을까?

4부

앞에 놓인 길

9장

인구 대감소는 저절로 해결되지 않는다

앞의 여섯 장에서는 인구가 안정되더라도 환경 재앙이 일어나지 않을 것이며, 인구 대감소가 일어나더라도 서둘러 기후변화에 대처해야 할 이유가 사라지지 않을 것이라고 말했다. 성평등과 높은 출생률이 갈등 관계일 필요가 없다고도 말했다. 여성이 인류를 스파이크 위쪽으로 밀어올리느라 짊어지게 된 짐을 덜어주고 나눠 지지 않는 인구 안정화는 결코 바람직한 길이 아니라고 말하기도 했다.

이 장들에서는 인구가 급증하는 동안 세상이 더 나빠진 게 아니라 더 나아졌으며, 인구 급증이 그 한 가지 이유였음을 보여주었다. 규모의 경제와 공유된 혁신은 혼자서보다 함께일 때 좋은 일을 더 많이 할 수 있음을 의미한다. 우리는 빈약한 부스러기를 나누는 구두쇠가 아니다. 우리는 큰 파이를 굽는다. 6~8장에서는 좋은 삶이 존재하는 것 자체에 가치가 있는지 숙고할 것을 촉구했다.

이 장들에서의 과제는 세계 인구가 감소하는 게 아니라 안정되는 것이 더 나은지 알아내는 것이었다. 모든 사실, 증거, 주장을 견줘보고 우리는 그렇다고, 인구 대감소의 회피를 희망해야 한다고 말했다. 희망으로는 부족하다. 할 수 있다면 인구 대감소를 피하기 위해 노력해야 한다. 하지만 그럴 수 있을까? 어떻게?

아니면 상황이 저절로 해결될까? 우리가 스파이크를 보여주면 사람들은 출산율 하락이 2에서 멈추면 어떻게 될지 궁금해했다. 우리는 그런 일은 없을 거라고 설명한다. 그런 적이 없었기 때문이다. 세계 인구의 3분의 2는 이미 출산율이 대체율을 밑도는 나라에서 산다. 이 지역에서의 출산율 하락은 2에서 멈추지 않았다. 그러므로 출산율은 2에서 멈추지 않고 내처 떨어질 것이다.

낮은 출산율에 대해 처음 들었을 때 또 다른 반응은 이민이 문제를 해결하리라는 것이다. 하지만 인구 대감소는 **세계적인** 현상이다. 모든 나라의 출산율이 낮아지더라도 이민을 허용하는 건 좋은 발상이다. 하지만 인구를 더해주지는 못한다. 이민으로는 인구 대감소를 막을 수 없다. 적어도 이민자의 모국이 지구라면 가망 없다.

그런데 낮은 출산율은 수백 년을 기준으로 보면 여전히 새로운 현상이다. 아직 일어난 적 없는 변화가 일어날지도 모른다. 만일 출생률이 2 이하로 내려간 뒤에 낮은 출산율이 '스스로 교정'되어 저절로 대체율까지 상승하면 우리는 희소한 주의력과 자원을 인구 대감소의 이해에 투자할 필요가 없다. 어쨌거나 세상에는 인구 대감소 말고도 시급한 문제가 많지 않은가. 그러면 우리는 다른 문제를 공략할 수 있다. 이렇게 하면 새로운 법률이나 계획이나 운동이 비록 좋은 의도로 실시되더라도 사태를 악화시키는 위험을 면할 수 있다. 그렇다면 스파이크의 경고에 대한 최선의 대응은 무대응 아닐까?

인구 대감소가 저절로 해결되리라 기대하지 말라: 인류가 방향을 바꾸는 쪽을 선택하지 않는 한 자동 안정화 장치를 통해 인구 대감소를 피할 가망은 없다.

이 장에서는 저절로 일어나리라 예상해야 하는 것은 무엇이고 예상하지 말아야 하는 것은 무엇인지 살펴본다. 물론 미래를 알 수는 없지만 자동 역전의 가능성들을 하나씩 평가할 만큼은 오늘날에도 충분히 알고 있다.

2라는 출생률은 자연스럽지도, 필연적이지도 않다

혹자는 여성 1인당 평균 자녀 수가 두 명가량으로 복귀해 장기적으로 유지되는 것이 자연스럽다고 생각할지도 모르겠다. 그렇다면 인류는 오랜 역사를 거치고도 그 자연스러운 상태에 아직 도달하지 못한 셈이다.

여성 1인당 전 세계 평균 출산율이 5 이상이던 20세기 들머리에 우리는 '자연스럽게' 살지 않았다. 전 세계 출산율이 6을 조금 웃돌던 100년 전 우리는 '자연스럽게' 살지 않았다. 청동기나 철기 시대 인간들이 두 명을 낳으며 '자연스럽게' 살았다는 증거도 전혀 없다. 지구 위 대다수 인구 집단의 출생률이 대체 수준 이하인 오늘날도 우리는 '자연스럽게' 살고 있지 않다.

고대의 출산율을 2로 끌어내린 자연적 힘은 전혀 없다. 출산율이

2 이하로 내려간 지역에서 현대의 출산율을 2로 끌어올린 자연적 힘도 전혀 없다. 발동할 준비를 하고 있다가 세계 인구를 저절로 안정시키는 자연적 힘은 전혀 없다.

인구통계학에는 출생률과 사망률의 균형을 유지할 온도계가 없다. 지금까지는 일일 출생자 수가 일일 사망자 수를 웃돌았다. 하지만 머지않아 사망자 수가 출생자 수를 앞지를 것이다. 두 수가 같아질 이유는 없으므로 이 불균형은 결코 새로운 현상이 아니다. 출생률과 사망률은 신뢰할 만한 데이터가 있는 어떤 시기(20세기 전후)에도, 얼추 들어맞으리라 생각되는 데이터가 있는 더 오랜 시기(지난 1,000~2,000년간)에도 결코 같은 수준으로 유지되지 않았다.

출산율이 하나의 숫자에 고정되었을 때 그 숫자는 2가 아니었다. 일본의 출산율은 30년간 약 1.4를 오르락내리락했다. 1.4의 출산율이 꾸준히 유지된다는 것은 인구가 쪼그라든다는 뜻이다. 역사를 보면 약 2의 합계출산율이 자연적이거나 필연적으로 나타나리라 예상할 이유가 전혀 없다.

아미시가 지구를 물려받지 못하는 이유

하지만 아미시Amish(미국 펜실베이니아 중부에 있는 기독교 종파인 아미시파의 종교·문화 공동체 – 옮긴이)는 어떤가? 평균적 미국인은 자녀를 많이 낳지 않지만 아미시는 다르다. 그들은 대체로 대가족을 이룬다. 그들은 펜실베이니아 등지의 전통적 종교 공동체에서 다섯 명 이상의 자녀를 낳아 기른다. 이렇게 아미시의 출산율이 대체 수준 이상이면, 논리적으로 아미시 인구가 성장해서 세계 인구에서 차지하는 비중이 점차 커지다 결국 세계 평균 출산율을 대체 수준 이상으로 끌어올리지 않을까?

사회학자 라이먼 스톤Lyman Stone의 추정에 따르면 최근 아미시 여성들은 평균 5~6명의 자녀를 낳았다.[1] 1970년대 중반 아미시 인구는 약 5만 명이었다. 오늘날은 35만 명가량이다. 이 수는 추정값이다. 아미시 인구에 대해서는 오스틴 인구와 같은 인구조사가 실시되지 않으므로 추정이 최선이다. 다른 연구자들은 아미시의 연간 성장률을 3~4퍼센트로 추정했다.[2] 아미시가 연간 4퍼센트로 성장한다면 단순 계산에 따라 50년 뒤에는 350만 명이 된다. 100년 뒤에는 1,700만 명, 200년 뒤에는 10억 명에 가까워진다. 계속하다 보면 지구상의 모래 알갱이보다 많아질 것이다. 인구 대감소 문제는 골백번 해결되고도 남는다.

우리는 이 책을 쓰는 동안 "출산율이 높은 문화가 계승되는데 인구가 왜 감소하는가?"라는 질문을 하도 들어서 학술지 《인구통계학》에 수학, 사회과학, 관념사를 망라하는 논문을 발표했다. 대가족 출신 아동이 성인이 되어 평균적으로 더 많은 자녀를 낳는 경향이 있는 것은 사실이다. 부모의 출산율은 자녀의 출산율과 **상관관계**가 있다. 하지만 이 사실만으로 아미시(또는 누구든)가 금세 지구를 뒤덮으리라고 예측하기는 무리다.

이 생각은 두 가지 면에서 틀렸다. 첫째는 '높은 출산율'의 의미가 시간 경과에 따라 달라진다는 것이다. 오늘날 높은 출산율 집단은 과거보다 출산율이 낮은 경향이 있다. 그러므로 미래에는 더 낮아질 것이다. 스톤은 20세기 중반에 아미시 출생률이 일곱 명에서 아홉 명일 거라고 예견했다. 하지만 2015년이 되었을 때 아미시 출생률은 여섯 명을 밑돌았다. 8.x 출생률과 5.x 출생률의 차이는… 어마어마하다.

아미시는 일례에 불과하다. 이 사실은 연구자 이사벨 유니에비치 Isabel Juniewicz가 우리에게 알려주었다.[3] 《인구통계학》에 실린 우리의 논문에는 또 다른 예가 있다. 많은 지역이 그렇듯 인도도 종교적 하위 집단마다 출생률이 다르다. 인도의 무슬림 소수파는 역사적으로 출생률이 높았다. 하지만 인도 무슬림의 합계출산율은 1992년 4.4에서 2011년에는 2.7로, 2019~2021년 수집된 데이터에서는 2.4로 하락했다.[4] 현재 인도 무슬림의 출생률은 약 10년 전 인도인 전체의 출생률을 밑돈다. 교육, 도시·농촌, 종교 등 무엇을 기준으로 집단을 정의하든 인도의 주요 하위 집단 중에서 출산율 감소를 면한 집단은 하나도 없다.

30~40년 전 펜실베이니아나 인도에서 높은 출산율은 자녀 네 명가량을 의미했다. 지금은 세 명가량을 의미한다. 언젠가는 높은 출산율이 두 명을 뜻할지도 모른다. 종교적 소수파 하위 문화든, 사하라 이남 아프리카든 높은 출산율 집단의 출산율이 평균 2 이하로 떨어지면 그들도 감소할 것이다. 나머지 집단보다 느리게 감소할 수는 있겠지만.

출산율이 높은 종교 하위 집단이 확실한 구제책이 되지 못하는 두 번째 이유는 세대를 연결하는 고리가 완벽하지 않기 때문이다. 이를테면 미국과 유럽의 젊은 세대는 나이 든 세대보다 덜 종교적이다. 또한 라틴아메리카의 젊은 세대는 가톨릭에서 개신교로 이동하고 있다.

이 말을 듣고서 놀랄 부모는 아무도 없겠지만, 당신의 자녀는 당신의 문화적 관습과 믿음을 물려받지 않을지도 모른다(마이크는 아들 에밋이 보드게임에 흥미를 느끼게 하려고 공을 들이고 있으며, 딘은 자녀들을 쌀과 콩에 맛들이게 하려고 애쓰고 있다. 이 문화는 유지될지도 모른다. 아닐 수도 있고). 당신에게 자녀가 없다면 잠시 자신의 10대 시절이나 청장년기를 진지하게 돌아보라. 딘의 부모는 딘이 아내와 함께 우타르프라데시 농촌으로 이주하는 것이 정말로 나쁜 계획이라고 생각했다. 하지만 딘은 강행했다.

사회과학자들은 종종 자녀들이 성장해서 부모와 다른 나름의 계획을 세운다는 것을 발견한다. 출산율이 높은 하위 집단의 일화가 흥미로울지도 모르지만, 자라서 집단을 떠나는 자녀들의 삶 이야기를 감안하지 않는다면 미래(심지어 현재)가 어떤 모습일지 우리에게 알려 줄 수 없다.

미래에 대해 추측하면서 역사를 무시할 필요는 없다. 과거에는 출산율이 높은 종교 소수파가 (오늘날 관점에서 알맞게 느껴지는 수준보다) 많았다. 20세기 중반 캐나다에 있는 프랑스 가톨릭 신도들의 출생률은 오늘날의 높은 출산율 집단들과 맞먹었다.[5] 그들은 오늘날 아미시보다 많은 인구에서 출발했으며 국경 안에서 확산될 여지가 충분했다.

당신이 퀘벡에 살고 있지 않다면 이 실험을 한번 해보라(다른 사람들과 함께 있는 방에서 이 책을 읽고 있다면 대뜸 고개를 돌리지는 말라). 프랑스어를 캐나다인 억양으로 구사하는 사람이 있는지 잠시 귀 기울여 보라. 캐나다의 프랑스 가톨릭이 지구를 뒤덮었는가? 아미시 이야기가 옳다면 퀘벡의 가톨릭 교인들도 마찬가지였어야 한다. 하지만 그들의 인구는 폭발하지 않았다. 무슨 일이 일어난 걸까?

가톨릭 교인인 마이크의 외할머니는 퀘벡 출신의 이민자 부모에게서 태어난 이민자 딸로, 미국 로드아일랜드주 운소킷에서 프랑스어를 쓰는 이민자 집단에서 형제자매 11명과 함께 자랐다. 마이크의 어머니 수잰도 그 집단에서 나고 자랐으며 가톨릭 학교에 다녔다. 그녀는 미국에서 태어나고 미국에서 자랐지만 수녀들에게서 프랑스어를 배웠다. 실은 한동안 미국의 도시에서 프랑스어만 썼다. 그곳에서는 프랑스어만 써도 살아가는 데 아무런 지장이 없었다.

어릴 적 집은 묵주와 십자가로 장식되어 있었다. 수잰은 매주(때로는 일주일에 두 번씩) 성당에 나갔으며 누구 못지않게 독실한 가톨릭 신자였다. 하지만 나이를 먹으면서 프랑스어를 거의 잊었고 피임을 했으며 자녀를 둘만 낳았다. 유일한 자매 지니는 프랑스어를 좀 더 오래 구사했고 미사에도 정기적으로 참석했지만 자녀는 하나도 없었다.

역사는 자녀들이 **정말로** 집단을 떠난다고 말한다. 적어도 부모와 조부모의 전통 중에서 어느 부분을 따를지 선택한다. 이는 인구통계학이 한낱 수학의 한 분야가 아닌 한 가지 이유다. 사람들은 배양접시에서 온도와 영양분 환경의 공식에 따라 20분마다 이전 세대의 재생산 성질을 물려받아 증식하는 세균이 아니다. 사람들은 선택한다.

그림 9.1.[6] 점차 줄어드는 마이크 외가의 가계도

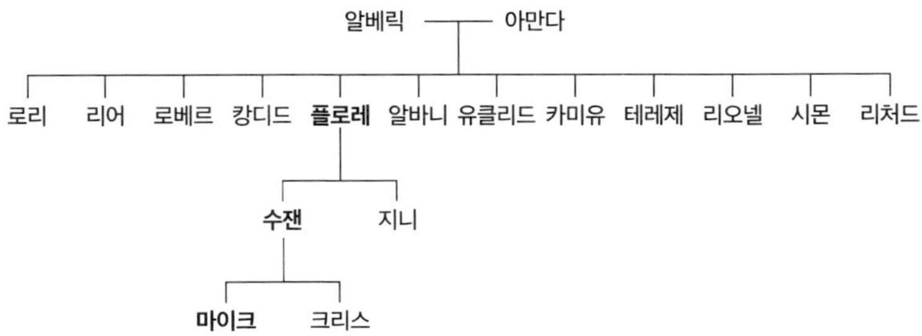

연구자들이 **사람들에게서** 세대를 아우르는 통계적 관계를 관찰하면 결과는 결코 완벽한 직선을 이루지 않는다. 문화의 나머지 요소와 마찬가지로 종교 또한 세대와 세대 사이에 아무 변화 없이 보전되지 않는다.

출산율이 계승되어 인구 대감소를 막으려면 출산율이 높은 하위 집단이 수백 년을 지나 영원토록 세대에서 세대로 의기투합해야 한다. 펜실베이니아의 네덜란드인 인구가 펜실베이니아 농지에 들어차 헛간 지을 공간조차 남지 않을 때까지 기하급수적으로 팽창한 뒤에도 계속 의기투합해야 할 것이다. 높은 출산율의 계승 가능성이 인류를 인구 대감소로부터 구원하리라는 주장에 대해 우리가 해줄 수 있는 말은 **가능하다**는 것뿐이다. 수학적으로 불가능한 것은 아니니까. 하지만 가능하다는 것은 **그럴 법하다**와는 하늘과 땅 차이다. **그럴 리** 없다. 한 번도 일어나지 않았으며 일어나고 있다는 증거도 없다. 누구도 여기에 의지해서는 안 된다.

의사들은 낮은 출산율을 치료할 수 없다

마이크는 서른둘에 아빠가 되었다. 딘은 서른여섯에 아이를 낳았다. 그 뒤로(우리는 40대의 시점에서 당신에게 이 글을 쓰고 있다) 우리 각자의 가족은 불임의 슬픔과 절망을 겪었다. 그래서 의사가 불임을 치료할 수 있는 세상이 오길 간절히 바란다. 하지만 의사가 **낮은 출산율**을 치료할 수 있을까?

불임은 개인이나 커플의 성질로 "피임 없이 정상적인 성관계를 하고도 12개월이 지나도록 임신하지 못하는 것"을 일컫는 의학적 진단명이다. **낮은 출산율**은 인구 집단의 통계적 성질로 어떤 이유에서든(가장 중요한 이유는 선택이다) 사람들이 평균적으로 아기를 많이 낳지 않는다는 사실을 서술한 것이다.

두 현상은 뚜렷이 연결되어 있다. 자녀를 낳는 생물학적 능력은 나이를 먹을수록 하락한다. 자녀를 낳는 나이가 늦어지면 최종 가족 규모가 작아지므로 노산은 낮은 출생률을 나타내는 중요한 통계 지표다(평균 초산 연령이 30세 이상인 어느 대륙, 어느 연대, 어느 나라도 인구를 안정시킬 만큼 높은 합계출산율을 기록하지 못했다).

지난 수십 년간 체외수정으로 일부 여성은 나이가 들어서, 때로는 40대에도 자녀를 낳을 수 있었다. 체외수정은 약물로 난자의 성숙을 유도한 다음 난소에서 수술로 난자를 채취하고 실험실에서 정자와 결합시켜 수정란을 만든 다음 자궁에 다시 이식한다. 난자는 엄마의 것 또는 다른 여성에게서 기증받은 것을 이용한다. 일부 난자는 채취한 직후 수정시키고, 때로는 여러 해 동안 냉동하기도 한다. 때로는 정자를 난자의 세포질에 주입하기도 하고, 정자가 마지막 몇 밀리미터를 스스로 주파하기도 한다. 때로는 아이 엄마의 자궁에 수정란을 착상시키기도 하고, 대리모가 자궁을 내주기도 한다.

당신이 부자 나라에서 이 책을 읽고 있고 나이가 서른다섯을 넘었다면 당신이 아는 사람 중에 체외수정을 고려하거나 받았거나 난자를 얼린 사람이 있을 것이며, 이 모두가 아주 획기적인 기술처럼 들리지 않을 것이다. 딘의 가족은 체외수정을 두 번 시도했다. 언젠가는 오늘날보다 훨씬 많은 사람이 불임을 극복할 수 있을지도 모른다. 그렇게 되면 근사할 것이다. 하지만 이렇게 해서 전체 출생률이 대폭 바뀔 것인가는 또 다른 문제다.

체외수정이 출생률에 어떤 영향을 미치는지에 대한 가장 분명한 증거는 이스라엘에서 찾을 수 있다. 1994년 이스라엘 정부는 전 국민을 상대로 체외수정 시술을 무료화했다. 10년이 채 지나지 않아 체외수정 시도가 10배 증가했다. 경제학자 나오미 게르쇼니Naomi Gershoni와 코린 로Corinne Low는 체외수정 기술의 보급이 이스라엘 사람들의 결정과 가족을 어떻게 변화시켰는지 기록했다.[7] 여성들은 결혼 시기가 늦어지기 시작했다. 가족의 삶을 더 융통성 있게 계획할 수 있게 되자 자녀도 늦게 낳았다.

하지만 이스라엘 여성들이 하지 않은 일이 있었다. 그들은 자녀를 더 많이 낳지 않았다. 이스라엘의 출산율은 그 뒤 수십 년간 거의 일정하게 유지되었다. 정책이 시행되기 직전인 1993년에는 2.9였는데, 10년 뒤인 2003년에도 여전히 2.9였다. 장기적으로는 어땠을까? 20년 뒤 이스라엘의 출산율은 3.0이었다. 30년 뒤에는 2.8이었다.

두 경제학자의 결론에 따르면 출생률을 끌어올리기 위해 불임 시술을 무료화한 정치인은 원하는 출생 증가를 얻지 못했다. "정책 입안자들은 체외수정 무료화에 대한 사람들의 반응이 출산율 효과를 반감시키거나 심지어 역전시킬 수 있음을 유념해야 한다. 여성들이 늦게라도 자녀를 낳을 수 있다는 확신에서 출산을 미루면 어차피 전체 가족 규모가 작아질 수 있다." 체외수정이 보급되었을 때 이스라엘 여성들은 자녀를 더 많이 낳는 게 아니라 교육을 더 많이 받고 늦게 출산하는 삶을 선택했다.

여성들이 출산을 미루고 임신에 어려움을 겪는 것과 다른 이유로 출생률이 낮은 곳도 있다. 평균적 인도인이 아기를 더 많이 낳지 않는 것은 30대 후반의 불임 때문이 아니다. 인도에서는 여성들이 대부분 20대 초중반에 출산을 시작하는데도 출산율이 대체율을 밑돈다. 인도의 35세 여성 중 설문조사원에게 자녀를 더 원한다고 응답한 사람은 10명 중 한 명도 안 된다.

실제로 인도 여성들은 임신을 위해서보다 영구 불임을 위해서 병원을 찾을 가능성이 훨씬 크다. 인도의 많은 여성이 여전히 본인의 의사와 상관없이 가족이나 그 밖의 사람들에게서 불임 수술을 강요받는다. 하지만 평균적으로 보면 우타르프라데시의 젊은 여성들은 두 명 미만의 자녀를 **원한다**고 말하며 20대에 자녀를 한두 명 낳는 경향이 있다.

그러므로 낡은 체외수정 기술(과 알약과 주사와 젊은 여성이 난자를 냉동하는 방법)만으로는 출생률을 마법처럼 끌어올릴 수 없다. 우리는 체외수정과 난자 냉동의 세상에서 살고 있다. 우리는 낮은 출생률의 세상에서 살고 있다. 전자가 후자를 막아주지 않았음은 이제 역사적 사실이다.

버튼을 누르면 아기가 만들어지는 미래

하지만 인공 자궁 같은 **정말로** 새로운 의료 기술은 어떨까? 언젠가 더 많은 사람이, 어쩌면 여성이나 남성이, 어쩌면 섹스와 젠더를 망라한 싱글과 커플이 어느 때든 자신이 선택한 나이에 유전적 자녀를 낳을 수 있을지도 모른다. 조만간 등장할 듯한 혁신적 의료 기술 덕에 모든 것을 바꿀 재생산 가능성들이 새로 생겨날 수 있을까?

《네이처 커뮤니케이션즈Nature Communications》에 발표된 2017년 연구는 핫플레이트로 데운 비닐봉지 속에서 양을 잉태시키는 데 성공했다.[8] 전문 용어로 표현하면 이는 "극단적으로 조산된 양을 생리적으로 양육하는 자궁 외 시스템"이었다. 그렇다면 이런 수비드(고기를 진공 상태로 밀봉해 낮은 온도의 물에 넣고 천천히 숙성시켜 조리하는 방법 – 옮긴이) 기술의 발전이 우리를 구하려나?

이 지독히도 낯선 것을 이해하기 위해 사고실험을 시도해보자. (원하는 사람에게) 인공 자궁을 공급할 수 있다는 논리를 가져와서, (원하는 사람에게) 젖먹이기의 부담을 없애줄 새로운 장치를 공급할 수 있다고 가정하자. 젖먹이기의 고충을 덜어주는 것은 일부 산모에게는 정말로 유익할 것이다. 젖먹이기를 **정말로** 힘들어하는 소수의 산모들에게는 10개월간 임신하는 고충을 덜어주는 것 못지않은 쾌거일 것이다. 젖을 먹이려고 한밤중에 깨거나, 회의 시간이 유축기 사용 시간과 겹쳐 중요한 회의에 들어가지 못하는 등의 구속과 압박도 덜어줄 것이다. 이런 기술이 출생률을 대체율 이상으로 끌어올릴 수 있을까?

어림도 없다. 출산율은 반등하지 않을 것이다. 근거는 그런 기술(분유)이 오래전부터 있었다는 사실이다. 부자 나라에서는 상수도 시설이 훌륭해서 오염의 위험이 적기 때문에 분유가 수십 년간 모유를 안전하게 대체했다. 이 나라들에서는 (임상적인 특수 사례를 제외하면) 건강한 아기가 모유를 먹을 **필요**가 없다. 이따금 사람들에게 이렇게 설명하면 그들은 분유가 좋지 못한 비유라고 입을 모은다. 분유에는 이점과 더불어 결점도 있다. 모유만큼 감염을 막아주지 못할 수도 있고 시어머니가 반대할 수도 있다. 그렇다. 우리는 태아를 비닐봉지에서 기르는 것에도 이점과 더불어 결점도 있으리라 예상한다.

모유 수유는 대단하다. 분유도 대단하다. 우리 두 가족은 이 문제에 대해서만큼은 다른 접근법을 채택했다. 분유는 모두에게 알맞지 않을진 몰라도 마이크의 가족을 비롯한 많은 이의 삶을 개선한다. 하지만 분유가 발명된 시기는 출생률이 하락한 시기와 일치한다.

또 다른 사람을 만드는 일은 여전히 힘들다. 분유가 있어도, 입덧을 덜어주는 디클레지스가 있어도 힘들다. 임신을 더 수월하고 안전하게 바꾸려고 노력하는 의사와 과학자를 더 적극적으로 지원하는 쪽으로 연구의 우선순위가 바뀌더라도 출산의 일부는 여전히 힘들 것이다. 분유와 디클레지스에서 배울 수 있는 교훈은 아기를 만드는 인류의 수단을 확장해 출생률을 조금 끌어올리거나 출생률 하락을 늦출 수 있을진 몰라도, 이것만으로 인구 대감소를 역전시킬 가능성은 희박하다는 것이다.

왜 그럴까? 이왕 SF적 미래의 가장자리에서 젖병에 분유를 타는 정상성과 인체 바깥에서 아기를 잉태시키는 특이성 사이에서 비틀거린 김에 과학의 발전을 한발 더 밀어붙여 보자. 이런 건 어떨까?

아기 버튼이 있으면 어떨까?: 버튼을 누르면 아기가 생긴다. 1~2년 뒤에(당장도 좋다!) 다시 누르면 또 한 명 생긴다. 원하는 대로 몇 번이나 눌러도 좋다. 자녀를 키울 의지만 있다면 얼마든지 환영이다.

당신은 버튼을 몇 번이나 누르겠는가? 아기의 **창조**는 정말로 대부분의 사람들에게 결정적 제약 조건일까? 가장 큰 그림에서의 답은 '아니요'지만 어떤 사람들에겐 확실히 그렇다.

이를테면 마이크와 에이프릴이 그랬다. 두 사람은 버지니아주의 대학촌 블랙스버그에서 결혼했다. 졸업한 지 며칠 지나지 않았을 때였다. 마이크는 스물두 살이었고 에이프릴은 스물한 살이었다. 둘은 미래에 대해 야심 찬 계획을 세웠다. 언젠가는 자녀를 두세 명 낳고 싶다고 생각하긴 했지만 가까운 장래에 자녀를 키우면서 계획을 실행할 엄두는 나지 않았다. 결혼한 지 몇 년 뒤 에이프릴은 도시계획학 석사 학위를 받았다. 6년 뒤에는 마이크가 박사 학위를 받았고 에이프릴은 도시계획 분야에서 일하게 되었다.

두 사람은 자녀를 낳을 준비가 되었다고 판단했으며 기쁘게도 금세 아기가 생겼다. 에밋이 태어났다. 하지만 아기를 낳고 걸음마쟁이를 키우는 것은 두 사람이 생각한 것보다 힘들었다. 가정을 꾸리는 것도 바라던 일이었지만 야심을 포기하고 싶진 않았기에 더더욱 힘들었다. 그래서 두 사람은 사랑과 돈, 가족과 친구의 지지가 있었음에도 늘 지쳤다. 어린 자녀를 키우는 여느 부모와 마찬가지로 두 사람은 상황을 통제하고 있다는 느낌을 한 번도 받지 못했다.

두 사람이 둘째를 가질 준비가 되었다고 느낀 것은 에밋이 일곱 살이 되었을 때였다. 둘은 다시 시도하기 시작했다. 몇 달이 지나고 1년이 지나고 또 1년이 지났지만 성과가 없었다. 두 사람은 체외수정에 대해 이야기했지만 곧장 시도하지는 않았다. 매일 주사를 맞고 뻔질나게 초음파를 찍고 몇 달간 임신 계획을 중심으로 삶을 꾸려야 하는 빡빡한 삶은 실패 가능성이 있는 결과에 비해 지나친 감정 투자일 것 같았다.

둘째를 꼭 낳아야 하는 것도 아니었다. 그래서 두 사람은 계속 시도했지만 둘째가 생기지 않을 거라 체념했다. 삶의 생기와 기쁨이 조금 줄어들었고 이따금 서글펐다. 물론 엄마, 아빠, 에밋 셋이서 놀고 여행하고 배우고, 함께여서 즐겁고 기쁠 때도 있었다. 에밋이 아홉 살이 되었을 때 에이프릴은 오스틴 시청에 새 일자리를 얻었고, 두 달 뒤 놀랍게도 임신 사실을 알게 되었다. 새 아기가 생기면서 첫째와 둘째 사이에 열 살 터울이 졌다. 계획과는 달랐지만 두 사람은 행복했다. 하지만 당신은 4장에서 이미 결말을 봤다. 임신은 유산으로 끝났으며 앞으로도 둘째는 영영 없을 터였다.

아기 버튼이 있었다면 마이크와 에이프릴은 둘째를 가지려고 시도하던 몇 년 전에 이미 눌렀을 것이다. 실은 더 일찍 눌렀을 수도 있다. 에이프릴이 임신하지 않은 데는 첫 임신 때 머릿속이 뿌예진 탓도 있었다. 일은 그녀에게 중요했으며 그녀는 임신 때문에 자신이 맡은 지역사회에 봉사하는 능력이 훼손되길 바라지 않았다. 아기 버튼은 그런 우려를 없애주었을 것이며 이 혁신적 의료 기술은 언젠가 다른 사람들에게도 요긴하게 쓰였을 것이다. 따라서 아기 버튼이 있다면 마이크와 에이프릴은 규모가 더 큰 가족을 꾸렸을 것이다.

아기 버튼은 당신이 자녀(들)를 낳지 못하게 가로막는 **모든** 물리적·생물학적 장벽을 극복하게 해준다. 당신이 원하는 가족 규모에 비해 초산이 너무 늦었는가? 다시 유산할까 봐 두려운가? 중요한 업무나 창작이나 소명을 진행하고 있어서 당장 임신할 여력이 없는가? 아기 버튼은 이 모든 문제를 마법같이 해결해주며 심지어 누구도 아직 알지 못하는 나머지 문제들까지 처리해준다. 아기 버튼은 당신에게 아기를 가져다준다. 누르기만 하면 된다.

이제 요점을 설명하겠다. 아기 버튼은 스파이크를 얼마나 구부릴까? 조금 구부릴 수는 있겠지만 많이는 못하리라는 것이 우리의 추측이다. 당신은 새로운 아기를 키우고 싶을 때만 버튼을 누를 것이다. **대부분** 여성이 30대 후반에 자녀를 낳지 않는 이유는 낳을 수 없어서가 아니다. 설문조사에서 여성들이 스스로 밝힌 이유는 30대 후반이 되면 0명이든, 두 명이든, 몇 명이든 이미 있는 자녀의 수에 대부분 만족하기 때문이다.[9]

우리 두 가족은 자녀 세 명을 낳았고 유산을 네 번 했고 체외수정 시술을 세 번 실패했다. 우리는 힘든 여건에 처한 사람들이 원하는 가족을 얻기가 얼마나 힘든지 안다. 그들은 실질적 도움과 다정한 위로를 받을 자격이 있다. 하지만 우리 같은 사람들이 세계 인구의 대부분을 차지하지 않는다는 것도 안다. 많은 여성이 자녀를 적게 낳는 이유는 의학적으로 많이 낳을 수 없어서가 아니라 그것이 그들이 선택한 삶이기 때문이다.

불임 시술에 대한 공적 투자를 통해 사람들이 원하는 가족을 꾸리도록 지원하는 일은 좋은 생각이다. 심지어 기적적 효과를 발휘하는 의료, 심지어 분유보다 낫고 심지어 디클레지스보다 나은 의료가 등장하더라도 사람들은 자녀를 자신이 원하는 만큼만 낳을 것이다. 언제 어디서든 사람들이 '자녀를 원하는 만큼'이 평균 2 미만이라면 이런 현실 기술과 상상 속 기술만으로는 인구 대감소를 막을 수 없다.

거시경제학에 기여한 공로로 유명한 경제학자 존 메이너드 케인스John Maynard Keynes는 1930년 에세이 「우리 손자녀들을 위한 경제적 가능성Economic Possibilities for Our Grandchildren」에서 몇 가지 예측을 했다. 그는 100년 뒤(대략 이 책을 쓰는 지금) 생활 수준이 개선되어 주당 노동시간이 15시간이 될 거라 예측했다. 하지만 알다시피 그런 일은 일어나지 않았다.

케인스의 예측은 오늘날의 관점에서는 아둔해 보인다. 하지만 주당 15시간 노동하면서 1930년 생활 방식대로 살고 2030년 소득을 얻을 수 있으리라는 말은 틀리지 않았다. 우리는 그 이정표에 일찌감치 도착했다. 케인스가 예견하지 못한 것은 오늘날 사람들이 1930년대의 가장 근사한 생활 방식에도 만족하지 않으리라는 것이었다. 기회와 예산이 커지면서 사람들의 야심도 함께 커졌다.

오늘날 출산 기술에 대한 많은 낙관주의자도 기술과 진보가 출산율을 끌어올릴 거라 생각하는 비슷한 잘못을 저지른다. AI 가정교사! 로봇 보모! 기계 자궁! 그래, 당연히 그럴 것이다. 하지만 우리는 임신, 양육, 돌봄을 지원하는 신기술과 장족의 발전을 진작에 이뤘다. 체외수정! 분유! 일회용 기저귀! 세탁기! 식기세척기! 아이패드! 스누Snoo 스마트 아기 침대! 여기서 교훈을 얻을 수 있다.

시간이 많아지고 돈이 많아지고 수명이 길어지고 건강이 개선되면서 우리의 기회도 확대되었다. 역사적 사실로 보건대 이런다고 해서 출생률을 대체율보다 높게 끌어올릴 수는 없었다. 출생의 생물학적 제약을 덜어주는 미래 기술에 대한 상상에서 우리 모두가 더 많은 아이를 낳기로 선택한다는 결론으로의 도약에는 한두 발짝이 빠졌다.

"기술이 삶을 더 낫게 만들고 출산과 양육을 더 수월하게 만들어줄 것이다"라는 말은 "기술이 출생률을 대체율보다 높일 것이다"라는 말과 같지 않다. 아기가 세상에 나오면 누군가는 여러 해 동안 부모 노릇을 해야 한다. 누군가는 버튼을 누르는 선택을 해야 한다. 출산 기술에 대한 낙관주의는 멋진 신세계가 우리에게 선사하는 온갖 경이로운 목표와 방안 말고 왜 사람들이 다시 자녀를 **선택**하기 시작할 것인지에 대해서는 아무 대답도 내놓지 못한다.

외부효과는 스스로를 바로잡지 못한다

이제, 걱정할 필요가 없다는 주장의 마지막 이유가 남았다. 바로 인구 대감소가 정말로 문제가 된다면 정부가 개입해 바로잡으리라는 것이다. 언젠가 낮은 출생률에 대한 건설적이고 공감 어린 정책이 시행될지도 모른다. 이 책의 결론에서는 이런 정책이 어떤 모습일지 내다볼 것이다. 하지만 우리가 추구하는 대응은 투표에서 찬성표를 던지거나 행정명령에 서명하는 간단한 문제가 아니다. 2025년의 시점에서 보건대 정부도, 사회과학자도 아직 무엇을 해야 할지 모른다. 중앙은행이 단기 금리를 선택하는 것처럼 간단하게 바람직한 출산율을 구현할 수 있는 정부 기관은 어디에도 없다.

정부가 출생률을 변화시키려고 노력한 방법은 대체로 두 가지다. 하나는 금지, 캠페인, 통제를 통해 사람들을 강제하는 것이고 다른 하나는 현금 지급이나 (사람들에게 선택권을 부여하는) 사회 정책으로 사람들을 지원하는 것이다. 두 가지 방법은 뒤의 두 장에서 살펴본다.

하지만 정부 강제나 정부 지원을 자세히 들여다보기 전에 여기에 도사리고 있는 문제 하나를 짚고 넘어가야 한다. 이 문제는 성공을 거둘 만큼 야심 찬 계획이나 정책이 하나도 없었던 이유인지도 모른다. **정말로** 부모를 지원하고 **정말로** 사람들에게 선택권을 부여하고 **정말로** 돌봄 노동의 부담을 나눠 짊어지고 **정말로** 일과 가정의 갈등과 비용을 해소하려면 **정말로** 커다란 변화, 투자, 분열, 혁신이 필요할 수 있다. 그렇다면 사회의 의사결정권자들이 정말로 원하는 변화는 어느 정도일까?

의사결정권자들이 인구 대감소를 피하는 일에 대해 충분한 관심을 기울이지 않는 한 가지 이유는 이익의 상당 부분이 다른 시기, 다른 장소의 사람들에게 도움이 될 것이기 때문이다. 경제학자들은 이런 현상에 '외부효과externality'라는 이름을 붙였다. 외부효과는 어떤 사람이 내린 결정의 결과가 다른 사람에게 미치는 것을 가리킨다. 외부효과 중에는 좋은 것도 있다(과학적 탐구의 결실인, 공유 가능하고 비경합적인 발견도 그중 하나다). 경제학자들은 이를 긍정적 외부효과라고 부른다. 그런가 하면 공장 굴뚝에서 나오는 유해한 성분이 우리가 들이마시는 공기에 스며드는 부정적 외부효과도 있다.

환경주의자들은 온실가스에 외부효과가 있음을 오래전부터 알고 있었다. 이 사람의 소고기 섭취, 저 사람의 자가용 통근, 또 누군가의 단독 주택에서 화력 발전소의 전기로 빵빵하게 돌아가는 에어컨…. 이 모든 것은 다른 사람들에게 영향을 미친다. 우리 회사나 우리 나라나 우리 세대가 온실가스를 내뿜으면 다른 누군가, 다른 세대는 대가를 치른다. 오늘과 미래에 사람들이 살아가는 세상이 달라진다. 그들이 기후변화에 따른 산불의 연기에 질식할 가능성이 달라진다. 산불(이나 홍수나 가뭄)이 그들의 집을, 어쩌면 그들의 목숨을 앗을 가능성이 달라진다.

외부효과는 일반적으로 스스로 개선되지 않는다. 경제학에서 외부효과는 개별적이고 통제되지 않는 시도들의 총합이 최상의 결과로 이어지지 않는 고전적 사례다. '경제학자는 시장이 모든 문제를 스스로 해결할 수 있다고 생각한다'라는 통념이 있지만 경제학을 정말로 아는 사람이라면 누구도 그렇게 생각하지 않을 것이다.

그렇다면 외부효과는 낮은 출산율이 저절로 역전될지와 어떤 관계일까? 정부는 조치를 취할 유인을 느끼지 않을까? 시민들이 요구하면 정부는 무언가 조치를 취해야겠다는 강력한 유인을 느낄지도 모른다. 하지만 그러지 않는데도 정치인들이 이 문제에 대처하는 것을 자신에게 정치적으로 유리하다고 여길까?

선출된 지도자들이 그런 유인을 느끼리라고 생각하는 데는 몇 가지 이유가 있을 수도 있다. 출산율이 낮은 세상에서는 인구의 고령화로 연금과 건강보험 같은 사회적 지원 체계가 압박을 받는다. 연금 생활자는 너무 많고 노동자는 충분하지 않다. 정부 예산의 불균형을 초래하는 이런 난관들은 이 책에서 말하는 인간 긍정론과는 거리가 멀다.

우리는 높은 피부양률에 따르는 문제들에 대해서는 (우리가 다른 사안에 대해 이야기하고 있음을 명확히 밝힐 때 말고는) 아무 말도 하지 않았다. 하지만 이것이야말로 대부분 사람들이 인구 대감소에 대해 이야기할 때 거론하는 것이다. 따라서 사회의 거시적 의사결정권자들이 조치에 돌입할 것이라고 상상하고 싶다면, 번번이 거론되고 널리 회자되는 이유들 때문이라고 상상하는 것이 이치에 맞다.

바로 그렇다고 상상해보자. 설명의 편의를 위해 선출직 지도자들이 인구 고령화를 우려하며, 부모가 되고자 하는 사람들의 출생률 증가를 위한 효과적이고 공정하고 비강압적인 계획이 존재한다고 상상해보자. 나아가 장기적으로 이 계획이 자체적으로 이익을 가져다주리라 상상해보자. 아동이 자라 생산적 노동자가 되어 세금을 납부하고 경제를 성장시키고 아이디어를 떠올려 인구 고령화로 인한 재정 압박을 전반적으로 덜어줄 것이라고 말이다. 마지막으로 유권자, 정치인, 사회과학자까지 모든 사람이 이 모든 사실에 기본적으로 동의한다고 상상해보자.

심지어 이 만화적일 만큼 낙관적인 상상에서도 이 기막힌 계획이 채택되리라 기대하는 것은 현명하지 않다. 이는 아기들이 밥만 축내는 존재이기 때문이다. 그들이 사회의 장부 균형을 맞출 수 있는 노동자가 되는 것은 수십 년 뒤의 일이다. 노동자 부족 문제를 빠르게 해결하고 싶으면 이민을 자유화하고 업무를 자동화하는 게 낫다. 혁신을 빠르게 부양하고 싶으면 과학 연구비를 늘리는 게 낫다. 인구 고령화 시대에 균형 재정을 빠르게 달성하고 싶으면 복지 사업과 은퇴 연령을 재조정하는 게 낫다. 출생률을 끌어올리는 것은 이 중 어느 방법과 비교해서도 느린 대안이다.

출생률을 끌어올리는 기막힌 계획을 선택한 정부나 정치인은 오늘날 유권자의 요구를 충족하는 게 아니라 미래 사람들을 위해 일하는 셈이다. 이 정치인의 관점은 다음 선거를 넘어서거나 심지어 향후 10~20년을 넘어서야 할 것이다. 그들의 기막힌 계획에는 돈이 들고 첫 몇십 년간은 예산 문제가 발생할 것이기 때문이다. "우리가 원하는 것이 무엇입니까? 바로 변화입니다! 언제 변화를 원하느냐고요? 지금으로부터 30년 뒤부터 변화가 시작됩니다!"라는 말은 캠페인 슬로건으로는 효과적이지 않다. 그리고 저 기막힌 계획에 돈과 노력을 쏟아부어 정부의 관할 밖에 있는 사람들을 부분적으로나마 이롭게 하는 것도 문제다. 진보와 혁신은 국경을 넘어 빛을 비추기 때문이다.

인구가 안정되는가, 인구 대감소를 겪는가는 인류의 미래에 중대한 영향을 미친다. 하지만 진지하고 성실한 정치인이나 관료는 **바로 여기, 바로 지금**에 관심을 두기 때문에 이런 문제를 해결하려는 동기를 느끼지 않는다. 이런 문제는 잠재적 부모가 아기를 낳을지 판단할 때 염두에 두는 요소도 아니다. 아기는 작은 외부효과 꾸러미이므로, 우리를 인구 대감소 경로에서 벗어나게 해주리라 기대할 수 없다.

우리의 삶은 인구의 외부효과에 관심이 없다

KMC 간호사 시마와 언니 리마의 머릿속을 들여다보자. 대학에서 간호학 석사 학위를 마친 뒤(우타르프라데시 촌구석 출신의 젊은 여성으로서는 인상적인 학력 수준이었다) 리마는 삶을 바꿀 수 있는 소식을 들었다. 시험에 합격했고 서류 심사도 통과했다는 소식이었다. 그녀는 보건교사라는 종신 공무원직을 제안받았다. 고등학교 이후 10년간 꿈꾸던 목표다. 이 탄탄하고 우대받는 직업을 선택하면(KMC 프로그램 소속 간호사라는 직업보다도 훨씬 윗길이었다) 평생 편안하게 직장 생활을 할 수 있었다. 그녀의 고된 노력과 부모님의 희생이 마침내 결실을 거두고 보상을 얻을 참이었다.

소식을 들은 뒤 리마는 KMC 팀과 저녁을 먹고 나서 시마와 산책을 했다. 두 사람은 축하하기 위해 빙과 노점상에게 다가갔다. 아이스크림을 더 좋아하지만 돈을 아끼려고 진주황색 하드를 골랐다.

산책은 축하를 넘어 자매 단둘이서만 이야기할 기회였다. 새 일자리는 리마가 결혼할 때가 되었다는 뜻이다. 그녀의 진로는 이제 탄탄대로다. 어떤 신랑감도 두둑한 공무원 월급을 포기하라고 요구하지는 않을 것이다(어쨌거나 월급은 남편 가족에게 돌아갈 테니까). 그렇기에 리마의 미래는 탄탄하고 창창하다. 분명하지 않은 것은 자녀를 둘 낳겠다는 계획을 고집할 것인가다. 인구 추세의 전 세계적 결과는 달라지지 않았지만 리마 개인의 상황은 달라졌다. 그래서 아마도 그녀는 이 방향이나 저 방향으로 생각을 바꿀지도 모른다.

한편 시마의 미래는 리마의 새 일자리 때문에 불확실성이 커졌다. 우타르프라데시에서는 자매가 나이 순서대로 결혼하기 때문에 리마가 결혼하면 시마에게 관심이 쏠릴 것이다. 두 사람 사이에는 자매가 한 명 더 있지만 결혼의 긴박감이 시마에게 조여오고 있었다. 머지않아 시마의 아버지는 남자의 가문에서 청혼서가 들어왔다고 그녀에게 말할 것이다.

시마가 결혼하면 더는 KMC 병동에서 근무할 수 없게 된다. 어쩌면 시집간 지역에서 다른 간호사 일자리를 얻을 수 있을지도 모르겠다. 결혼 후에도 일을 할 수 있다면 말이다. 우리는 그녀가 지금의 일자리를 지킬 방도를 찾길 바라지만 현실에서는 무망한 일이다. 어느 날 아버지가 전화해 중대 뉴스를 전할 때 퇴짜를 놔야 할지 말지 곧 결정해야 할 것이다. 하지만 오늘 밤은 가로등 아래서 언니와 진주황색 하드를 먹으며 언니의 취직을 축하한다. 리마가 농담조로 이렇게 말한다.

"적어도 아이를 여덟 명 낳지는 않을 거잖니! 정규직을 얻든, 시험에 불합격해서 집에 들어앉든 아이는 한 명만 돌보게 될 거야."

앞에서 봤듯이 인구 안정화에는 대단한 이점이 있다. 하지만 시마와 리마는 매일 저녁 자신들의 소식과 계획에 대해 이야기하면서도 그들의 자녀가 환경과 거시경제 성장, 소행성 대처에 어떤 영향을 미칠지는 한 번도 언급하지 않는다. 그들이 간호사로서 살리는 아기들이 그런 영향을 미칠지에 대해서도 결코 언급하지 않는다. 그런 예상을 하는 것은 우스꽝스럽기도 하다. 이야깃거리는 그것 말고도 얼마든지 있으니까.

외부효과를 해결하려면 집단적 행동이 필요하다

우리의 스파이크 논문을 읽은 독자 한 사람이 이렇게 말했다.

"계획보다 많은 아기를 낳겠다고 자원할 여성이 몇 명이나 되는지, 손 좀 들어보라고 하세요."

누군가에게 원하는 것보다 많은 자녀를 낳으라고 요구하는 것은 해결책이 아니다. 부모를 비롯해 아이를 돌보는 사람들의 부담을 덜어주는 건 사회의 집단적 과제다. 외부효과를 해결하려면 협력적 해법이 필요하다.

인구 대감소는 기후변화와 같은 부류에 속하는 최악의 외부효과다. 한낱 일국의 정책 사안이 아니다. 세계적이며 세대를 넘나드는 정책적·문화적 사안이다. 어떤 사람, 가족, 기업, 나라, 세대도 혼자서 기후변화를 해결할 수는 없다. 마찬가지로 어떤 사람, 가족, 기업, 나라, 세대도 인구 대감소를 피하려는 적절한 유인(권한)을 가지고 있지 않다. 기후 정책이 수십 년에 걸친 정치적 조율 노력의 결과이

듯 세계 인구 대감소를 해결하려면 사람들이 힘을 합쳐야 한다.

우리는 언젠가 그렇게 되길 바란다. 나라들과 공동체들과 세대들이 조율과 협력을 통해 더 많은 사람들이 부모가 되고 싶어 하거나 더 많은 자녀를 낳고 싶어 하고, 그들이 필요한 지원을 얻을 수 있는 미래를 건설하길 바란다. 하지만 이런 해결책이 수립된다면 아마도 대기오염과 수질오염이 여러 지역에서 성공적으로 해결된 것과 같은 방식일 것이며 기후변화가 언젠가 해결되는 것과 같은 지난한 방식일 것이다.

수십 년의 연구와 운동, 난제를 극복하기 위한 많은 사람의 헌신, 변화를 거부하는 사람들과의 수많은 정치적 논쟁, 마지막으로 그 과정에서 수많은 실패를 겪은 뒤에야 승리를 거둘 수 있을 것이다. 우리는 최악의 기후 재앙을 피할 수 있을지도 모른다. 대기를 깨끗하게 할 수 있을지도 모른다. 인구와 경제와 문화가 풍요로운 미래의 잠재력을 계속 유지할 수 있을지도 모른다. 하지만 그러려면 관심과 노력과 투자와 투표가 반드시 필요하다.

그럴 수 있을까? 우리가 해결책을 찾게 될까? 앞에서 봤듯 해결책은 저절로 나타나지는 않는다. 늘 하던 대로 하는데 갑자기 답이 생겨날 가능성은 희박하다. 해결책을 찾기 위해서는 일사불란하고 의식적으로 노력해야 한다. 그리고 리마와 시마가, 전 세계의 여성과 남성이 일자리와 가족을 선택할 때 무엇을 중요시하는지 이해해야 한다.

10장

정부는 인구를 통제할 수 없다

평균적으로 더 많은 아기가 **존재**하기 위해 부모들이 평균적으로 더 많은 아기를 **소망**해야 한다면, 인구 안정화로 이어지는 유일한 길은 엄마와 아빠가 더 나은 삶을 살도록 하는 것이다. 그래야 수십억 명의 개인적 선택이 모여 출생률 반등을 끌어낼 수 있다. 이것이 우리의 믿음이다. 이 일이 일어나려면 부모로서의 삶이 지금보다 더 나아져야 한다.

이것이야말로 이 책의 저자들이 바라고 믿는 바다. 하지만 정부 통제라는 지름길은 어떨까? 시계를 피임약 보급과 낙태 허용 이전으로 돌리는 게 출생률 하락에 집착하는 정치인들이 보기에는 확실한 대응 아닐까? 부모들의 삶을 더 낫게 만드는 지난한 과정을 건너뛰고 출생률을 끌어올리는 강압적 방법을 찾아내는 정부가 있진 않을까? 정부가 인구를 통제할 순 없을까?

낙태 제한을 지지하는 대부분의 정치인과 유권자는 낙태 제한을 반대하는 대부분의 정치인과 유권자들처럼 인구 차원의 평균 출생률에 전전긍긍하지 않는다. 많은 사람이 낙태 금지를 지지하는 이유는 낙태가 용납할 수 없는 피해를 일으킨다고 생각하기 때문이다. 이 책의 저자들을 비롯해 많은 사람이 산아 자유를 지지하는 이유는 누구도 자신의 선택이 아닌 아기를 낳도록 강요받아서는 안 된다고 생각하기 때문이다. 하지만 이미 전 세계의 영향력 있는 사람들이 장기적이고 전반적인 인구 성장률 증대 방안으로 낙태 제한을 거론하기 시작했다.

이미 일부 나라의 일부 사람들에게는 **출생률을 위해** 산아 자율성을 훼손하려는 정치적 운동의 위협이 어른거린다. 그리고 다른 사람들에게는 이 가능성이 까마득하게 느껴진다. 다른 곳, 멀리 떨어진 장소, 자신이 속한 사회의 변방에서 벌어지는 일처럼 느껴진다.

우리는 우리 나라에서든, 다른 어느 나라에서든 향후 10년의 정치가 어떻게 흘러갈지 내다볼 수 없다. 하지만 이 책에서 했던 것처럼 뒤를 돌아볼 수는 있다. 20세기에 각국 정부가 인구 **과잉**을 우려했을 때 인도와 중국 같은 많은 나라는 강압과 위해를 동원했다. 정부가 인구 대감소에 막무가내로 대응한다면(일부는 실제로 그렇게 할 것이다) 같은 현상이 재연될 수 있다.

8장에서는 산아 선택을 제한하는 것이 윤리적 관점에서 잘못이라고 말했다. 그리고 이는 사실의 관점에서도 잘못이다. 그렇게 하면 인구 대감소에서 벗어날 만큼 출생률을 끌어올릴 수 있다고 전제하기 때문이다. 이 장에서는 그 전제가 왜 틀렸는지 들여다볼 것이다.

미래는 선택될 것이다

역사를 통틀어 어느 때보다, 그리고 전 세계적으로 볼 때도 자녀를 낳는 것(낳을지 말지, 언제 낳을지, 몇 명이나 낳을지)은 선택 사항이다.

아이들이 많은 미래는 사람들이 그렇게 선택할 때만 가능하다: 사람들이 부모가 되는 것을 선택하길 기대한다면, 그리고 그 선택이 장기적으로 중요하게 작용하려면 부모가 되는 것이 매력적인 일이어야 한다.

아니, 부모 되기는 결코 모든 사람에게 완벽하게 자유로운 선택 사항은 아닐 것이다. 설령 당신이 아기를 원하더라도 어느 달에 임신할지, 유산을 하게 될지, 아기가 조산아나 과숙아로 태어날지를 포함해 당신의 아기가 겪게 될 오만가지 일 중 당신이 선택할 수 있는 것은 하나도 없다.

부모 되기가 인간이 하는 일인 한 통제할 수 없는 뜻밖의 사건은 있기 마련이다. 따라서 낙태와 피임이 자유로운 지역과 시대에서조차 부모가 되는 것은 결코 간단한 선택 사항이 아니다(여기에는 상대방의 의향과 선택이 결부되며 가족과 문화는 말할 것도 없다). 그리고 부모든 아니든 자신이 선택하는 것을 모조리 얻는 사람은 아무도 없다.

우리가 선택이 중요하다고 말할 때 이는 구체적인 걸 의미한다. 즉 세계 인구 성장률에 영향을 미치는 장기적 시점에서 인구 집단 전체가 얻는 평균 아기 수는 그 인구 집단에 속한 사람들이 원하는 평균 아기 수에 전반적으로 근접한다는 뜻이다.[1] 이 현상은 미래에 더 뚜렷해질 것이다. 기술적 수단과 사회적 규범이 전파되어 더 많은 사람이 부모가 될 것인지 여부와, 언제 어떻게 될 것인지를 선택할 수 있기 때문이다.

통제의 한계

《뉴욕 타임스》 칼럼을 읽은 독자들 상당수가 여느 사람들과 마찬가지로 믿는 친숙한 이야기가 있다. 오늘날 많은 지역에서 관찰되는 대체 수준 이하 출생률이 인구 통제 정책에서 비롯했다는 것이다. 중국의 한 자녀 정책은(역사에는 다른 예들도 있지만) 누구나 단박에 드는 사례다. 그 독자들은 이렇게 썼다.

> (중국의 예에서 보듯이) "정부는 종종 재생산율에 긍정적 영향을 미칠 수도 있고 부정적 영향을 미칠 수도 있다."
>
> "중국은 그 길을 선도해 전 세계에 어마어마한 은혜를 베풀었다."
>
> "중국처럼 인구가 엄청나게 많은 나라는 어쩔 수 없이 통제를 시행해야 했다."
>
> "중국에는 한 자녀 정책이 있었으며 그 덕분에 인구가 느리게 증가해 그들에게 자원을 집중할 수 있었다. 중국에서 경제 기적이 가능했던 것은 이 변화 덕분인 듯하다. 최근 중국을 방문했을 때 엘리베이터를 타고 진마오 타워 꼭대기에 올라가 포도주를 마신 일이 있다. 그때 그 일대의 화려한 전경을 보고서 깜짝 놀랐다."

정부 주도의 인구 통제에 대한 댓글은 이 밖에도 많았다. 일부 독자들은 위의 댓글들처럼 긍정적이었고 일부 독자는 부정적이었다. 하지만 그들의 공통점은 강압의 위력을 **믿는다**는 것이었다. 그들은 정부가 출생률을 강제할 수 있다고 믿었다.

모두가 줄기차게 들은 이야기를 감안하면 그렇게 믿을 만도 하다. 2023년 인도 인구가 처음으로 중국을 추월했을 때 우리가 읽은 신문 해설 기사들에서는 "중국의 '한 자녀 정책'이 확대되면서 인구의 급감을 초래했다" 같은 문장이 어떤 근거나 입증도 없이 다들 이미 알고 있다는 이유만으로 활자화되었다.[2] 이 믿음은 대개 역사적 사실로 제시되지만 결코 역사적 사실이 아니다.

인구 통제는 인구를 통제한 적이 한 번도 없다: 출생률과 인구 추세는 강압적 명령과 통제를 뛰어넘는다.

출산을 강제하려는 시도가 출생률에, 특히 단기적으로 **영향**을 미치긴 했지만 전 세계를 인구 대감소의 길에 들어서게 하거나 벗어나게 할 만큼의 힘과 영향력을 발휘한 적은 한 번도 없다.

이것이 사실일 리 없다고? 정말? 많은 사람은 1970년대 인도나 오늘날 전 세계의 억압적 인구 통제 조치를 속속들이 알지는 못할 것이다. 하지만 중국의 한 자녀 정책이 중국의 출생률을 급감시켜 중국을 오늘날의 인구로 안정시켰다는 것은 확실히 안다. 그런데 정말 그럴까?

경제학자 출신 인구통계학자이자 우리의 동료인 헤수스 페르난데스-빌라베르데Jesús Fernández-Villaverde와의 대화에서 영감을 얻은 연습을 하나 해보자(페르난데스-빌라베르데는 이 실험을 나름의 형태로 직접 시행한 적이 있다). 이 연습은 사회학자 왕펑과 공동 저자들의 앞선 연구에서 얻은 아이디어를 바탕으로 했다.[3]

그림 10.1에서는 중국의 출생률과 중국처럼 한 자녀 정책을 시행하지 않은 이웃 나라들(홍콩, 루마니아, 한국, 대만, 태국)의 출생률을 나타냈다(맞다. 루마니아는 중국의 이웃 나라가 아니다. 그건 나중에 설명하겠다!). 어디가 어디인지는 표시하지 않았다. 한 자녀 정책 기간에 걸친 출생률 그래프만 보고서 어느 나라가 중국인지 알아맞혀 보라. 우리가 인구 통제에 대해 들은 이야기가 사실이라면 식은 죽 먹기일 것이다. 한 자녀 정책 기간에 이웃 나라들보다 훨씬 낮은 출생률을 보일 것이기 때문이다.

자, 그림에서 어느 나라가 중국일까? 지금까지는 좌파, 우파, 중도파를 막론하고, 자본주의자, 사회주의자, 공산주의자를 막론하고, 낙태권에 찬성하거나 반대하거나 무관심한 사람을 막론하고 모두가 한 자녀 정책이 막대한 영향을 미쳤다는 데 동의하는 듯하다. 그러니 우리 모두 한눈에 중국을 알아봐야 마땅하다.

과연 어느 나라일까? 정책이 시작된 1979~1980년에 최고 출생률에서 시작한 나라일까? 정책이 종료된 2015년에 최저 출생률로 끝난 나라일까? 정책이 시작되고 10년간 출생률이 가장 가파르게 하락한 나라일까? 아니면 출산율이 2000년대에 약 1.0에 도달한 나라일까? 한 자녀 정책이 끝난 2015년 이후 사람들이 인구 정책의 압박으로부터 벗어나면서 출생률이 급등한 나라를 찾는 방법도 있겠다. 하

그림 10.1.[4] 어느 것이 중국일까?: 한 자녀 정책 기간 중국과 이웃 나라들의 합계출산율

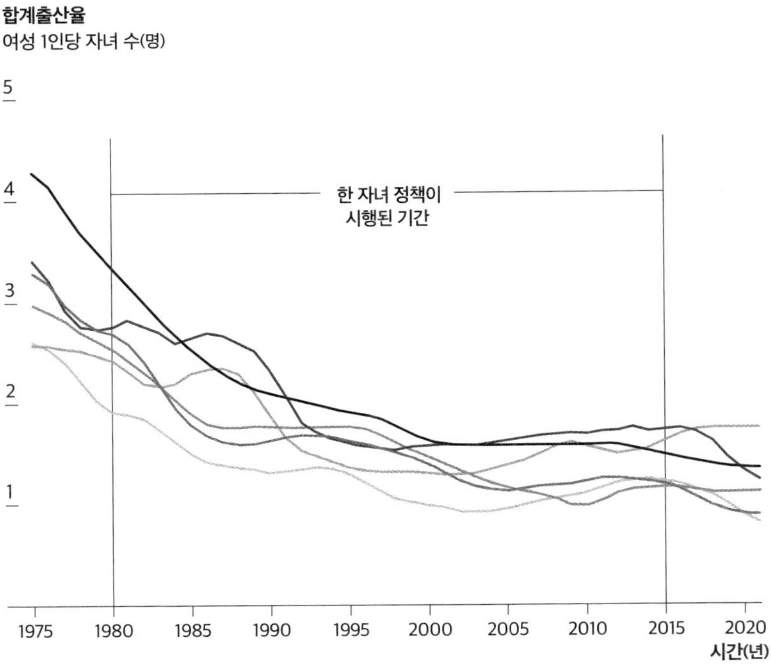

지만 신기하게도 중국의 산아 제한이 공식적으로 폐지된 2015년 이후 출생률이 급등한 나라는 하나도 없어 보인다.

모든 나라는 해당 기간에 걸쳐 출산율이 대체율 이상에서 이하로 하락했다. 특이한 하락 패턴을 보이는 나라는 하나도 없다. 이름표가 없으면 어느 나라가 중국인지 알 수 없다. 장담컨대 당신도 모를 것이다. 우리는 답을 알려주지 않을 것이다. 당신을 짜증나게 하려는 것은 아니다. 정말 궁금하면 직접 찾아보기 바란다. 우리가 이렇게 하는 이유는 지금 당장 이름표가 없이는 어느 나라가 중국인지

확실히 알 방법이 없음을 당신에게 알려주기 위해서다. 중국의 한 자녀 정책이 그렇게 회자될 정도로 엄청난 영향을 미쳤다면 우리 모두가 정답을 확신할 수 있어야 마땅하다. 그림 10.1을 경계 삼아 앞으로는 인구 통제가 인구를 통제한다는 생각을 무비판적으로 받아들이지 않길 바란다.

한 자녀 정책이 4억 건의 출생을 예방했다는 중국 공산당의 공식 선전을 믿지 말라. 데이터를 믿으라. 중국이 이웃 나라들과 같은 하향세를 기록한 것은 거시경제적·사회적 추세를 공유했기 때문이다. 이는 정책이 시작될 때도, 정책이 실행되는 동안에도, 정책이 종료된 뒤에도 사실이었다.

압제 정권이 아니라 변화하는 세계가 원인이다

수전 그린핼시Susan Greenhalgh는 미국의 인류학자로 수십 년간 중국에서 인구 정책을 연구했다.[5] 그린핼시는 현장 연구를 위해 1980년대와 1990년대에 중국 농촌에서 살았다. 그린핼시가 400페이지짜리 대작의 첫 페이지에서 대수롭지 않은 듯한 어조로 언급하듯, 중국의 출생률은 1970년대 후반 이후 현저히 하락하기는 했지만 "하락의 대부분은 빠른 사회경제적 발전으로 자녀를 낳으려는 욕구가 줄어들어 오늘날 도시와 농촌을 막론하고 자녀를 한 명만 원하는 커플이 대부분이고 그 수가 점차 늘고 있기 때문인 듯"하다.

그린핼시가 말하는 '사회경제적 발전'은 소득 증가, 문맹 감소, 건강 개선 같은 요인을 뜻한다. 이 요인들은 중국뿐 아니라 다른 나라에서도 발생했다. 그렇기에 출생률은 중국에서뿐 아니라 다른 나라들에서도 하락했다. 1980년부터 2000년까지 중국의 출산율은 여성 1인당 자녀 약 한 명이 하락했지만 같은 기간에 인도의 출산율은 여성 1인당 자녀 1.5명이 하락했다. 라틴아메리카와 카리브해 연안의 평균 출산율은 1.6명이 하락했다.

그렇다고 해서 한 자녀 정책이 아무 영향이 없었다는 말은 아니다. 강제 낙태, 강제 불임이라는 심각한 피해가 있었다. 사람들은 언제 어떻게 가족을 꾸릴지 결정하는 기본적 자율권을 부정당했다. 일부 임산부는 자신이 원하는 가족을 꾸리기 위해 나라 밖으로 피신했다. 할당된 가족 수를 초과한 수백만 명의 아동이 중국 부모에게서 불법적으로 태어나 사회 복지와 인간 존엄을 부정당했다.

정책이 끝났어도 피해는 끝나지 않았다. 수십 년이 지난 지금도 중국은 커다란 성 불평등을 겪고 있으며(20대 초반 인구는 여성 여섯 명당 남성 약 일곱 명이다) 많은 사람이 배우자를 찾고 자신이 바라는 온전한 삶을 누리는 데 애를 먹는다.

오늘날 중국의 출생률이 한 자녀 정책이 시행되지 않았을 때와 **어느 정도 다르다**는 것은 의심할 여지가 없다. 하지만 이 정책이 결코 시행되지 않았더라도 중국의 출생률은 여전히 2 이하의 **어느 수**일 것이다. 그렇지 않다고 믿는 건 중국이 아시아의 이웃 나라들, 그리고 경제가 빠르게 성장하고 출생률이 빠르게 감소한 중소득 나라들과도 중요한 공통점이 전혀 없다고 믿는 꼴이다. 또한 이 나라들에서는 사회경제적 발전이 출생자 감소의 원인이지만 중국에서는, 오로지 중국에서만 같은 시기의 같은 패턴이 다른 원인에서 발생했다고 믿는 꼴이다.

역사적 증거를 보건대 누구도 인구 통제가 중국의 출생률을 그토록 낮췄다고 확신할 수는 없다. 중국이 꾸준히 낮은 출산율에 이르기까지의 경로를 조금 바꿨을지는 모른다. 하지만 인구의 성장이나 하락에 중요한 것은 이 해나 저 해에 무슨 일이 일어나느냐가 아니라 장기적 추세다. 결국 중국은 이웃 나라들과 같은 지점에 도달했다. 같은 누상壘上은 아닐지라도 같은 야구장인 건 분명하다.

이제 누군가가 "알다시피 인구 통제가 한때 효과를 발휘했다"라는 말로 논리를 전개하려고 하면 당장 중단시키라. 산아 자유에 대한 강제와 억압은 모든 곳에서 문제를 일으켰다. 1970년대 '비상' 시기에 인도 남녀에게 자행된 강제 불임은 문제를 일으켰다. 하지만 이 사례들은 우리 모두가 들었던 것과 같은 확연한 출생률 변화를 결코 지속적으로 일으키지 못했다.

인구 통제는 루마니아에서도 효과가 없었다

이제 루마니아를 들여다볼 차례다. 루마니아의 출생률은 1966년 여성 1인당 평균 1.9명에서 1967년 3.6명으로 두 배 가까이 증가했다. 그 이유는 '포고령 770호' 때문이었다. 루마니아의 독재자 니콜라에 차우셰스쿠Nicolae Ceausescu는 더 많은 아기를 원했다. 때문에 이전 10년 동안 자유롭게 낙태할 수 있었던(미국 전체에 비해 훨씬 자유롭고 수월했다) 이곳은 1967년 포고령 770호로 낙태가 범죄화되었다. 그 뒤로 몇 년간 포고령 770호는 정부가 원하는 아기들을 가져다주었다.

하지만 이는 단기적 효과에 불과했다. 루마니아의 출생률은 포고령 직후 3년간 세 명 이상으로 급등했다가 다시 하락하기 시작했다. 그것도 아주 빠른 속도로. 1971년이 되었을 때는 1966년 이후 하락폭의 절반만큼 상승했다. 1980년대에는 4분의 3이 하락해 아예 포고령 이전으로 돌아갔다. 정부가 물러선 탓이 아니었다. 1980년대에 루마니아 정부는 한술 더 떠서 일부 직장 여성의 골반 검사를 의무화하기까지 했다. 높은 출생률을 강제하려는 조치였다. 루마니아 여성들은 낙태 방법을 수소문해 안전하지 않은 시술을 받았고, 그로 인해 임신으로 인한 사망 확률이 비슷한 어떤 나라보다 높았다.

한번 내려앉은 출생률을 1966년 이전보다 약간 높게 유지하는 데만도 이처럼 엄청난 피해와 고통이 뒤따랐다. 결국 차우셰스쿠는 1989년 권좌에서 쫓겨나 처형당했다. 루마니아는 이만하자. 정권이 하도 무도해서 대중 봉기가 일어나 권력자들이 벽에 줄지어 서서 총살당하는 결말이라면 누구도 그 권력자들이 높은 출생률을 유지하는 법을 발견했다고 말할 수 없을 것이다. 수년이나 수십 년의 짧은 충격 요법으로는 스파이크의 궤적을 바꿀 수 없다.

1980년대 내내 중국에서는 낙태가 국가에 의해 제공되었고 루마니아에서는 낙태가 국가에 의해 금지되었다. 그림 10.1을 다시 들여다보자. 루마니아는 분명 이 그래프 안에 있다. 하지만 다른 아시아 나라들과 구별되지 않는다. 어느 나라가 루마니아일까? 오늘날 많은 사람이 당연하게 여기듯 출산 장려 정책(루마니아)과 출산 억제 정책(중국)이 **출생률**에 결정적인 역할을 했다면 그림에서 두 나라 사이에 크고 뚜렷한 차이가 보일 것이다. 하지만 차이는 보이지 않는다. 애초에 차이가 없었기 때문이다.

어떤 사람들은 낮은 출생률에 대해 공개적으로 논의하는 것조차 꺼린다. 정치인들이 대담해져서 사람들의 신체와 가족, 개인적인 결정들을 통제하려 들까 봐 우려하는 것이다. 많은 정부가 사람들에게 출산을 강요하려 했고, 다른 많은 정부는 사람들에게 비출산을 강요하려 했다. 이런 현상이 벌어진 것은 민주적 선거, 독재적 변덕, 기술 관료적 계산 때문이었다. 이런 현상은 자생적 국가주의 때문에 벌어졌으며 각국에 의해 각국에 강요되었다. 또한 이런 현상은 자본주의 국가에서도 벌어졌고 공산주의 국가에서도 벌어졌다.

두려움에는 일리가 있다. 하지만 우리의 해결책은 인구 통제가 인구를 통제한다는 거짓을 재활용하는 것이어선 안 된다. 인구 통제의 신화는 타파되어야 마땅하다. 인구 통제에는 심각한 도덕적 결함이 있으며 효과**도** 없다. 두 논점 다 중요하다. 두 번째 부분을 망각하면 압제 세력의 영향력을 과대평가하게 된다.

억압적 정책이 출생률에 커다란 효과를 미칠 수 있다는 생각을 타파해야 하는 이유는 한 가지 중요한 생각을 명확히 하기 위한 단계이기 때문이다. 바로 자유와 안정된 세계 사이에 모순이 전혀 없다는 생각이다. 인구 대감소를 피하기 위해 서로에게 끔찍한 짓을 저질러야만 하는 무시무시한 딜레마는 존재하지 않는다. 서로에게 끔찍한 짓을 저지름으로써 인구 대감소를 피할 수는 없다.

한국의 데이터가 말해주는 것

4장에서는 에이프릴이 사는 텍사스 주정부에서 임신을 덜 안전하게 만든 뒤에 무슨 일이 일어났는지 살펴봤다. 에이프릴은 둘째 아이를 낳으려는 시도를 중단했다. 텍사스에서 산아 관련 건강보험을 제한하자 마이크와 에이프릴은 바라던 둘째 아이를 갖기가 쉬워지는 게 아니라 더 힘들어졌다.

소설가 어슐러 K. 르 귄은 자녀가 셋이었다. 첫째를 낙태한 덕분이었다. 2004년 르 귄은 "1950년대 … 스무 살 나이로 임신을 한다는 게 어떤 거였는지" 기억하려 했다. 하지만 좀처럼 기억할 수 없었다. 르 귄은 청중에게 이렇게 말했다.

> 하지만 지금 제게 어떤지는 말할 수 있겠군요. 이렇습니다. 제가 만약 대학을 그만두고, 학업을 포기하고, 직업을 찾아서 어느 정도라도 스스로와 아이의 독립을 얻어낼 때까지 임신과 출산과 육아기 내내 부모님에게 의존했다면, 낙태 반대론자들이 제게 원했던 그 모든 일을 했다면 저는 그들을 위해 아이를 낳았을 겁니다. 낙태 반대론자, 정부 당국, 이론가, 근본주의자를 위해 '그들의' 아이를 낳았을 거예요.
>
> 하지만 제 첫아이, 둘째 아이, 셋째 아이는 낳지 않았을 겁니다. '제' 아이들 말입니다. 제가 낳은 그 태아의 생명은 다른 세 태아 또는 세 아이, 또는 세 생명… 뭐라고 부르건 간에 그 아이들이 태어나지 못하게 막았을 거예요. 제 아이들, 제가 실제로 낳은 세 아이, 원해서 낳았고 남편과 함께 만든 세 아이를 말입니다. 제가 원치 않은 임신을 중단하지 않았다

면 남편을 만나서 결혼하지도 않았을 테니까요. 남편은 1953년에 퀸메리호를 타고 프랑스로 가는 풀브라이트 장학생이었는데, 저는 임신을 중단하지 않았다면 1953년에 퀸메리호를 타고 프랑스로 가는 풀브라이트 장학생이 아니었을 테니까요.[6]

그리고 우리는 르 귄의 소설들을 읽지 못했을지도 모른다. 에이프릴의 이야기는 중요하다. 르 귄의 이야기도 중요하다. 모든 이야기는 중요하다. 하지만 데이터가 말해주는 이야기를 들어보자.

그림 10.2는 고소득 국가(각각 점으로 표시)의 출생률을 비교한다.[7] 왼쪽에서 오른쪽으로 갈수록 부유하다. 위로 갈수록 2017년 출생률이 높은 나라다(연령을 보정한 인간출산율데이터베이스Human Fertility Database 합계출산율을 이용했다. 이는 신뢰할 만한 자료로, 모든 나라를 포함하지는 않지만 나라들 간 양육 연령 차이로 인한 오류는 바로잡았다). 그림에서 눈여겨볼 나라는 한국이다. 2017년 구트마허 연구소Guttmacher Institute의 분류에 따르면 24개 선진국 중에서 "낙태가 법적으로 매우 제한된" 유일한 나라였기 때문이다.

한국을 비롯해 나라마다 나름의 특징이 있다. 그렇기 때문에 그림 10.2는 모든 조건을 고정하고 낙태법만 변화시켰을 때 무슨 일이 일어나는지 알려주는 무작위 대조 시험이라고 보기 힘들다. 이 그림을 이용해 그런 주장을 하려 드는 것은 통계학적 부정행위일 것이다. 하지만 그림은 단순한 사실을 보여준다. 한국의 출산율은 그래프의 어느 나라보다도 낮다. 한국은 낙태(금지)법이 있지만 출산율은 대체율에 훨씬 못 미친다. 낙태를 금지하면 출산율이 여성 1인당 자녀 두

그림 10.2. 낙태가 금지된 나라의 출생률이 가장 낮았다

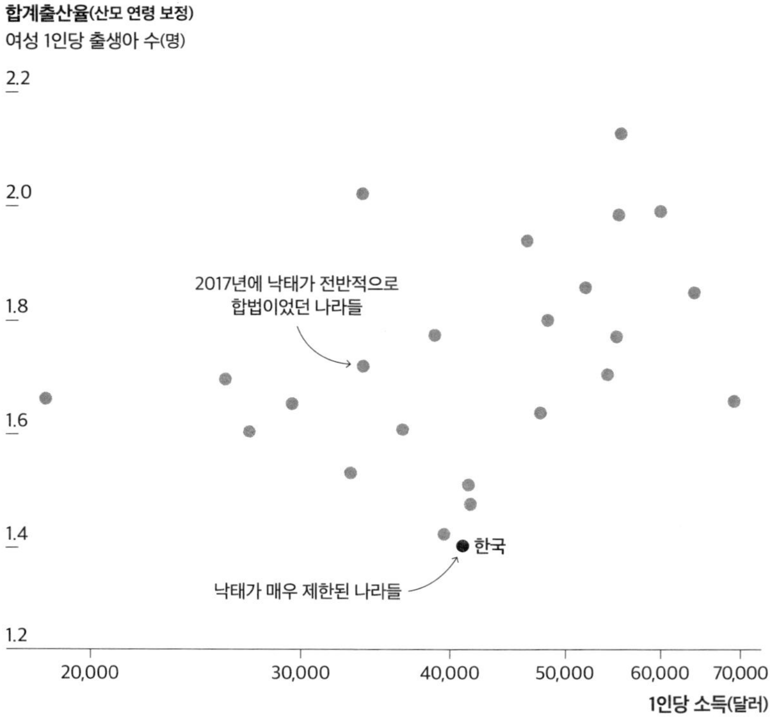

명으로 증가할 것이라고 주장하는 사람도 이 정반대 증거는 결코 무시하지 못할 것이다.

한국에 대한 사실이 또 하나 있다. 우리는 산아 선택이 장기적 현실이고 인구 대감소에 대처할 때 이를 반드시 감안해야 한다고 믿는데, 이에 부응하여 2019년 대한민국 헌법재판소는 낙태 금지에 대해 헌법 불합치 결정을 내렸다. 한국만 그런 것이 아니다. 아일랜드는 2018년 낙태 합법화 국민투표가 66퍼센트의 찬성으로 통과되었다.

정부가 낙태의 문턱을 높인 나라에서는 많은 여성이 원격 의료를 이용하며 우편으로 의약품을 받는다. 물론 차우셰스쿠의 포고령 770호도 폐지되었다.

오늘날 전 세계 대부분의 나라에서는 낙태가 전반적으로 합법이다. 1994년 이후 낙태의 법적 근거를 없앤 나라는 4개국(엘살바도르, 니카라과, 폴란드, 미국)뿐이다. 미국에서는 지금까지의 증거로 보건대 여성들이 독자적으로 결정을 내리기 위한 새로운 방법을 찾고 있다. 텍사스대학교의 동료 애비게일 에이컨Abigail Aiken이 취합한 데이터에 따르면 낙태 시술을 받을 수 없는 많은 여성을 위한 안전한 낙태법으로 임신 중지약이 인기를 얻고 있다고 한다.[8]

진보를 향한 여느 싸움에서와 마찬가지로 여러 헌신적인 사람들의 꾸준한 노력이 퇴보를 막아내고 있다. 백악관에서 마이크와 함께 일하는 사람들도 이 일에 헌신적이다. 그들은 미국 여성에 대한 산아 관련 건강보험을 확대하기 위해 자신의 경력과 그 이상을 쏟아부었다. 2024년 그들은 건강보험에 대한 전문성을 발휘해 보험사의 피임약 보험 적용 확대를 요구하는 새 규칙을 제정했다.[9]

당시 사후 피임약과 새로 승인된 일반 의약품 피임약은 의사가 처방하지 않은 경우 보험 적용을 받을 수 없었다. 더 강력한 규제를 통해 이 문제를 해결하기 위해서는 새로운 경제적 분석을 먼저 시행해야 했다. 미국 정치권의 많은 사람이 피임 접근권을 확대하려고 노력했다. 2024년 가장 최근 제안된 규칙을 결승선으로 밀어 옮긴 경제적 분석은 마이크의 몫이었다.

전 세계에서 기술적, 정치적, 사회적 변화가 꾸준히 벌어지면서 임신은 점차 선택 사항으로 바뀌고 있다. 이는 장기적으로 더 많은 가족이 그들이 선택한 수의 자녀를 그들이 선택한 시기에 갖길 희망하고 믿어야 할 이유다. 그렇다고 해서 활동가와 발명가, 진보를 밀어붙이고 있는 남녀의 노고와 투쟁을 부정하거나 간과하는 것은 아니다. 이런 노고야말로 (우리가 믿는) 선택이 결국 승리할 이유다. 그렇게 된다면 금지가 작동하지 않을 한 가지 이유는 금지가 영영 계속되지 않을 것이기 때문이다.

11장

현찰이 답일까?

일부 사람들은 자녀를 더 적게 선택하는 명백한 이유가 있다고 말한다. 바로 자녀는 돈이 너무 많이 든다는 것이다! 우리를 비롯해 모든 부모는 식료품 카트를 채우거나 어린이집 보육료를 결제하거나 대학 등록금을 계산하면서 비슷한 생각을 해봤을 것이다.

우리가 스파이크에 대해 처음 썼을 때 한 독자가 이런 댓글을 남겼다. "사람들이 설령 자녀를 낳더라도 점점 적게 낳는 것은 그 이상의 자녀를 감당할 수 없기 때문이다." 많은 사람이 비슷한 말을 한다. 그 독자와 부모들만 그런 게 아니며 가족을 연구하는 학자들도 종종 같은 얘기를 한다. 더 많은 자녀는 감당할 수 없다는 것이다.

비용 부담 가설: 오늘날 부모가 자녀를 적게 낳는 것이 더는 자녀를 감당할 수 없기 때문이라는 게 사실일까?

비용 부담 가설이 옳다면 인구 대감소를 피하는 방법을 알아내는 데는 아무런 어려움이 없을 것이다. 낮은 출생률이 고민되는 정부는 자녀 세액 공제 조치를 통과시키거나 아기를 낳을 때마다 부모에게 6개월(또는 1년이나 2년) 유급 육아휴직을 제공하거나 주간(과 야간, 그리고 어느 때든) 어린이집 비용을 지급해 추세를 바꿀 수 있을 것이다. 이런 변화가 일어나면 부모의 삶이 더 수월해질 것이다. 하지만 이렇게 해서 인구를 안정시킬 수 있을까?

스웨덴에서는 정부가 이와 비슷한 정책을 실시했다. 스웨덴에서는 친가족 정책 덕분에 양육비가 미국보다 훨씬 저렴하다. 아동(및 성인) 의료는 전 국민 대상으로 무료다. 어린 아동의 보육에는 막대한 보조금이 지급되어, 저소득 가정은 비용을 한 푼도 지불하지 않으며 가장 부유한 부모들조차 첫 자녀에 대해서는 월 130달러, 둘째부터는 비용이 그보다 적거나 아예 무료다.

정부 보조금 덕에 스웨덴은 어린이집 보육료가 저렴해졌을 뿐 아니라 어린이집을 쉽게 구할 수 있도록 투자도 이뤄진다. 정부는 부모가 일을 계속하길 바란다. 그래서 부모들은 출산 이후 약 16개월의 유급 휴가를 법적으로 보장받으며 이 기간은 커플이 나눠 쓸 수 있다.

그러면 육아를 감당하기가 쉬워지면서 스웨덴은 출생률이 다시 2로 올라왔을까? 그렇지 않다. 2018년 스웨덴의 평균적 여성은 평생에 걸쳐 1.76명의 자녀를 낳았는데, 이는 그해 미국의 1.73과 거의 같은 수치다. 2019년에는 두 나라 다 1.70으로 떨어졌으며 덴마크도 같은 수치였다. 스웨덴과 덴마크가 GDP에서 가족 복지에 지출하는 예산의 비율은 각각 미국의 두 배다(이웃 나라인 노르웨이와 핀란드도 마찬가지인데, 이 나라들은 출생률이 더 낮다).

공공 지출이 출생률에 영향을 미치지 못하는 듯 보이는 것은 왜일까? 어린이집 보조금과 유급 육아휴직 등이 차이를 만들어내지 않는다면 자녀 키우는 비용 때문에 자녀를 덜 낳는 것이라는 댓글들을 어떻게 이해해야 할까? 이제 증거를 들여다보면서 비용 부담 가설이 옳은지 따져보자.

원 스트라이크: 나라별 출생률 비교

비용 부담을 결정하는 것은 사고 싶은 물건의 가격과 예산의 규모다. 우선 예산에 국한해서 보자. 예산이 저마다 다른 한 가지 모습은 시간의 흐름에 따른 변화다. 지난 몇십 년간 세상은 점점 부유해졌다. 예산이 저마다 다른 또 한 가지 모습은 오늘날 세계의 부유한 지역과 가난한 지역 사이의 격차다. 사람들이 얼마나 많은 돈을 가지고 있느냐에 대한 이 모든 다양성은 비용 부담 가설의 예산 부분을 검증할 잣대다. 쓸 돈이 더 많은 사람들은 자녀를 더 많이 낳는 경향이 있을까?

우타르프라데시에서는 사람들이 텍사스에서보다 평균적으로 훨씬 가난하다. 10가구 중 9가구는 집에 상수도가 연결되어 있지 않다. 상당수의 주택이 흙바닥이거나 허름한 바닥이다. 대부분의 주택에 일정 시간 동안 전기가 들어오기는 하지만 TV가 있는 집은 절반가량에 불과하며 종류를 막론하고 냉장고가 있는 집은 3분의 1에도 못 미친다.

하지만 이곳 사람들은 무엇이든 더 비싸도 감당할 수 있는 텍사스 사람들에 비해 평균적으로 자녀를 더 많이 낳는다. 최근 데이터에 따르면 우타르프라데시에서 평균적 여성은 자녀를 2.3명 낳은 반면에 같은 해 텍사스에서는 1.8명을 낳았다.

출산율 차이는 우타르프라데시 여성들이 너무 가난해서 피임하지 못한 결과가 아니다. 그들은 여섯 명이 아니라 딘의 미국인 친할머니와 외할머니처럼 2.3명을 낳는다. 마이크의 외증조할머니처럼 12명을 낳지 않는다. HIV/에이즈에 대한 전 세계의 정책적 대응, 소비자의 자금 사정에 맞게 시장이 상품을 공급한다는 단순한 사실 등, 여러 이유로 21세기의 이 시점에는 피임법이 매우 널리, 심지어 매우 가난한 나라에까지 보급되어 있다. 인구통계학 조사에 따르면 우타르프라데시에서는 생식 가능 연령 여성의 62퍼센트가 피임법을 쓰고 있다고 한다(좋든 나쁘든 불임 시술도 많이 벌어지고 있다).[1] 이는 미국의 65퍼센트에 매우 가깝다.

오늘날 전 세계를 통틀어 돈이 많은 나라에서는 사람들이 아기를 덜 낳는 경향이 있다. 통계 패턴이 다 그렇듯 예외가 있긴 하지만 상관관계는 뚜렷하다. 미국과 대다수 서유럽의 평균 출생률은 1.7을 밑돈다. 중상소득 지역인 라틴아메리카와 카리브해 연안의 평균은 약 1.8이다. 경제발전 수준이 중저소득에서 중중소득에 해당하는 남아시아와 동남아시아의 평균은 2.1이다. 가장 가난한 지역인 사하라 이남 아프리카는 출산율이 가장 높아서 4.0을 웃돈다.

오늘날 가난한 지역의 평균 출생률이 부유한 지역보다 낮지 않고 높다는 데는 의문의 여지가 없다. 돈이 많은 곳에서는 아기가 많지 않다. 우리는 이 국제적 비교를 일컬어 비용 부담 가설을 반박하는 '원 스트라이크'라고 부른다.

투 스트라이크: 연도별 출생률 비교

국제적 비교로 상황이 종결되지는 않는다. 인도, 인도네시아, 이탈리아를 비교하는 것은 사리에 맞지 않을지도 모른다. 역사와 문화에 너무 많은 차이가 있어서 소득 수준과 출생 둘 다에 영향을 미치기 때문이다. 이런 비교는 충분히 대등하지 않다. 그러니 더 깊이 파고들어 보자. 나라와 나라를 비교하는 게 아니라 한 나라 안에서 시간 경과에 따라 생활 수준이 향상되면서 어떤 변화가 일어나는지 들여다보자.

그림 11.1은 세계 전체의 변화와 지역별로 각국의 변화를 보여준다. 그래프에서 높이 있을수록 출생률이 높다는 뜻이며, 오른쪽에 있을수록 생활 수준이 높다는 뜻이다. 화살표는 각국의 점을 시간에 따라 표시한 것이다. 따라서 각 화살표는 각국의 변화를 나타낸다. 각 화살표는 1990년에서 출발해 2021년을 가리킨다.

패턴은 분명하다. 국제적으로 비교할 수 있는 고품질의 경제 데이터가 존재하는 1990년까지만 거슬러 올라가도 알 수 있다. 대부분의 화살표는 오른쪽 아래 방향을 가리킨다. 각 지역에 대한 전체 형태도 마찬가지이며 세계 전체에 대한 화살표도 마찬가지다. 사회가 점점 부유해질수록 사람들은 자녀를 점점 덜 낳는 쪽을 선택했다.

그림 11.1.[2] 생활 수준이 상승하는 동안 출산율은 하락했다

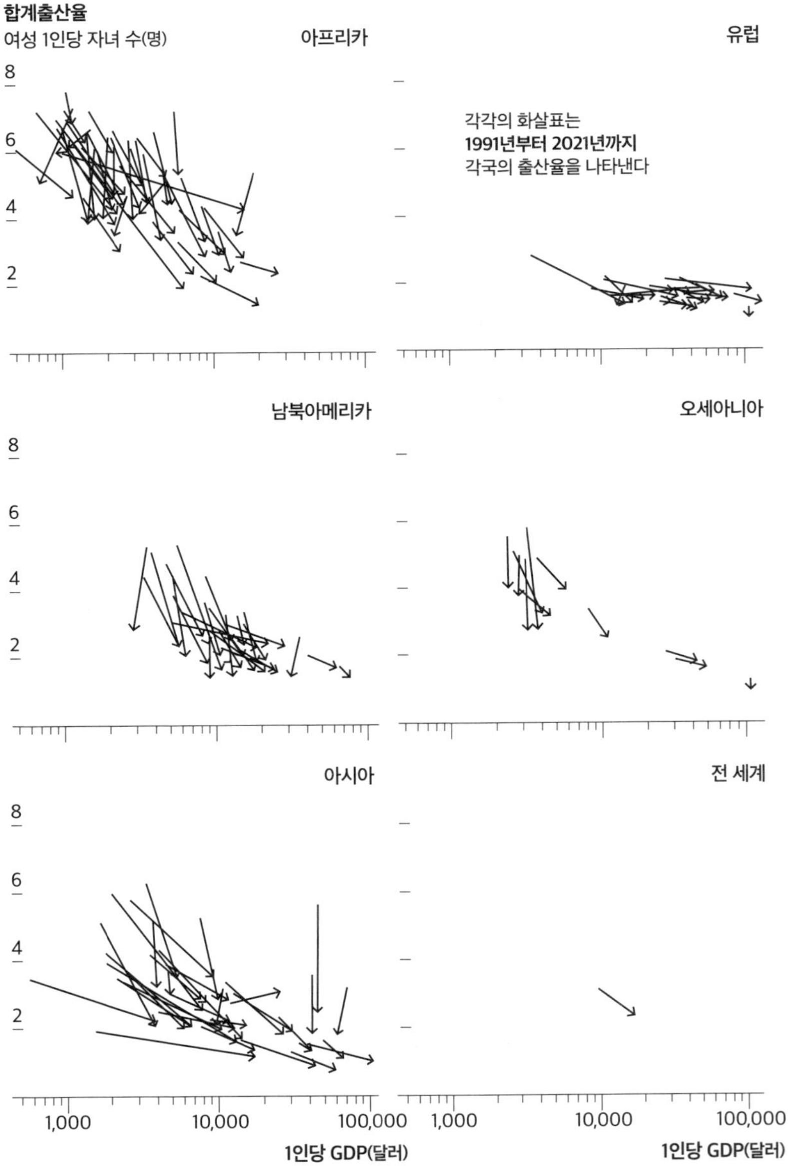

전제는 자녀가 값비싸다는 것(자녀는 값비싸다!) 또는 부모에게 더 많은 도움이 필요하다는 것(부모에게는 도움이 필요하다!)을 부정하지 않는 것이다. 그림에서 답하는 질문은 이것이다. 출산율이 **하락**하는 핵심 이유는 과연 부모의 예산이 시간 경과에 따라 빠듯해졌기 때문일까? 예산은 빠듯해지지 않았으며 비용 부담 가설은 세계가 훨씬 부유해졌다는 사실에 들어맞지 않는다.

그러므로 시간 경과에 따라 점차 부유해지는 각 나라의 시기별 비교는 비용 부담 가설을 결코 뒷받침하지 않는다. 이것을 '투 스트라이크'라고 부르겠다.

스리 스트라이크: 비용이 다른 지역의 출생률 비교

비용 부담 가설의 마지막 피난처는 예산이 전보다 줄어서가 아니라 자녀 관련 상품과 서비스의 가격이 빠르게(전 세계 부자들도 따라잡지 못할 정도로) 올라서 늘 문제였다는 것이다. 말하자면 문제는 "월세가 젠장맞게 비싸다"는 것이다(미국에서 지미 맥밀런Jimmy McMillan이 창당한 정당의 이름 '월세가 젠장맞게 비싸당Rent Is Too Damn High Party'을 인용한 표현 – 옮긴이)는 것이다.

이제 속임수처럼 느껴질지도 모르지만 실은 정직한 수법을 하나 써보겠다. 이 장에서 우리는 자세한 설명을 생략한 채 소득을 시간이나 장소별로 비교할 때마다 경제학자들이 '실질소득'이라고 부르는 것을 이용했다. 경제학자들이 '실질소득'이라고 쓸 때 이는 저마다 다른 전체 물가 수준에 대해 조정하고 난 소득이다. 따라서 생활비가 임금보다 더 빨리 올랐다면 실질소득은 내려간 것이다(실제 패턴과는 정반대다).

실질소득을 인플레이션에 대해 조정하는 법을 알아내기 위해 수많은 뛰어난 경제학자들이 연구를 진행하고 있다. 미국 노동통계국 소비자물가지수(인플레이션을 측정하는 핵심 기준)에서 반영하는 물가의 약 4분의 3은 식료품, 교통비, 주거비 같은 항목으로, 모두 가족을 꾸리거나 확대하는 것과 밀접한 관계가 있다.

이 말은 우리가 물가를 결코 간과하지 않았다는 뜻이다. 우리는 막후에서 물가에 대해 조정을 실시했다. 하지만 여기서는 너무 단순화하지 않기로 한다. 모든 상품과 서비스의 가격이 서로 맞물려 상승하거나 하락하는 일은 없으므로 소득을 '구매력 조정'이라는 하나의 기준으로 맞추면 이 뉘앙스의 일부가 사라질 수 있다.

좀 더 깊이 파고들어 보자. 진통제, 태양광 전지판, 텔레비전처럼 대량으로 생산된 제조품의 가격은 시간이 지나면서 낮아지는 경향이 있다. 이 상품들의 가격이 떨어지는 동안 품질이 상승한다는 사실을 굳이 감안하지 않더라도 그렇다. 이에 반해 사람이 주성분인 제품('소일렌트 그린'이 아니라 간호사 진료를 떠올려보라)은 시간이 흐르더라도 똑같은 방식으로 값싸지지 않는다(〈소일렌트 그린〉은 미래에 인육으로 식품을 만든다는 설정의 SF 영화다 – 옮긴이). 이는 다른 성분에 비해 사람의 시간이 값비싸기 때문이다(좋은 일이다!).

의사가 환자의 건강 상태를 진찰하는 데는 항상 15분이 걸린다. 어린이집 교사가 세 살배기 아이 여덟 명을 돌보는 데는 항상 온종 일이 걸린다. 혁신과 기술 덕분에 태양광 전지판의 비용은 낮아졌지만 경영 컨설팅과 생성형 AI로는 어린이집 업무를 그다지 최적화할 수 없을 것이다. 상황이 달라질지도 모르지만 아직은 아니다.

이런 인적 서비스의 가격은 악명 높은 난제다. 경제학자 윌리엄 보멀William Baumol의 이름을 딴 '보멀 비용병Baumol's Cost Disease'이라고 불리는데, 보멀은 1960년대에 윌리엄 보언William Bowen과 함께 이 현상을 처음 관찰한 사람이다. 낮은 출생률을 보멀 비용병으로 설명할 수 있을까? 노동자 임금은 보육 비용의 대부분을 차지한다. 오늘날 노동자는 1960년대보다 많은 임금을 받고 있으며 보육 노동자도 예외가 아니다. 이 사실로 보건대 보육 가격이 최근 몇십 년간 미국의 여느 상품보다 빠르게 상승한 것은 놀랄 일이 아니다.

그렇다면 보육 가격이 범인일까? 경제학자 멀리사 커니, 필 러빈Phil Levine, 루크 퍼듀Luke Pardue는 보육과 (주거를 비롯한) 필수 재화의 가격이 시간 경과에 따라 달라질 때 미국 전역의 출생률이 어떻게 되는지 살펴봤다.[3] 지난 10년간 이 가격들은 주마다 다른 추세를 나타냈다. 반면에 출생률은 같은 시기 모든 주에서 하락했다. 하지만 비용 부담 가설에서 예측하듯 가격이 더 빨리 상승한 곳에서 출생률이 더 빨리 하락했을까?

그렇지 않다. 매사추세츠에서는 연간 보육 비용이 자녀 1인당 4,500달러 이상 증가했다. 하지만 매사추세츠의 출생률 하락은 비용이 1,000달러 미만 증가한 델라웨어와 같았다. 주거를 보자면 워싱턴 D.C.에서는 침실이 여러 개 있는 아파트의 임차료가 코네티컷이나 오클라호마의 일곱 배가량 상승했지만, 같은 기간 세 주의 출생률

변화는 모두 비슷했다. 개별 데이터점에서 나라 전체의 패턴으로 시야를 넓히면… 그래도 의미 있는 관계는 전혀 관찰되지 않는다. 예비 부모의 학자금 대출을 비롯해 연구자들이 들여다본 다른 요인들에서도 마찬가지였다. 커니와 동료 연구자들은 그래프를 그리고 또 그렸는데, 가격을 범인으로 지목할 만한 상관관계는 하나도 나타나지 않았다.

이것이 비용 부담 가설에 대한 스리 스트라이크다. 많은 잠재 부모가 더 많은 자녀를 원하며 상당수는 자녀가 너무 값비싸다고 말한다. 그렇다면 부모들에게 거액을 쏟아부어 상황을 바꿀 수 있을지도 모른다. 하지만 양육의 비용 부담이 줄었다고 해서 출생률이 하락했다는 증거는 찾기 힘들다. 이제 비용 부담 가설에 '아웃' 판정을 내릴 때다.

비용과 기회비용

우리의 스파이크 칼럼에 댓글을 단 사람들이 돈과 관련해서는 틀렸다면 과연 무엇에 대해 옳을까? 사람들이 아이 낳는 걸 감당할 수 없다고 말할 때 그 말에는 뭔가 실질적이고 중요한 뜻이 분명 있다. 그들이 더 작은 규모의 가족을 선택함으로써 표현하려는 뭔가 실질적이고 중요한 내용이 틀림없이 존재한다. 돈을 넘어 자녀의 비용을 바라보는 또 다른 방식이 있을까? 자녀가 예전보다 값비싸졌음을 보여주는 또 다른 방식이 있을까?

그렇다. 그런 방식이 있다. 여기서 약간의 경제학 용어가 요긴하게 쓰일 수 있다. 바로 **기회비용**이다. 기회비용은 당신이 무언가를 얻기 위해 포기하는 것을 가리킨다. 돈뿐 아니라 시간, 주의력, 즐거움, 청결, 평안, 고요함도 기회비용이 될 수 있다. 케이크를 먹고도 케이크가 계속 그 모양을 유지할 수 있는가? 그럴 순 없다. 케이크를 먹는 기회비용은 케이크가 사라진다는 것이다. 공짜로 얻은 케이크라 해도 마찬가지다.

에밀리 오스터Emily Oster는 브라운대학교에서 양육을 연구하는 경제학자다.[4] 2019년 저서 『최강의 데이터 육아』에서 오스터는 부모가 매일같이, 특히 시간과 관련해 맞닥뜨리는 거대한 상충 관계를 언급한다. "우리의 직관은 '시간의 기회비용'이라는 경제 개념에 입각해야 한다."

오스터의 설명에 따르면 자녀에게 집중적으로 쓰는 시간은 다른 일에 쓰지 못한다. 그렇기에 부모가 맞닥뜨리는 실제 선택이 아니라 이상적 방안에 대해서만 생각하는 것은 잘못이다. 부모는 어린 자녀가 화면 앞에서 시간을 얼마큼 보내도 되는지 전전긍긍한다. 하지만 자녀가 TV나 스마트폰 화면 앞에서 보내는 시간은 엄마나 아빠가 육아를 뒷받침하기 위한 수백 가지 일에 써야 하는 시간이다. 오스터는 사람들이 부모가 되고서 내리는 결정에 대해 썼지만 부모가 되려는 결정 자체에도 같은 개념이 적용된다.

수십 년간 연구자들은 조사원을 파견해 여성들에게 낳고 싶은 이상적 자녀 수를 물었다. 출생률이 두 명 이하인 인구 집단에서는 많은 여성이 실제보다 많은 자녀를 낳고 싶다고 답했다(평균하면 두 명을 넘을 때도 많았다). 그렇다면 무엇이 잘못됐을까? 왜 사람들은 이상적이라고 말하는 것을 실천하지 않을까?

그 이유는 '이상적 출산율' 조사 설문이 기회비용에 대해 묻지 않기 때문이다. 오스터 같은 경제학자가 필수적이라고 여기는 시간의 기회비용을 누락하고 있는 것이다. 조사원들은 예비 부모가 자녀를 한 명 더 낳기 위해 **얼마큼 포기할 각오가 되어 있는지** 묻지 않는다. 아무것도 포기하지 않아도 될 때 **이상적으로** 바라는 상황에 대해서만 질문한다.

'너무 값비싸다'가 (금전적 비용만이 아니라) 기회비용에 대한 것이라면 양육 비용의 부담이 크지 않아도 자녀의 비용이 커질 수 있다. 자녀를 여러 명 낳아 기르는 것은 본인의 학업 목표, 진로 계획, 그 밖의 야망을 축소해야 한다는 뜻이다. 직장에서 아무리 열심히 일할 각오가 되어 있더라도, 개인적 과제나 친교에 아무리 최선을 다하더라도, 아이를 입히고 도시락을 싸고, 등하교시키고, 목욕시키고, 재우고(한밤중에 깰 때도 많다), 자녀가 아파서 결석하거나 휴교일에 집에 있는 것만으로도 자신이 신경 써야 하는 다른 일에 할애할 시간과 에너지가 줄어든다.

수십 년이나 수백 년 전에는 자녀에게 시간을 써도 잃을 게 적었다. 반면에 오늘날 육아의 기회비용으로는 휴가, 외식, 배우자와 보내는 오붓한 시간, 좋은 노래나 영화를 듣고 보기, 세탁기가 돌아가는 동안 멍 때리기 등이 있다. 운동화가 전보다 좋아져서 40대 교수들은 현재의 무릎 상태로 몇 년을 더 버틸 수 있다(물론 인공 관절을 비롯한 의료 기술도 향상되어 현재의 건강 상태로 무릎을 더 쥐어짤 수도 있다).

일과 진로의 기회가 확대되면서 직장에서 포기해야 할 것도 훨씬 많아졌다. 여성은 더더욱 잃을 것이 많다. 클라우디아 골딘(4장에서 진로와 가족에 대해 논의하면서 언급한 인물)은 2013년 미국경제학회 회장으로 선출되었다. 취임 연설에서 골딘은 1960년대 후반 젊은 여성 중에서 자신이 성인기에 유급 노동에 종사할 거라 예상한 비율은 3분의 1에 불과했다고 설명했다.[5] 1970년대가 되자 이 비율은 약 80퍼센트에 이르렀다. 기대치의 혁명적 변화였다.

더 나은 선택지가 있는 더 나은 세계에서는 부모 되기가 **비교 때문에** 더 열악해진다.

기회비용 가설: 부모 노릇에 시간을 쓰려면 무언가를 포기해야 한다. 우리 주변에서 세상이 더 나아졌기 때문에 그 '무언가'도 예전보다 나아졌다.

이 장의 첫머리를 연 **비용 부담 가설**은 금전적 비용에 대한 가설이었다. 그리고 우리는 이를 반박하는 증거를 많이 봤다. 그런데 **기회비용 가설**은 또 다른 이야기다. 기본적인 사실들은 맞아떨어진다. 기회비용 가설에서 보듯 직장 임금이 올라갈수록, 사람들이 교육(과 스포츠, 비디오게임, 여행, 전자책 단말기로 읽는 미스터리 소설, 그 밖에 사람들이 향유하는 모든 것)을 더 많이 누릴수록 부모 노릇은 더 빡빡한 경쟁을 맞닥뜨린다.

기회비용에 대해 생각하면 몇 가지 놀라운 결과가 드러난다. 시급 노동자의 시급이 올라갔는가? 그렇다면 부모 노릇 때문에 더 적은 시간을 일할 경우 부모 노릇은 더 값비싸진다. 누군가 직장에서 희소식을 들었는가? 어쩌면 내년에 열심히 일해서 능력을 입증하면 승진할 기회가 새로 생길지도 모른다. 하지만 이 희소식 때문에 부모 노릇의 상충 관계가 더 뼈저리게 느껴진다. 어쩌면 좀 더 기다렸다가 가족을 꾸리는 게 합리적일 수도 있으니 말이다. 기회비용이 포함된다는 것을 깨닫고 나면 삶이 부유해지고 보상이 커질수록 자녀를 낳아 기르는 비용이 커진다.

커리어 그리고 출산

진로의 기회비용을 고려한 다음에는 우리가 출산율 하락의 거대 이론에 도달했다고 생각하기 쉽다. 바로 여성이 진로를 추구할 자유와 힘을 얻을 경우 출생률이 어김없이 낮아진다는 것이다. 하지만 알고 보면 이는 유일한 거대 이론일 수 없다. 출산율이 어디서나 낮다는(또는 낮아지고 있다는) 점은 이미 살펴봤다. 여성의 진로가 창창한 곳에서는 출산율이 낮다. 하지만 스웨덴이나 미국의 여성이 진로로 여길 만한 것을 누릴 기회가 여성들에게 전혀 주어지지 않는 곳에서도 출산율은 낮다.

인도를 생각해보라. 인도가 낮은 출산율에 이르게 된 경로는 출산율 하락의 이 거대 이론에 이의를 제기한다. 출산율 하락을 설명하는 나머지 거대 이론들도 대부분 마찬가지다. 인도의 성인 여성은 대부분 집 밖의 유급 노동에 종사하지 않는다. 15~49세 인도 여성 8명 중 한 명만이 시마와 같은 전문직, 기술직, 관리직, 성직으로 분류되는 직업을 가지고 있다. 어느 직업이든 가진 사람도 네 명 중 한 명에 불과하다. 1950년대 이후로 미국은 여성의 노동력 참여가 이렇게 낮은 적이 없었다.

그림 11.2에서 위 그래프는 전 세계 여성의 노동 인구 참여 실태를 나타낸다. 그래프에서 보듯 인도에서는 부모 노릇과 여성의 진로 사이에 갈등이 없는데도 낮은 출산율이 나타나고 있다. 인도에서는 대부분의 여성이 유급 노동에 종사하지 않는데도 출생률이 대체율을 밑돈다. 같은 그래프의 다른 지역에서는 출생률이 훨씬 높으며 미국과 유럽에서보다 훨씬 많은 여성이 일한다. 여기에는 단순하고 보편적인 패턴이 존재하지 않는다.

아래 그래프는 한 나라의 여성이 자녀를 낳기 시작하는 연령 중앙값에서 출생률을 비교했다. 이번에도 인도는 이상값이다. 그래프를 보면 인도 여성은 평균 20대 초에 첫아이를 낳는데도 출생률이 대체율을 밑돈다. 중국, 유럽, 미국보다 훨씬 낮은 연령이다. 따라서 여성의 진로나 첫 자녀 출산 연령은 인도의 낮은 출생률을 설명하는 주요인일 수 없다.

인도가 다르다는 사실이 왜 중요할까? 무엇보다 인도는 일개 나라에 불과할지도 모르지만 오늘날 세계 인구의 6분의 1이 살고 있다. 그래서 대수롭지 않게 치부할 수 없다. 인도는 인구 면에서 미국, EU, 브라질, 러시아를 능가한다. 각각이 아니라 모두 합쳐서 말이다. 인도가 단순한 이야기에 들어맞지 않기 때문에 전 세계 출생률 하락도 단순한 이야기에 들어맞지 않는다. 이 사실들에 들어맞지 않는 이론은 신뢰할 수 없다. 인도라는 거대한 예외는 자녀를 더 낳는 것에

그림 11.2.[6] 인도는 부모 노릇의 기회비용이 다르다

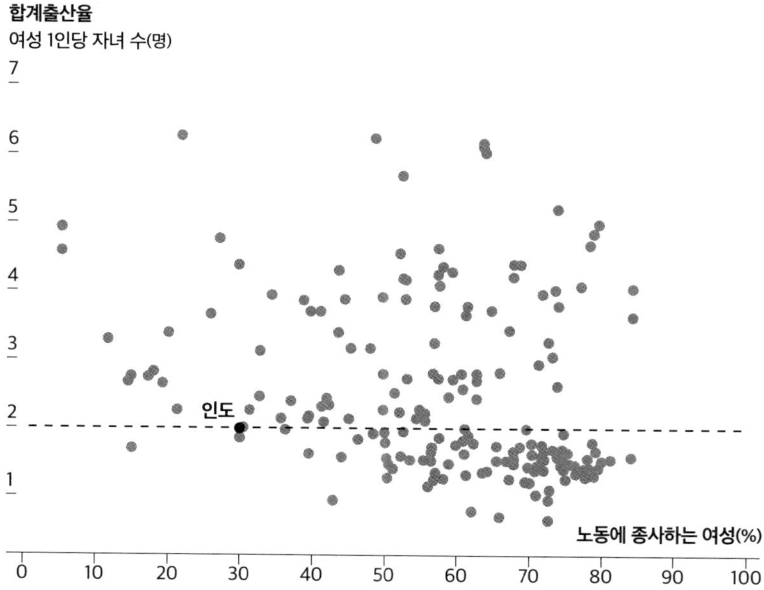

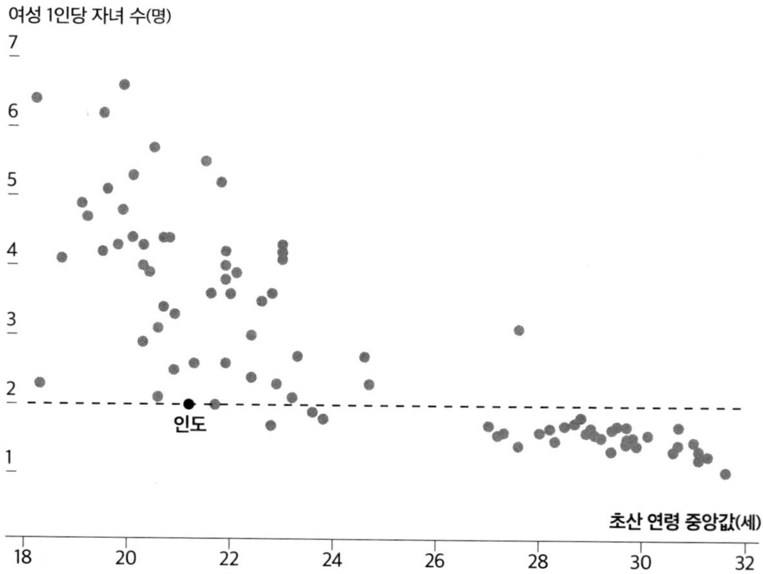

또 다른 기회비용이 있음을 암시한다. 이 비용 때문에 여성은 무사히 진로를 이어갈 수 있더라도 자녀를 낳기를 꺼린다.

4장에서 봤듯이 여기에는 또 다른 난관이 있다. 부자 나라에서는 성별 임금 격차와 출생률 사이에 상관관계가 전무하다. 부자 나라들 사이에서 출생률이 2.0에 가까운 나라도 있고 1.5에 가까운 나라도 있다는 사실은 여성의 직장 내 처우로 설명되지 않는다. 여성의 임금이 남성에 비해 높다고 해서 출생률이 낮아지는 경향은 관찰되지 않는다. 데이터에는 어떤 관계도 나타나지 않는다. 여기서 보듯 자녀를 선택하는 기회비용에는 여성의 일자리 전망 개선을 넘어선 조건들이 포함된다.

기회비용은 삶의 모든 영역에서 남녀를 아울러 상승하고 있다. 설령 인간이 무성 생식을 하더라도, 설령 누구나 혼자서 아기를 낳을 수 있더라도 부모 노릇의 기회비용은 우리 시대가 과거보다 클 것이다. 설령 여성과 남성 사이의 사회적 불평등과 불공정을 모조리 없애더라도, 더 부유하고 자유롭고 즐길 거리가 많은 미래에는 자녀를 낳는 기회비용이 과거보다 여전히 클 것이다.

시마의 삶은 유급 노동을 하지 않는 여성의 출산율이 낮은 인도의 수수께끼에 해당하지 않는다. 시마의 진로는 대다수 인도 여성의 통계보다는 클라우디아 골딘이 분석한 미국 여성의 통계에 가까워 보인다. 그렇기에 시마는 일, 결혼, 출산에 대한 인생의 중대한 결정을 곧 내려야만 한다.

이 모든 것이 어떻게 펼쳐질지 아직은 알 수 없다. 시마는 중매 결혼을 받아들일지, 부모의 성화를 좀 더 오래(아니면 아주 오래) 버틸지 아직 결정하지 않았다. KMC 프로그램 관리자들에게는 막연한 희망이 있다. 아직은 이 프로그램에 '수간호사' 자리가 없지만 시마가 몇 년 더 근무하면 최초로 수간호사가 될지도 모른다는 것이다. 언젠가는 그럴지도 모른다. 하지만 그렇더라도 먼 훗날이 될 것이다. 그러면 시마는 우타르프라데시 여성의 일반적 경로에서 더욱 벗어날 것이다. 어느 쪽을 선택하든 막대한 기회비용이 발생한다. 언젠가 시마와 가족은 결정을 내릴 것이다.

시마가 어떤 선택을 내리든 대체 수준 이상의 자녀를 낳을 가능성은 희박하다. 만일 결혼하면 인도의 여느 고학력 여성과 마찬가지로 한 명의 자녀를 낳을 것이다. 결혼하지 않는다면 자녀를 한 명도 낳지 않을 게 거의 확실하다. 우리는 시마의 삶을 개선할지도 모르는 많은 정책을 떠올릴 수 있다. 시마의 복지에 다양한 영향을 미칠 결혼들을 상상할 수 있다. 하지만 시마와 예비 신랑과 시부모가 (이를테면) 세 명의 자녀가 적당하다고 생각하려면 상황이 극적으로 달라져야 한다. 기회비용이 막대할 테니 말이다.

삶이 개선될수록 자녀라는 선택지는 나빠진다

너무나 많은 것이 너무나 좋아진 탓에 자녀를 낳는 일과 결부된 상충 관계가 더 첨예해졌다. 25세나 30세, 35세가 된 많은 사람이 부모가 되거나 자녀를 더 낳을까 생각하다가 예산을 감당할 수 없어서 절망한다. 여기에는 금전적 예산뿐 아니라 우리 각자가 삶을 꾸리면서 활용하는 역량, 제약, 자원, 관계 같은 더 심층적인 예산도 있다. 물론 예산은 은행 계좌에 있다. 하지만 직장과 교실에도 있다. 애인과 보내는 고요한 순간에도, 친구들과 보내는 떠들썩한 시간에도 있다. 온갖 목표나 꿈이나 충동이 부모 되기와 경쟁하는 모든 순간에 있다.

자녀의 기회비용이 전 세계에서 증가하는 것은 세계가 점점 더 살기 좋은 곳이 되어간다는 사실에도 **불구하고**가 아니라 바로 그 사실 **때문**이다.

이렇게 이해하면 낮은 출생률에는 어떤 수수께끼도, 어떤 놀라운 구석도 없다. 자녀를 낳는 것은 좋은 삶을 살고 정체성을 확립하고 인생 이야기를 선택하는 한 방법이지만 유일한 방법은 아니다. 오늘날은 이 대안들이 예전보다 더 나아졌고 더 쉽게 접근할 수 있다.

2018년 《뉴욕 타임스》에서는 미국 성인들이 자녀를 원하는지, 원한다면 왜 원하는지 조사한 결과를 보도했다.[7] 자녀가 없는 응답자들은 대부분 한 명도 원하지 않거나 잘 모르겠다고 말했다. 왜 원하지 않느냐는 물음에 30퍼센트는 그저 자녀에 대한 욕구가 없다고 설명했다. 이 응답의 가장 흔한 이유는 여가 시간을 더 가지고 싶다는 것이었다.

《어니언The Onion》의 풍자적 기사 제목은 현실을 적나라하게 보여준다. "연구에 따르면 미국 여성들이 엄마 되기를 미루는 이유는 모든 게 고생스럽기 때문이다." 부모 노릇이 수십 년 전이나 수백 년 전보다 훨씬 고생스러운 것 같지는 않다. 하지만 이와 비교되는 나머지 선택지들이 덜 고생스러워진 것은 사실이다.

우리의 말을 오독하는 한 가지 방법은 임금이나 노동시장 선택지의 짧은 깜짝 반등을 가리키며 이렇게 묻는 것이다. "이것 좀 봐요. 자녀를 낳는 기회비용이 방금 달라졌어요. 그러니 이듬해에는 아기를 많이 볼 수 있겠죠?" 하지만 사람들은 인생의 중대한 결정을 그런 식으로 내리지 않는다. 가족과 삶의 경로를 선택하는 건 경련 같은 반사 작용이 아니다. 자녀를 낳으면 향후 몇십 년의 경로가 달라진다. 어디서 살지, 누구와 함께 살지, 무엇이 필요할지, 무엇을 줄 수 있을지가 달라진다. 금세 원상회복될지도 모르는 법률이나 일자리 시장의 변화에 과잉 반응하는 것은 비합리적이다.

그리고 누구도 이런 선택을 오로지 혼자서 내리진 않는다. 가족과 친구, 사회와 문화가 모두 사람들의 선택에 영향을 미친다. 영향이 보이지 않을 때도 있고, 적나라할 때도 있지만 말이다. 비록 예비 엄마의 상황이 달라지더라도 주변 사람들의 상황은 달라지지 않을지도 모른다. 이 또한 중요한 조건이다. 사람들이 자신의 기회비용을 어떻게 이해하는지, 그들의 엄마와 아빠가 자신의 기회비용을 어떻게 이해하는지는 문화에 영향을 미치고 좋은 인생 이야기가 무엇인지에도 영향을 미친다. 이런 관념들도 물론 달라지지만 거대하고 지속적인 요인이 발생한 뒤에야 달라진다.

보조금이 해결책이 아닌 이유

이 장은 질문에서 출발했다. 양육비를 감당할 수 없는 게 문제라면 덴마크, 핀란드, 노르웨이, 스웨덴의 출생률이 미국보다 높지 않은 것은 왜일까? 10장에서는 정부가 노골적 강압으로 출생률의 추세를 바꿀 수 없다고 썼다. 하지만 진보적 사회들에서 시도한 것과 같은 정상적 정책으로 더 바람직한 조치를 취하면 어떨까?

이런 정부가 시도한 방법들의 상당수는 돈을 주는 것으로 귀결된다. 가정의 각 자녀에게 돈을 주는 것은 '자녀 세액 공제'라고 부르기도 하고 '아기 보너스'라고 부르기도 한다. 출산한 뒤 일정 시간 동안 일을 쉴 수 있는 돈을 주기도 하고 육아 보조금을 지급하기도 한다. 어쩌면 미래에 보편적 기본소득이 시행될 수도 있고 어쩌면 사회안전망이 개선되어 허점이 줄어들 수도 있다. 이 방법들은 누군가를 강제하거나 부모가 되지 않을 자유를 빼앗지 않는다. 하지만 부모가 되기를 선택하는 사람들에게는 더 확고한 자유를 선사하고 불안정성을 줄여준다.

그렇다면 친가족 정책을 강화하는 쪽으로 다이얼을 돌리면 어떻게 될까? 어린이집 보조금을 늘린다면? 자녀 세액 공제를 몇천 달러 높인다면? 심지어 매달 1,000달러를 보편적으로 지급한다면?

오늘날 부모를 지원하는 정도는 나라마다 천차만별이다. 그렇기 때문에 친부모 정책과 출산율 사이에 관계가 있다면 국제적 데이터에서 이를 확인할 수 있어야 한다. 유니세프는 "육아휴직을 비롯해 육아의 접근성, 수준, 비용 부담을 측정하는 지표"에 따라 전 세계 부자 나라들을 평가하는데, 그 평가 결과를 우리는 출생률과 비교했다.[8]

어느 경우에도 부모에 대한 지원을 늘렸을 때 더 많은 출생이 예측된다는 증거는 존재하지 않는다. 육아휴직에서도, 유치원 등록에서도, 유치원이나 어린이집 보육료 지원에서도 증거를 찾을 수 없다. (보조금이 반영된) 보육료가 미국보다 저렴한 19개국 중에서 15개국은 출생률이 미국보다 낮으며 16번째인 스웨덴은 미국과 같다. 데이터베이스에 들어 있는 **모든** 나라는 미국보다 더 넉넉하고 복귀가 보장되는 육아휴직을 제공한다. 미국은 법으로 보장된 육아휴직이 전무하다. 하지만 더 나은 육아휴직 제도를 갖춘 22개국 중에서 세 나라를 제외한 나머지는 모두 미국보다 출생률이 낮다.

앞에서 말했듯이 연구자들이 데이터의 신뢰도를 평가할 때 이런 국가 간 비교는 매우 고품질의 증거로 인정받지는 못한다. 그렇다면 범위를 좁혀 오스트리아가 1990년 유급 육아휴직을 두 배로 늘렸을 때 무슨 일이 일어났는지 살펴보자. 출생률은 조금 올라갔다. 대단한 결과였다. 오스트리아가 이걸 원했다면 말이다.

하지만 한 가지 주목할 점이 있다. 오스트리아의 출생률은 1983년에 1.6 이하로 떨어져 다시는 그 수준으로 올라가지 않았다.[9] 캘리포니아, 독일, 스웨덴 등 이런 방안이 시도된 모든 지역 중에서(실제 투자와 의지는 제각각이었지만) 어느 곳도 유급 육아휴직으로 출생률을 2까지 끌어올리지 못했다.

경제학자들이 수행한 한 연구에 따르면 스페인에서는 아빠 육아휴직을 실시했더니 남성이 자녀를 더 낳고 싶어 하는 욕구가 **감소**한 것으로 드러났다.[10] 캐나다에서는 공립대학교에 보조금을 지급해 학비가 미국보다 훨씬 저렴하지만 출생률을 미국 수준으로 끌어올리진 못했다. 이스라엘의 무료 체외수정도 효과가 없었다. 오스트레일리아에서는 산과학 기술에 보조금을 지급했지만 별 소용이 없었다.[11]

다른 인구통계학자들은 지금껏 시도된 정책 변화들이 출산 타이밍에 커다란 **단기적** 효과를 낼 수 있다는 데 동의한다. 하지만 이 정책들은 여성의 **생애**에 걸쳐 태어나는 자녀의 총수에는 영향을 미치지 못한 채 사그라든다. 인구 대감소를 피하려면 총수가 중요한데도 말이다. 이듬해 아기를 낳는 가정에 신규 자녀 세액 공제 정책에 따라 1만 달러가 지급된다고 상상해보라. 그러면 이 엄마는 34세와 36세 때 자녀를 낳는 게 아니라 31세, 33세에 낳을 것이다.

세액 공제로 자신에게 더 유리한 시기에 자녀를 낳을 수 있다면 좋은 일이고 공공 지출의 성과도 거뒀다고 말할 수 있다. 하지만 정책이 달성하는 효과가 (생애 출산율에는 아무 변화도 일으키지 못한 채) 출산 연령을 앞당기는 것뿐이라면 여기에 어떤 유익이 있을지언정 인구 대감소를 피하는 것은 그 유익에 포함되지 않는다.

돈의 문제는 출산에 결부된 기회비용에 필적할 만큼 높이 쌓을 수 없다는 것이다. 부모에게 해마다 수천 달러를 지급하는 것은 근사한 일이다. 물론 도움이 된다. 하지만 부모가 짊어지는 부담과 맞먹으려면 어림도 없다. 진로, 가족, 친구, 그 밖의 우선순위를 어떻게 선택해야 할지 몰라 막막한 처지는 조금도 달라지지 않는다.

돈의 또 다른 문제는 러닝머신과 비슷하다는 것이다. 부유한 사회에서는 충분히 가졌다고 느끼려면 더 많은 것이 필요하다. 부모 노릇이 감당 못 할 일로 느껴지는 이유 중 하나는 나날이 개선되는 우리 세상에서 모든 기준이 상승하고 있다는 것이다. 사람들이 부유해질수록 부모가 되기 위한 조건도, 공동체의 기준에 뒤지지 않게 자녀를 키우는 데 필요한 조건도 커져만 간다.

주거를 예로 들어보자. 미국 같은 부자 나라에서도 아이 셋이 한 침대에서 자는 경우가 있다. 마이크의 아버지가 두 형제와 그랬듯이 머리와 발을 번갈아 눕는 것이다. 하지만 세대를 거듭할수록 이런 방식을 받아들이는 부모가 줄고 있다. 출생이 급증하던 20세기 중반과 비교하면 오늘날 사람들은 자녀마다 침대를 주고 싶어 할 뿐 아니라 (실제로도 그렇게 해준다!) 방도 따로따로 주고 싶어 한다.

2020년에 미국의 평균적인 아동은 방이 5.6개인 집에서 살았지만 1960년에는 4.4개에 불과했을 뿐 아니라 평균적인 아동의 집에 아동도 더 많았다.[12] 가난했던 과거에 비해 오늘날에는 더 많은 사람이 큰 집을 감당할 수 있게 되자 러닝머신의 속도가 좀 더 빨라졌다. 우리 모두는 '이만하면 됐다'의 기대 수준을 높여온 문화의 영향을 받고 있다.

사람들이 (1949년은 고사하고) 1999년처럼 부모 노릇을 할 거라 기대하는 것은 어떤 해결책도 되지 못한다. 더 나은 것이 보급되면 사람들은 더 나은 것을 기대하게 된다. 물론 이는 좋은 일이다! 더 나은 아동기는 좋은 일이다! 사회적 지출은 아동기의 굶주림과 질병을 막아주는 효과적 수단이며 이것만 해도 지출의 이유는 충분하다.

하지만 기준이 높아지면 모든 사람에게 익숙하던 수준의 사회적 지출은 출생률을 높이는 효과적 수단이 되지 못한다. 사람들이 자녀에게 더 많은 것을 베푸는 데 익숙해지면 1,000달러 보조금의 효과는 훨씬 낮아진다. 우리는 아이들을 빈곤에서 끌어내기 위해 이 보조금을 써야 하지만 이것이 인구 대감소에 대한 해결책을 가져다줄 거라 기대해서는 안 된다.

낮은 출생률은 아직 완전히 파악되지 않았다

여성의 기회가 증대하면서 명확한 인과관계에 따라 출생률이 낮아졌다고 말할 수 있다면 간단명료하고 말끔했을 것이다. 하지만 데이터에서 보듯 명확한 인과관계는 결코 존재하지 않는다. 그렇다면 완벽한 설명은 무엇일까?

우리는 사람들이 자유시장 경제(또는 신자유주의나 자본주의)를 비난하는 소리를 들었다. 누군가 당신을 해고하기로 마음먹으면 월급이 끊기는 상황에서 어떻게 육아에 평생을 바칠 수 있겠는가? 특히 미국에서 이런 소리를 특히 많이 듣는다. 미국은 피고용인에 대한 보호 조치가 다른 나라보다 열악하기 때문이다.

하지만 경제 규제가 더 많은 나라들은 출생률이 더 낮다. 높은 세율의 사회민주주의 경제를 채택한 북유럽 국가들은 사회안전망에 더 많은 공공 지출을 실시하는데도 출생률이 낮다. 50년 전 공산주의 경제 체제에서 오늘날 국유제와 시장을 혼합한 경제 체제로 탈바꿈한 중국도 출생률이 낮다.

우리는 결혼 감소를 탓하는 소리도 들었다. 하지만 인도의 출생률이 대체율 이하인 이유는 사람들이 더는 결혼하지 않기 때문이 아니다. 인도 사람들은 결혼을 **하고 있기** 때문이다. 결혼은 여전히 보편적이며 일찍 치러지고 대체로 곧 출산으로 이어진다. 이혼은 드문 일이다.

인도만 그런 게 아니다. 결혼이 여전히 흔한 다른 나라들에서도 출생률은 낮다. 15~49세 여성(인구통계학자들이 쓰는 기준이지만 시대에

뒤떨어진 연령 범위) 중에서 네팔 여성은 4분의 3이 결혼한 상태이고 중국 여성은 3분의 2가 결혼한 상태다. 그러므로 네팔과 중국의 결혼율은 인도와 비슷하며 (해당 연령대 여성의 절반가량이 결혼한 상태인) 캐나다, 유럽, 미국보다는 훨씬 높다. 하지만 네팔의 출산율은 2를 밑돌며 중국은 약 1이다.[13]

우리는 페미니즘을 비난하는 소리도 들었다. 여성에게 더 많은 선택지를 열어준 문화 발전을 비난하는 소리도 들었다. 하지만 한국의 출생률은 세계에서 가장 낮은 축에 든다. 그리고 한국은 결코 페미니즘 천국이 아니다. 한국의 성별 임금 격차는 OECD에서 가장 크다. 여러 면에서 한국은 여전히 전통적이고 보수적인 사회다.

우리는 동양의 집단주의에 대비되는 서양의 개인주의를 비난하는 소리도 들었다. 하지만 낮은 출생률은 전 세계적 현상이다. UN에서 '동아시아 및 동남아시아'라고 부르는 지역의 출산율은 1.35로, 유럽, 북아메리카, 오스트레일리아, 뉴질랜드의 1.48보다 낮다.

우리는 피임이 문제라는 소리도 들었다. 물론 피임은 중요하다. 그래서 자녀를 낳고 싶지 않거나 당장 낳고 싶지는 않을 때 목표를 달성하기가 수월하다. 하지만 출생률은 현대 피임법이 등장하기 오래전부터 하락하고 있었다. 프랑스가 독립전쟁에서 미국 편을 들기 전부터 출생률이 하락하기 시작했음을 떠올려보라. 또한 부자 나라에서는 피임이 널리 보급되고 수십 년이 지나도록 출생률이 계속 하락했다.

우리는 현대 자유주의 자체를 탓하는 소리도 들었다. 사람들이 아기를 예전만큼 많이 낳지 않는 이유는 그들이 가정을 꾸리도록 해줄 종교와 전통이 없기 때문이라는 것이다. 하지만 인도는 이 이론과도 모순된다. 인도에서는 종교가 거의 보편적이며 사람들은 서류상 신자이거나 종교인을 자처하는 데 그치지 않고 하루하루의 삶에서 종교를 실천한다.

일자리에서 변화를 이끌어내고 싶은 시마의 바람은 남아를 낳고 싶은 프리티의 바람과 다르고, 이는 에이프릴, 마이크, 다이앤, 딘이 둘째 아이를 낳으려고 생각할 때 염두에 둔 것과 다르다. 그 현실과 우리가 앞에서 살펴본 사실들은 **인류 차원에서** 출생률이 낮고 계속 하락하는 이유에 대한 지나치게 단순한 설명에 이의를 제기한다.

거대 이론 없이 해법 찾기

낮은 출생률은 너무나 거대한 지구적 변화이기에 간단하게 설명할 수 없다. 인구 대감소는 너무나 거대한 지구적 변화이기에 그 진실을 맞닥뜨리지 않을 도리가 없다. 여전히 수수께끼가 남아 있고 여전히 사회과학이 답해야 할 미해결 질문들이 남아 있다. 사회가 이 과제에 투신하면 우리는 사람들이 원하는 가족을 꾸리는 데 필요한 지원을 제공할 방법을 시행착오를 통해 배우기 시작할 것이다. 하지만 방법을 아는 사람은 아직 아무도 없다. 우리를 이끌 하나의 참된 이론을 아는 사람 또한 아무도 없다.

인구 대감소 대응이 기후변화 대응보다 까다로운 데는 이런 이유도 있다. 수십 년간 한 발짝, 한 발짝 나아가는 내내 화석연료를 태우면 어떤 결과가 나타나는지는 분명했다. 기후변화였다. 사람들이 왜 화석연료를 태우는지도 분명했다. 우리는 낮은 출생률이 우리의 인구통계학적 미래에 어떤 결과를 가져올지 안다. 인구 대감소다. 하지만 출생률이 문화와 맥락이 다른 모든 지역에서 예전보다 낮은 이유를 온전히 이해하는 사람은 아무도 없다. 어떤 전문가도, 어떤 이론도 설명하지 못한다.

이는 부모가 되는 결정에 기회비용이 결부되지 않는다는 뜻일까? 아니다. 모든 중요한 결정에는 기회비용이 결부된다. 스파이크 위쪽으로 올라가던 우리의 많은 조상에게 부모 되기는 전혀 결정처럼 느껴지지 않았을 것이다. 부모 되기는 삶의 일부였다. 하지만 지금은 결정이다. 결정이기 때문에 사람들은 편익에 대해 생각하고 비용에 대해 생각한다. 경제학자가 아니라면 정확히 저 용어를 쓰지는 않을지도 모른다. 하지만 그들은 이렇게 자문하면서 결과를 암묵적으로 저울질한다. 나는 이 삶에서 무엇을 성취하고 싶은 걸까? 내 삶에서 어떤 사람이 되고 싶은 걸까? 선택지들이 경쟁하고 서로 밀어내는 한(말하자면 언제나) 사람들은 기회비용을 고려할 것이다.

사회적·문화적 변화가 도처에서 일어나고 있다. 사람들은 자신의 삶과 가족이 무엇을 위한 것이라고 생각할까? 부모에게 무엇을 빚지고 있을까? 배우자에게는? 지역사회, 종교, 조상에게는? 이제 많은 사람이 이 질문들에 과거와 다르게 답한다. 이 또한 중요한 문제다. 사람들이 '여러 자녀를 낳을' 때 중요하게 여기는 것(여기에는 옛 가치와 새 가치가 포함된다)은 이제 '내게 중요한 것'으로부터 어느 때보다 많은 것을 앗아간다.

이는 거대 이론이 없어도 알 수 있다. 거의 모든 사람에 대한 모든 방면에서의 개선이 지속적으로 역전되지는 않을 것이므로(좋은 일이다!) 이는 자녀의 기회비용과 미래 세대들이 어떻게 가족을 꾸리는가에 계속해서 영향을 미칠 것이다. 일반적 사회 정책은 부모를 대신해 이 기회비용을 치러주지 않는다. 정부가 으레 동원하는 수단은 아무리 규모가 크더라도 효과가 없을 것이다.

많은 사람이 목표에 동의한다는 첫 단계를 가정하면 인류가 인구 대감소 대신 안정화를 선택할 수 있을까? 강압으로는 불가능하다. 일반적 사회 정책이나 공공 지출로도 불가능하다. 모든 사람에게 통하는 한 가지 변화로도 불가능하며, 누구나 이미 아는 검증된 전략으로도 불가능하다. 그렇다면 해법은 어디 있을까?

12장

더 원대한 염원

이 장은 해법을 제시하겠다는 빈말은 하지 않는다. 대문자 'S'로 시작하는 해법Solution은 존재하지 않는다. 아직은 아니다. 대문자 'S' 해법이 야심 차면서도 상세하고, 인류를 인구 대감소에서 안정화로 전환하면서도 모두에게 미치는 영향을 신중하게 조율하는 계획을 의미한다면 그런 해법은 존재하지 않는다. 그런 해법은 누구에게도 없다. 난제는 여전히 너무도 새롭다.

그렇다고 해서 앞으로 나아가는 길이 전혀 없다는 뜻은 아니지만 현실감각은 필요하다. 인류가 부모를 지원하기 위해 지금껏 시도한 전략들은 기껏해야 사소한 효과밖에 거두지 못했다. 부모 되기를 선택하지 못하게 하는 모든 걸림돌을 치우는 법은 아무도 모른다.

하지만 당신이 이 책의 결론에 도달한 지금, 사태의 심각성과 사실들을 더 훌륭히 이해하게 된 사람이 한 명 늘었다. 인구 대감소의 해법을 찾는 일이 인류가 해야 할 일 중 하나라고 생각한다면, 안정화가 고삐 풀린 인구 대감소보다 더 나을 것이란(올바른 전제 조건 아래 올바른 시기에 올바른 규모로 안정된다면) 가능성을 받아들인다면 이 책은 임무를 완수한 것이다.

우리의 결론: 인류는 안정화를 선택해야 한다. 그리고 인구 대감소를 피하려면 우리가 서로를 돌보는 방식에 커다란 변화가 일어나야 한다. 삶에서 염원하고 성취할 수 있다고 느껴지는 것을 확장하는 개선이 필요하다. 하지만 인류는 이전에도 더 나은 쪽으로 커다란 변화를 일으킨 적이 있다.

무엇을 해야 할지 확신하지 못하면서도 어떻게 낙관할 수 있을까? 이는 시도할 것이 많이 남아 있기 때문이다! 부모 되기라는 선물을 남들에게도 나눠 주는 일은 여전히 힘들다. 일부 정책들이 우리 사회와 경제의 변죽을 건드리긴 했다. 하지만 관습에 도전하고 사회 질서에 도전하고 사회의 주목, 권력, 투자를 얻는 것들에 제대로 도전하려고 시도한 사람은 아무도 없다. 건강하고 즐거운 아동기를 누리는 모든 사람이 이 선물을 다음 세대에 전달하는 작업에 참여하고 싶어 하는 미래를 꿈꾼 혁명은 하나도 없다.

이 장은 지침서가 아니다. 과거와 현재에 대한 사실과 통계를 단순히 그러모은 것도 아니다(조금 들어 있긴 하지만). 이 장은 어떤 미래를 만들어야 하는지 고민해보자는 초대장이다. 우리는 거대하고 풍요로운 세상, 많은 사람이 번성하는 미래를 포기할 때가 아직은 아니라고 말한다. 지금은 더 원대한 포부를 품을 때다.

시마가 연약한 신생아들을 포기하지 않는 건 좋은 일이다. 시마의 KMC 프로그램 업무는 병동에서만 이뤄지는 게 아니다. 어떤 날은 가정방문 팀에 합류해 질라 전역을 차로 누비며 퇴원아들을 검사한다. 어떤 날은 통화 업무를 해야 한다. 시마는 훌륭한 일자리를 얻게 되어 고맙게 생각한다. 매일 자신의 팀과 익힌 음식을 먹으며 간호사 교육을 이렇게 활용할 수 있어서 뿌듯하다. 하지만 모든 게 맘에 들지는 않는다. 통화 업무는 여전히 피하고 싶다.

통화 업무를 맡은 간호사는 유아용 체중계와 젖병과 KMC 천싸개와 체온계가 천장까지 쌓인 골방에서 노트북 앞에 앉아 스프레드시트에 기재된 번호로 전화를 건다. 목표는 엄마와 아기들이 어떻게 지내는지 듣고 가족들이 KMC 방침을 더 철저히 따르도록 유도하고, 아기의 건강에 필요하다면 재입원을 설득하는 것이다.

통화의 문제는 많은 가족이 전화를 받고 싶어 하지 않는다는 것이다. 가족이 집에서 전화를 받는다는 건 그들이 퇴원했다는 뜻이다. 대개 아기의 상태가 호전되었기 때문이다. 하지만 이따금 가족이, 대개는 아빠가 저체중아(와 산모)를 KMC 병동에 두고 싶어 하지 않기 때문일 때도 있다. 일단 **그렇게** 결정한 아빠는 간호사가 자신의 생각을 바꿔보려고 전화하면 대개 퉁명스럽게 응대한다. 그런 아빠는 잠에서 방금 깬 것처럼 전화를 받는다고 시마는 농담조로 말한다. 그런 통화는 즐겁지 않다.

일부 가족이 KMC에 시간과 노력을 쏟아붓고 싶어 하지 않는 이유는 그들의 0.9킬로그램짜리 아기가 특별히 심각한 사망 위험을 겪고 있지 않으며 마을의 평균적 신생아보다 위험하지 않다고 믿기 때문이다. 또 어떤 가족은 위험을 인식하고서도 거부하는데, 이는 KMC 프로그램이 도움이 될 거라 신뢰하지 않기 때문이다.

통명스러운 전화 목소리를 들으면서 시마가 해야 하는 일은 상황의 심각성을 전달하면서도 개선이 가능하다는 낙관을 심어주어 균형을 맞추는 것이다. 시마는 이 일에 신비로울 정도로 뛰어나다. 시마의 상급자 한 명은 시마가 전화하고 방문한 가족이 입원을 결정했다는 희소식이 담긴 문자 메시지를 받고서 경탄했다.

"어떻게 그렇게 하는지 모르겠어요. 아무튼 시마에게 맡기면 아기를 병원에 데려올 수 있답니다."

시마가 낙천적인 이유는 아기를 병원에 데려오면 도움을 줄 수 있음을 알기 때문이다. 게다가 응급 상황이 발생해 병원에 돌아와야 하는 아기는 많지 않다. 시마는 아기 스프레드시트 마지막 항목에 대부분 '졸업'이라고 기재한다.

프리티의 아기는 이제 졸업했다. 시마는 프리티와 아기를 찾아간 마지막 가정 방문에서 체중계, 젖병, 체온계, KMC 천싸개를 수거했다. 다음 엄마에게 내줄 물건들이었다. 각 졸업생의 서류철에는 사진이 꽂혀 있다. 마침내 통통해진 아기가 마지막으로 체중계에 앉아 있거나 행복한 엄마의 품에 안겨 있다. 대도시 병원에서 온 간호사가 사진을 찍을 때 어떤 엄마들은 굳은 표정이지만 프리티는 미소를 지었다.

시마는 일반적 가정 방문에서는 직업 의식이 투철해서 아기에게 노래를 불러주지 않는다. 하지만 이 졸업식에서도 그러지 않는다고는 말 못 하겠다. 우타르프라데시에서 저체중 신생아의 난관과 맞서려면 진지함과 낙천주의가 둘 다 필요하니까.

첫걸음은 상황이 어떻게 달라져야 하는지 묻는 것

인구 대감소와 맞서는 데도 진지함과 낙천주의가 둘 다 필요하다. 우리는 사실과 논증, 통계와 윤리가 언젠가 안정화를 널리 공유되는 목표로 만들 거라 믿는다. 이 포부가 제대로 제시된 뒤에야 모든 사람이 이를 성취할 훌륭하고 상세하고 근거에 기반한 계획을 세울 거라 예상한다. 그래도 괜찮다. 변화는 종종 한낱 포부와 헌신에서 출발하는 법 아니던가.

우타르프라데시의 KMC 병동도 처음에는 훌륭한 목표를 향해 뒤죽박죽 할 일이 쌓인 거대한 포부를 안고 출발했다. 오래된 국가 의료 체계 안에서 고작 몇 년 안에 새로운 간호 프로그램을 짜야 했다. 설립자들은 전문적 관리, 자선 기금, 간호사 업무의 상세한 스케줄을 갖추고서 많은 아기에게 필요한 고품질 저비용 돌봄을 구현하겠다는 야심을 품었다. 하지만 의사와 관리자들은 시간이 지난 뒤에야 이 상세한 스케줄에 무엇이 포함되어야 하는지 시행착오를 거쳐 알게 되었다.

그전에는 어땠을까? 캥거루 육아법은 인큐베이터 집중치료가 불가능한 지역에서도 저체중아의 목숨을 구할 수 있다는 발상에 대한 헌신적 연구에서 시작되었다. 1978년 처음 등장했을 때는 지금까지 이어지는 47개년 계획 같은 것은 존재하지 않았다. 하지만 헌신은 존재했다.

1978년 콜롬비아의 의사들은 실시간으로 정보가 갱신되며 시마에게 어느 아기를 눈여겨봐야 하는지 알려주는 스마트폰 기반 스프레드시트를 결코 상상하지 않았다. 그리고 그럴 수도 없었다(KMC가 창안되었을 당시에는 컴퓨터가 너무 커서 가지고 다닐 수 없었다). 이런 상세한 계획이 처음부터 마련되지 않았다는 이유로 실망하거나 좌절한 사람이 아무도 없어서 천만다행이다. 변화에는 포부와 가치와 헌신이 필요하다. 상세한 계획은 그다음이다.

변화는 사람들이 기대하고 요구하는 것을 변화시킨다

언젠가 새롭게 부모가 된 사람들은 자신의 삶에서 더 많은 가능성을 기대하고 믿을 것이다. 변화가 일어나면 이들은 자신이 향유하고 성취하고 싶은 모든 것을 포기하지 않으면서도 부모 노릇을 할 수 있으리라 기대할 것이다. 우리는 꿈만 꾸는 게 아니다. 역사는 사람들이 기대하고 요구하는 것이 달라질 수 있음을 거듭해서 보여주었다.

실마리를 얻을 수 있도록 최근 사례를 살펴보자. 당신이 초등학교 보편 교육, 수세식 변기, 건강보험 혜택을 받는 조부모의 세상에서 자랐다면 이런 것들이 없는 좋은 사회는 상상하기 힘들 것이다. 하지만 이런 혜택이 늘 존재한 것은 아니며 오늘날 모든 나라에서 당연한 것도 아니다. 하지만 존재하는 곳에서는 하도 친숙하기에 도무지 무언가의 사례로 느껴지기 힘들 정도다.

분명히 밝혀두자면 이 혜택들은 인류를 인구 대감소로부터 구할 변화는 아니다. 이 혜택들이 해결한 문제는 전혀 다른 종류다. 우리가 이 사례를 제시하는 건 사회가 무언가를 하기로 마음먹으면 얼마나 극적인 개선을 이룰 수 있는지 보여주기 위해서다. 하지만 이를 뛰어넘어 거대한 변화들이 어떻게 사람들이 기대하고 요구하고 염원하는 것에 대해 전혀 새로운 가능성을 열어줄 수 있는지 보여주고자 한다.

1763년 프리드리히 대왕은 **일반교육령**Generallandschulreglement을 공포해 8학년 초등 교육 제도를 확립했다. 교육 비용은 지방정부가 모조리 부담했으며 모든 아동은 남녀 할 것 없이 학교에 다녀야 했다. 무상으로 보편적 의무교육을 제공하는 공립 초등학교의 장점은 너무나 명백하기에 현대 독자들에게는 언급할 필요조차 없을 것이다. 하지만 1700년대 초에는 자녀를 8년간(또는 그 이상!) 학교에 보내고 싶어 하거나 그렇게 될 거라고 예상한 사람은 어느 나라의 그 누구도 없었다. 누구도 이를 정상으로 여기지 않았다. 학교는 특권층만을 위한 것이었으며 정부가 제공할 법한 것도 아니었다.

하지만 이 새로운 개념은 유행되고 전파되었다. 남북전쟁이 일어나기 수십 년 전 뉴잉글랜드의 주들은 당신이 오늘날 보고 있는 형태의 공교육을 최초로 실시했다. 프로이센 교육 개혁가들은 사람들이 좋은 삶에서 기대하는 것을 (불과 몇 세대 만에) 변화시킴으로써 성공을 거뒀다. 그리하여 이제 초등학교가 무료이고 의무이고 정상인 사회에서 태어난 사람들은 자녀를 당연히 학교에 보내고 싶어 하고 그렇게 될 거라 예상한다.

위생 시설과 하수도가 개선된 삶(실은 적당한 삶)에 대한 사람들의 관념을 변화시켰다.[1] 매사추세츠가 보편적 공교육을 받아들인 것은

1850년대지만 보스턴에서 하수도를 건설한 것은 그로부터 20년 뒤였다. 보스턴만 그런 게 아니다. 시카고와 브루클린은 미국 최초로 하수도를 보유했지만 이 또한 매사추세츠에서 공교육을 도입한 이후였다. 대서양 건너편 런던은 19세기 후반 들어서야 하수도를 건설했다. 파리는 몇몇 진보 측면에서는 수백 년을 앞섰지만 대부분의 주거지를 하수도에 연결한 것은 20세기에 들어서였다.

오늘날 많은 사람은 수세식 변기를 초등학교와 마찬가지로 당연하게 받아들인다. 하지만 하수도가 시내에 등장하기 전 도시민들은 구덩이에 똥오줌을 누거나 길가 배수로에 요강을 비웠다. 시골에서는 들판에 나가 볼일을 봤다. 우리가 화장실이나 상수도라고 여길 만한 것은 19세기 이전에는 존재하지 않았다.

역사상 여러 시점에서 몇몇 궁전이나 도시는 배수 체계를 건설했으며 때로는 매혹적인 기발함을 발휘하기도 했다. 하지만 약 150년 전만 해도 배설물을 집에서 처리장으로 내보내는 수세식 변기를 쓰게 되리라 **예상**한 사람이 아무도 없었다. 수세식 변기를 버젓한 삶의 기준으로 간주한 사람 또한 아무도 없었다. 누구도 써본 적이 없었으니 말이다. 딘의 아버지는 1940년대 캔자스 시골에서 재래식 화장실을 쓰면서 자랐다. 일부 개발도상국의 많은 지역에서는 여전히 안전한 위생 시설로의 전환이 진행 중이다.

배설물을 어떻게 처리해야 하는가에 대한 당신의 생각은 심지어 17세기 부자들의 생각과도 전혀 다를 것이다. 당신이 자녀를 키웠다면 그들에게 변기에 대한 당신의 느낌이 정상이라고 가르쳤을 것이다. 그래서 자녀들도 수세식 변기가 있는 삶을 기대할 것이다. 변기를 쓴다는 생각은 너무 **정상적으로** 들리기에 여기서 세 문단까지 할애해 언급할 가치가 없어 보인다. 하지만 그것이 요점이다. 거대한 공공 투자는 사람들이 무엇을 하게 될 거라 기대하는지, 자녀에게 무엇을 하라고 가르치는지, 무엇을 최소한의 기준으로 여기는지에 변화를 일으킬 수 있다.

아직도 일부 사람들의 기억에 생생하게 남아 있듯이, 공적 연금을 비롯한 부자 나라의 사회 부조는 노년에 대한 사람들의 예상을 혁명적으로 바꿨다. 미국에서는 사회보장제도를 통해 나이 든 미국인에게 매달 돈을 지급하며 메디케어는 그들의 의료비를 지불한다. 만일 매달 4,000달러를 주고 사야 하는 의약품이 류머티스 관절염의 만성 통증과 피로를 덜어준다면? 우리 사회는 당신이 그 약을 구하도록 도와줄 것이다. 당신이 C형 간염에 걸렸다면? 우리의 사회안전망이 몇 주에 걸쳐 당신을 치료하기 위해 3만 달러짜리 치료 과정의 비용을 지불할 것이다.

이런 사회적 혁신은 프리드리히 대왕보다도 새롭게 등장했다. 최초의 사회보장 급여는 1940년에 지급된 22.54달러였다. 그전에는 많은 미국인 노인이 가난하게 죽었다. 그로부터 세 세대도 채 지나지 않아 정상의 기준이 극적으로 달라졌다.

극적 변화는 부모 노릇이나 가족생활에도 영향을 미칠까? 서로에게서, 지역사회와 정부로부터 전혀 다른 것을 기대할 수 있을까? 가능한 개선들 중에서 가장 소박한 것을 들자면 여름방학 때나 학교는 휴교지만 직장은 휴무가 아닐 때 자녀를 어떻게 돌봐야 하는가라는 영원한 난제가 말끔히… 해결된다고 기대할 수 있을까? 그리고 이런 문제가 실랑이도 없고 스트레스도 없고 갈등도 없이 해결될 수 있을까? 물론 그럴 수 있다. 그러려면 개인이 아니라 사회 차원에서 선택해야 한다. 사회보장제도를 만들어낸 것은 개인의 선택이 아니다. 보편적 초등교육은 한 사람을 위한 교실로서는 돌아가지 않는다. 주택 한 채만을 위한 실용적 하수 처리 시스템은 존재할 수 없다.

극적 변화는 집단적 노력에서 비롯된다

부모 노릇을 더 쉽고 낫고 공정하게 해줄 극적 변화가 단지 공공선에 최선이라는 이유만으로 일어날까? 이를테면 (아버지든 아니든) 대부분의 남성은 스파이크를 보고 이해하는 순간 더 좋은 미래를 위해 양육에 더 적극적으로 참여할까? 당연히 아니다. 하지만 최근 수십 년간 많은 지역에서 일부 남성들은 더 적극적으로 참여하고 있다. 더 많은 남성이 이런 선택을 해야 하며 모두가 그들에게 촉구할 수 있다. 가장 중요한 사실은 사회가 개인적이고 자발적인 노력보다는 더 폭넓은 무언가를 구축할 수 있다는 것이다.

빈곤한 사람을 향한 개인적 이타주의는 좋다. 하지만 법률에 의해 확립되고 지원받는 사회안전망은 더 좋다. 개인이 환경에 책임감을 느끼는 것은 좋다. 하지만 무탄소 에너지 시스템을 위한 기술을 개발하는 것은 더 좋다. 동물을 개인적으로 보살피는 것은 좋다. 하지만 동물에 대한 인도적 처우를 증진하는 문화는 더 좋다.

거대한 변화를 위해서는 정책과 기술과 사회가 변화해야 한다. 기후변화를 비롯해 집단적 행동이 낳은 거대한 문제들은 개인의 희생과 관심만으로는 해결할 수 없다. 취지에 동의하는 두 명의 성인이 자기 집 개인 공간에 태양광 전지판을 설치하기로 마음먹더라도 말이다.

부모 노릇을 개선하려면 정책과 기술과 사회가 변화해야 한다. 어린이집 비상연락망에 엄마 대신 자원하는 아빠는 그것만 놓고 보면 좋다. 하지만 비상시에 자녀를 데리러 가는 일을 엄마의 몫으로 치부하지 않는 어린이집의 새로운 규범은 더 좋다. 그런 변화를 수천 번 일으키면(부모 노릇에 대한 성차별적 역할 구분이 얼마나 많은지 생각해보라) 어느 정도 진전을 거둘지도 모른다. 결코 만만한 일은 아닐 것이다. 하지만 불가능하지도 않다.

사회마다 다르게 선택한다: 육아의 부담과 기쁨을 엄마, 아빠, 그 밖의 사람에게 어떻게 나눌 것인가는 선택의 문제다. 우리가 이 사실을 아는 것은 시간과 장소를 아울러 사회마다 다른 선택이 이뤄졌기 때문이다.

오늘날 가족들은 가사 노동을 50년 전, 100년 전, 200년 전과 똑같이 성별에 따라 나누지 않는다. 심지어 오늘날만 놓고 보더라도 남성이 육아와 집안일에 참여하는 정도는 나라마다(예를 들면 일본과 덴마크) 매우 다르다.[2] 가족들이 가사노동을 세대 간에 나누는 방식도 과거와 같지 않다. 사회가 육아의 책임을 부모와 부모 아닌 사람에게 나누는 방식도 과거와 달라졌다.

그렇다면 노동을 어떻게 나눌 것인가는 선택의 문제다. 힘든 짐을 더 많은 어깨에 **나누면** 더 수월하게 짊어질 수 있다. 초등학교, 수세식 변기, 더 행복한 할머니를 우리에게 가져다준 공유된 책임, 집단적 행동, 사회적 조율은 실제로 부분의 합보다 컸다. 고령자를 위한 사회보장과 의료보장은 고령자의 금전적 고충과 병마의 고통을 단순히 다른 사람에게 고스란히 옮기는 것이 아니다. 각 세대가 그들의 고령 인구를 돌보면 사회의 고통이 줄어든다. 전반적으로 상황이 나아지는 것이다. 우리는 더 나은 돌봄의 미래에서 그런 조율과 공유가 젊은이들에게 어떤 의미인지 정확히 알지 못한다. 하지만 부모에게 더 나은 사회가 모두에게 더 나을 수 있음을 의심할 이유는 없다.

어느 정도 지출해야 지나치다고 할 수 있을까?

사회가 부모를 위한 지원의 문을 활짝 열어젖히면 어떻게 될까? 정부 지출은 그 지원의 일부를 담당할 것이며 거기에는 가격표가 붙는다. 얼마큼이면 지출하지 못할 정도로 부담스러울까?

우선 밝혀둘 게 있다. 아동에 대한 지출은 확실한 수익을 거두는 투자다. 여러 경제학 연구에 따르면 아동의 건강한 성장이나 생애 초기 교육에 지출하면 그들이 성인이 되었을 때 더 혁신적이고 건강한 미래를 만들어낼 수 있다. 이 성인들은 세금을 더 많이 내고 정부 지원에 덜 의존한다. 이것도 잊지 말라. 앞에서 봤듯이 인구가 많으면 혁신, 전문화, 진보를 달성하고 좋은 것을 전반적으로 더 많이 가질 수 있다. 당신에게 좋은 것이 고성능 텔레비전이든, 열대병 치료법이든 말이다. 장기적으로 보면 인구 안정화는 그 자체로 두둑한 결실을 거둘 수 있다.[3]

그럼에도 이 문제를 얼버무려서는 안 된다. 사회가 부모를 급진적으로 지원하려면 (나중에 상환받을 사전 지출이긴 해도) 막대한 비용이 들까? 당연하다! 돌봄 노동자들에게 정당한 대가를 지불하는 것은 우리의 경제와 사회를 극적으로 재편하는 일일까? 그럴 것이다! 현재의 일부 기득권층에 심각한 경제적 피해가 발생할까? 물론이다! 하지만 당신이 알아야 할 사실이 있다. 우리는 번거로운 일이 전혀 일어나지 않는다고 말하는 게 아니다. 우리의 말은 이런 뜻이다.

대안은 무엇인가?: 세계 인구 대감소와 가족에 대한 지출 확대 중 하나를 선택해야 한다면 어느 정도의 대가는 기꺼이 지불할 수 있지 않을까?

인구 대감소를 피하기 위한 비용 부담은 사회의 예산에 들어 있는 나머지 항목들보다 훨씬 클까? 인류가 부와 자원으로 할 수 있는 최고의 일 중 하나는 자녀를 선택하는 것을 더 수월하게 만드는 일이다.

더 나은 선택을 더 수월하게 할 수 있다면

이 책의 저자들은 둘 다 버스를 타고 출근한다. 마이크는 14번가와 I로 교차로에서 내린 뒤 마지막 블록은 걸어서 백악관에 간다. 딘은 텍사스대학교 미식축구 경기장에서 내린 뒤 마지막 블록은 걸어서 인구연구소에 간다. 버스를 타는 것은 기후에 좋고 교통에 좋고 다른 운전자에게도 좋다. 이 정도면 도덕적 행동이 아닐까?

사실 도덕은 우리의 행동과 별 상관이 없다. 우리가 버스를 타는 것은 집에서 근무지에 가는 가장 빠른 방법이기 때문이다. 게다가 주차권을 사거나 우버를 타는 것보다 값싸다. 스마트폰에서는 버스 도착 시간을 알려주는데, 대개는 정확하다. 이처럼 버스 통근은 **이기적으로** 볼 때도 근사한 선택지다. 탄소 배출 감소, 인근 스모그 감소, 도로 정체 감소, 운전자 피로 감소 등의 유익은 보너스다. 우리는 그런 유익에 관심이 있긴 하지만 버스가 편리하고 저렴하고 편안하지 않다면 버스를 이용하지 않을지도 모른다. 우리에게 더 나은 선택이 이웃에게도 지구에도 더 나은 선택이어서 다행이다.

우리의 행운은 한낱 요행이 아니다. 누군가의 세심한 계획과 다른 누군가의 정치 운동이 낳은 성과다. 우리가 살아가는 도시는 대중교통이 좋은 선택지가 되도록 시민이 요구하고, 선출된 지도자가 승인하고, 도시 계획가를 비롯한 공무원들이 열심히 노력해 건설되었다. 우리 집에서 근무지까지의 버스 노선이 좋은 것은 **의도적 설계**의 결과다. 다른 사람들의 설계와 노력 덕에 모두를 위해 사회적으로 더 나은 것을 선택하는 행동이 그 행동을 하는 사람에게 더 나아졌다.

부모 노릇이 이타적 행동일 수 있음은 물론이다. 하지만 아주아주 이타적이어야 할까? 인구 대감소와 맞서려면 우리는 자녀를 관심과 사랑으로 키우는 임무를 자원하는 사람들에게 부모 노릇이 더 나아지도록 노력해야 한다. 우리는 더 많은 자녀를 낳는 것이 **부모에게**

근사한 삶이기 때문에 더 많은 사람이 더 많은 자녀를 낳기로 선택하는 미래를 바란다. 《어니언》의 풍자가 옳다 치더라도("연구에 따르면 미국 여성들이 엄마 되기를 미루는 이유는 모든 게 고생스럽기 때문이다.") 만일 모든 게 고생스럽지 않다면 어떨까?

미래의 사람들은 무엇을 바랄까?

장기적 결과를 빚어내는 것은 미래 사람들이 무엇을 염원하는가에 달렸다. 그리고 여기에 대해서는 아래 문장과 같이 낙관할 이유가 있다.

미래 사람들은 아직 아무것도 염원하지 않는다: 바로 그거다.

미래 사람들은 아직 태어나지 않았다. 그들이 아직 아무것도 바라지 않는 건 아직 아무것도 바랄 **수 없기** 때문이다. 사람들의 희망은 경험에 의해 생겨난다. 사람들의 염원은 다른 사람들이 무엇을 향유하는지 봄으로써, 다른 사람들이 무엇을 거부하는지 봄으로써, 자신이 태어난 세상에서 유복한 삶이 어떤 모습인지 봄으로써 형성된다. 모든 세대는 다음 세대에게 본보기가 된다. 유일한 문제는 그 본보기에 어떤 메시지가 담겼는가다.

1980년대와 1990년대에 오클라호마 중산층 가정에서 자란 딘이 수수한(마이크라면 '싸구려'로 정정할지도 모르겠다) 텍스멕스Tex-Mex(멕시코

이민자들이 개발해 텍사스를 비롯한 미국 남부 지방에 널리 퍼진 소박한 음식들–옮긴이) 음식을 좋아하는 것은 결코 우연이 아니다. 수십 년 뒤 러크나우에서 오스틴까지 이틀간 여행하는 길에 딘의 미취학 자녀는 텍사스에 도착하면 '쌀과 콩 식당'에 가게 될 것이다.

우리가 자녀의 수를 결정한 것 또한 우리의 경험이었다. 부모에게서 고스란히 물려받은 게 아니라 인생 이야기에서 사회적·경제적 구조에 이르기까지 주위의 모든 것에 영향을 받았다. 우리는 석사 학위와 박사 학위를 따고 박사후 연구원이 되고 우타르프라데시에서 비영리단체를 시작하기까지 여러 해를 보내느라… 자녀를 늦게 가졌으며 원하는 가족 규모를 달성하지 못해 애먹었다. 딘은 운 좋게도 마지막 시도에서 성공했다. 마이크는 운이 따르지 않았다.

우리와 배우자들이 진로와 공직과 가족에서 무엇을 얻을 수 있는지에 대해 생애 초기에 다른 생각을 품었다면 어떻게 됐을까? 어떤 것이 **실제로** 성취 가능했기 때문에 성취 가능하다고 느껴졌다면 어떻게 됐을까? 그러면 우리는 다른 선택을 내렸을지도 모른다.

사람들이 **원하는** 자녀 수는 감소했다. 대체 왜? 정확한 가족 규모가 뇌리에 새겨진 채 태어나는 사람은 아무도 없다. 당신의 이상적 자녀 수를 당신 DNA에서 찾을 수는 없다. 과거에 태어난 사람들이 더 많은 자녀를 원한 것은 과거에 살았기 때문이다. 그들은 다른 환경, 다른 문화적 영향, 다른 제도, 다른 경제, 다른 기대 속에서 살아갔다.

그렇다면 미래 사람들은 무엇을 원할까? 그들은 가족생활에서 오늘날 많은 사람이 원하는 것과 다른 것을 원할 수 있다. 부모 노릇이 합당한 모든 지원을 받는 세상, 부모 노릇이 복지와 가치에 이르는 다른 경로와 합쳐질 수 있는 세상, 부모 노릇이 더 오랫동안 즐겁고 보람 있고 근사한 세상, 부모 노릇이 더 오랫동안 진로와 여가와 수면(!) 같은 그 밖의 목표와 양립할 수 있는 세상, 남녀노소가 돌봄 노동을 자신의 좋은 삶으로 엮어내는 세상, 의학의 발전으로 임신과 수유가 몸과 마음에 덜 부담되는 세상에 태어난다면 그럴 수 있다. 그 미래에서는 많은 사람이 현재 태어난 사람들과는 다른 것을 원할 것이다. 오늘날 우리가 인류의 과거에 태어난 사람들과 다른 것을 원하듯 말이다.

교육과 노동을 어떻게 체계화하는지, 연구의 노력과 예산을 어디에 투자하는지, 가족들에게 서비스를 제공하기 위해 정부에 어떤 역할을 요구하는지, 사회 취약 계층을 돌보기 위해 가정과 지역사회를 어떻게 조직하는지, 이 모든 선택에 따라 부모 노릇은 현재 세대와 미래 세대에게 매력이 커질 수도 있고 작아질 수도 있다. 이 선택들은 사람들이 삶에서 무엇이 가능하다고 인식하는지를 좌우할 것이다.

태도가 환경의 산물임을 인식한다고 해서 사람들이 오늘이나 10년 뒤에 원하는 것이 확 달라진다는 뜻은 아니다. 문화, 경제, 정치, 불평등은 그렇게 금세 바뀌지 않는다. 그런 변화는 여러 세대가 필요한 기획이다. 하지만 오늘도 몇 명의 아이가 태어날 것이다. 그리고 오늘 성인인 사람들은 그 아이들에 대한 부모 노릇을 변화시킬 **수 있다**. 우리는 부모 노릇을 더 쉽고 낫고 공정하게 만들어줄 수 있다. 지금 여기서 힘을 기울여 오늘 태어난 아이가 성인이 되어 더 많은 것을 선택할 수 있도록 할 수 있다.

그러면 아이들은 상충 관계가 너무 깊은 상처를 내지 않은 세상에서, 원하면 자녀를 더 많이 낳고, 원하면 즐거움을 더 많이 누리고, 원하면 더 보람찬 진로를 선택하고, 어쩌면 이 모든 것을 더 많이 선택할 수 있을 것이다. 어쩌면 이 아이들의 아이들이 태어날 때쯤이면 기대를 변화시키는 과정이 실제로 진행되고 있을지도 모르겠다.

당신이 할 일은 대화에 참여하는 것

우리는 모두가 이 책의 모든 문장에 동의하리라 기대하지 않는다. 우리는 이 책을 인류의 미래에 대한 거대한 대화에 참여하라는 촉구로서 썼다. 이제 당신도 그 대화의 일부다.

사려 깊은 관심과 정보에 입각한 논쟁이 필요한 미해결 문제가 많다. 우리의 골머리를 썩였고 아직도 당신에게 내놓을 간단한 결론이 없는 문제를 하나 소개하겠다. 어떤 사람들은 거대한 문제를 보면 정부가 문제를 개선할 거라 기대한다. 반면에 어떤 사람들은 거대한 문제를 보면 정부가 문제를 악화시킬 거라 우려한다. 우리가 이 논쟁을 이해하는 것은 우리 둘이 논쟁을 벌이다 대립한 경험이 있기 때문이다.

마이크는 경제학자로서 의회예산처의 의료 입법 평가에 도움이 될 보고서를 작성했고, 메디케어·메디케이드 서비스 센터가 프로그램을 개선하도록 도왔다. 지금은 백악관에서 일하고 있기에 정부가 해법일 수 있음을 안다. 딘은 인도에서 강압적이고 기만적인 개발 계획을 목도하고 있기에 정부가 문제일 수 있음을 안다. 우리 둘 다 서로의 경험을 존중하고 서로의 경험에서 많은 것을 배웠다. 사실 시장 실패는 엄연한 현실이며 정부 실패도 엄연한 현실이다. 외부효과는 재앙일 수 있으며 이를 바로잡으려는 공공 정책은 부적절하거나 부패하거나 둘 다일 수 있다. 반면에 이를 바로잡으려는 공공 정책이 환상적인 성공을 거둘 수도 있다.

따라서 어떤 사람들은 아동과 부모를 뒷받침하는 공공 정책과 프로그램을 설계하고 검증할 것이며, 어떤 사람들은 돌봄 문화를 심화하는 사회운동을 조직할 것이다. 이건 좋은 일이다. 또 어떤 사람들은 연구를 통해 더 많은 것을 알아내려고 노력할 것이다(이 책의 저자들이 하고 싶어 하는 일이다). 이 일이 중요한 이유는 이런 사안에서는 아무리 의도가 훌륭하더라도 급진적 변화에 착수하기 전에 더 많은 조사를 해야 하기 때문이다. 인구 대감소가 어떤 결과를 가져올지, 인구 안정화가 어떻게 가능한지에 대해 알아야 할 것들이 더 있다.

하지만 낙관할 이유도 얼마든지 있다. 인구와 가족의 이해를 향한 과학적 발전은 아직 벽에 부딪히지 않았다. 이 책에 소개된 대부분의 연구는 지난 몇십 년 동안 이뤄졌으며 일부는 그보다 훨씬 최근에 이뤄졌다. 이 책의 저자들이 태어났을 때는 인구통계건강조사(이 책에 실린 많은 통계의 출처)가 한 번도 취합되지 않았다. 내생적 비경합재인 기술 진보에 대한 거시경제 이론도 없었다. 경제·인구의 변화를 기후변화와 연결할 통합된 평가 모형도 없었다. 인구윤리학은 초창기였으며 주요 정리들은 아직 발견되지 않았다. 대체 수준 이하 출산율이 일반적인 지역에서 엄마들의 의사결정을 자세히 기록한 민

족지 연구도 거의 없었다.

이 책을 쓰는 동안 우리와 동료 연구자, 다른 대학의 연구자들은 새로운 사실을 거듭거듭 발견했다. 발견들 중 일부를 책에 실었지만 이 책에 엮어내지 못한 발견이 훨씬 많다. 배우고 이해하고 결정할 것은 여전히 충분하다.

왜 지금 관심을 가져야 하는가?

이 책 첫머리에서 우리는 인구 대감소를 방관하면 우리 사회에서 덜 포용적이고 덜 다정하고 덜 차분한 목소리들이 인구 대감소를 위기로 선언하고 자신의 목적에 맞게 악용할 것이라고 경고했다. 이것이 지금 나서야 하는 이유다. 그리고 평균적 시민이 나이를 먹으면서 **자신**에게 필요한 걸 정치가 해결해주길 요구할수록, 아동과 부모를 지원하는 정치적 과제가 더 어려워질 것이라는 게 또 다른 이유다. 또한 우리는 인구 대감소를 돌려세우기 위해 알아야 할 것들을 아직도 거의 알지 못한다. 좋은 해법을 찾기까지는 몇십 년이 걸릴 수도 있다. 따라서 지금부터 몇십 년 안에 올바른 조치에 착수하고 싶다면 오늘 그 탐색을 시작해야 한다.

지금 관심을 가져야 하는 이유가 하나 더 있다. 인류가 인구 대감소에 대한 건설적 대응을 시작하더라도 그 일이 **언제** 일어나는가에 따라 **무엇**이 일어나는가가 좌우된다. 스파이크가 하강하는 시기에는 하나하나의 10년이 중요하다.

그림 12.1.[4] 출산율이 2100년대에 반등하더라도 변화의 시작점은 큰 차이를 만들어낸다

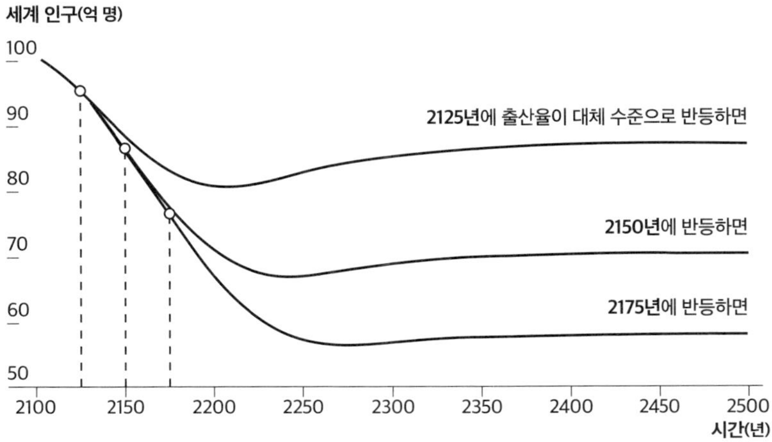

그림 12.1은 '만일 무엇이 일어난다면'을 보여준다. '만일 언제 일어난다면'도 들어 있다. 그래프는 스파이크에서 현재부터 500년 뒤까지를 확대한 것이다. 세 가닥의 선은 세 가지 가능한 미래를 나타낸다. 각각의 선에서 세계 평균 출산율은 결국 대체 출산율로 반등한다. 다른 점은 반등이 2125년, 2150년, 2175년 중에서 언제 시작되는가뿐이다.

그림은 인구학의 방법을 따르고 있으므로(사람들이 태어나고 자라고 자녀를 낳고 죽는 시간 경과에 따라 나라별 각각의 출생 코호트의 삶을 추적한다) 인구 모멘텀(출산율이 대체 수준까지 하락하거나 상승한 후에도 상당한 기간 동안 지속적으로 인구가 증가하거나 감소하는 경향-옮긴이)이라는 사실을 벗어날 수 없다. 그러므로 출산율이 2125년에 대체율을 향해 빠르게 증가하기 시작하고 모든 나라가 대체율에 수렴하도록 모델

링하더라도 2200년을 한참 지날 때까지는 여전히 평탄화가 전혀 나타나지 않는다. 출생률이 빠르게 변해도 인구 수준은 느리게 변한다. 인구 변화는 해마다 누적되는 게 아니라 세대마다 누적된다.

이 가설들이 우리에게 가르쳐주는 것은 타이밍이 중요하다는 사실이다. 반등이 늦게 시작될수록 그전에 더 많은 인구 대감소가 일어나기 때문이다. 이 계산에 따르면 반등의 시작이 1년 늦어질 때마다 안정된 최종 인구 규모는 (출산율이 대체 수준을 유지하는 한) 거의 1퍼센트씩 감소한다. 우리의 가상 시나리오에서는 출산율 반등이 2125년에 시작되면 93억 명의 인구가 유지될 것이다. 만일 반등이 이보다 50년 뒤에 시작되면 인구는 영구적으로 68억 명에 머물 것이다.

93억 명이 아니라 68억 명이 되었을 때 25억 명의 차이는 얼마나 클까? 우리가 인구 대감소의 추락을 50년 일찍 끌어올리면 얼마나 큰 영향을 미칠 수 있을까? 25억은 1950년경 이전에 존재했던 최다 인구만큼 큰 수다. 딘의 아버지와 마이크의 아버지가 태어났을 때, 최초의 사회보장 급여가 지급되었을 때 살아 있던 사람의 수에서 25억을 빼면 0보다 작은 수가 된다.

이 책은 안정된 미래에서 얼마나 많은 삶이 최선인지에 대해서는 답을 내리지 않았지만 2075년에 누군가 50년 분량의 근거, 궁리, 논쟁에 힘입어 이 질문을 고민한다면 그는 해마다 25억의 삶이 존재하는지 부재하는지가 대수롭지 않은 문제라고 생각하진 않을 것이다.

우리는 많은 복지가 중요하다고 믿는다. 하지만 1장에서 본 불가피한 수학을 떠올려보라. 인구가 어느 규모에서든(심지어 오늘날보다 훨씬 작은 규모에서라도) 안정되려면 전 세계에서 세대마다 성인 두 명당 평균적으로 자녀 두 명을 낳아야 한다. 어느 인구 규모에서든 안정화가 일어나도록 하는 (좋고 자유롭고 공정한) 길을 찾고 싶은 모든 사람은 같은 팀이다.

이 책에서 마지막으로 당부하자면 무언가(이 경우에는 타이밍)가 중요하다고 해서 **유일하게** 중요하다는 뜻은 아니다. 타이밍이 중요하다고 말하는 것은 위기를 선포하는 게 아니다. 왜냐면 우리는 위기를 선포하고 있지 않기 때문이다. 중요성이든, 긴급성이든 위기와 같은 뜻은 아니다. 지도자들은 신중함의 가드레일을 치우고 싶을 때 위기를 선포한다. 반면에 이 책은 (덜이 아니라) 더 신중을 기하고 조심하라는 요청이다.

우리에게는 서로가 중요하다

사람이 중요한 이유는 우리가 서로에게 베푸는 것 때문이다. 사람은 그 자체로도 중요하다. 사람이 중요하기 때문에 인구 대감소도 중요하다. 사람이 중요하기 때문에 인구 대감소가 찾아오기 오래전에 관심을 기울여야 한다. 인류는 까마득한 난관에 대해 건설적이고 사실과 공감에 입각해 생각하는 데 서툴다. 하지만 우리는 최근에 요긴한 경험을 몇 가지 얻었다.

지구상에 축적된 이산화탄소를 기록한 최상의 데이터 중 일부는 하와이에 있는 화산 마우나로아의 천문대에서 수집되었다. 해발 3,000미터에서 여덟 명의 직원이 대류권의 대기 화학조성을 측정했는데, 이산화탄소 농도 그래프는 계절별로 순환하면서 영락없는 상향 추세를 나타냈다. 2024년 7월에는 425피피엠이었는데, 1958년에는 320피피엠 이하였다.[5]

데이터가 1958년부터 시작되는 이유는 1950년대 후반 과학자들이 기후변화의 위협을 인식했기 때문이다. 그들은 시작하기에 너무 이르다고 생각하지 않았다. 그리고 그들이 옳았다. 전 세계 주요 경제국의 지도자들이 탄소 배출을 줄이겠다고 공염불을 내놓기 시작한 것은 몇십 년 뒤이고 각국 정부가 규제, 보조금, 산업 정책을 통해 조치를 취한 것은 몇십 년이 더 지난 뒤이긴 하지만 말이다.

그로부터 60년 뒤, 우리는 60년 뒤(어쩌면 그 이전) 미래에 찾아올 인구 대감소에 대해 쓰면서 인류가 이 문제에 빠르게 대처할지를 현실적 관점에서 바라보고 있다. 하지만 시작하기에 너무 이르다고는 생각하지 않는다. 60년 전 몇몇 사람들이 기후에 대한 행동을 촉구하기 시작했을 때에 비하면, 기후 재앙이 까마득하게 느껴지고 진보를 위한 도구가 미흡하다고 느껴질 때에 비하면 오늘날 기후변화에 대해 유의미한 행동이 취해지리라고 희망할 이유는 많다. 이제 우리는 수십 년의 연구와 운동 덕에 더 희망적인 상황에 놓여 있다.

20세기 중반만 해도 기후과학자들은 언젠가 기후 진보를 위해 해야 할 일이 무엇인지 시시콜콜 알 수는 없었다. 하지만 큰 그림의 사실들은 이해했다. 인류가 화석연료를 계속 태우면 무슨 일이 일어날지 대략적으로 알고 있었다. 우리(이 책의 저자들, 그리고 이제는 당신도)는 전 세계 출생률이 2 이하로 유지되면 무슨 일이 일어날지 대략적으로 알고 있다. 지금은 그 이상 아주 자세히 알 수는 없다.

아직은 모른다. 그러니 공부하자. 대화하자. 원대하게 생각하자. 인구 대감소에 대처하기 위한 고민을 스파이크 이후로 미루는 것은 기후변화 대응을 마지막 1그램의 석탄을 태울 때까지 미루거나 mRNA 백신 연구를 신종 질병이 나타날 때까지 미루는 것만큼이나 경솔하다. 기후변화는 중요한 일이 불확실할 수도 있으며 불확실하다고 해서 바라고 알아내고 조직할 의무가 면제되지는 않음을 우리에게 가르쳐주었다. 인류는 인구 대감소의 길에 들어섰다. 이 현실은 우리에게 다시 한번 바라고 알아내고 조직하라고 촉구한다.

감사의 글

인간 긍정론의 일부는 우리가 서로를 떠받칠 때 더 많은 것을 성취할 수 있다는 것이다. 이 책이 탄생하기까지 우리를 도와준 많은 사람은 이 사실을 입증할 마지막 기회를 우리에게 선사했다.

에이프릴 제루소와 다이앤 코피는 꼭 필요한 편집자의 목소리였다. 둘 중 한 사람이라도 없었다면 이 책의 주요 부분은 훨씬 형편없고 어쩌면 끔찍했을 것이다. 그들의 이야기를 나눌 수 있도록 해주어 고맙고, 우리가 이 책을 쓰는 동안 크고 작은 방식으로 우리를 지원해줘서 고맙다는 말을 전한다. 그리고 이만하면 됐다고 안주하지 않아줘서 정말로 고맙다.

세라 초도시는 우리와 손잡고 우리의 데이터를 표현하고 우리의 이야기를 들려주는 그림을 만들었다. 초도시와 제러미 아시케나스는 2023년 《뉴욕 타임스》 지면을 통해 처음으로 스파이크가 많은 관심을 받도록 했다. 그 칼럼을 읽은 모든 사람과 이 책에 소개된 댓글을 단 수천 명에게 감사의 말을 전한다.

우리는 집필 과정 내내 함께한 알바 지글러-베일리에게 큰 빚을 지고 있다. 출간 제안서, 저작권 대리인, 출판사를 확보하기 전에 우리에겐 알바의 지혜와 격려가 있었다. 당시 우리에게 꼭 필요한 것이었다. 나중에 원고가 작성될 때마다 제시해준 의견도 그에 못지않게 필요했다.

이 밖에도 편집 의견을 전해준 몇 명을 특별히 언급해야겠다. 해나 그로치-베글리는 귀한 조언을 베풀었다. 네이선 프란츠, 가디너 해리스, 케빈 쿠루치의 의견도 매우 소중한 조언이 되었다.

지식은 닳지 않고 누적되는 자원이며 언제나 진보를 추동한다. 자신의 몫을 더해 이 책을 뒷받침한 공동 연구자 샘 애런버그, 구스타프 아레니우스, 캐슬린 브루사드, 마크 부돌프손, 스튜어트 기텔-바스텐, 프란쿠르 굽타, 요한 구스타프손, 니컬러스 로슨, 하비 레더먼, 멀리사 로팔로, 박나래, 멀린다 로버츠, 노아 스코프로니크, 오리 스티판손, 크리스천 타스니, 릴라 비사리아, 스테판 주버에게 감사의 말을 전하고 싶다. 기초적 인구 추계 작업을 함께 진행한 상기타 비야스와 게이지 웨스턴에게도 감사한다. 그리고 2024년 WPP(세계인구전망 보고서-옮긴이)가 발표되었을 때도 선뜻 도와준 상기타에게 다시 한번 감사의 말을 전한다.

인구학, 경제학, 윤리학을 심층적으로 파고든 이 책을 일반 독자도 읽을 수 있도록 열성적으로 다듬은 사이먼 앤드 슈스터의 편집자 로버트 메신저와 조애나 리에게 감사한다. 법률 검토를 해준 캐럴라인 레빈, 훌륭한 교정·교열과 팩트 체크를 해준 롭 스터니츠키와 재닛 번에게도 감사의 말을 전한다. 더불어 사이먼 앤드 슈스터에서 책의 보금자리를 찾아준 저작권 대리인 돈 페어와 마일스 테멀을 비롯한 그의 트라이던트 미디어그룹 팀에게 감사하다고 말하고 싶다.

우리의 작업을 뒷받침해준 텍사스대학교 인구연구소 연구원, 특히 메건 탠텀, 실비아 셀레동, 스테이시 브로디에게 빚진 게 많으며, 경제학과의 케빈 카니에게도 감사의 말을 전한다. 텍사스대학교 문서관리부의 멀리사 로페즈는 우리가 많은 것을 요구할 때조차 거듭거듭 도움을 베풀었다. 그레이니 오케이시는 막판에 우리 연구 보조원으로 합류해 우리가 결승선을 통과하도록 도와주었다.

매슈 애들러, 알리시아 아드세라, 애비게일 에이컨, 구스타프 알레산드리, 코리 앤더슨, 랠프 베이더, 캘빈 베이커, 라두 반, 데이비드 베헤슈티, 줄리아 베어먼, 존 브룸, 루치아 브루캄프, 앨리 버크홀츠, 드루 버드, 크리스틴 버크, 크리스터 비크비스트, 팀 캠벨, 루시우스 카비올라, 리처드 예터 채펄, 슈미트로 채터지, 타일러 코언, 롭 크로스노, 미셸 아일러스, 제임스 파이러, 재크 프라이타스-그로프, 수바 강굴리, 로런 게이도시, 리즈 거쇼프, 샤고리카 고시, 제니퍼 글래스, 아시시 굽타, 제프 해머, 파얄 하티, 사이먼 호드슨, 삼바브 자인, 타일러 존, 채드 존스, 멀리사 커니, 아비나시 키쇼어, 마틴 코크, 페트라 코소넨, 제이미 로, 에스터 라자리, 에이미 레프, 필 러바인, 윌 매캐스킬, 에릭 맨, 알렉스 메샤니크, 야샤 뭉크, 어맨다 네이글, 엘루나세르, 제이크 네벨, 데비 뉴마크, 토비 오드, 제이슨 오어, 존 팹, 안나 파테, 마이클 피터스, 마르쿠스 피바토, 마르타 프라토, 랜트 프리쳇, 크리스 레이나, 니콜 레이나, 미셸 로버트, 루이사 로드리게스, 사미르 삼팟, 캐런 슈워츠, 제프 세보, 리지 셰펠위치, 이타이 셔, 베스

셜리, 메건 스위니, 앤서니 스위프트, 이샤나 탈레사라, 니콜 탄질로, 샘 트레호, 에샨 바산타쿠마르, 애슈턴 버더리, 에바 비발트, 톰 보글, 디트리히 볼라트, 데이비드 바일, 잭 와이너스미스, 벤 와이츠, 에번 웩슬러, 케나 윌리엄스, 카일리 재연 임 등 이 책의 일부 또는 전부를 읽어주거나 이 개념들에 대해 대화를 나눠준 많은 사람에게 감사한다. 많은 사람이 해마다 달마다 원고마다 많은 도움을 베풀어주었다.

마크 부돌프손, 멀린다 로버츠, 마르크 플뢰르베이가 딘을 2016년 인구윤리학에 맞아들이고 구스타프 아레니우스, 크리스터 비크비스트, 팀 캠벨, 요한 구스타프손, 스테판 주버가 바통을 이어받지 않았다면 8장(과 어쩌면 책 전체)은 탄생할 수 없었을 것이다.

우리의 학문적 보금자리가 되어준 텍사스대학교 오스틴 캠퍼스, 인문대학, 인구연구소에 감사한다. 스미스 리처드슨 재단, 유니스 케네디 슈라이버 국립아동보건인간발달연구소, 국립노화연구소, 머스크 재단, 빌 앤드 멀린다 게이츠 재단 등 이 책에 소개된 연구들을 지원한 기금에도 감사한다. 이 책은 우리 연구를 후원하고 우리가 감사하는 그 누구의 견해도 반드시 반영하지는 않으며 어떤 후원 기관도 이 책을 사전에 검토할 기회를 부여받지 않았다. KMC 프로그램의 후원 기관 기브웰, 파운더스 플레지, 그리고 라이스에 기부한 일반 시민들에게도 감사한다.

마이크는 이 책의 개념들을 함께 논의한 경제자문위원회 동료들, 특히 제이컵 배스천, 재러드 번스타인, 스티븐 브라운, 에이미 갠즈, 키라보 잭슨, 카일 멍, 엘레나 파텔, 아샤 파트, 아스타 라잔, 데이비드 래트너, 줄리아 터너에게 감사한다.

우리의 작업은 동료와 학생들에게 보여주고 그들의 의견을 반영하면서 점차 개선되었다. 2021년 국제인구과학연맹 국제인구회의, 2022년 미국인구학회 연례대회, 2023년과 2024년 국립경제연구소 출산율·인구성장감소 학술대회, 2022년과 2023년 옥스퍼드대학교에서 열린 세계우선순위연구소 학술대회, 2024년 제19차 연례 사회인구통계학 더 용 강연, 그리고 출산 선호의 조사 방법론, 거시경제 성장과 인구, 사회 복지 평가 등을 주제로 우리가 텍사스대학교 오스틴 캠퍼스에서 주최한 여러 학술대회의 참석자들에게 감사한다. 우리는 텍사스대학교 학생들, 특히 2022년 가을과 2024년 봄 딘의 '발전과 인구' 수업을 들은 학생들과 2023년 봄 마이크의 공공경제학 수업을 들은 학생들에게서 많은 것을 배웠다.

니킬 스리바스타브는 놀라운 일들을 번번이 이뤄낸다. 우타르프라데시의 KMC 프로그램에서 그가 발휘한 지도력은 그중 하나에 불과하다. 로비 판트, 아사드 알리 박사, 카비타, 리마, 특히 시마에게 감사한다. 라이스 팀과 그 성취의 일부가 될 수 있어서 뿌듯하다.

이 책을 수정하는 동안 시마가 승진했다. 딘과 다이앤이 러크나우 초음파 기계에서 본 아기는 태어났다. 우리의 친구 조 포터는 원고를 읽어보기 전에 세상을 떠났다. 우리의 생각들에 대해 그와 이야기를 나눌 수 있어서 감사한다.

마지막으로, 지난 17년간 함께 일하면서 즐거움을 누린 것에 감사한다. 지금껏 살았던 수천억의 삶 중에서 우리가 20세기 후반 부자 나라에서, 건강한 몸과 자상한 가족에게서 태어난 것은 기막힌 우연이다. 그 기막힌 우연은 다시 한번 우리를 월리스 홀 3층에 있는 대학원생 사무실에서 만나게 했다. 우리에게 거저 주어진 행운은 우리보다 먼저 이 땅에 오고 간 사람들의 선물이기도 하다. 우리 모두가 인류의 미래에 더 나은 것을 선물할 수 있기를 바란다.

부록

'당혹스러운 결론'에 대하여

더 나은 미래를 만든다는 것, 더 나은 세상을 만든다는 것은 무슨 뜻일까? 한 가지 의미는 사람들의 삶을 더 낫게 만든다는 것이다. 전 세계 모든 사람의 삶의 질이 중요하다는 데 반대할 사람은 아무도 없다. 하지만 8장에서 주장했듯이 삶의 질은 유일하게 중요한 요소가 아니다. 좋은 삶의 **양**도 중요하다. 또 한 사람이 좋은 삶을 살게 되는 건 가치가 있다. 좋은 것이 많으면 더 좋다.

이 '좋은 것이 많으면 더 좋다'라는 생각은 우리에게 필요한 모든 것이었다. 이 말이야말로 이 책에 필요한 모든 것이기 때문이다. 안정화는 인구 대감소에 비해 평균적으로나 총체적으로나, 또한 질적으로나 양적으로나 더 낫다. 그러므로 견주어야 할 상충 관계나 내려야 할 까다로운 선택은 존재하지 않는다. 만들고 행하고 원하고 기여할 이웃이 많으면 각자에게 더 많은 좋은 것이 돌아간다. 양과 질 둘 다 중요하기 때문에 안정화가 가능할 때 인구 대감소가 일어나는 것은 막대한 손실이다.

인구 대감소와 안정화를 비교하는 것은 안 그래도 힘든 일인데, 여기에 서로 무관한 수수께끼들이 난무하다 보니 많은 사람이 현혹되기 십상이다. 그래서 8장에서는 엉뚱한 수수께끼를 하나 던졌다. 바로 질과 양의 상충 관계를 정확히 어떻게 따질 것인가다. 하지만 더 깊이 파고들어 안정화와 다른 사례, 즉 질과 양이 정말로 상충 관계를 이루는 사례를 더 깊이 파고들고 싶다면 이는 이 책의 질문을 넘어서는 질문이다. 그래서 이 질문은 부록에서 다루고자 한다.

어떤 거대한 우주적 규모에서 10이 인간에게 가능한 최고의 삶이고 5가 훌륭한 삶이고 3이 오늘날의 평균적 삶이라고 상상해보라. 그렇다면 우주적 행복 척도에서 10억 명의 10의 삶을 누리길 바라고 이를 위해 노력하는 게 나을까, 50억 명이 5의 삶을 누리길 바라고 이를 위해 노력하는 게 나을까? 아니면 100억 명이 3의 삶을 누리는 것은?

여기서 '낫다'는 8장에서와 같은 것을 의미한다. 우리의 말뜻은 보편적 복지다. 우리가 우주를 내려다보며 상충 관계(그들 것 대 우리 것, 지금 대 나중, 질 대 양)를 견주어본 뒤에 이 미래와 저 미래 중 어느 하나를 희망할 수 있다면 보편적 복지가 존재하는 편이 더 낫다는 뜻이다.

8장에서와 마찬가지로 우리가 여기서 하는 어떤 말도 더 큰 좋음이 유일하게 중요하다는 뜻은 아니다. 미덕, 규칙 준수, 그 밖에 중요한 관념들도 중요하다. 우리는 당신에게 무엇이 중요한지 가정하지 않을 것이다. 하지만 인류의 가장 원대한 사회적·정책적 문제들을 위해서는 더 큰 좋음이 적어도 중요한 것 중 하나이며 어느 미래가 전반적으로 더 나은지 시간을 두고서 물어야 한다는 데 당신도 동의하길 바란다.

그렇다면 질-양의 상충 관계에 대한 사고실험을 비현실적으로 가설적인 극단까지 밀어붙였을 때 최고의 좋음에 대해 어떻게 생각해야 할까? 긍정적이고 살 가치가 있되 아주 조금만 그런 삶의 질을 상상해보라. 이제 어마어마하게 많은 사람을 상상해보라. 그들은 모두 고통 없는 완벽한 평등을 누리지만 방금 언급했듯이 삶의 질은 아주 조금만 긍정적이다.

스트레스 테스트의 종착점은 다음과 같다. 양이 중요하다면 높은 질의 삶을 누리는 우주와 아주 조금 긍정적인 삶의 질을 누리는 훨씬 많은 사람으로 가득한 우주 중에서 후자가 더 나을 수 있지 않을까?

학술적 **인구윤리학**의 많은(전부는 아닐지라도) 전문가가 한 사람, 한 사람이 더 나은 삶을 살아가는 작은 집단보다 한 사람, 한 사람이 더 못한 삶을 살아가는 큰 집단이 더 나을 가능성을 심란하게 여긴다. 그래서 더 많은 인구를 선택하는 것이 나을 수 있다는 주장은 '당혹스러운 결론'이라고 불린다.

당혹스러운 결론: 조금 긍정적인 복지를 누리는 완벽히 평등한 삶의 가설적 집합이 충분히 큰 인구 집단으로 이뤄졌다면, 이는 나머지 조건이 모두 동일하되 매우 높은 복지를 누리는 더 적은 삶의 또 다른 가설적 집합보다 나을 것이다.

이 개념은 왜 '당혹스러운 결론'이라고 불릴까? 이는 인구윤리학을 고찰해 끌어낼 수 있는 **결론**이다. 비록 많은 인구가 충분히 행복하되 **아주** 행복하지는 않더라도 큰 인구 집단이 작은 인구 집단보다 나을 수 있다는 것이다. 인구를 다루는 많은 철학자가 이 개념을 **당혹스럽다**고 여긴다. 이런 식으로 양과 질을 맞바꿀 수 있다는 것이 그들에게는 왠지 틀렸거나 혐오스럽게 느껴지기 때문이다. 그래서 이 이름이 낙인처럼 붙었다. 여기에는 이 결론을 승인하는 어떤 원칙도 거부하도록 당신을 구슬리려는 의도가 깔렸다.

이 책의 논리에 따르면 우리는 당혹스러운 결론을 건드리지 않아도 된다. 사람들은 당혹스러운 결론에 동의하거나 심지어 이를 고려하지 않고서도 안정화가 인구 대감소보다 낫다는 데 동의할 수 있으며 좋은 것이 많으면 더 좋다는 8장의 주장에 동의할 수 있다. 당신이 이 이야기를 하나의 장이 아니라 부록에서 읽고 있는 것은 이 때문이다.

하지만 우리는 이 책의 많은 독자(인구의 미래에 관심이 있는 많은 독자)가 당혹스러운 결론에 대해 알고 싶어 한다는 것을 알게 되었다. 인구에 대한 책을 쓰면서 당혹스러운 결론을 외면할 수는 없었다. 인구윤리학에 대해 조금이라도 들어본 대부분의 독자는 당혹스러운 결론에 대해 **무언가**를 들어봤을 것이기 때문이다. 그리고 그들이 들은 것은 대체로 떨떠름한 맛을 남기는 경향이 있다.

우리가 이 책을 쓰던 몇 달간 당혹스러운 결론이 주목받은 사례를 하나 들어보겠다. 《이코노미스트Economist》에서 연말 합본호에 당혹스러운 결론에 대한 장문의 기사를 실었는데, 그중 한 문장이다. "질 낮은 삶을 많은 인구가 살아가는 것에 대한 두려움이 인구윤리학 분야에 그림자를 드리웠다."[1] 통계학자 네이트 실버Nate Silver는 『리스크테

이커』에서 이 문제에 대해 썼다. 동물의 처우를 개선하라고 촉구하는 책 『우리 시대의 동물 해방』에서 피터 싱어Piter Singer는 당혹스러운 결론을 동물의 삶이라는 맥락에 적용했다. 『10억 명의 미국인One Billion Americans』의 저자 맷 이글레시아스Matt Yglesias는 서브스택Substack(미국의 유료 뉴스레터 플랫폼-옮긴이)에서 당혹스러운 결론에 대해 썼다. 이 밖에도 얼마든지 있다.

그렇기에 이 부록에서 우리도 이 주제와 그 함의를 다루었다. 당혹스러운 결론을 어떻게 이해할 것인가의 문제는 학술적 인구경제학 연구가 지난 수십 년간 가장 꼼꼼하고 끈기 있게 들여다본 주제다. 아래에서는 왜 우리가 이 문제를 수수께끼로 여기지 않는지, 왜 우리가 인구윤리학자들이 이 문제를 미해결 퍼즐 목록에서 지우고 다른 분야에 눈길을 돌릴 수 있다고 낙관하는지 설명할 것이다.

당혹스러운 결론은 여기서는 중요하지 않다: 물론 올바른 가상 시나리오에서는 평등하고 각자가 조금 긍정적인 삶을 살아가는 더 큰 집단이 더 나을 수 있다. 그렇다고 해서 좋은 것이 많으면 더 좋다는 생각에 잘못이 있다는 말은 전혀 아니다. 우리가 안정화를 이뤄야 하는지 인구 대감소를 겪어야 하는지에 대해서는 아무 말도 하지 않기 때문이다.

당혹스러운 결론에 대해 고민하고 싶지 않다면 하지 말라(진짜로!). 우리는 더 큰 인구 집단이 더 낮은 수준의 복지로 이어지리라 예상하지 **말라고** 말하는 근거를 책 한 권 분량만큼 살펴봤다.

중요한 현실적 깨달음을 제쳐두더라도 우리는 당혹스러운 결론이 우리에게 (심지어 추상적 논의에서도) 많은 것을 가르쳐주거나 심오한 난제를 제시하지는 않는다고 생각한다. 하지만 왜 그런지 이야기하기 전에 이 개념의 근원을 설명해야 한다.

그들은 무엇을 이야기하려던 걸까?

약 40년 전 철학자 데릭 파핏Derek Parfit의 주도 아래 인구윤리학자들은 흥미로운 깨달음을 얻었다. 그 깨달음이란 가상의 원리 아래 '뮤잭과 감자Muzak and potatoes'(파핏이 든 예로, 견딜 만하지만 아주 좋지는 않은 삶을 떠올리게 한다)를 향유하는 많은 사람이 모차르트를 향유하는 적은 사람보다 바람직할 수 있다는 것이었다. 뮤잭과 감자보다 못한 것들이 있는 세상에서는 이런 우려가 엘리트주의적 생각으로 느껴질지도 모르겠다. 하지만 파핏은 이 깨달음을 좋아하지 않았다. 그래서 이 개념에 '당혹스러운 결론'이라는 이름을 붙였다.

파핏은 『이성과 사람Reasons and Persons』이라는 제목의 천재적인 책에서 당혹스러운 결론에 대해 썼다. 책에서 파핏은 보편적 복지의 측면에서 어떤 종류의 미래가 더 낫거나 못한지에 대해 윤리적 상충 관계를 판단하는 두 이론을 대비했다.

한 이론은 이미 살펴봤다. 낫고 못하고를 평균 복지에 따라 측정한다는 이론이다. 인구윤리학에서 복지에 대해 생각하는 올바른 방법을 탐구할 때 평균 복지는 핵심 개념이자 **양이 아니라 오로지 질** 접근법의 스타급 후보다. 우리가 8장에서 이 접근법을 거부한 이유는 파핏과 같다. 이 접근법은 좋은 삶(심지어 당신이나 우리보다 좋은 삶)을 더하는 것이 평균을 깎아내릴 경우 세상이 나빠진다고 말하기 때문이다.

파핏의 나머지 후보 이론은 낫고 못함을 총복지로 측정한다. 총복지는 **양이 아니라 오로지 질** 접근법을 거부하는 가장 단순한 후보다. 또한 경제학자들이 어느 정책이나 미래가 낫거나 못할지 평가하는 현재의 방법과 딱 맞아떨어진다.

평균 복지와 총복지만이 상충 관계를 판단하는 이론인 것은 아니다. 이론을 더 다듬는 것은 언제나 가능하다. 수학이 제공하는 무한한 선택지를 동원하면 더더욱 그렇다. 다른 곳에서 우리를 비롯한 교수들은 여타 이론들의 여러 수학적 세부 사항을 우려하는 글을 썼다.[2] 하지만 이 부록은 아니다. 여기서는 총복지와 평균 복지라는 두 가지 간명한 선택지면 충분하다. **양이 아니라 오로지 질** 접근법을 받아들이거나(평균 복지가 하는 일) 거부하는(총복지가 하는 일) 것은 가장 명확한 두 가지 방법이다. 그러므로 더 큰 좋음의 올바른 이론을 찾는 학술적 탐구가 여기에서 출발하는 것은 이치에 맞는다.

우리는 이미 8장에서 평균 복지를 거부함으로써 진전을 거뒀다. 하지만 파핏은 총복지에도 경보를 울렸다. 그의 우려는 총복지가 어느 미래가 더 나은지 판단하는 올바른 방법이라면 우리가 당혹스러운 결론에 도달한다는 것이었다. 파핏의 『이성과 사람』은 이렇게 골치 아픈 질문을 제기해 철학자들의 골머리를 썩였다. 당혹스러운 결론에 따라 우리는 총복지 접근법을 폐기해야 할까? 총복지 접근법과 평균 복지 접근법 둘 다 문제가 있다면 어떻게 해야 할까?

당혹스럽다의 일상적 의미를 제쳐둔다면 '당혹스러운 결론'은 사실 총복지 접근법의 수학적 의미다. 이를 보여주는 가장 간단한 사실은 '복지의 총합'이 '평균 복지 곱하기 사람 수'와 산술적으로 동일하다는 것이다. 이런 식으로 양과 질의 상충 관계를 성립시키면 커진 편익이 작아진 평균의 비용을 능가한다. 이는 단순한 산술이다. 문제는 사회의 전반적 복지에 관심을 가진 사람들이 이것을 어떻게 해석해야 하는가다.

총복지 vs 평균 복지

당혹스러운 결론의 요점은 인구윤리학에 대한 올바른 접근법을 찾는 탐구를 인도하고 정보를 제공하는 것이었다. 그렇다면, 즉 올바른 이론을 선택하려면 당혹스러운 결론은 어떤 타당한 이론에서는 함축되고 또 어떤 타당한 이론에서는 함축되지 않아야 한다. 정말 그런지 보자.

특히 당혹스러운 결론이 '좋은 것이 많으면 더 좋다'에 부합하는 접근법과 그렇지 않은 접근법을 구분하는지 살펴보자. 대결의 시간이다. 양 진영의 대표 선수를 데려오라! 좋은 것이 많으면 더 좋다는 진영에서는 총복지가 대표 선수로 나선다. 좋은 것이 많으면 더 좋다는 개념을 거부하는 **양이 아니라 오로지 질** 진영에서는 평균 복지가 검증대에 오른다.

이제 질문을 던질 준비가 됐다. 당혹스러운 결론은 총복지에 대해서는 특별한 문제로 가정되지만 평균 복지에 대해서는 그렇지 않다. 그런가?

아니다. 우리가 논증하려는 내용은 다음과 같다. 당혹스러운 결론은 어느 접근법에서든, 평균 복지에서든 총복지에서든 생겨나는 것으로 이해해야 한다. 당혹스러운 결론은 전반적 좋음을 측정하는 어느 타당한 후보의 안에서든 어딘가에서 발견될 수 있다. 총복지를 대문자 'R'의 당혹스러운 후보로 유일하게 지목하는 것은 오해인지도 모른다.

그림 A.1에서 정책 E와 정책 F 중 하나를 선택한다고 해보자. 딘이 그림 A.1의 어떤 형태를 처음으로 만든 것은 철학자 마크 부돌프손Mark Budolfson과 함께였으며 그 토대는 철학자 빌 앵글린Bill Anglin과 경제학자 타일러 코언Tyler Cowen의 앞선 발견이었다.

그림 A.1은 당혹스러운 결론이 경고하는 선택과 비슷하다. 정책은 미래를 경로 F에 놓을 수 있다. 이 **양** 경로는 1조 명의 미래 삶을 만들어내고 각 사람은 2의 복지를 누리는데, 살 만한 삶이긴 하지만 대단하다고 생각되는 삶은 아니다. 아니면 정책 입안자들은 경로 E를 선택할 수도 있다.

그리고 **질** 경로는 10억 명의 미래 삶을 만들어내며 각 사람은 20의 대단한 삶을 누린다. 정확한 수치는 중요하지 않다. 좋은 삶의 척도에서 20은 2의 10배지만 사람 수의 척도에서 1조는 10억의 1,000배인 것에만 유의하라.

무슨 일이 일어나야 할까? 이 경우 숫자를 따지면 총복지는 정책 F에서 더 크다. 평균 복지는 어떨까? 이 질문에 답하려면 영향받지 않

그림 A.1. 평균 복지와 총복지가 둘 다 당혹스러운 결론으로 이어지는 예

정책 E(질 중심)

구분	삶의 수	1인당 복지
새로운 매우 질 높은 삶	10억	20
새로운 질 높은 삶	0	-
영향받지 않는 인구	1,000억	1

총복지 = 1,200억
평균 복지 = 1.19

정책 F(양 중심)

구분	삶의 수	1인당 복지
새로운 매우 질 높은 삶	0	-
새로운 질 높은 삶	1조	2
영향받지 않는 인구	1,000억	1

총복지 = 2조 1,000억(최고 선택지)
평균 복지 = 1.91(최고 선택지)

는 인구 집단(어느 정책에든 속할 수 있지만 정책 E가 선택되든, 정책 F가 선택되든 그의 삶과 경험은 조금도 달라지지 않는다)에 대해 알아야 한다. 그들을 깜박하면 안 된다.

영향받지 않는 인구 집단에 대해서는 진짜 현실 사례에서 착안한 경우를 가정하자. 인류는 적어도 10만 년 전 나타났다. 인구조회소 Population Reference Bureau(미국의 비영리 인구조사기관－옮긴이)는 그 뒤로 지금까지 약 1,200억 명이 살았다고 추정한다(우리는 스파이크를 작성할 때 그들의 추정값을 이용했다). 이 중 약 7퍼센트는 오늘날 살아 있다. 과

거의 많은 사람이 현대식 편의(적절한 감자 공급, 위생, 유아 의료)를 누리지 못한 채 살았다.

정확히 얼마나 많은 인간 삶이 존재했는지, 각 사람의 복지가 정확히 어땠는지에 대해서는 불확실한 면이 있다. 하지만 인간 삶이 **많았다**는 것과 그들의 삶이 평균적으로 **썩 좋지 않았다**는 데는 누구나 동의한다. 우리는 2의 생애 복지가 (이것이 무엇을 의미하든) 이 배경 평균보다 낫다고 정한다(배경 평균은 좋은 삶이 일부 포함되지만 아주아주 나빴던 삶도 많다).

이런 종류의 사고실험에서는 임의의 수치를 선택하는 것 말고는 대안이 없으므로 그림 A.1에서는 1의 복지를 누리며 영향받지 않는 기존 인구 집단을 1,000억 명으로 잡는다.

이제 우리는 정책 E와 정책 F에서 평균 복지를 계산할 정보를 손에 넣었다. 2의 복지를 누리는 각 사람은 배경 평균을 1에서 끌어올린다. 20의 복지를 누리는 각 사람도 마찬가지다. 결국 1조 개의 2는 평균을 끌어올리는 면에서 10억 개의 20보다 더 큰 차이를 만들어 낸다. 그러므로 양이 많은 사례에서 평균이 더 높다. 평균 복지는 총복지와 마찬가지로 정책 F를 권고한다. 당혹스러운 정책을 권고하는 것이다. 평균 복지와 총복지 둘 다 저질의 삶을 늘리는 게 최상의 선택지라는 데 의견이 일치한다.

대결은 무승부다. 여기에 당혹스러움의 얼룩이 조금이라도 있다면 평균 복지와 총복지 둘 다 얼룩이 묻어 있다. 이 말은 당혹스러운 결론이 총복지를 반박하는 특별한 논증을 전혀 내놓지 못한다는 뜻이다.

무슨 일이 벌어지고 있는 걸까? 당혹스러운 결론은 평균 복지에 대한 문제가 아니라 총복지에 대한 유일무이하고 기본적인 문제로 가정되었다. 적어도 말은 다들 그렇게 한다.

우리는 그림 A.1을 작성하면서 핵심 개념을 검증했다. 복지가 낮은 삶을 많이 만들어내는 것이 복지가 높은 삶을 적게 만들어내는 것보다 나을 수 있을까? 하지만 우리는 파핏이 애초에 제시한 당혹스러운 결론의 특수 사례에서 멀어졌다. 현실 세계에 실제로 존재한 많은 삶으로 이뤄진 영향받지 않는 배경 집단이 포함되어야 한다는 것을 떠올렸기 때문이다. 파핏의 고전적 사례는 그들의 삶을 배제했다. 우리 또한 1,000억 명의 영향받지 않는 사람들을 무시했다면 평균 복지는 정책 E를 정책 F보다 높게 평가할 것이다. 이는 단지 20이 2보다 크기 때문이다.

하지만 실제로 존재하는 배경의 영향받지 않는 삶들을 왜 무시하는가? 더 적나라하게 표현하자면 영향받지 않는 집단이 하나라도 존재할 **가능성**을 왜 무시하는가?

우리는 **과거** 인간의 삶을 평균에 포함했지만 이것이 이상해 보인다면 배경 인구를 다른 식으로 구성할 수도 있다. 그들이 동시대에 존재했지만 다른 대륙에 살고 소통이 이뤄지지 않는다거나, 너무 멀리 떨어진 다른 행성에 산다거나, 영향을 받지 않되 미래에 산다거나, 영향받지 않는 인간 아닌 동물이라고 상상해보라. 그렇게 해도 같은 논리가 적용된다.

당혹스러운 결론의 조건부 도입

우리는 그림 A.1의 당혹스러운 결론 사례가 우리가 다루고자 한 당혹스러운 결론의 사례로 간주된다고 말한다. 평균 복지와 총복지가 서로 다른 정책의 손을 들어주는 경우는 영향받지 않는 배경 인구가 배제되도록 사례를 구성할 때뿐이다.

하지만 그래서는 안 된다. 당혹스러운 결론이 제시하는 매우 가상적인 사례에서 배우기로 합의했다면 우리의 상상력을 이런 식으로 사례들의 부분집합(배경 인구에 0개의 삶이 포함된다고 가정)에만 국한할 이유는 전혀 없다.

당혹스러운 결론의 역사가 달랐다면 어땠을까? 시간이 흐르는 동안 다양한 철학자와 경제학자들은(해당 분야를 선도하는 학자들도 포함되어 있었다) 결코 서로에게 전적으로 동의하지 않았다. 그들은 '당혹스러운 결론'이라는 이름을 미묘하지만 중요한 측면에서 이질적으로 썼다. 그림 A.1에 있는 형태가 당혹스러운 결론으로 명명된 것이었다면 어떨까? 그랬다면 인구윤리학에서 생각의 역사가 다르게 전개되었을까?

파핏의 정식화에도 불구하고 당혹스러운 결론의 역사는 짧을 수도 있었다. 얼마 지나지 않아 다른 연구자들이 파핏의 질문에 답을 내놓았기 때문이다. 1980년대 후반 경제학자 황유광은 수학적 사실을 증명했다. 당혹스러운 결론은 (비판하거나 배제하기 힘든 몇 가지 규칙을 따른다면) 상상할 수 있는 모든 인구 집단을 낫거나 못한 부류로 정렬하는 어떤 완벽한 이론으로부터도 생겨날 수 있다.[3] (핵심적인 두 가지 규칙은 불평등이 좋지 않다는 것과 나머지 조건이 동일할 때 귀중한 삶을 더 하는 것이 세상을 더 나쁘게 만들지 않는다는 것이다.)

후대의 철학자 구스타프 아레니우스Gustaf Arrhenius는 황유광과 비슷하게 당혹스러운 결론에 대한 사실들을 발견했다.[4] 아레니우스의 논리는 더 복잡한 규칙들을 이용하기 때문에 덜 못마땅할 수 있다. 다른 연구자들은 이 깃발을 더 밀고 나가 당혹스러운 결론으로 이어지는, 보다 덜 못마땅한 논증을 찾아내거나 앞선 연구자들의 가정에 있던 허점을 해결했다.

10년에 또 10년이 지나고 학술 논문에 또 학술 논문이 발표되면서 이 논리는 (당혹스러운 결론을 '당혹스럽다'고 여기는 사람이 하나라도 있든 없든) 우리가 당혹스러운 결론과 화해하도록 이성의 벽을 쌓았다. 고통 없는 뮤잭과 감자의 삶이 아주 나쁘진 않을지도 모른다. 어떤 학자의 통렬한 비판이 자신의 상상 속 예에서 자신이 애용하는 방법으로 관념과 정의를 자르거나 썰거나 깎거나 으깨는 데 달렸다면 그 비판은 그다지 통렬하지 않을지도 모른다.

평균 복지와 총복지는 좋은 것이 많으면 더 좋은지에 대해 의견이 일치하지 않는다. 하지만 당혹스러운 결론에서 대해서는 의견이 일치한다. 왜 그럴까? 보편적 복지의 이론으로서 평균 복지와 총복지 모두 상충 관계를 공정하게 정하는 법, 양과 질을 견주는 법, 다른 미래의 다른 사람들에게 좋은 것과 나쁜 것을 합쳐 저울질하는 법, 이것들을 종합하는 법을 완벽하게 설명하기 때문이다. 또한 어떤 보편적 복지 평가 방법이든 이 성질들을 가졌다면 당혹스러운 결론의 형태를 함축한다.

우리는 이 가능성을 숨기고 싶지 않다. 그래서 "더 큰 좋음을 위해 무엇이 전반적으로 더 나은지 평가하려고 상충 관계를 공정하게 저울질하는 것"을 송두리째 거부하는 허무주의적 선택지가 우리 사회에 있음을 간과하지 않는다. 하지만 행정을 추진하거나, 자선을 베풀거나, 대중 담론에 참여하는 어떤 타당한 접근법도 상충 관계를 평가할 방법을 완전히 배제할 수는 없다. 여전히 우리의 잠정적 가정은 보편적 복지가 중요하다는 미국 헌법의 선언이 옳다는 것이다(이는 인도 헌법과도 일맥상통하며 기본적으로 현대의 모든 현실적 정치철학 이론과도 부합한다).

그렇기에 당혹스러운 결론은 좋은 것이 많으면 더 좋은지에 대한 것이 아니다. 당혹스러운 결론은 우리가 모두를 위한 전반적 좋음을 아무리 종합하더라도 장점과 단점이 서로 균형을 맞출 수 있음을 지적하는 산술적 방법에 불과하다. 한 상상의 차원이나 다른 상상의 차원이 가설적으로 거대해지는 상황도 여기에 포함된다.

문제처럼 느껴질 뿐

당혹스러운 결론에 얽매이지 말아야 할 이유는 또 있다. 무엇보다 당혹스러운 결론이 문제인 것은 오로지 문제처럼 **느껴지기** 때문이다. 어쩌면 당신에게 문제처럼 느껴질지도 모르겠다. 그렇다면 당신은 혼자가 아니다. 하지만 모든 사람에게 그렇게 느껴지지는 않는다. 한편 어떤 가상적인 더 큰 인구 집단이 어떤 가상적인 더 작은 인구 집단보다 (수와 논리가 그런 식으로 작동한다면) 실제로 더 나을 가능성의 여지를 두는 선택지는 언제나 존재했다.

감자와 뮤잭의 삶을 회피해야 하는지에 대해 감정에 기반한 합의는 전혀 존재하지 않는다. 우리의 경제학자 친구들은 철학자 친구들에 비해 이 주제에 얽매일 가능성이 적다. 경제학자들은 이렇게 말한다. "쩝, 상충 관계가 있잖아." 어쨌거나 대부분 경제학자는 가능한 사건들의 통계적 기댓값을 계산하는 법을 배울 때 이미 비슷한 수학을 접한 적이 있다(이를테면 건강보험 계약에서는 암 진단처럼 막대한 영향을 미칠 작은 가능성이, 더 정상적이거나 가능성이 크게 느껴지는 다른 사항들보다 더 중요할 수 있다).

이따금 당혹스러운 결론은 인구 규모에 대한 논의를 혼란스럽게 하고 지연시키는 까다로운 사안으로서 논의되지만, 까다로운 상충 관계는 사실 인구 **변화**의 문제에 국한되지 않는다. 고정되어 변하지 않는 100억 명의 인구 집단만 상상하고서도, 우리는 여전히 100억 명 전부에게 아이스크림을 한 숟가락 준다고 해서 무작위로 선정된 한 명에게 4분간 마법적 고통을 겪게 하는 것이 정당화되는지, 그 시간이 3분이어야 하는지, 아이스크림에 무지개 설탕 토핑을 얹으면 차이가 생기는지 논쟁할 수 있다.[5]

이론가들이 수십억 숟가락의 아이스크림에 대한 가설적 논의로부터 무언가를 배운다는 것은 대단하다(정말로!). 한편 환경청, 경제자문위원회, 정보규제사무국이 규제 방안을 짤 때 상충 관계 평가를 진행하는 것은 옳다.

많은 철학자가 심드렁한 데는 다른 이유들도 있다. 어떤 사람들은 당혹스러운 결론이 철학에 어떤 종류의 수수께끼를 제기하든 철학자들을 사로잡는 다른 역설들보다 결코 더 지독하지 않다고 지적한다. 자유의지는 더 많은 연구가 필요한 분야지만 자유의지의 역설 때문에 법원이나 로스쿨의 업무가 중단되지는 않았다.[6]

다른 철학자들은 '간신히 살 가치가 있는 삶'이 근사한 삶과 얼마나 비교 불가능하게 다른지를 모두가 오해했다고 말한다. 그들의 주장은 어떤 사람들의 근사한 삶과 다른 사람들의 그저 그런 삶 사이에 상충 관계를 상정하지 말아야 한다는 것이다. 여기서 '말아야 한다'는 당혹스러운 결론의 논리와 대다수 정책 분석의 논리를 차단할 정도로 심층적이다. 이는 우리가 받아들이는 견해는 아니지만 당혹스러운 결론이 심지어 총복지에 대해서도 결코 제기되지 않을 것임을 의미한다.[7]

그 밖의 많은 철학자가 결론이 당혹스럽다는 직관이 이론의 탄탄한 토대로서 미흡하다고 주장한다. 왜 미흡할까? 무엇보다 요한 구스타프손Johan Gustafsson을 비롯해 철학자들은 인간의 마음이 간신히 좋은 수조 개의 삶과 간신히 좋지 않은 수조 개의 삶 사이에서 차이를 상상하기 어려운 이유에 대해 설명했다. 당혹스러운 결론은 상상력의 한계에 있는 경직된 상충 관계에 대한 것이다. 그러므로 우리는 인간의 직관이 그 산술에 쩔쩔맨다는 사실로부터 어떤 거창한 결론도 이끌어낼 수 없다.[8]

우리 인간은 우리가 상상할 수 있는 것에 대해 느끼는 범주 너머에 도달할 수 있는 개념 도구와 논리가 필요하다. 직관적이지 않지만 일상에서 참된 것들을 이해하도록 돕는 도구 같은 것들 말이다.

모든 결정이 상충 관계를 전제로 하지 않는다

당혹스러운 결론이 무엇이고 무엇을 함축하는지 알았으니 이제 이 책에서 다루고자 한 질문으로 돌아갈 때다. 안정화와 인구 대감소 중 어느 것을 선호해야 하는지에 대해 당혹스러운 결론은 뭐라고 말하는가?

아무 말도 하지 않는다. 당혹스러운 결론은 긍정적 가치를 가진 삶의 양이 유의미하게 증가하면 (이 질문을 가장 극단적인 숫자의 사례까지 밀어붙였을 때) 긍정적 가치를 가진 삶의 질이 감소하는 것을 능가할 수 있느냐고 묻는다. 그럼에도 **모든** 결정에 경직된 상충 관계가 필요한 것은 아니다. 이따금 실제로 윈윈일 때도 있다. 때로는 더 큰 질과 더 많은 양을 선택할 수도 있다. 윈윈은 인구 경제에서 규모 효과와 비경합 혁신을 통해 생겨나는 경향이 있다.

안정된 미래에 대한 우리의 전망에서는 인구 대감소 미래에 비해 사람들이 삶의 기준을 더 높여 잡을 것이고, 더 커진 사회가 혁신과 창조성을 더욱 뒷받침할 것이고, 탈탄소화가 진전되어 증가한 인구의 탄소 발자국이 적게 증가할 것이고, 성평등과 산아 자유를 향한 진보가 먼저 찾아올 것이고, 더 커진 미래가 공통의 위협에 더 효과적으로 대처할 것이다. 마지막으로, 더 많은 사람이 (존재하지 않는 것이 아니라) 좋은 삶을 살게 될 것이다.

우리의 전망은 각자에게 더 나아짐으로써 모두를 위한 더 큰 미래에 도달한다. 이것이 인류가 선택할 수 있는 유일한 미래는 아니다.

하지만 인류는 이런 크고 풍요로운 미래를 선택할 **수 있으며** 이는 경직된 상충 관계에 대한 결정이 아니다. 그러므로 당혹스러운 결론이 심란하든, 아니면 우리가 말하듯 괜찮든 간에 결코 거대한 미래에 거대한 문제를 제기하지는 않는다.

주

이 책에서 쓰는 인구 추계는 동료 검토를 받은 논문에 발표되었다.

- Spears D, Vyas S, Weston G, Geruso M. 2024. Long-term population projections: Scenarios of low or rebounding fertility. *PLoS ONE*.

이 추계들은 인구학의 코호트 요인법을 이용한다. 이 방법은 투입에 근거한 결정론적 추계를 내놓는다. 말하자면 다음과 같은 질문에 답하는 '만일-그렇다면' 추계다. 출생률과 사망률이 이 경로를 따르면 인구 규모는 시간 경과에 따라 어떻게 달라질까? 우리는 출생률과 사망률에 대해 특정 미래 경로를 가정하지 않고서 출생률과 사망률에 대한 폭넓은 가정들이 비슷한 결과를 내놓는다는 사실을 보여줌으로써 우리의 인구 추계가 탄탄함을 입증하고자 한다.
완벽한 인구조사나 인구동태vital registration(일정한 기간 동안에 출생, 사망, 유입, 유출, 결혼, 이혼 따위로 일어나는 인구 변동의 상태 – 옮긴이) 기록을 구할 수 없을 때가 종종 있는데, 소득이 높지 않은 나라나 과거의 경우에는 더더욱 그렇다. 우리는 이 책에서 다음과 같은 권위 있는 체계를 이용한다. 이는 인구통계적 사실과 수량의 출처에 대한 것으로, 다른 출처에는 귀속하지 않는다.

- 우선 가능한 경우는 UN 세계인구전망 보고서World Population Prospects, WPP 2024년 개정판을 따른다.
- 그다음 WPP로 문제를 해결할 수 없을 때는 인간출산율데이터베이스를 이용한다. 이는 데이터를 입수할 수 있는 선진 경제국 인구 집단에 대해 자세한 추정값을 제공한다. 막스플랑크 인구학연구소(독일)와 빈 인구학연구소(오스트리아)를 보라. 자료 제공: www.humanfertility.org(2022~2024년에 내려받은 데이터).

• 마지막으로, WPP나 HFD로 문제를 해결할 수 없을 때는 전 세계를 대상으로 하는 비슷한 표본 조사인 인구통계건강조사Demographic and Health Surveys, DHS를 이용한다. 특히 인도의 DHS를 즐겨 이용하는데, 국민가족건강조사National Family Health Survey라고 불린다. 현재의 인도나 최근 조사에서 나타난 인도에 대해 쓸 때는 NFHS-5를 이용한다.

캥거루 육아법 병동은 실제 장소다. 사람 이름들은 가명이지만 시마는 실존 인물이며(시마의 이야기는 허락을 받고 수록했다) 책에 등장하는 사건들은 딘의 사업 참여 경험에 근거했다. 공식 명칭은 모유 수유 및 신생아 돌봄 프로젝트Project on Breastfeeding and Newborn Care다. 바라이크 의과대학교와 라이스의 합작 사업으로, 인구건강이해Population Health Insights 및 기브웰GiveWell과 제휴했으며 파운더스 플레지Founders Pledge와 일반 시민의 라이스 후원으로부터 기초 자금을 마련했다. 이 사업을 이끌고 그 성취를 소개하도록 허락해준 니킬 스리바스타브, 아사드 알리 박사, 다이앤 코피에게 감사한다. riceinstitute.org/partnerships에서 KMC 병동에 대한 자세한 정보를 얻을 수 있으며 501(c)(3) 비영리 공공 자선단체 라이스에 기부할 수 있다.
아래의 몇몇 경우에서는 우리의 생각에 영향을 미치긴 했지만 본문에 직접 언급되지는 않은 연구를 열거했는데, 그런 연구에는 † 표시를 달았다.

들어가는 글

1 Dean Spears(Sara Chodosh 그림). "The World's Population May Peak in Your Lifetime." *New York Times*. 2023년 9월 24일. 《뉴욕 타임스》의 스파이크 칼럼에 논평해준 모든 사람, 특히 이 책에서 언급된 논평의 작성자 사우스 해들리의 셰비, 더그 뮈어, 샌라몬의 국외자 스티브, 심술궂은 중년 남자, 몬트리올의 마크, 테네시의 마크 콜드웰, SC의 마이크, 니르바나의 S 로런스, 미국의 톰, 스노힐의 엉클 앨버트, 윌멧의 Uofc 잉글리시, 위니펙의 와프로그에게 감사한다.

2 합계출산율은 연령별 출산율의 가중합이다. 이런 까닭에 조출생률보다 정보량이 많지만 출산 연령 이후 코호트 평균 출산 수parity(한번에 태어나는 자손 수와는

무관하게 여성이 출산한 횟수-옮긴이)를 취합할 수 있을 경우에는 이만큼 정보량이 많지는 않다. 우리는 인구학 수업을 가르칠 때나 논문을 쓸 때는 둘을 구별하지만 2장에서 용어를 규정하기 전까지는 '출생률'을 '합계출산율'의 의미로 쓴다. 독자가 '출산율fertility'을 '불임infertility'과 관련된 것으로 착각해 혼동할 우려가 있기 때문이다.

1장 인구 스파이크

1 K. C. S, et al. 2024. Updating the Shared Socioeconomic Pathways (SSPs) Global Population and Human Capital Projections.

2 Vollset SE, et al. 2020. Fertility, mortality, migration, and population scenarios for 195 countries and territories from 2017 to 2100: A forecasting analysis for the Global Burden of Disease Study. *Lancet*.

3 다음에 수록된 저자들의 계산. Spears et al. 2024. 1950년부터 2100년까지는 WPP 중위 추계를 따른다. 1950년 이전 역사 데이터의 근거는 카네다Kaneda와 하우브Haub의 글 「지구에는 지금까지 몇 명이 살았을까?How Many People Have Ever Lived on Earth?」(인구조사국Population Reference Bureau)이다. Spears(2024)는 2022 WPP를 이용했지만 그림 1.1을 비롯해 스파이크에 근거한 모든 그림은 2024년 7월 2024 WPP를 이용해 갱신되었다(상기타 비야스에게 감사한다).

4 Hamliton BE. 2021. Total fertility rates, by maternal educational attainment and race and Hispanic origin: United States, 2019. National Vital Statistics Reports.

5 단순화한 것. 2장에서는 정식 인구통계학에서 대체 수준 출산율을 어떻게 정의하는지 상세하게 설명한다.

6 저자의 계산. 이는 가상의 분포로, 1.62와 2.0의 평균 완결 코호트 출산율(여성이 전체 가임 기간 동안 낳은 자녀 수를 반영해 구하는 출산율-옮긴이)에 어떻게 도달하는지 보여준다.

7 Buckles KS, Hungerman DM. 2013. Season of birth and later outcomes: Old questions, new answers. *Review of Economics and Statistics*.

8 DHS, 계산 출처는 NFHS-5 2019–2020 인도 보고서. 스리니바스 골리에게 감사의 말을 전한다.

9 Coale AJ, Watkins SC, eds. 1986. *The Decline of Fertility in Europe*. Princeton.

10 다음에 근거한 저자들의 계산. Spears et al. 2024. 그림 1.1을 보라.

11 이 통계는 HFD의 완결 코호트 출산율을 이용한다. 우리가 1950년 출생 코호트를 선택한 이유는 에스토니아와 헝가리가 1940년대에 태어난 여성들에 대해 대략 이 범주에서 반등했다가 뚜렷이 하락했기 때문이다. HFD 데이터는 동독과 서독을 별개 국가로, 스코틀랜드와 잉글랜드·웨일스를 별개 국가로 취급한다. 이렇게 하면 패턴에 들어맞으며 합쳐도 마찬가지여서 26에 대해 0이 아니라 28에 대해 0이 될 것이다.

12 Jamieson D. 2014. *Reason in a Dark Time*. Oxford.

† Basten S, Lutz W, Scherbov S. 2013. Very long range global population scenarios to 2300 and the implications of sustained low fertility. *Demographic Research*.

† Bhattacharjee NV, Schumacher AE, et al. 2024. Global fertility in 204 countries and territories, 1950–2021, with forecasts to 2100. *Lancet*.

† Gietel-Basten S, Sobotka T. 2021. Trends in population health and demography. *Lancet*.

† Bricker D, Ibbitson J. 2019. *Empty Planet: The Shock of Global Population Decline*. Hachette. 한국어판은 『텅 빈 지구』(을유문화사, 2019).

2장 성장과 쇠락을 가르는 선

2.0과 2.1의 차이보다 중요하지만 이 장들에서 강조되지 않는 것으로, **기간** 합계출산율과 **코호트** 합계출산율의 차이가 있다. 기간 합계출산율은 (연도와 같은) 어느 시점에서의 출산율을 들여다보는데, 이 기간에 25~29세 여성의 출산율은 얼마이고 30~34세 여성의 출산율은 얼마라는 식으로 나타낸다. 각 연령대에서 데이터 산출의 대상은 다른 코호트에 속하는 다른 사람들이다.

기간 합계출산율은 이 코호트를 합쳐 출생 시부터 50세까지 생존한 여성이 생애 경로를 지나 나이를 먹으면서 이 연령별 출생률을 경험할 경우 몇 명의 자녀를 낳는지 묻는다. 코호트 합계출산율(더 정확히 말하자면 50세 코호트 평균 출산 수)은 이와 비슷하지만 시간 경과에 따라 같은 사람들을 추적하며 다른 연도의 연령별 출산율을 산출한다. 25~29세 여성을 측정한 다음 5년을 기다렸다가 같은 사람들을 30~34세에서 측정해야 한다. 그러므로 2020~2070년에 태어나는 아기들에 대해서는 코호트 합계출산율을 알 수 없다. 이런 매우 현실적인 이유로 이 책에서 더 자주 제시하는 수치는 기간 합계출산율이며 '합계출산율'이라는 용어가 설명 없이 쓰이면 언제나 기간 수치를 가리킨다.

1 DHS.

2 WPP에 대한 저자들의 표현.

3 Gietel-Basten S, Scherbov S. 2019. Is half the world's population really below "replacement-rate"? *PLoS ONE*.

4 Vital Statistics Data, Texas Health and Human Services. 표본 수는 2020년에는 368,317명, 2019년에는 377,710명이다.

5 Hacker JD. 2003. Rethinking the "early" decline of marital fertility in the United States. *Demography*.

6 1800년과 1900년에 대한 Gapminder Fertility Rates Dataset(v14 2024)의 전 세계 합계출산율 추산. 이 추정값은 이 책에서 줄곧 쓰는 주요 데이터 출처(UN WPP, HFD, DHS)보다 약한 근거에 기반할 수밖에 없다.

7 Haines MR. 1989. American fertility in transition: New estimates of birth rates in the United States, 1900 – 1910. *Demography*.

8 저자들의 계산. 조출생률은 20년 이동평균으로, 1950년까지는 Our World in Data를, 그 이후는 UN WPP를 연간 데이터의 출처로 삼았다. 아래 그림은 이주를 무시한 조출생률 모형에서 추정되는 성장률이다.

9 Notestein FW. 1953. Economic problems of population change. *Proceedings of the Eighth International Conference of Agricultural Economics*. Oxford.

10 저자들의 표현. 1950년 이전 데이터의 출처는 다음과 같다. Vallin J. 1991.

Mortality in Europe from 1720 to 1914: Long-term trends and changes in patterns by age and sex, chapter in *The Decline of Morality in Europe*. 1950년 이후 데이터는 우타르프라데시(DHS)를 제외하면 WPP다.

11 Rostow WW. 1998. *The Great Population Spike and After*. Oxford. (데이비드 베일David Weil에게 경의를 표한다.)

12 DeLong JB. 2022. *Slouching Towards Utopia: An Economic History of the Twentieth Century*. Hachette.

13 WPP에 대한 저자들의 표현.

14 Raftery AE, Ševčíková H. 2023. Probabilistic population forecasting: Short to very long-term. *International Journal of Forecasting*.

15 Park N, et al. 2023. Near-universal marriage, early childbearing, and low fertility: India's alternative fertility transition. *Demographic Research*.

16 다음에 수록된 저자들의 계산(2024 WPP에 대해 갱신). Spears et al. 2024.

† McKeown T. 1976. *The Modern Rise of Population*. Edward Arnold.

† Lutz W, et al. 2006. The low-fertility trap hypothesis: Forces that may lead to further postponement and fewer births in Europe. *Vienna Yearbook of Population Research*.

† Adserà A. 2017. The future fertility of highly educated women: The role of educational composition shifts and labor market barriers. *Vienna Yearbook of Population Research*. (아드세라Adserà는 평균 학력이 상승하면서 교육의 선택 가능성이 계속 달라지리라는 중요한 점을 지적한다.)

† 인구 추계의 역사와 정확성, 친족의 미래를 논의하고 무엇보다 우리의 스파이크 추계를 위한 출처 문서를 속속들이 검토해준 애슈턴 버더리에게 감사한다.

3장 사람들이 지구에 하는 짓

이 장의 핵심인 모델링 결과들은 우리와 마크 부돌프슨, 케빈 쿠루치, 상기타 비야스의 공동 연구 「더 적은 것이 정말 더 많은가? 인구 감소가 기후와 생산성에 미치는 영향 비교Is Less Really More? Comparing the Climate and Productivity Impacts of a Shrinking Population」에 바탕을 둔다. 2023년 국립경제연구소 회의에서 이 논문을 발표했을 때 제기된 논평들에 감사한다.

1

• Wong E. 2013. China lets media report on air pollution crisis. *New York Times*.

• Qiu C. 2023. $PM_{2.5}$ rebounds in China in 2023, after falling for 10 years straight. CREA.

† Kahn ME, Zheng S. 2016. *Blue Skies over Beijing: Economic Growth and the Environment in China*. Princeton.

2 Bongaarts J, O'Neill BC. 2018. Global warming policy: Is population left out in the cold? *Science*.

3 World Bank World Development Indicators: $PM_{2.5}$ air pollution, mean annual exposure(μg/m^3).

4 다음에 대한 저자들의 표현. World Bank World Development Indicators: $PM_{2.5}$ air pollution, mean annual exposure(μg/m^3).

5 Wallace-Wells D. 2021. Ten million a year. *London Review of Books*.

6 Spears D. 2019. *Air: Pollution, Climate Change, and India's Choice Between Policy and Pretence*. HarperCollins.

7 Ehrlich PR. 1968. *The Population Bomb*. Ballantine Books. (이후 판본에서는 앤 에얼릭Anne Ehrlich을 공저자로 표시하지만 1968년 판에서는 그렇지 않다. 불임제 주입에 대해 에얼릭은 이렇게 썼다. "종종 언급되는 한 가지 계획은 수돗물이나 주식에 임시 불임제를 주입하는 것이다. 정부가 해독제 용량을 주도면밀히 계획해서 배급하면 바람직한 인구 규모를 산출할 수 있을 것이다. 이런 제안에 경악하는 사람은 안심해도 좋다. 이 방안은 우리에게조차 선택지가 아니다. 그런 성분은 존재하지 않기 때문이다.")

8 다음에 근거한 저자들의 계산. Spears et al. 2024.

9 Kamenetz A. 2022. Why keeping girls in school is a good strategy to cope with climate change. *NPR*.

10 다음에 실린 저자들의 계산. Budolfson et al. 그림 3.3과 3.4에 제시한 우리의 기후 모형 연구는 노드하우스의 전 세계 DICE 모형을 이용한다. Nordhaus

WD. 2017. Revisiting the social cost of carbon. *PNAS*.

11 다음에 실린 저자들의 계산. Budolfson et al.

12 Ritchie H. 2024. *Not the End of the World*. Random House.

13 다음에 실린 저자들의 계산. Budolfson et al.

14 McKibben B. 1998. *Maybe One: A Personal and Environmental Argument for Single-Child Families*. Simon & Schuster.

† Bradshaw CJ, Brook BW. 2014. Human population reduction is not a quick fix for environmental problems. *PNAS*.

† Ehrlich PR. 2023. *Life: A Journey Through Science and Politics*. Yale.

마르크 플뢰르베이Marc Fleurbaey의 주도 아래 프린스턴 기후미래 이니셔티브Princeton Climate Futures Initiative의 마크 부돌프슨, 노아 스코프로니크 등과 함께 실시한 우리의 배경 연구는 다음과 같다.

† Scovronick N, et al. 2017. Impact of population growth and population ethics on climate change mitigation policy. *PNAS*.

† Budolfson MB, et al. 2021. Utilitarian benchmarks for emissions and pledges promote equity, climate and development. *Nature Climate Change*.

† Scovronick N, et al. 2019. The impact of human health co-benefits on evaluations of global climate policy. *Nature Communications*.

† Lawson N, Spears D. 2018. Optimal population and exhaustible resource constraints. *Journal of Population Economics*.

† Budolfson M, Spears D. 2021. Population ethics and the prospects for fertility policy as climate mitigation policy. *Journal of Development Studies*.

4장 인구는 타인의 몸에서 시작된다

1 HFD.

2 가설적 분포를 보여주기 위한 저자들의 계산.

3 미국 인구조사국의 임금 평등 분석에 대한 국가위원회 데이터.

4 Coffey D, et al. 2018. Explicit prejudice: Evidence from a new survey. *Economic and Political Weekly*.

5 Collins G. 2009. *When Everything Changed: The Amazing Journey of American Women from 1960 to the Present*. Little, Brown.

6 저자들의 표현. 가로축은 OECD에서 2022년에 대해 계산한 소득 중앙값의 성별 임금 격차 비율이다. 세로축은 2024 WPP의 2022년 기간 합계출산율이다. 분석 결과 OECD 35개 국가의 합계출산율은 2 이하다(2.94인 이스라엘은 출생률이 낮은 사회에 대해 시사하는 정보가 없는 이상값이다). OECD는 아일랜드와 튀르키예에 대해서는 임금 격차 데이터를 발표하지 않는다.

7 Kearney MS, Levine PB, Pardue L. 2022. The puzzle of falling US birth rates since the great recession. *Journal of Economic Perspectives*.

8 DHS.

9 Barbieri D, et al. 2021. *Gender Equality Index 2021*. European Institute for Gender Equality(EU의 자율 기구).

10 익명성을 위해 이름을 바꾸고 국적을 인접국으로 변경했다.

11 Goldin C. 2021. *Career and Family: Women's Century-Long Journey Toward Equity*. Princeton. 한국어판은 『커리어 그리고 가정』(생각의힘, 2021).

12 American Time Use Survey. Time adults spent caring for household children as a primary activity by sex, age, and day of week, 2021 annual averages.

13 *Maybe One*에서 이 심상을 제시한 매키번에게 감사한다.

14 2023. Women's health: End the disparity in funding. *Nature*.

† Callahan A. 2023. Her doctor said her illness was all in her head. This scientist was determined to find the truth. *New York Times*.

5장 불완전한 세상에 새 생명을 더하다

1 우리가 여기서 시작할 수 있게 해준 나카에게 감사한다.

2 Roser M, et al. "Daily supply of calories per person, 1274 to 2021" Our World in Data based on FAO. 그리고 그 밖의 출처에 대한 저자들의 표현.

3 Lam D. 2011. How the world survived the population bomb: Lessons from 50 years of extraordinary demographic history. *Demography*.

4 WHO Multicentre Growth Reference Study. 다음도 보라. Deaton A. 2013. *The Great Escape*. Princeton. 이 책의 한국어판은 『위대한 탈출』(한국경제신문사, 2015).

5 Spears D. 2012. Height and cognitive achievement among Indian children. *Economics & Human Biology*.

6 Coffey D. 2015. Prepregnancy body mass and weight gain during pregnancy in India and sub-Saharan Africa. *PNAS*.

7 인도 DHS를 근거로 한 저자들의 계산.

8 Wray B. 2022. *Generation Dread: Finding Purpose in an Age of Climate Crisis*. Knopf Canada.

9 CDC. Table LExpMort. Life expectancy at birth, age 65, and age 75, by sex, race, and Hispanic origin: United States, selected years 1900–2019.

10 Riley JC. 2005. Estimates of regional and global life expectancy, 1800–2001. *Population and Development Review*. ("전 세계 출생 시 기대수명은 약 28.5년이다.")

11 Geruso M. 2012. Black-white disparities in life expectancy: How much can the standard SES variables explain? *Demography*.

12 Rosling, H. 2018. *Factfulness*. Flatiron Books. 한국어판은 『팩트풀니스』(김영사, 2019).

13 CDC/NCHS, National Vital Statistics System의 출생 시 기대수명에 대한 저자들의 표현.

† Spears D. 2020. Exposure to open defecation can account for the Indian enigma of child height. *Journal of Development Economics*.

† Coffey D, Khera R, Spears D. 2022. Mothers' social status and children's health: Evidence from joint households in rural India. *Demography*.

† Coffey D, Spears D. 2021. Neonatal death in India: Birth order in a context of maternal undernutrition. *Economic Journal*.

† Vyas S, Hathi P, Gupta A. 2022. Social disadvantage, economic inequality, and life expectancy in nine Indian states. *PNAS*. (이 논문으로 수상한 우리의 라이스 동료들에게 축하한다!)

6장 진보는 사람들에게서 온다

1 World Health Organization. 2023. *Kangaroo mother care: A transformative innovation in health care*. 국제 토의 자료.

2 WHO Immediate KMC Study Group. 2021. Immediate "Kangaroo Mother Care" and survival of infants with low birth weight. *NEJM*.

3 Jones CI. 2019. Paul Romer: Ideas, nonrivalry, and endogenous growth. *Scandinavian Journal of Economics*.

4 Jones CI. 2022. The end of economic growth? Unintended consequences of a declining population. *American Economic Review*.

5 Peters M. 2022. Market size and spatial growth—evidence from Germany's post-war population expulsions. *Econometrica*.

6 우리는 당신들을 사랑하고 당신들이 그리워요.

7 Kremer M. 1993. Population growth and technological change: One million BC to 1990. *Quarterly Journal of Economics*. 우리가 논의하는 연구와 별개로 크레머는 실험과 평가에 대한 연구로 2019년 노벨상을 수상했다.

8 Galor O. 2022. *The Journey of Humanity*. Penguin. 한국어판은 『인류의 여정』(시공사, 2023).

9 Cep C. 2019. The real nature of Thomas Edison's genius. *New Yorker*.

10 다음에 대한 저자들의 표현. Nordhaus WD. 1994. Do real output and real wage measures capture reality? The history of lighting suggests not.

Cowles Foundation for Research in Economics, Yale.

† Marçal K. 2016. *Who Cooked Adam Smith's Dinner?* Simon & Schuster.

7장 소행성 피하기

1 Kiplinger personal finance. 2020. Home prices in the 100 largest metro areas.

2 다음에 대한 저자들의 표현. World Bank World Development Indicators: "Urban population(% of total population)," compiled from UN World Urbanization Prospects 2018.

3 기브웰은 givewell.org에 공개된 '라이스-KMC에 초점을 맞춘 신생아 케어 프로그램(2022년 11월)r.i.c.e.–Newborn Care Program Focused on Kangaroo Mother Care (November 2022'에서 이 KMC 프로그램을 후원하는 이유를 밝힌다.

4 Newman E. 2021. Hospital breaks record with "baby boom" of over 100 babies born in 91 hours. *GMA*.

5 crookedtimber.org에 수록된 "만일 사람이 훨씬 적다면 어떨까?What if there were far fewer people?"(2024년 1월 8일)에 대한 더그 뮈어의 댓글.

6 Dolgin E. 2021. The tangled history of mRNA vaccines. *Nature*.

7 NOAA Global Monitoring Laboratory. Monthly Average Mauna Loa CO2. 2024년 7월.

8 우리는 처음에는 과거에 배출된 탄소를 제거하는 데 고정비용이 든다고 이해했는데, 경제학자인 공동 연구자 케빈 쿠루치가 우연히 기후-경제 모형에서 이 사실을 발견했다. 더 많은 인구 시나리오(안정화를 뜻한다)에서는 인구 대감소 미래에 대해 가정한 것보다 먼 미래의 기온이 낮았다. 우리는 이 결과를 연구 논문(Budolfson et al.)에 발표했다. 이 역배출 메커니즘은 3장의 결과에는 관여하지 않는다. 우리가 보여주는 모형 실행에서는 (3장의 메커니즘에 집중하기 위해) 역배출을 제외했기 때문이다.

† Glaeser E. 2012. *Triumph of the City*. Penguin. 한국어판은 『도시의 승리』(해냄출판사, 2021).

† Yglesias M. 2020. *One Billion Americans: The Case for Thinking Bigger*. Penguin.

8장 좋은 것은 많을수록 좋다

좋은 것이 많으면 더 좋다는 원칙은 많은 사람에게 공감받을 수 있는 기본적 인구윤리학 원칙으로 의도되었다. 좋은 것이 많으면 더 좋다는 원칙은 인구윤리학에 대한 온전한 접근법을 명시적으로 표현하지는 않는다. 특히 나머지 모든 조건이 동일하지 않을 때 어떻게 해야 하는지에 대해서는 전혀 언급하지 않는다. 이것은 인구윤리학의 여러 견해와 일치한다. 좋은 것이 많으면 더 좋다는 데 동의하기 위해 우리가 8장에서 제시한 특정 논증들을 받아들일 필요는 없다. 하지만 이 논증들은 인구윤리학 문헌에서 주춧돌이 되는 개념들을 다룬다. 그 주춧돌은 아래와 같다.

- **불편부당**: 우리는 보편적 복지가 불편부당해서 모든 사람을 동등하게 대한다고 가정한다.
- **파레토**: 우리는 나머지 그 누구도 피해를 입지 않는다면 누구의 삶이라도 낫게 만들 때 세상이 전반적으로 더 나아진다고 가정한다.
- **완전성**: 가능한 어느 두 미래에 대해서든 둘 다 똑같이 좋지 않다면 하나가 다른 하나보다 낫다. 두 미래가 똑같은 사람 집합을 포함하지 않더라도 두 미래를 비교하는 것이 타당하다는 말은 이런 뜻이다. 철학자들은 이 개념을 놓고 논쟁을 벌이지만 경제학자들은 이 개념을 거의 언제나 받아들인다. 현실 세계는 사람들의 불변하는 집합인 적이 한 번도 없었다. 인구 집단이 달라질 때 무엇이 낫고 못한지 말할 수 없다면 기후변화나 카스트 제도가 나쁘고 인도 여자아이들이 받는 교육이 좋다고 말할 수 없다. 여기서 우리 논증의 토대는 데릭 파핏의 '고갈depletion' 논증과 존 브룸의 '탐욕스러운 중립성greedy neutrality' 논증이다.
- **독립성**: 이는 로런 아이즐리의 불가사리 구조자 원칙이다. 두 가능한 미래 중에서 어느 것이 더 나은지 물을 때는 영향받는 사람들만 고려하면 된다. 영향받지 않는 사람들은 어느 결과가 더 나은지에 영향을 미치지 않는다. 독립성을 옹호하는 두 가지 중요한 논증이 있다.

우리의 독립성 논의는 인구윤리학에서 가장 강력한 논증 중 하나인 제퍼슨 맥머핸의 석기시대 논증을 토대로 삼는다. 데릭 파핏은 이를 이집트학 반론Egyptology objection으로 표현하며 경제학자들은 망자 효용의 독립성Independence of the Utilities of the Dead으로 부른다. 삶을 더하는 것이 더 나은지 여부는 오래전 죽은 석기시대(또는 우리의 통제권 밖에 있거나 영향받지 않는 먼 미래) 사람들에 대한 미지의 사실에 의존할 수 없다. 당신이 불편부당을 받아들였다면 이것으로 독립성에 대한 충분한 논증이 되었을 것이다.

독립성을 옹호하는 또 다른 강력한 논증은 위험과 불확실성에 대한 고려에서 비롯한다. 모든 중요한 정책과 사회적 결정에는 위험과 불확실성이 실제로 결부된다. 의사결정에 대한 오랜 연구 전통에서 보듯 위험한 전망들 중 어느 것이 더 나은지 말하는 유일하게 타당한 방법은 **예상**을 하는 것이다. 그럼으로써 독립성을 지향하는 이론적 가능성들을 대폭 추릴 수 있다. 딘은 요한 구스타프손, 스테판 주버와 공동 연구를 하면서 위험 아래서의 사회적 의사결정에 대한 존 허사니John Harsanyi의 얼개(브룸과 마르크 플뢰르베이의 연구를 토대로 삼았다)로부터 어떻게 변동-인구 독립성이 생겨나는지 밝혀냈다.

- **연속성**: 8장에서는 이에 대해 논증하지 않았다. 연속성은 사람들의 복지에서 생겨나는 충분히 작은 차이는 어느 미래가 더 낫거나 못한지에 대한 전반적 평가에서 큰 차이를 만들어내지 못한다고 말하는 기술적 원리다. 한 사람에게 충분히 작은 결과는 많고 많은 사람들에게 이를 상쇄하는 결과보다 중요하지 않다.

불편부당, 파레토, 완전성, 독립성, 연속성은 중요한 목록이다. 이것들을 합치면 복지경제학이나 가치론이 더하기 형태를 띠고 있음을 시사한다. 이는 한 미래가 다른 미래보다 나은지 평가하기 위해서는 각 사람의 복지에 대한 변경된 가치를 더하면 된다는 뜻이다. 기호로 표현하면 $\Sigma_i f(w_i)$다. 여기서 w_i는 i번 사람의 복지이며 f는 복지수준을 덧셈 가능한 수로 바꾸는 증가 변형 방법이다. 블래코비, 보서트, 도널드슨은 이 원칙들이 이 공식을 함축함을 형식적 정리로 증명했다. 정리의 논리에 따르면 영향받지 않는 사람들은 독립성에 의해 상쇄되어 없어진다. 공식에서는 상쇄되는 항은 덧셈에서 멀지 않다. 누군가 불편부당한 더하기 접근법을 거부하고 싶다면 이 다섯 가지 원칙 중 하나를 거부해야 할 것이다.

정리는 보편적 복지가 더하기라고 명시하지만 '변형된 가치'(즉 f)가 어떤 형태를 띠는지는 말하지 않는다. 변형은 (논쟁의 여지가 있긴 하지만) '우선주의prioritarianism'로 알려진 방법으로 불평등에 반대할 수 있다. 이와 별개로 '임계 수준critical level'으로 알려진 것을 통해 다른 논쟁적 태도를 취할 수도 있다. 그러므로 이 다섯 가지 원칙을 받아들이더라도 채워야 할 세부 사항이 남아 있다. 하지만 세부 사항들이 해소되더라도 이 불편부당한 더하기 접근법은 계획과 정책을 평가하는 경제학자들의 관행에 잘 부합한다. 또한 좋은 것이 많으면 더 좋다는 우리의 주장과도 일맥상통한다.

1 Broome J. 2004. *Weighing Lives*. Oxford. (그림 8.1과 그림 8.2는 저자들이 브룸에게 영감을 받아 작성했다.)

2 Thomson JJ. 1971. A defense of abortion. *Philosophy and Public Affairs*. (마크 부돌프손과 리처드 채플에게 경의를 표현다. 타일러 코언은《고집스러운 애착Stubborn Attachments》에서 비슷한 점을 짚었다.)

3 Roth AE, et al. 2007. Efficient kidney exchange: Coincidence of wants in markets with compatibility-based preferences. *American Economic Review*.

† Blackorby C, et al. 2005. *Population Issues in Social Choice Theory, Welfare Economics, and Ethics*. Cambridge. (덧셈 공식은 정리 6.10에서 서술되는데, 여기서 실수의 순서와 부류로 나타낼 수 있는 개인 간 비교 가능 생애 복지라는 유한한 길이의 벡터로 인구 집단의 순서가 매겨진다고 가정한다.)

† McMahan J. 1981. Problems of population theory. *Ethics*.

† Parfit D. 1984. *Reasons and Persons*. Oxford. (Depletion §123, Egyptology §143.)

† Broome J. 2005. Should we value population? *Journal of Political Philosophy*.

† Gorman WM. 1968. Conditions for additive separability. *Econometrica*.

† Adhami M, et al. 2024. Population and welfare: The greatest good for the greatest number. NBER.

† Gustafsson J. 2024. The need for merely possible people. *JESP*. (구스타프손은 미래 사람들의 이익은 중요하지만 가능하되 실재하지 않는 미래 사람들의 이익은 중요하지 않다고 주장하려다 빠지게 되는 자멸적인 논리적 난점을 보여준다.)

† 미래 B가 최고 수준의 삶만 더하는 것과 관련해서는 다음을 보라. inequality-sensitive criterion in: Asheim GB, Zuber S. 2014. Escaping the repugnant conclusion: Rank-discounted utilitarianism with variable population. *Theoretical Economics*.

더 폭넓게 보자면 이 장과 주는 딘이 마크 부돌프손, 스테판 주버, 요한 구스타프손, 오리 스테판슨, 크리스천 타스니, 하비 레더먼과 협력해 진행한 배경 연구를 바탕으로 삼는다(대부분은 정리 6.10과 아래 문헌에 대한 논평에 해당한다).

† Tarsney C, Geruso M, Spears D. 2023. Egyptians, Aliens, and Okies: Against the sum of averages. *Utilitas*.

† Spears D. 2020. 맷 이글레시아스는 미국인 10억 명에 대한 계획이 있다. 그의 처방은 충분히 급진적이지 않을지도 모른다 thewire.in.

9장 인구 대감소는 저절로 해결되지 않는다

이 장의 핵심 개념은 《인구통계학》에 발표된 세대 간 상관관계에 대한 공동 연구에서 도출되었다. Arenberg S, Kuruc K, Franz N, Vyas S, Lawson N, LoPalo M, Budolfson M, Geruso M, Spears D. 2022. Research note: Intergenerational transmission is not sufficient for positive long-term population growth. *Demography*.

1 Stone L. 2018. How long until we're all Amish? *In a state of migration* on Medium.

2 엘리자베스타운대학교의 재세례파와, 경건주의 연구를 위한 젊은 센터Young Center for Anabaptist and Pietist Studies에서는 2000년부터 2023년까지 116퍼센트 증가했다고 발표했다. ln(2.16)÷23=3.3퍼센트. 35만 명의 아미시 인구가 연간 4퍼센트씩 2,000년간 성장하면 약 10억 명에 도달한다.

3 Juniewicz I. 2022. Global decline in fertility rates. Oxford University.

4 DHS.

5 Long LH. 1970. Fertility patterns among religious groups in Canada. *Demography*; Westoff CF, Jones EF. 1979. The end of "Catholic" fertility. *Demography*.

6 지니에게 감사한다.

7 Gershoni N, Low C. 2021. Older yet fairer: How extended reproductive time horizons reshaped marriage patterns in Israel. *American Economic Journal: Applied Economics*.

8 Partridge EA, et al. 2017. An extra-uterine system to physiologically support the extreme premature lamb. *Nature Communications*.

9 2017년부터 2019년까지 '가족 증대에 대한 전국 조사National Survey on Family Growth'에서는 미국 여성들에게 이렇게 물었다. "미래를 내다본다면 당신은 어느 시점엔가 아기를 낳고 싶을까?" 35~39세 여성 중에서 그렇다고 답한 사람은 3분의 1 미만이었다.

† Weil D. 2023. Replacement fertility is neither natural nor optimal nor likely. NBER.

† Johnsen S, Sweeney MM. 2022. Female sterilization in the life course: Understanding trends and differentials. *Demographic Research*. (의도하지 않은 임신과 불임 후회에 대해 논의한 메건 스위니에게 감사한다.)

† Bruckamp L, Lazzari E. 2024. Shifting the reproductive window: A research note on the contribution of art and egg donation to fertility rates in the UK.

10장 정부는 인구를 통제할 수 없다

이 장의 토대는 딘이 니컬러스 로슨과 함께 진행한 연구다. Lawson N, Spears D. 2024. Equilibrium effects of abortion restrictions on cohort fertility: Why restricting abortion access can reduce human capital, social welfare, and lifetime fertility rates.

1 Pritchett LH. 1994. Desired fertility and the impact of population policies. *Population and Development Review*. 다음도 보라. Gietel-Basten S, LoPalo M, Spears D, Vyas S. 2024. Do fertility preferences in early adulthood predict later average fertility outcomes of the same cohort?: Pritchett (1994) revisited with cohort data. *Economics Letters*.

2 Mashal M, Travelli A. 2023. India is passing China in population. Can its economy ever do the same? *New York Times*.

3 Feng W, Cai Y, Gu B. 2013. Population, policy, and politics: How will history judge China's one-child policy? *Population and Development Review*.

4 WPP에 대해 저자들이 계산한 이동평균. 잡음과 비약을 평탄화하기 위해 3년에 대해 평균을 냈다. 우리는 1980년에 출발선을 그렸지만 그린핼시를 보라. "어떤 기록은 그 탄생을 1979년 1월로 잡고 어떤 기록은 1980년 9월로 잡고 또 어떤 기록은 1979~1980년을 이용해 뭉뚱그린다. 어떤 연구자는 핵심적 정책 결정이 1978년 여름에 일어났다고 보고 어떤 연구자는 1980년 2월에 일어났다고 주장하고 또 어떤 연구자는 1980년 6월에 일어났다고 생각한다. 이 정책의 중요성을 감안컨대 정책이 언제 등장했는지와 같은 기본적 사안에 이견이 있다는 것은 실로 놀랍다"(30쪽). 그림에 나오는 날짜를 바꿔도 이 통계의 해석은 달라지지 않는다.

5 Greenhalgh S. 2008. *Just One Child: Science and Policy in Deng's China*. University of California.

6 Le Guin UK. 2016. What it was like. *Words Are My Matter*. Small Beer Press. 한국어판은 『찾을 수 있다면 어떻게든 읽을 겁니다』(황금가지, 2021).

7 Lawson and Spears를 수정. 세로축은 HFD에서 시간을 조정한 합계출산율이다. 가로축은 다음에서 발췌했다. Singh S, et al. 2017. *Abortion Worldwide 2017: Uneven Progress and Unequal Access*. Guttmacher Institute.

8 Aiken AR, et al. 2024. Provision of medications for self-managed abortion before and after the *Dobbs v Jackson Women's Health Organization* decision. *JAMA*.

9 Duster C. 2024. Biden administration proposes a rule to make over-the-

counter birth control free. *NPR*. (바이든-해리스 행정부에서 마이크는 2024년 10월 28일 발의된 법안 아래 미국 여성의 피임법 접근권을 확대하려는 폭넓은 시도에 참여했다. Enhancing Coverage of Preventive Services Under the Affordable Care Act, 89 Fed. Reg. 85750)

† Connelly M. 2010. *Fatal Misconception: The Struggle to Control World Population*. Belknap.

† Hartmann B. 1987 (제3판, 2016). *Reproductive Rights and Wrongs*. Haymarket.

† Merchant E. 2021. *Building the Population Bomb*. Oxford. ("대부분의 미국인에게 인구 성장이 세계 문제의 주범이라는 개념과 인구 통제가 해결책이라는 믿음은 명백하거나 상식처럼 보인다. 내가 이 책에서 보였듯 이 개념들은 세계 인구가 성장한다는 자각으로부터 단순하게 도출되지 않았다. 그 성장을 통제한다는 구체적인 정치적 기획에서 비롯했다." p. 204)

† Foster, DG. 2021. *The Turnaway Study: Ten Years, a Thousand Women, and the Consequences of Having—or Being Denied—an Abortion*. Simon & Schuster. 한국어판은 『턴어웨이』(동녘, 2021).

† Gemmill A, et al. 2024. Infant deaths after Texas' 2021 ban on abortion in early pregnancy. *JAMA Pediatrics*.

† Farin SM, et al. 2024. The impact of legal abortion on maternal mortality. *American Economic Journal: Economic Policy*.

† Kligman G. 1998. *The Politics of Duplicity: Controlling Reproduction in Ceausescu's Romania*. University of California.

† Scott JC. 1998. *Seeing Like a State: How Certain Schemes to Improve the Human Condition Have Failed*. Yale. 한국어판은 『국가처럼 보기』(에코리브르, 2010).

11장 현찰이 답일까?

1 DHS의 우타르프라데시 자료. National Survey of Family Growth for U.S.

2 1990~2021년 WPP TFR와 세계은행World Bank 1인당 ICP GDP를 토대로 한 저자들의 표현.

3 Kearney MS, et al. 2022. The puzzle of falling US birth rates since the great recession. *Journal of Economic Perspectives*.

4 Oster E. 2000. *Cribsheet: A Data-Driven Guide to Better, More Relaxed Parenting, from Birth to Preschool*. Penguin. 한국어판은 『최강의 데이터 육아』(부키, 2022).

5 Goldin C. 2014. A grand gender convergence: Its last chapter. *American Economic Review*.

6 여성 노동력 참여에 대한 그림과 서술은 딘이 스튜어트 기텔-바스텐 및 릴라 비사리아와 진행해 2021년 IPC와 2022년 PAA에서 발표한 공동 연구에 바탕을 둔다. 첫 출산 연령에 대한 그림과 서술은 딘이 박나래, 상기타 비야스, 캐슬린 브루사드와 진행해 2023년 《인구통계연구Demographic Research》에 발표한 공동 연구에 바탕을 둔다. 모든 나라에서 **첫** 출산 연령 데이터를 입수할 수는 없었기에 우리는 두 가지 출처를 조합했다. OECD 데이터는 2019년에 대한 것으로, 인도의 NFHS-5에 대응하며 DHS 데이터는 여러 연도에 대한 것이다(Park et al. 이후 각국의 최신 데이터).

7 Miller CC. 2018. Americans are having fewer babies. They told us why. *New York Times*.

8 Gromada A, Richardson D. 2021. *Where do rich countries stand on childcare?* UNICEF. 우리가 평균 출생률에 대해 이용하는 것은 출산 연령 변화에 대해 시간 조정한 HFD 수치다.

9 Lalive R, Zweimüller J. 2009. How does parental leave affect fertility and return to work? Evidence from two natural experiments. *Quarterly Journal of Economics*.

10 Farré L, González L. 2019. Does paternity leave reduce fertility? *Journal of Public Economics*.

11 우리는 에스터 라자리와의 대화와 오스트레일리아를 포함하는 그녀의 여러 논문을 통해 이 사실을 알게 되었다. Lazzari E. 2022. Assisted reproduction, late fertility, and childlessness in Australia. 오스트리아 국립대학교 박사 논

문.

12 1960년 데이터는 10년간 미국 인구조사에서, 2020년 데이터는 미국가구조사 American Community Survey에서 입수했다(샘 애런버그에게 감사한다).

13 WPP.

† Gauthier AH. 2007. The impact of family policies on fertility in industrialized countries: A review of the literature. *Population Research and Policy Review*.

† Brainerd E. 2014. Can government policies reverse undesirable declines in fertility? IZA World of Labor.

† Sobotka T, et al. 2019. Policy responses to low fertility: How effective are they? United Nations Population Fund.

† Gietel-Basten S. 2019. *The "Population Problem" in Pacific Asia*. Oxford.

12장 더 원대한 염원

1 KMC 병동 이전에 딘의 관심사는 저소득 국가의 화장실과 위생 문제였다. 그렇기에 우리는 수세식 변기에 하수도와 처리장을 결합한 기반 시설이 분뇨를 안전하게 처리하는 데 필요하지도 않고 충분하지도 않음을 분명히 해야 한다. 충분하지 않은 이유는 사람들이 이 기반 시설을 이용하고 유지해야 하기 때문이다. 필요하지 않은 이유는 (이를테면) 정화조를 분뇨 수거차로 비우는 것이 훌륭한 선택지일 수 있기 때문이다.

2 OECD. Employment: Time spent in paid and unpaid work, by sex.

3 많은 경제학 연구에서 아동에 대한 투자가 그 자체로 수익을 거둔다는 것을 밝혀냈다.

† Lawson N, Spears D. 2016. What doesn't kill you makes you poorer: Adult wages and early-life mortality in India. *Economics & Human Biology*.

† Hendren N, Sprung-Keyser B. 2020. A unified welfare analysis of government policies. *Quarterly Journal of Economics*.

† Arenberg S, Neller S, Stripling S. 2024. The impact of youth Medicaid eligibility on adult incarceration. *American Economic Journal: Applied Economics*.

4 다음에 대한 저자들의 계산(2024 WPP에 대해 갱신). Spears et al. 2024

5 NOAA Global Monitoring Laboratory. Monthly Average Mauna Loa CO2. 2024년 7월.

부록

파핏은 『이성과 사람』 131절에서 당혹스러운 결론을 소개한다. 이 부록의 핵심은 딘 이 마크 부돌프손과 진행한 연구이며 빌 앵글린과 타일러 코언의 연구에서 선례를 찾을 수 있다.

- Spears D, Budolfson M. 2021. Repugnant conclusions. *Social Choice and Welfare*.
- Budolfson M, Spears D. 2022. Does the Repugnant Conclusion have important implications for axiology or for public policy? *Oxford Handbook of Population Ethics*.
- Anglin B. 1977. The Repugnant Conclusion. *Canadian Journal of Philosophy*.
- Cowen T. 1996. What do we learn from the Repugnant Conclusion? *Ethics*.

직접 언급된 자료는 다음과 같다.

1 *The Economist*. 2022. Should we care about people who need never exist?

2 양의 임계 수준을 가진 총체적 관점의 임계 수준 형태는 어떨까? 우리의 견해는 이 접근법들이 타당한 후보가 아니라는 것이다. 양의 임계 수준(또는 임계 수준 집합의 경계)은 방어할 수 없을 만큼 자의적이기 때문이다. 하지만 당혹스러운 결론에 대해 우리는 브룸이 『삶의 무게Weighing Lives』(§14.4, "표준화된 총원칙은

실제로 총원칙이다the standardized total principle is really the total principle")에서 주장했듯 임계 수준 접근법이 당혹스러운 결론의 또 다른 사례를 내놓는 것으로 이해해야 하며 여기서 세상을 더 나빠게 만들지 않을 만큼 가까스로 좋은 삶이 많이 더해지면 다른 어떤 인구 집단보다 나아질 수 있다는 데 동의한다.

3 Ng YK. 1989. What should we do about future generations? Impossibility of Parfit's Theory X. *Economics &Philosophy*. 우리가 논의하는 두 원칙은 단순한 더하기Mere Addition와 비 반평등주의Non-Antiegalitarianism로, 그 맥락은 실수 형태 생애 복지의 유한한 벡터로서 인구 집단의 완전한 순서를 매기는 것이다.

4 Arrhenius G. 2000. An impossibility theorem for welfarist axiologies. *Economics &Philosophy*. 아레니우스는 다음에 실린 논문의 정리들을 토대로 삼는다. *Population Ethics: The Challenge of Future Generations*. 강한 질 더하기 원리Strong Quality Addition Principle는 부돌프손 및 스피어스의 접근법과 관계있다.

5 일부 인구윤리학자들은 두 인구 집단에 속한 모든 사람의 신원이 다른 한, 수가 많고 질이 낮은 인구 집단이 수가 적고 질이 높은 인구 집단보다 결코 못하지 않다고 생각한다. 전형적인 '사람이 영향을 미친다' 견해에서는 결과가 더 나빠질 수 있는 것은 특정한 누군가에게 더 나쁠 때뿐이며, 당신은 만일 일어나는 결과에 존재하지 않는다면 누군가에 해당하지 않는다. 우리는 '사람이 영향을 미친다' 접근법이 타당하다고 생각하지 않는다. 누가 삶을 살아가는가를 변화시키는 여러 거대하고 장기적인 정책들을 이해하기가 고역이기 때문이다. 파핏은 §135에서 이를 거부한다. 하지만 일부 철학 전문가들이 당혹스러운 결론의 사례에 개의치 않는 사례로서 눈여겨볼 만하다.

6 Moberger V. 2024. Impossible ethics: Do population ethical impossibility results support moral skepticism and/or anti-realism? *Pacific Philosophical Quarterly*.

7 Nebel JM. 2022. Totalism without repugnance. *Ethics and Existence: The Legacy of Derek Parfit*.

† Narveson J. 1973. Moral problems of population. *The Monist*.

† Golosov M, Jones LE, Tertilt M. 2007. Efficiency with endogenous population growth. *Econometrica*.

† Roberts MA. 2024. *The Existence Puzzles*. Oxford.

† Adler MD. 2019. *Measuring Social Welfare*. Oxford. §7.1.3.

† Masny, M. 2020. On Parfit's wide dual person-affecting principle. *Philosophical Quarterly*.

† Zuber S, et al. 2021. What should we agree on about the Repugnant Conclusion? *Utilitas*. 딘은 부돌프손, 구스타프손, 주버와 함께 29명의 저자가 참여한 이 공동 연구를 주도했다.

8 Gustafsson JE. 2022. Our intuitive grasp of the repugnant conclusion. *Oxford Handbook of Population Ethics*.

이 책의 배경 연구

† Arrhenius G, Budolfson M, Spears D. 2021. Does climate change policy depend importantly on population ethics? *Philosophy and Climate Change*.

† Franz N, Spears D. 2020. Mere addition is equivalent to avoiding the Sadistic Conclusion in all plausible variable-population social orderings. *Economics Letters*.

† Spears D. 2021. The Repugnant Conclusion is a puzzle that has occupied philosophers and economists for decades. Medium.

† Spears D, Stefánsson HO. 2024. What calibrating variable-value population ethics suggests. *Economics & Philosophy*.

인구는 거짓말하지 않는다

초판 1쇄 발행 2025년 12월 29일

지은이 딘 스피어스·마이클 제루소
옮긴이 노승영

발행인 윤승현 **단행본사업본부장** 신동해
편집장 김경림 **책임편집** 김종오
교정교열 김순영 **표지 디자인** 형태와내용사이 **본문 디자인** 최희종
마케터 이은미 **국제업무** 김은정 김지민 **제작** 정석훈

브랜드 웅진지식하우스 **주소** 경기도 파주시 회동길 20
문의전화 031-956-7359(편집) 02-3670-1123(마케팅)
홈페이지 www.wjbooks.co.kr
인스타그램 www.instagram.com/woongjin_readers
페이스북 www.facebook.com/woongjinreaders
블로그 blog.naver.com/wj_booking

발행처 ㈜웅진씽크빅
출판신고 1980년 3월 29일 제406-2007-000046호

ISBN 978-89-01-29917-4 (03300)